JN274409

中国の調停制度

―― 日本・米国との比較 ――

韓　寧　著

信 山 社

はしがき

　人間社会に争いは絶えない。家族間の遺産相続争いから企業間の特許侵害争い，そして犯罪や国家間の戦争まで，どこかで何かが起きているのが世の常である。言い換えれば，人間が社会を構成していく上で，ある意味では価値の相克，感情的な葛藤，社会的名誉や地位の争奪，経済的利益の対立などの紛争は必然的な帰結である。したがって，そのような人間共同体において生じる紛争をどのように平和的かつ終局的に解決するかは，社会秩序の維持と人間関係の調和に対して重要な意味を持っている。

　紛争を解決するための手法としては，法を基準にして正義にかなったものである裁判がまず念頭に浮かぶかもしれない。ところが，裁判制度を運営するための人的及び物的資源が限られている中では，市民が抱える法的な紛争の全てが，訴訟で解決されるわけではなく，また，裁判所で処理されるわけでもない。現実には，裁判外の手続が紛争処理に大きく貢献している。

　裁判外紛争処理は，ADR とも言う。ADR はつまり英語の Alternative Dispute Resolution の略語である。これは，代替的紛争処理手続とも呼ばれるが，代替的とは，すなわち裁判手続以外の紛争処理手続であり，裁判の中核としての訴訟＝判決手続による紛争処理システム以外の全てを指す。訴訟と比べて，ADR の場合は，手続が多様・柔軟かつ機動的であり，紛争当事者がより手軽に手続を利用でき，簡易，迅速かつ低廉な紛争処理が可能となる。また，当事者本人の積極的な関与が可能であり，実体法にとらわれなくても事案に即した妥当な救済内容の形成が可能となる。

　こうした魅力を持つ ADR の利用は，近年，世界的な傾向となっている。日本においても，司法制度改革審議会の報告書が ADR を「裁判と並ぶ対等の選択肢」として位置づけ，その拡充を提唱したことで，ADR は紛争解決の重要な課題として強く実務上と学理上の関心を引き，盛んに議論されるに至っている。ADR は多彩・多様な手法を包含しているが，こうした ADR の潮流の中で，本書は最も古い歴史を持つ調停手法に焦点を絞って，取り上げるつもりである。

　周知の通り，日本には，司法調停，行政調停と民間調停によって構成され

はしがき

た調停制度が存在しているが、中国においてもこれに相応する制度がある。調解制度と称されるものが、それである。「調停」という言葉は、「『調』により『停』に達す」、すなわち、「調和」、「調整」などの手段によって紛争をやめさせるという意味を持っている。それに対し、「調解」という言葉は、「『調』により『解』に達す」、すなわち、「調和」、「調整」などの手段によって紛争を解決するという意味をもっている。両者は、字面の上では異なるものの、潜在的な意味ではほぼ同じものを指すと考えられる。したがって、本書の中では、検討の便宜のため、「調停」という訳語を用いることにする。

中国の調停は、独自の特徴を持っている。今から約3千年前より、中国の古老の調停は、儒家思想の影響の下に、「和」という理念に支えられ、独自の調停理論を形成してきた。現代社会においても、中国の法制は社会主義法族に属するため、ヨーロッパ大陸型の伝統的な調停理論を取り入れることはなく、自国における調停の伝統を基礎として、現代の調停制度を生み出した。そのため、中国の調停は、調停の範疇、理念、手続、機能などの各方面から見れば、世界各国の調停制度と本質的に相違する点を持っている。したがって、本書は「中国における調停」という学問上の課題について、理論及び実証の側面から、系統的な考察及び本格的な検討を行っていくつもりである。

また、中国の調停制度の独特性を論じるために、本書においては、日本・米国法との比較を試みることにする。日本と中国との歴史的、文化的親和性に鑑み、両国の間にそれほど乖離が存在するとは考えないのが通例である。しかし、制度としての調停を見ると、両国の間に多くの差異点が存在している。日本は、合理的な制度設計、完備した理論根拠と豊富な実務経験によって、世界でも「調停先進国」と称することができる。したがって、昔の調停文化・調停観の類似性及び近代の調停制度・理念の差異性に関して日・中両国の比較を試みることは、中国における調停の理論の解明及び問題点の発見において重要な意味を有する。

日本と比較すれば、米国は社会と文化の背景から制度の面まで、中国と大きな相違点を持っている。世界で最も訴訟好きな国である米国における調停制度と、最も調停好きな国である中国における調停制度を比較すれば、興味深い結論を得られるのではないかと考えられる。したがって、本書の中では、米・中両国における調停の比較を通じ、古老的な調停理論と新興的な調停理

はしがき

論の異なる特徴，東方法制と西方法制の理念上の相違などの課題を解明しようと思う。

本書は，中国調停制度の歴史，現状，未来についての検討を通じ，中国における調停の特徴，優勢，不足を明らかにするつもりである。それと同時に，日本・米国における調停の理論と実務の展開が多くの違いを示しながらも中国のそれらと共通する要素を多分に有していることを明らかにしていく。さらに，較差を持つ三国の調停制度の実状を研究することによって，各国の司法政策の改善と交流に役立つことも期待される。

本書は，3つの部分により構成される。

第1編「中国における調停の形成と変容」では，中国調停制度の沿革と発展，調停の生成された社会背景，調停観・調停理念の変遷，古今における調停の特徴等の側面から，中国における調停の進展過程を概観する。加えて，日・米・中三カ国における調停の歴史と調停文化の中に存在した類似点と相違点に関する考察を通じ，中国調停の特質を明らかにする。

第2編「中国における調停の現状と課題」は，日・米法との比較の視点から，中国における調停の制度，理論，実務及びそれに係わる重要な課題についての考察と分析を通じ，中国における各種調停の現状・特徴・機能を明らかにするものである。そのうち，第2章では，中国調停メカニズムの要素，構造，機能に対する分析と検討によって，中国における調停制度の全体像を概観し，第3章から第6章までは，現行の調停制度のあり方について，全面的な，具体的な考察と研究を行う。具体的に言えば，第3章では，日本における司法調停との比較の視点から，中国の「司法調停」，「裁判所による調停」，「訴訟内調停」と言われる法院調停の本質，原則，制度現状，無効の救済などの課題について，考察と検討を行う。第4章では，中国における民間調停の主要な形式である人民調停の理論根拠，性格，機能，組織及び手続ルールなどの課題を検討した上で，日・米における民間調停との比較からの示唆について論じる。第5章では，中国における行政調停の様態とあり方を示す上で，行政調停の性格と効力について検討を行う。さらに，日本の「専門員会型」行政調停との比較を通じ，中国の「政府機関型」行政調停の特徴を明らかにする。第6章では，世界的な仲裁と調停を連携させる動きを概観

iii

はしがき

した上で，主に中国における仲裁調停の現状と課題について，理論及び実証的な検討を行う。

　第3編「法化社会における中国調停の再構築」では，中国における調停の問題点を指摘し，その改善策について提案を行う。また，ADR・調停をめぐる日・米・中における最新動向に関する考察を踏まえ，今後中国調停の直面する課題を指摘し，さらに，終章では，法化社会における中国調停の行方を展望する。なお，参考として，中国の調停に関する法律条文を翻訳し，本書の最後に付する。

　本書は，博士論文『中国における調停に関する理論および実証的な検討』に若干の修正・加筆を行ったものである。中国のADRに対して興味を持っておられる日本の法学者，実務家および学生にとって，本書がいささかでも参考になれば幸いと思う。

　拙い研究ながら，本書が無事に完成に至ったのは，多くの方々のご指導やご支援をいただいたからほかならない。この場を借りて，深く感謝の意を表したい。とりわけ，筆者の中央大学大学院博士課程の指導教授である小島武司先生には，研究の面に限らず多方面において，厳しく的確なご指導とご教示をいただくと共に，数々の暖かいご配慮をいただいた。筆者にとってまさに恩師であり，先生には何よりもまず心からの感謝を捧げたい。また，中央大学法科大学院教授の二羽和彦先生，群馬大学名誉教授の中村喜美郎先生からも，懇切丁寧なご指導をいただいた。この場を借りて，深く感謝の意を表したい。

　最後に，遥かな祖国にいながらずっと心の支えになってくれている両親に本書を捧げたい。

　なお，本書の出版をご快諾してくださった信山社の渡辺左近氏には，大変お世話になった。記して御礼申し上げる。

　　　　2008年春

　　　　　　　　　　　　　　　　　　　　　　　　　　　　韓　寧

目　　次

第1編　中国における調停の形成と変容

第1章　序　説 ―――――――――――――――――――― 3
第2章　中国における調停の形成，発展とその要因 ――― 5
　　第1節　中国における儒教式調停の生成と発展　(5)
　　第2節　現代中国の調停法制の変遷　(9)
　　第3節　日本における調停制度の歴史的な展開　(15)
　　第4節　日・中両国における調停制度の歴史的な関連性　(19)
　　第5節　米国における調停ブームの興起及び米・中の比較　(21)
　　第6節　小　括　(27)
第3章　中国における調停の理念と特徴 ――――――――― 32
　　第1節　アメリカ人の調停観　(32)
　　第2節　日本人・中国人の調停観　(34)
　　第3節　中国における調停理念の形成と変容　(39)
　　第4節　中国の調停理念と日・米の差異性　(44)
　　第5節　中国における調停の特徴　(47)
第4章　総　括 ―――――――――――――――――――― 55

第2編　中国における調停の現状と課題

第1章　序　章 ―――――――――――――――――――― 59
第2章　現代中国における調停制度の概観 ―――――――― 61
　　第1節　中国調停のメカニズム　(61)
　　第2節　紛争処理システムにおける調停の位置づけ
　　　　　　――日・米・中の比較　(64)

第3節　複雑系としての調停空間
　　　　　　――中国社会の紛争様態と関係ネットワーク　(76)
　　　第4節　小　括　(80)

第3章　中国の訴訟に不可欠な部分としての法院調停 ──── 85
　　　第1節　序　(85)
　　　第2節　日本の司法調停――民事調停と家事調停　(86)
　　　第3節　中国の訴訟内調停――法院調停の本質と原則　(105)
　　　第4節　法院調停の主体　(113)
　　　第5節　法院調停の対象となる紛争の種類　(117)
　　　第6節　法院調停手続の流れ　(119)
　　　第7節　調停無効に関する日・中の比較　(122)
　　　第8節　法院調停と日本の司法調停及び訴訟上の和解との比較　(127)
　　　第9節　小　括　(129)

第4章　「東方の経験」――人民調停の神話 ──────── 137
　　　第1節　序　(137)
　　　第2節　行政と民間の狭間における人民調停の探索と挫折　(138)
　　　第3節　「2つの矛盾」に関する理論及び人民調停に対する影響　(145)
　　　第4節　人民調停の組織化　(151)
　　　第5節　人民調停の手続ルール　(155)
　　　第6節　人民調停の二重指導体制　(162)
　　　第7節　人民調停の性格に対する再定位　(165)
　　　第8節　日・米における民間調停の現状及び
　　　　　　日・米・中三カ国の比較　(167)
　　　第9節　小　括　(180)

第5章　行政調停の位相とあり方 ─────────────── 189
　　　第1節　序　(189)
　　　第2節　日本における行政調停の現状　(190)
　　　第3節　中国における行政調停の態様とあり方　(201)
　　　第4節　中国行政調停の性格と効力に関する検討　(227)

第5節　行政調停に関する日・中の比較　(236)
　　　第6節　小　括　(242)
第6章　仲裁調停の現状と課題 ──────────── 251
　　　第1節　序　(251)
　　　第2節　各国における仲裁と調停の連係　(252)
　　　第3節　中国における仲裁調停の生成と発展　(260)
　　　第4節　仲裁調停の手続構造　(266)
　　　第5節　仲裁と調停の連携手続に関する日・中の比較　(274)
　　　第6節　小　括　(278)
第7章　総　括 ─────────────────── 283

　　　　　　第3編　法化社会における中国調停の再構築

第1章　序　説 ─────────────────── 291
第2章　中国の調停に対する批判と克服 ─────── 293
　　　第1節　法院調停についての批判と克服　(293)
　　　第2節　人民調停についての批判と克服　(299)
　　　第3節　行政調停の問題点及びその克服　(303)
　　　第4節　仲裁調停の問題点及び改善策　(306)
第3章　米国におけるADRの理論及び実務動向 ──── 313
　　　第1節　序　(313)
　　　第2節　米国におけるADR手法の多彩な展開　(314)
　　　第3節　米国におけるADRの理論諸相　(319)
　　　第4節　立法措置を中心としたADRの制度化　(322)
　　　第5節　小　括　(327)
第4章　日本における調停及びADRの最新動向 ──── 336
　　　第1節　序　(336)
　　　第2節　調停に代わる決定の活用　(337)

目　次

　　　　第3節　特定調停制度の創設と展開　(345)
　　　　第4節　ADR基本法を中心とする制度基盤の整備　(354)
　　　　第5節　小　括　(362)

第5章　中国における調停の最新動向 —————— 371
　　　　第1節　序　(371)
　　　　第2節　統計から見た法院調停と人民調停の最新動向　(374)
　　　　第3節　経済紛争処理センターの試みと挫折　(382)
　　　　第4節　調停の多様化と国際化　(385)
　　　　第5節　弁護士の調停への関与　(391)
　　　　第6節　小　括　(397)

第6章　総　括 ———————————————— 402

終章　要旨と結論 ——————————————— 404
　　　　第1節　はじめに　(404)
　　　　第2節　各部の整理　(405)
　　　　第3節　本書の中国調停に関する研究における位置づけ　(415)
　　　　第4節　おわりに　(417)

付　録　(415)
　　　Ⅰ　法院調停に関する法律規定　(423)
　　　Ⅱ　人民調停に関する法律規定　(431)
　　　Ⅲ　行政調停に関する法律規定　(442)
　　　Ⅳ　仲裁調停に関する法律規定　(459)

事項索引　(463)

第 1 編
中国における調停の形成と変容

第1章 序　説

　調停は，第三者が法律及び条理に基づき，働きかけ，説得，教育を通じ，紛争の当事者双方を合意へと導く紛争解決の方法である。[1]

　調停という紛争解決方法は，最近のADR運動の活発化に伴い，よく議論されているテーマであるが，その歴史は古い。実際には，今から約3千年前の中国の古代社会において，調停という紛争解決の方法は既に利用されていたのである。中国において，調停は法制度として形成される前に，長い年月をかけ紛争処理手法として社会に定着していた。この手法は，民間で紛争を解決するときに利用されたのに止まらず，法廷で民事事件及び軽微な刑事事件を審理するときにも常に利用されていたため，中国において，古くから広く多用されていた紛争解決手段として認められている。

　中国の調停は，ある意味では儒家思想と密接な繋がりを持っている。春秋時代以来，儒家が主張した思想と道徳は次第に社会の主流になってきた。それにつれて，儒家の「礼」，「信」，「忍」，「譲」などの主張も，人々が遵守すべき道徳基準ばかりでなく，紛争を解決する際に従うべき基準になってきたのである。[2] また，調停は柔軟な紛争解決手法として，平和的，友好的に紛争を解決し，集団秩序の安定を維持し，人間関係の調和を実現するという機能を有するので，それは儒家が唱道した「和」という精神に合致していたのである。昔の中国においては，儒家思想の影響を受け，「和」という理念の下で，独自の発達した調停理論と調停体系を形成することに至った。儒教と調停の不可分の密接な関係に基づき，本書は中国古代におけるこのような調停手法を儒教式調停と称する。こうした儒教式の調停は，伝統的な社会に固有の紛争解決手法として，根強く中国社会に定着しており，中国における紛争解決システムの中で最も特質がある部分と言える。

　本編では，歴史的な，発展的な視点から中国における調停の形成と変容を取り上げたい。まず，中国における儒教式調停の形成と発展及び現代調停制度の変遷についての考察を通じ，調停の形成と発展の背景とその要因について検討を行う。また，このような歴史的な経緯を基に，日・米法との比較の

3

視点から，日・中両国調停制度の歴史的な関連性と米・中両国の調停発展の差異性について検討を行う。さらに，制度の研究とこれに関連する法文化の研究を結び付けることで，日・米・中三国の調停観と調停理念の共通点と差異性を考察し，かつ，より深層から中国における調停の特徴を明らかにするつもりである。

1) 広辞苑によると，「調停とは当事者双方の間に第三者が介入して争いをやめさせること」。しかし，周知のごとく，調停という言葉は多義性を持つものである。石原辰次郎教授は実質と形式の 2 つの側面から，調停の概念をあげた。「調停とは，実質的には，当事者の権利義務又は法律関係の紛争について，第三者，殊に国家の調停機関が当事者間を仲介斡旋して互譲により条理にかない実情に即した合意を成立させて紛争の解決を図ること，またはその結果としての事件の解決そのものを意味するが，形式的には，法律上特にこの呼称を付せられた上述の紛争解決のための制度ないし手続，若しくはそれにより合意が成立した結果による事件の解決そのものを指すものと解する。」(石原辰次郎『民事調停法実務総攬』(酒井書店　1984 年)　1 頁)。
2) 春秋時代の孟子は，「仁義礼智」という四徳を主張する。「惻隠の心は仁也。羞悪の心は義也。恭敬の心は礼也。是非の心は智也。」このような四徳に従い，理想な社会秩序を創るために，「和をもって貴となす」，「朋友信あり」，「克己復礼」，「辞譲の心は礼の端なり」，つまり「和」，「信」，「忍」，「譲」等が要求されていたのである。

第 2 章
中国における調停の形成, 発展とその要因

第 1 節　中国における儒教式調停の生成と発展

1　中国古代の儒教式調停の起源と発展

　調停は中国において悠久なる歴史を持っている。太古の奴隷制社会において，それは民間紛争を解決する方法として，既に利用されていた。その後の各時代を経て，調停という紛争の解決方法は，中華民族の民族性に非常に合致したため，統治者と庶民の両者に引き継がれ，強く社会に定着し，しかも次第に紛争解決の基本的な手段となった。

　考古学の研究により，文字で記載された調停制度としては，一番古いもので，周の時代に遡ることができる。周代において，官制に係わる史料の中で，「調人の職，万人の難を司りて之を調和させ」（調人之職，司万民之難而和諧之）という記載がある。[1] この史料により，周代において，官制の中で，「庶民の難事を処理し，民間紛争を調停し，人間関係を調和させる職」，すなわち，調停を担当する係官を設置していたということを明らかにした。ほかに，西周と東周時代の青銅器に刻む銘文には，調停に係わる判例も記載されている。[2]

　春秋時代の孔子と孟子は，「和為貴」，「中庸」，「礼」，「息訟」（訴訟を抑える）という儒家思想を唱えていた。この儒家思想は，中国古代における紛争の解決に大きな影響を与えた。漢代では，統治者は，訴訟が社会の調和状態を破ることによって，それを悪いことと見做し，しかも，「無訟」という理想的な社会を追求するために，できる限り調停の方法を採用した。したがって，漢代の司法官僚は教化を重視し，民事紛争，とりわけ家庭内財産紛争について，大抵説得，教化方式によって解決したのである。[3]

　唐代前は，倫理道徳の面から調停を行うのが普通であった。すなわち，

「礼」,「和」を強調していた。唐代になると,中国の封建経済が発達すると共に,民間紛争も増えていたので,調停で紛争を解決するのは,「礼」,「和」などの観念論的効果を収めるのに止まらず,統治秩序の安定を維持することにも重要な役割を果たしていた。当時,調停で解決する紛争は,家族,婚姻,土地,殴打などに係わる民事紛争と軽微な刑事事件であり,「十悪」などの厳重な事件は調停を適用してはならないとされた。4)

宋代に入ると,官府による調停と民間による調停の両方が盛んに行われた。官府による調停は,宋代の司法用語の中で「和対」と呼ばれ,当事者の自由意思を問わず,強制で調停を行った。5) また,民事事件を審理するとき,当事者を説得し,訴訟を抑えるのは,司法係官の職責とされた。その一方で,民間調停は,郷里調停,宗族調停,隣人親友調停などいくつかの調停類型が出てきた。

元代の法律は,調停について,紛争の内容から手続までの詳しい規定を設けていた。たとえば,「至元条格」という法律は,婚姻,家庭財産,土地家屋および債務をめぐる紛争について,重大な違法事件でない限り,町村の長が当事者に道理に基づいて説得し,解決する,農務を妨害しない,訴訟を提起しないようにするということを規定していた。町村の長のほかに,宗教首領,軍事首領も地域の紛争を調停する責任を負った。6) 司法上の調停は,司法係官が法廷で行い,当時に,調停で訴訟を抑えるのが役人の実績となるので,民事事件を審理するとき,これらの役人はできるだけ調停を行ったのである。7) 元代において,調停とほかの非訟事件の手続を「告拦」と言う。「元典章・刑部・訴訟」(元時代の法典)の中では,「告拦・田土告拦」という条文が設けられていた。この条文は調停の拘束力を認め,調停で解決した紛争について,裁判所は違法事由を有しない限り,再度受理することができないことを規定していた。8)「元典章」において,調停の法的効力を認めるのは,中国古代調停制度の重大な発展と考えられている。

明代においては,調停は紛争の解決にあたって訴訟に対する補助的役割を持つと認められた。特に,家族内部の紛争については,族長が家法,族法に従って,調停を行い,是非を判断するのであった。官府は,家法・族法が家族内部関係に対する法的効力を認める上,族長が族内の民事紛争に対する裁決の法的効力も認めた。それに,官府に訴えた家族に係わる民事紛争は,州,

県の長官が一般的に族長に処理させたのである。9) 実際に，この場合は，族長・家長が，家族内紛争の裁判権を行使する裁判官の役を担当するようである。昔，中国各時代の統治者は郷里調停という紛争処理方法を認め，すなわち，郷老，里正など末端の役人が郷・里という地域の民事紛争と軽微刑事事件を調停し，調停で達した合意は当事者に対して法的拘束力を有するとされた。明代に，郷里で「申明亭」という機構を設置し，礼儀道徳を宣教し，かつ，里長，里正が民事紛争を調停するものであった。10)

清代になると，調停制度はさらに広い範囲で活用されるに至った。当時の司法官は，法廷内の審判と法廷外の調停を結びつけ，社会各方面の協力を求め，調停を行った。清代の法律も，調停について，明確な規定を設けていた。たとえば，清時代末期の「民事訴訟律草案」284条によると，訴訟を受理する審判機関は訴訟手続を問わず，弁論段階において和解を促すものとされ。和解が成立した場合には，事由を弁論筆録に明記するなどとされていた。11)

2　古代調停制度の生成と発展の要因

(1)　思想文化的要因

春秋時代の孔子と孟子は，「和為貴」，「中庸」，「息訟」，「礼」，「信」などの思想を唱えていた。戦国時代以降，孔子の思想を中心とする儒家思想は，各時代の統治者に利用され，次第に中国社会の主導的な思想となった。そして，儒家思想が中国伝統文化の主体になると同時に，儒家の思想と処世哲学も民間と官界の紛争処理に大きく影響を与えていった。

儒家思想によって，個人，家庭，社会における「和」が最も一番大切なことである。12) 訴訟は，「和」という状態を破壊し，よくないこととされる。したがって，「無訟」という理想的な社会を追求するのが，各時代の統治者の目標とされた。13)「無訟」の社会を達成するためには，訴訟を抑えなければならない，つまり，「息訟」しなければならない。この理由から，調停は「息訟」の最高の方法として，各時代の統治者に採用された。各時代，「無訟」は官僚に対する評価の一つの標準であったので，司法係官はできるだけ調停で紛争を解決した。14) 紛争を解決する際に，調停のほうが訴訟より当事

者と司法係官に優先的に考慮された。清時代の康熙帝が「調停息訟」を「弭盗」（窃盗を防犯する），「完糧」（食糧を備蓄する）と同じような重要なこととし，各級の官吏に対し誠実に執行するよう要望した。[15)] それに，「和」も人間関係にとって最高の理念と考えられ，紛争そのものは，調和状態を破壊するものと考えられる。[16)] 「喧嘩両成敗」，当事者の「面子」およびこれからの人間関係を考慮し，平和的な方法で，解決したほうがいいというのが，当時の人々の見方であった。

　儒家の思想によると，「礼」，「信」，「忍」，「譲」は人々が遵守すべき道徳である。自分の権利を主張する訴訟は，当時の社会に提唱されていなかった。小さな紛争は，訴訟を提出する前に，社会各方面からの説得，勧告で解決されたのである。たとえ官府に訴えるとしても，大部分の事件は，係官が当事者を説得し，和解させようとしたものである。ほかに，儒家道徳は，紛争を解決するときも，大きな役割を発揮する。「無訟」の状態が達成できない場合，孔子は正直な態度で紛争に面すべきであると主張される。[17)] 『中庸』によれば，喜怒哀楽の感情になって現れないうちのものを「中」と言い，現れて節度に合致するとき，これを「和」と言う。この「中和」こそ天地万物を通じる原理である。「中」は根拠であり，「和」は手段である。その「中」と「和」に基づき，全ての問題を解決することができる。[18)] したがって，調停を行うとき，調停の主宰者は，一般的に，「中庸之道」に従い，当事者を説得し，紛争の当事者も，「中庸之道」に従い，互譲と妥協によって紛争の円満な解決に導く。

(2)　社会的要因

　マルクスの主張によれば，社会は法律を基礎にせず，逆に，法律は社会を基礎にする。[19)] 中国古代の調停制度は，自給自足の自然経済と宗法家族制度を基礎にして形成されたものである。

　(a)　**自給自足の自然経済**　中国の古代社会は農業を主にする自給自足の社会系統であり，小農経済は絶対的，主導的な位置を保ち，商品経済は否定され排斥された。自給自足の自然経済は，伝統的な調停制度が形成される「土壌」である。農業経済の下で，土地は人々が生存する命脈であると認められ，人々は，土地に依存し，何代も同じ地域で暮らしており，このような

地縁関係は，人々の生産と生活に大きく影響を与える。したがって，個人が団体に依存する度合いが高く，個人の独立性は弱い。さらに，安定，平穏を求める社会心理を形成し，権利意識は薄弱である。このような自然経済の条件下において，紛争を解決するとき，訴訟はあまり採用されない。かえって，調停は，秩序を重視し義務を強調し私権を無視するという自然経済の価値観に合うため，よく利用されていたのである。それに，自然経済の下で，ある地域で生じる紛争は，大部分が小さな紛争であり，国家の安全に危害を及ぼさせない。このような紛争は，中国古代において，「細故」と呼ばれ，このような紛争しか調停の対象とならないのである。[20]

(b) **宗法家族制度** 父親を家長にし，長子が家業を相続する宗法家族制度は，中国古代の社会において，数千年間持続していた。中国古代において，個人が家族を超え，独立的に行動することはできなかった。宗法家族制度は，外部に対し家族の利益を保護し，家族内で扶養関係等を調整するには，重要な役割を果たしたのである。したがって，膨大な家族体系は，中国古代の社会基礎と認められる。家族，氏族の中で，家長，族長が権威を持っており，家族内，氏族内の紛争を解決し，家族・氏族成員を管理した。調停は家族・氏族の安定さらに社会の安定を維持することができるので，宗族調停は中国古代において，かなり発達した。特に，明清時代において，家事事件については，当事者は官府に提訴したものの，州・県の長官は往々にして族長を取扱人として当該事件を処理させようとした。[21]

第2節　現代中国の調停法制の変遷

現代中国の調停法制は，法院調停と人民調停を中心にして展開してきたものである。[22] 法院調停と人民調停の歴史沿革と展開の過程は以下の通りである。

1　法院調停の沿革と立法過程

法院調停の手法は，訴訟手続の中で調停を行い，できるだけ調停で事件を

解決するということである。実際に，前述のように，中国古代の官府は民事事件を審理する際に，訴訟手続の中における調停手法の採用は既に慣行になったようである。確かに，当事者の自由意思を尊重し，法律により調停を行う等各方面から見れば，現代の法院調停と古代の訴訟調停は一見同じものではないように見えるが，実質において両者は切っても切れない歴史的な関連性を持つ。したがって，民事訴訟の過程で当事者を説得し調停で民事紛争を解決する裁判方式は，必ずしも中国共産党の独創ではないと考えられる。ただし，中国共産党は，今日まで旧法に対する継承性を認めず，そのため，中国国内の学者は，一般的に，法院調停の起源を革命根拠地時期（1928～49年）の調停制度に遡らせる。

(1) 革命根拠地時期の調停制度

(a) **馬錫五審判方式**　法院調停の歴史的な根源が，日中戦争時期（1937～45年ごろ）の中国共産党の法院裁判制度から来ているというのは，中国学者一般の見方である。[23] その時期，陝甘寧辺区という共産党の統治地域において，馬錫五（1898～1962年）という司法実務家は，大衆の中に深く入り込み民事事件の経緯を取り調べ，裁判と調停を結びつけ調停に重点を置き，できるだけ調停の方法で民事事件を解決する裁判方式を作り出した。これは「馬錫五審判方式」と言われ，日中戦争時期の法院裁判制度の前身である。[24] この裁判方式は，辺区大衆から好評を博して迎えられ，政府にも注目されるに至り，民事事件を審理する新方式として広く用いられることになった。それからの共産党政権の下における民事裁判制度はこの優れた伝統を受け継ぎ，民事事件を審理しながらできるだけ調停で解決し，調停が成立しない場合に強制的な方法である判決で解決することになった。[25]

(b) **革命根拠地及び解放区の調停立法**[26]　1937年から1949年までの間，共産党の革命根拠地及び解放区の政権は，民事訴訟に係わる法律，法令，条例，指示などを30余り公布し，これらの法律規範の中で民事事件をできるだけ調停の方法で解決するということが明確に規定されていた。そして調停方式は紛争を解決し，訴訟を減少させ，司法業務を改善する最も優れた方式と考えられていたのである。[27]

(2) 新中国成立以後の法院調停制度の展開

新中国の成立後も，民事訴訟の中で調停は，民事紛争を解決する方式として重視された。立法上は，以下の段階にまとめることができる。

(a) **調停不優越段階（1949〜57年）**　1950年12月31日，中央人民政府法制委員会は「中華人民共和国訴訟手続試行通則」を公布し，この中で調停が規定されていた。「通則」第30条により，民事紛争或いは軽微な刑事事件の当事者は，人民法院に調停を申し立てることができるとされた。係属審理中の民事事件と軽微な刑事事件については，人民法院が状況により先に調停を行い，調停が不成立の場合には即時に判決を下すべきであるとされた。ただし，調停は必ずしも訴訟の前置手続ではない。

1956年10月の最高人民法院「各級人民法院民事案件審判手続についての総括」及び1957年の最高人民法院「民事案件審判手続（草案）」の規定によると，担当裁判官が事実を明確にし，調停できると認められた事件について調停を試みることができるとされた。また，当事者がいつでも調停を申し立てることができるとされた。そして，婚姻事件を除き，調停は訴訟の前置段階ではなく，また調停が不成立の場合，審判を行い続けるものとされた。

1949年からの8年間，調停は民事事件の終結方式として判決と並行し利用されたものの，優越的地位を保っていなかった。

(b) **調停を主にする段階（1958〜82年）**　1958年8月に毛沢東が北戴河会議で，人民内部の矛盾を正確に処理する理論と民事事件の審判経験より，「調査研究，就地解決，調停為主」（調査研究し，現地で速やかに解決し，調停を主にする）いわゆる民事審判の「12字方針」を提出した。これを基礎にして，1964年，最高人民法院院長謝覚哉は第3回全国人民代表大会で最高人民法院の業務実績について報告をする際，全面的に，「依靠群衆，調査研究，就地解決，調停為主」（大衆を頼り，調査研究し，現地で速やかに解決し，調停を主にする）という「16字方針」を提出した。[28] それから「調停を主にする」という法院裁判業務の基本政策は，当時の調停に大きく影響を与え，裁判よりも調停が優先されてきた。その理由は，社会主義の下に発生する民事紛争が基本的に人民内部の矛盾に属し根本的な利害の衝突がないため，調和が可能であり説得と教育による調停が有効であると考えられてきたためであ

る。「調停を主にする」とは同時に「裁判を補にする」という意味を持ち，これは人民法院の本職と矛盾する。さらに実践中に多くの人民法院は調停で終結する事件数を調べ，調停で解決する事件の多寡を裁判官の実績を評価する基準にした。

(c) 調停を重んずる段階（1982〜91年）　1982年，「中華人民共和国民事訴訟法」が公布された。従来の民事紛争一般に対する「調停を主にする」方針は，裁判において1982年の旧法6条で「調停を重んずる」という表現に改められた。すなわち，1982年の旧法に基づいて，当事者が申し立てるとき，又は人民法院が調停で解決することができると認めるとき，まず事件の真実を調査し是非を明らかにした上で，裁判官が当事者を説得し調停で訴訟を終結する。調停が不成立の場合は，法律により判決を下す。調停は，当事者双方の同意によることとし，強制してはならない。離婚事件については必ず調停を実施しなければならず，調停により当事者の合意を得られないときは判決で解決する。

(d) 自由意思と合法調停の段階（1991年〜現在）　1991年に民事訴訟法が改正された。現行民事訴訟法9条は，「民事事件の審理は，自由意思と合法の原則に基づいて調停を行わなければならない。調停が成立しない場合は，速やかに判決を下さなければならない」と規定する。現行民事訴訟法では，旧法にあった「調停を重んずる」という文言は削除されている。

2　人民調停制度の変遷

(1)　人民調停制度の原型

人民調停制度の原型は昔の民間調停である。前述したように，中国の民間調停が利用された歴史は古く，固有法（古代中国法）の時代に遡ることができる。

全く新たな組織化を目指した民間調停制度は，1940年頃，日中戦争と解放戦争の時期，中国共産党の指導の下での各根拠地と解放区の調停制度から始まったと言える。各辺区の地方政府が公布した調停条例或いは規則によれば，各地の調停組織はほぼ同一の内容を持つものであった。すなわち，一般

的に村政府の民政主任（或いは民事主任），社会団体の責任者，当事者の親類の中から選出された人柄の正しい者などによって臨時的な調停組織を構成し，調停を行った。政府の要員が調停に参加する場合もあったものの，調停組織自体は大衆的な組織に属している。[29] 調停は民間紛争を処理する際に頻繁に利用され，山西省平順県の記録によれば，1948年の1年間，石城などのわずか4か村で457件の民間紛争が調停によって解決された。[30]

(2) 建国初期の人民調停制度

新中国成立後の人民調停制度は，基本的に革命根拠地における大衆参加型の民間調停を引き継ぐものである。

人民調停に関して，全国的な法制上の統一を図るための立法が，1954年2月政務院公布の「人民調停委員会暫定組織通則」（以下，54年通則という）である。54年通則では，人民調停委員会は基層人民政府と基層人民法院[31]の指導の下で活動する大衆的な調停組織であり，その任務は民間の民事紛争及び軽微な刑事事件を調停し，さらに調停を通じて政策・法令の宣伝教育を行うことを規定する。また，人民調停委員会は，都市部では街道[32]を単位とし，農村では郷を単位として設置されること，などを規定している。調停の法的効力については明文の規定を欠いているが，強制執行に関する規定もないから法的効力はないと解される。

54年通則に定める人民調停制度は国家裁判機関の正規化を前提に司法制度の軌道に組み入れられたものである。だが，反右派闘争を契機にそれ以降，司法制度が定着するとまもなく，変動を繰り返していくことになる。1966年から始まる「文化大革命」の初期において，人民法院と人民検察院の職権が「公安機関軍事管制委員会」に統合されるなど，本来の司法機関は組織・機構面でも壊滅的状況に陥った。その時期，人民調停制度も，同じ運命から逃れることができなかった。[33]

文革後期の1973年頃から人民法院の再建に伴い，人民調停委員会も一部地域で活動を再開するようになる。1980年1月，54年通則が再公布され，さらに，82年憲法も人民調停及びその組織についての規定（111条）を置いたのである。80年代から，人民調停制度は平穏な発展段階に入り始めた。

(3) 現行人民調停制度

1989年6月17日，国務院は54年通則を改正し「人民調停委員会組織条例」（以下，89年条例と言う）を制定した。89年条例では，人民調停委員会は村民委員会及び住民委員会の下に組織されるほか，企業・事業組織にも必要に応じて設置できるとされた。また，調停合意について，89年条例では調停合意を「当事者は履行しなければならない」（9条1項）と規定し，しかも，調停を経て当事者が合意に達しない場合或いは合意に達した後に翻意した場合，当事者の一方は基層人民政府に「処理」を求めることができるほか，人民法院にも起訴することができると定めた（同条2項）。

1990年4月，司法部は，89年条例に基づき「民間紛争処理弁法」（以下，90年弁法と言う）を発布した。[34] 90年弁法では，「当事者は紛争の処理を戸籍の所在地若しくは居住地の基層人民政府に求めることができる」(7条)と規定する一方で，基層人民政府は，人民調停を経ていない紛争について，「当事者にまず人民調停委員会の調停を経るよう説得しなければならない」（10条）としている。基層人民政府には司法補佐員と呼ばれる民間紛争処理のための専従職員が配置され，彼らは民間紛争を処理すると同時に人民調停の業務について指導と監督を行うとされる。90年弁法は人民調停について多くの規定を設けているが，実質的には基層人民政府＝行政機関による行政調停を規定する内容になっている。

2002年9月1日，司法部が「人民調停業務に関する若干規定」（以下，02年規定と言う）を発布した。この規定の中で，人民調停の原則，人民調停委員会の設立，人民調停員の任免，人民調停の管轄，手続及び人民調停協議の効力・履行について詳しい規定を設けている。これこそ89年条例の真の施行細則にあたるものである。02年規定の段階に至って，人民調停制度は完備，健全な発展段階に入ったと言えよう。

第3節　日本における調停制度の歴史的な展開

1　法制度化される前の調停（調停前史）

　日本における調停制度の起源は相当古く，徳川時代にまで遡ることができる。徳川時代から1922年（大正11年）借地借家調停法の施行にかけて，日本社会には以下の調停方式が存在していたのである。[35]

(1)　相対済令

　徳川時代においては，身分関係の争いを除き，金銭貸借その他の債権債務に関する紛争は，その性質が当事者間の相対であることを理由に，当事者間の示談和解によって解決すべきであると考えられていた。これらの争いについては，訴訟を受理しない相対済令が発令されたこともあった。この法令が出された原因は，金公事訴訟の件数が膨大なものとなって，訴訟処理のためにほかの業務の執行に支障が出てきたことである。

(2)　内　済

　内済とは，人々で（当事者同士で）外に持ち出さず（裁判所に訴えでることなく），済ます（解決する）ことである。徳川時代の五人組制度の規約では，組員間の紛争については，まず組内で調停を試み，調停が成立しない場合に初めてその筋へ願い出ることができた。また，訴訟になった場合でも，奉行所は，名主，五人組，親類または役所の指定する者を扱人として和解を成立させようとした。

(3)　勧　解

　1884年（明治17年）からフランスの勧解制度（Dela Conciliation）に倣い，民事紛争については，訴訟による前に，治安裁判所に置かれた勧解係2名（1名は裁判官，1名は地方の名望家）が，紛争の当事者に対し，示談解決を勧告する，いわゆる勧解制度が導入され，紛争の調停的な解決が図られることとなった。

(4) 訴訟前の和解

1890年（明治23年）に裁判所構成法と民事訴訟法が制定されると同時に，勧解制度は廃止された。この民事訴訟法には，起訴前の和解の制度が設けられたが（旧々民訴381条），あまり活用されなかった。一時日本では，訴訟の前に，紛争の調停的な解決を図る運用は，ほとんど姿を消すことになった。36)

(5) 日本統治下の殖民地における調停制度

明治時代の中期以降順次日本の統治下に入った台湾，関東州及び朝鮮（大正時代に第一次世界大戦後，日本の委任統治下に入った南洋群島についても，同様であった）については，これらの地域の特殊事情から，民事紛争の解決の全てを訴訟によらせることは適当でないとの理由から，一種の調停制度が採用された。台湾では庁長，関東州では民政署または民政支署，朝鮮では警察署長（南洋群島では支庁長）等の行政官憲が訴訟の前に，まず当事者間の民事紛争について調停を行うこととされた。これらの地域において実施された調停こそ，日本において，「調停」という用語が初めて用いられた制度である。37)

2　現代型の調停制度の発展

現代型の法制度としての調停は，1922年（大正11年）借地借家調停法の施行と共に発足した。調停制度をめぐる法規制は，以下の3つの時期を区分肢にして考察することができる。

(1) 各分野における調停の簇生期（1920～1940年代）

1922年（大正11年）から1939年（昭和14年）にかけて，社会の動乱期であり，法律の不備，金融恐慌等の緊急事態の発生などによって，法律そのものが社会状況にそぐわないことを是正し社会的混乱を防ぐために，特定の分野ごとに個別の調停法が次々と成立していった。借地借家調停法（大正11

年法律 41 号）をはじめ，小作調停法（大正 13 年法律 18 号），商事調停法（大正 15 年法律 41 号），労働争議調停法（大正 15 年法律 57 号），金銭債務臨時調停法（昭和 7 年法律 26 号），人事調停法（昭和 14 年法律 11 号），鉱業法中改正法律（昭和 14 年法律 23 号）及び戦時民事特別法の中の調停に関する規定（昭和 17 年法律 63 号）が順次施行され，調停制度は，宅地建物紛争，農事紛争，商事紛争，労働紛争，債務紛争，家事紛争，鉱業紛争を処理する際に重要な役割を果たした。[38]

(2) **統合的調停制度の創設期（1940 年代後半～1950 年代前半）**

大正期・昭和初期において個別的立法によって逐次拡張されてきた調停制度は，第二次世界大戦後大きく改革されることとなった。まず，労働争議の解決を図るため，労働関係調停法（昭和 21 年法律 25 号）が制定され，労働争議の調停は労働委員会によって行われることになった。次に，民法の親族・相続編の改正と共に，それらの分野の紛争を適切に処理するため，家事審判法（昭和 22 年法律 152 号）及び家事審判規則（昭和 22 年最高裁規則 15 号）が制定され，人事調停制度は家事調停制度として発展的解消を遂げることとなった。1949 年（昭和 24 年）には家事裁判所が開設され，家事調停の処理に当った。家事調停制度は調停制度の一翼として極めて重要な機能をしている。さらに，前述各分野の調停の拡張に従って，各調停法は類似の内容を有し，それぞれに社会的，政治的問題を有するため，各別に規制されるのは不便であったことから，早期に調停法の統合整備が要望された。その声を受け，1951 年（昭和 26 年）に，労働調停と家事調停以外の各調停関係法を統合した民事調停法（昭和 26 年法律 22 号）及び民事調停規則（昭和 26 年最高裁規則 8 号）が制定され，調停に関する法規は一通り整備されることとなった。[39]

(3) **調停制度の整備・拡大期（1950 年代後半～現在）**

以上のように整理統合された調停制度は，民事及び家事の紛争の解決に重要な役割を果たし，着実に発展していった。民事，家事調停の新受事件は年々増加し，60 年代後半には 10 万件を超えるに至った。しかし，「社会情勢の著しい変動，殊に科学技術の進歩，経済規模の拡大，社会生活の変化，

国民権利意識の向上等に伴い調停の場の現れる民事・家事の紛争は，ますます複雑化すると共に，交通事故，公害等に係る新しい類型の紛争が加わって一層多様化しており，その処理はいよいよ困難なものとなっており」，調停の成立率は逆に年々低下しつつある。40) 「民事及び家事の調停制度を国民の期待に沿い得るよう充実強化しようとする」目的を図るため，1974 年（昭和 49 年）には，「民事調停法および家事審判法の一部を改正する法律」（法律 55 号）が成立した。改正法は，調停委員制度の改正（調停委員候補者等の制度を廃止し，初めから非常勤公務員として任命される民事調停委員，家事調停委員の制度を導入し，その職務の内容の充実を図ると共に，手当ての支給等の待遇を改善すること），民事調停手続の改正（交通及び公害等調停事件の管轄について特則を設けること），家事調停手続の改正（遺産分割調停手続について特則を設けること）を主たる内容とするものであり，この改正と関連して，民調規則及び家事審判規則も改正され（昭和 49 年最高裁規則 6 号），民事調停委員及び家事調停委員規則（昭和 49 年最高裁規則 5 号）が制定された。41) 日本の調停制度はこの改正法により充実強化され，新たな一歩を踏み出し，国民の信頼を得つつあると言える。その後，調停事件は漸時増加の傾向があり，調停の成立率もかなりよくなっている。

　司法型調停の著しい発展と並行し，50 年代後半から 70 年代後半まで，行政型 ADR 機関（中央建設工事紛争審査会 [1956 年]，国民生活センター [1970 年]，東京都公害審査会 [1971 年]，公害等調整委員会 [1972 年]，建築紛争調整室・東京都建築紛争調停委員会 [1978 年]）の設立により，行政型調停も発展を遂げ，司法の限界を補完した。

　60 年代後期から，民間型 ADR 機関が相次いで設立され，（財団法人日弁連交通事故相談センター [1967 年]，財団法人交通事故紛争処理センター [1977 年]），90 年代に至って，社会の多元化，紛争の複雑性・多様化，当事者ニーズの多様化に伴い，弁護士会あっせん仲裁センター，各種 PL センター，NPO ミディエイション・センターなど様々な民間型 ADR 機関が設立された。これらの民間型 ADR 機関では多種な裁判外紛争処理手法が利用され，それらの手法の中で調停は伝統的な ADR 手法として大きな役割を果たしている。

　21 世紀に入り，司法調停の領域において，特定調停という新しい類型が誕生した。バブル崩壊後，長引く厳しい経済環境の下，デフォルトに陥る恐

第2章　中国における調停の形成、発展とその要因

れのある債務者等の経済的再生を図るために，民事調停の特例として，特定債務等の調整の促進のための特定調停に関する法律及び特定調停手続規則（平成12年法律第158号及び同年最高裁規則第2号）が定められ，2000年2月17日から施行された。[42] 特定調停法が施行されて以来，連続6年間，特定調停事件は民事調停事件の8割を占め，史上の盛況を現わしたのである。[43]

第4節　日・中両国における調停制度の歴史的な関連性

　古代中国は，前近代の東アジアにおいて，一貫して宗主国（覇権国，超大国）でありつづけた。そのため，古代中国の政治，法律，文化は東アジアの諸国に大きい影響を与えた。

　中国と日本の繋がりは考証できる史料によれば，漢時代に遡ることができる。『漢書』地理志の中で，「それ楽浪海中，倭人あり。分かれて百余国を為す。歳時を以て来り献見すと云う。」ということを記述してある。[44] その時代に漢・六朝の中国文化が，既に朝鮮半島を経由して盛んに日本にもたらされている。記紀に現れた伝説に，中国思想の影響が認められ，また考古学上の遺物から，中国の文物が指摘されるのはその証拠である。

　日本と中国とは歴史的，文化的親和性に鑑み，両国の間にそれほど乖離が存在するとは考えないのが通例である。中国社会と同じように，日本社会においても，長年にわたり歴史的に形成されてきた公権力依存という儒教に影響された民衆という特色も根強く存在している。[45] 中国儒教の「和」という精神は，中国人の心理的動機を支配するばかりではなく，日本人の原理でもある。[46] 古来，聖徳太子の17条憲法第1条の「和をもって貴となす」に見られるように，紛争の合意による解決が尊重・奨励された。[47] このような調停文化から日・中の表見的類似性を発見することができる。

　日本では大化改新により，天皇による古代統一国家が樹立され，中国モデルの国家体制を作りあげる要具として，中国法特に唐法を継受し，律令を制定してこれを頒行した。一方，儒教も日本に伝えられたが，それは思想界で支配的な地位を占めるまでに至らず，唐法における礼典の形式は日本法に継受されなかった。[48] 唐法の律令と比べて，唐代の調停は副次的なものと見え

たことから，唐代の調停も継受されなかった。

12〜13世紀の元代において，中国では調停が広く利用され，法律上も，調停の対象から手続に至るまで詳しい規定を設けていた。とりわけ，「元典章」では調停の法的効力が認められていった。これは中国古代の調停制度における重要な発展である。これに対し，日本の社会においても，「和の精神」「喧嘩両成敗」[49]という思想の影響の下で，紛争を解決する際に調停の手法がよく利用された。しかし，法制度としての調停は，最も早いもので徳川時代における相対済令制度と内済制度の出現を待たなければならなかった。つまり，その創設は17世紀のことである。内済制度は同時代の中国明朝の郷里調停，宗族調停と近似するところが多く，それに加え，日・中両国は古代の法制度上の関連が緊密であるので，元代以降既に法律制度の一部となった調停制度は，日本のそれと必ずある程度の関連を持っていると推断できよう。

「調停」という用語は，もともと，十八史略の巻七宋史において，「党人が二派に分れ，僕射（宰相）の地位をめぐって抗争しているとき，両派から交互に僕射の地位につくことで，旧怨を和げ，抗争をやめようとすることを調停という」として用いられたのが初めてである。後に「争いの当事者間に第三者が介入して争いをやめさせ，仲直りをさせる」という意味になったと言われ，漢学の素養の深かった日本の司法省係官が，明治時代の中期以降順次日本の統治下に入った台湾，関東州，及び朝鮮等殖民地における民事紛争の和解解決の手段にこの用語を用いたのである。これらの地域において実施された調停こそ，「調停」という用語が初めて用いられた制度である。しかし，この調停制度は行政官憲が単独で行う点で，明治維新後の勧解制度や後に設けられた調停制度のように，裁判官と良識の代表者である民間人よって行われるものとは異なっていった。[50]

明治維新の直後，明治新政府は王政復古の名の下に，政府の形態としては太政官制を採り，地方制度は府県制により，人民の生活を支配する法典は明清律系統の新律綱領・改定律令であるなど，律令及びその流れをくむ中国的諸立法を中心として，中国法制の影響を強く受けた過度的復古調の時代であったが，日本の近代化が欧米の先進文化の侵入によりもたらされた当然の結果として，法の変革もまたやがて欧米法の継受により促進されるに至っ

た。[51)] 極めて短期間のうちに各法域で多数の法典が制定され，調停の分野においても，大正時代から北欧諸国及びドイツに倣って，次第に現代型の調停制度を形成してきた。これに対し，中国では，古来の調停制度から発展し続け，伝統的な中華法と現代の社会主義法を統合し，中国らしい調停制度を形成した。日本と中国の調停制度は，近代に入ってからそれぞれ異なった方向に向かうこととなった。

第5節　米国における調停ブームの興起及び米・中の比較

1　殖民地時代の調停

　アメリカにおいて，トラブル解決の手段として，裁判が一般市民にまで利用されるようになったのはここ100年くらいのことであり，それ以前はアメリカでも昔ながらの調停が用いられていたのである。特に植民時代，ピューリタンの社会ではその傾向が強かったようである。

　ピューリタンと呼ばれる人たちは1620年代に相次いでアメリカに渡来し，東海岸沿いに殖民した。その共同体の特徴は，メイフラワー船上の誓約にも示されているように，神を恐れ，人の善意を信じ，労働を尊び，助け合って平和に生きることであった。[52)] 当時のピューリタン社会では，トラブルのほとんどは町と教会が行う調停で解決され，裁判に訴えることは極めて少なかった。[53)] 裁判をせずに円満な解決が可能だったのは，まだ町の規模が小さく人々がお互いに顔見しりだったこと，またピューリタンは信仰深く，その分人々の自制心や道徳心が強かったためと考えられている。住民は全員，教会と町の役職に交替で就くことになったが，その運営は，現代民主主義のように投票による多数者の少数者に対する強制という形ではなく，意見の相違は忍耐強い話し合いで解決を図るということであった。

　殖民地時代のアメリカには法律の知識を持つ人の絶対数が極めて少なかったので，裁判を起こしたくとも起こせなかったというのが実情である。特に殖民地時代の初期は，町には裁判所などもなく，裁判となるとロンドンまで

わざわざ出かけなければならなかったのである。[54]

2　19世紀における調停の衰退

　19世紀に入ると，トラブルの解決法としての調停は徐々に衰退し始めた。原因は，調停が人々に嫌われたからではなく，むしろ調停の利用を難しくするような社会変化が起きたからであった。

　筆頭にあげられるその原因の1つは，教会の分裂である。論争好きなピューリタンは，教会でも教義の解釈などをめぐって論争を繰り返し，内部の揉め事が絶えず，一度対立するとどちらも頑固で妥協しないため，最後は反対者の破門，或いは脱退という極端な形でしか終ることができなかった。[55] やがて教会は分裂していった。

　ところが教区が町境と一致していた時代，教会の分裂はそのまま町の分裂を意味したので，教会の分裂が社会に複雑な影響を与えた。当時調停が人々の対立を収められたのは，何と言っても和解を取り持つ教会や町の長老が，トラブルを起こした当事者双方と顔見知りだったため，事件の背後にも精通しており，尊敬もされ，その影響力も強かったのである。しかし，教会と町の同時分裂が起こると，もともとは1つの町に住んでいた人々が完全に2つのグループに分かれ，交渉を断つことになった。接触があればトラブルも起こるが，町として正式に関係を断っているために，トラブルが起こっても，どちらからも相手側に対して和解を働きかけることができなく，結局，裁判で解決しなければならなかったのである。

　調停が廃れたもう1つの原因は，人口の増加や商業活動の発展により遠い町の人々との交流が増え，その結果争い事も増加した，ということである。

　ニューイングランドのコロニーの多くは，ヨーロッパ各国から移民が作り上げた共同体であり，コロニー内の人たちはキリスト教の宗派が同じであるばかりでなく，祖国も同じという人同士だったが，隣のコロニーの住民は，同じキリスト教徒でも違った国から移民し，違った宗派に属し，違った価値観で生活し，時には全く違う言葉を話していることさえあったのである。このように，まるで外国人にも等しいような隣町の住民との間で争いが起こった場合，どちらの町や教会の長老も調停者としては不適格だったのである。

アメリカは1776年にイギリスからの独立を宣言し，一国家として歩み出した。同時に社会を秩序立てる法律も急速に整備され，裁判所が建設されていった。また，社会が発展すると共に，アメリカ人全体が豊かになり，高額な弁護士料もそれほど負担とは思わずに払えるようになったことも，裁判が増えた理由の1つであった。

このように司法制度の整備が確実に進められていったのに反して，調停は昔のままで放置され，その監督機関や制度が新しい時代の要求に合うように調整されるということなく，徐々に衰退してしまった。[56]

3　20世紀における調停の再興

アメリカにおける最初の本格的な調停（mediation and conciliation）の利用は，1930年代に，まず，労働争議及び労働者の苦情の領域で始まった。労働調停人は，社会的に望ましい目的を達成するためにいわゆる「強腕調停（muscle mediation）」を積極的に活用しようとする場合が多かった。[57] 次に重要な舞台は家族法の領域であった。1930年代に，アメリカの離婚裁判所は調停を当事者に勧め始め，1939年には，カリフォルニア州は調停裁判所（Conciliational Court）を創設し，裁判手続の代替手段として当事者に調停（conciliation）を利用させるようになった。[58]

1960年代に入ると，連邦政府の助成を受けた貧困対策その他のグレート・ソサエティ・プログラムの下で近隣正義センター（Neighborhood Justice Center）が設けられた。同じ頃，地方レベルでも裁判所の代替手段を設けることへの関心が高まり，地方政府，教会，慈善団体その他地域組織等の出資を得て，コミュニティ調停センターが設立された。この運動は，強力な地域の絆を構築するために，また，裁判所，警察そして政府機関のような既成の国家組織に頼らなくても地域社会で紛争を解決できるようにするために，個々人の力量を向上させる（empower）一つの方法として調停を捉えるものであった。[59]

アメリカは世界で最も訴訟好きな国であると定評され，1970年代末から1980年代にかけて起こった「訴訟ブーム（litigation boom）」は，訴訟遅延の深刻化と訴訟に要する費用の増大という問題を悪化させ，裁判所を事件の幅

軛から解放するため，調停を含めて ADR 運動が生み出した。

　1950 年代，アメリカが本格的に車社会に入った。当時自動車の大衆化と共に全米で事故が多発したが，自動車保険が整備されていなかったために，事故の原因の究明から怪我の補償まで，全て裁判で解決されなければならなかったのである。その後，60 年代に入ると，反体制運動はアメリカを揺れ，普通なら警察の世話になどなるはずのない善良な若者たちが続々と刑務所に送られ，裁判にかけられるという事態を生み出した。[60] 続く 70 年代と 80 年代では麻薬を原因とする凶悪犯罪が増え，それでなくても遅れがちだった裁判はその遅滞がますます慢性化することになったのである。[61]

　裁判の遅れは当事者の精神的な負担を長引かせるだけでなく，費用も高くつき，その上裁判を待っている間に事情が変わり，勝てるはずの裁判に負けてしまうという予想外の結果に終わる危険もある。そこで，70 年代になると，市民のトラブルをより迅速かつ容易に解決する方法を求める声が社会の中に強まり，実際そのような方法を探そうという動きが生まれたのである。全米各地で裁判以外のさまざまな紛争の解決法が編み出され，試みられるようになった。そのような方法の中で現在まで生き残り，利用されているのは，Neutral Fact-Finding（中立的第三者による事実認定），Mini-Trial（ミニトライアル），Summary Jury Trail（略式陪審判断），Med-Arb（調仲）等を挙げられるが，それに従来から利用されていた Mediation（調停），Arbitration（仲裁），Ombudsman（組織内の独立した紛争解決法）などが再認識され，これらのトラブル解決法は，まとめて裁判外紛争解決手段，英語で Alternative Dispute Resolution, 通称 ADR と呼ばれている。[62] ADR の各手段はそれぞれ独自の目的と実態形態を有しているが，迅速，格安，非公開それに当事者の協調性と主体性を重んじることではどれも同じである。

　1980 年代半ばから最近の傾向としては，大学の研究所や公共団体のセンター等による，紛争処理活動の増進が挙げられる。いくつかのセンターが隣人調停や軽犯罪調停，労働問題から業務内容の枠を広げ，調停の妥当性や住民の関心の拡大による地域住民の紛争をも扱うようになったのである。これらの団体や組織は，調停や交渉介助などのサービスに，一定の料金を設定することによって，自らの活動を維持する財源としている。[63] 現在も ADR 分野の人口と組織の発展は続いており，NIDR（National Institute of Dispute Resolution）によれば1980年に5000人，1990年には15000人ものボランティア調停人が活動していたと見積もっており，実に3倍にも膨れ上がっている。また1980年には79施設であった地方公共団体のJustice Centerが1990年には300センターに，SPIDR（the Society for Professionals in Dispute Resolution）の会員が70％も増加し今なお増加し続けているのである。[64]

4　米・中両国における調停の歴史的な比較

　中国における伝統的な調停制度の基盤は，自給自足の自然経済と宗法家族制度である。農業経済の下では，人々の土地に対する依存が強かったため，土地を基礎とした地縁関係は当時の人々の生産と生活に重要な意味を有していた。それに，農業社会において個人の独立性が弱く，人々の部族・宗族・家族を中心とする集団に対する依存も非常に強かった。地域社会及び部族・宗族・家族内部の秩序の安定を維持し，地域及び集団の全体利益を守るために，地域社会では「郷村公約」，家族内では「家法」という内部の規則が制定され，地域，家族内部で生じた紛争はこれらの規則に基づき調停，仲裁などの手法によって解決された。したがって，郷里調停，宗族調停は中国古代において，かなり発達した。中国に比してみれば，アメリカにおける伝統的な調停は，自然経済，すなわち土地に対する依存より，教区に対する依存が強かった。殖民地時代，ピューリタン社会では，神の教えが生活の基本とし，教会の教区がそのまま町の境として認められていった。教会は異教徒に対して本教教徒の利益を保護し，教徒間の各種関係を調整するには重要な役割を果たしており，紛争が生じたときに，大抵町と教会の長老が調停によってそれを解決し，裁判に訴える場合は極めて少なかったのである。

　古代中国では，儒家の思想と処世哲学が民間と官界の紛争処理に大きく影響を与え，それに対し，アメリカのピューリタン社会では，人々の宗教信仰，自制心及び道徳心が紛争処理に大きく影響を与えていた。また，中国古代の調停は発達した理論根拠を有し，立法上の根拠をも有するので，調停制度は既に法律体系の一部になった。それに対し，ピューリタン社会の調停は単なる調停手法が利用された段階に止まり，未だ制度として社会に定着されていなかったのである。したがって，教会の分裂に伴い，伝統的な調停も徐々に

衰退してきた。

　アメリカの伝統的な調停は裁判制度の未発達の産物であった。司法制度の整備と裁判所の発展に伴い，人々の法意識が高まり，訴訟のほうは，頻繁に利用されるようになった。これに対し，古代の中国において，発達の法律制度と訴訟制度が存在したものの，人々は「訴訟嫌い」，「和の精神」等の思想の影響で，訴訟を選択せず，調停を選択する場合が多かった。したがって，中国においては訴訟より，調停のほうが紛争の解決に重要な役割を果たしていた。中国は訴訟嫌い国と言われるのに対し，アメリカは世界で最も訴訟好きな国との定評がある。「訴訟社会・ルール社会」と言われるアメリカと「調停社会」である中国は，国民の紛争処理方法の選択という面において，大きな相違性を持っている。

　ところが，1970年代の半ばから，アメリカの学者や各界のオピニオン・リーダー達は，「法的爆発」や「裁判所の危機」というキャッチフレーズで，訴訟のコストの増大と遅延が市民の正義へのアクセスを防げていることを指摘した。[65] このような背景から，伝統的な勝ち負けをはっきりさせる当事者の対立的なプロセスよりも，参加的，協力的問題解決方法が個人にとっても，社会にとっても望ましいものだという見方が有力になっていった。アメリカにおけるADRに対する関心の高まりは，訴訟の増加により裁判の機能不全が生じているという認識とも密接に結び付いていた。[66] 裁判機能の補完，正義へのアクセスの拡大を図るために，ADR運動は積極的に推進され，90年代に入ると，ADR手法の利用がブームとなった。逆に，近年，経済発展と司法改革に従い，中国においては訴訟事件が逐年増加し，調停事件が逐年減少する傾向がある。伝統的な調停は，次第に昔の活力を失い，「衰退期」に入り始めたのである。

　米・中両国は社会，経済，文化の面にわたって差異が存在しているので，調停制度の面においても差異が大きい。ところが，調停発展の流れから見れば，米・中両国には類似性があり，両者とも調停の「興起」と「衰退」という過程を経歴していた。ただし，目下の中国は未だ「衰退期」から脱却しておらず，それに対し，アメリカは既に「衰退期」を越え，調停の再興期を迎えている。したがって，中国は，調停の衰退及び現行調停制度の整備という課題に直面する際に，アメリカにおける調停の再興という経験及び最新

ADR理論の発展は，中国にとって多くの示唆を与えられると思われる。

第6節　小　括

　本章では，3千年の歴史的な流れから，中国における調停の生成と発展に遡ってみた。中国古代の儒教式調停の起源と発展，現代調停法制の変遷についての本格的な検討を行う過程で，中国の地理環境，人文，思想を出発点にし，自給自足の自然経済，宗法家族制度，儒家思想などといった中国儒教式調停の生成と発展の要因を究明した。かつ，現代調停の伝統調停に対する継承性も明らかになった。

　また，日本における調停制度の歴史についての考察及び日・中両国の調停制度の歴史的な関連性についての検討を通じ，日・中両国における調停の歴史上の関連及び近世の分岐が明らかになった。特に，日本が行った調停制度の先進他国からの法継受という経験，現行制度に対する改良の開拓精神は，伝統的な調停理論を更新し，現行の調停制度を整備しようとする中国にとって大きく示唆を与える。[67]

　日本と違って，アメリカにおける調停の歴史は，中国と大きな相違点を持っている。ただし，アメリカにおける調停の衰退と再興，「訴訟ブーム」から「ADRブーム」への展開に関する考察により，中国における目下の訴訟の増長と調停の不振という現象をいくらか解明することができる。さらに，アメリカにおける調停の発展の流れは，将来中国調停の運命を暗示するようなものであるので，中国の伝統調停を反省する際に，1つの有用な視座を提供することになろう。

1)　劉敏『当代中国民事司法改革』（中国法制出版社　2001年）181頁。
2)　1975年に陝西省岐山県の遺跡から西周時代の青銅器が出土した。それらの青銅器に刻む銘文には，西周時代の紛争解決の判例が記載されている。（熊先覚『中国司法制度新論』（中国法制出版社　1999年）10頁，王生長『仲裁與調解相結合的理論與実務』（法律出版社　2001年）101頁。
3)　張晋藩『中国民事訴訟制度史』（民蜀書社　1999年）11頁。

第1編　中国における調停の形成と変容

4) 「十悪」の規定は,『北斉律』の十大罪を淵源とし,隋・唐に至って初めて「十悪」として正式に規定された。「十悪」は,具体的に「謀反」,「謀大逆」,「謀叛」,「悪逆」,「不道」,「大不敬」,「不孝」,「不睦」,「不義」,「内乱」という十種類の最も重い犯罪を指す。(張晋藩著／真田芳憲監修,何天貴＝後藤武秀訳『中国法制史（下）』（中央大学出版部　1995年）44-45頁)。
5) 張晋藩・前掲注(3)　79頁。
6) 王生長・前掲注(2)　103頁。
7) 孔慶明ほか編著『中国民法史』(吉林人民出版社　1996年)　513頁。
8) 張晋藩・前掲注(3)　125-126頁。
9) 張晋藩「中国古代民事訴訟制度通論」(法制興社会発展　1996年　3期)参照。
10) 劉敏・前掲注(1)　182頁。
11) 張晋藩・前掲注(3)　244頁。
12) 邏国杰編『中国伝統道徳』(中国人民大学出版社　1995年)　25頁。
13) 胡旭晟「無訟：法の失落」(比較法研究　1991年　1期)参照。
14) 張晋藩ほか著『中華法制文明的演進』(中国政法大学出版社　1999年)　9頁。
15) 張晋藩・前掲注(9)参照。
16) 方立天「論中国伝統文化的人生価値観」(新華文摘　2000年　第1期)　132頁,張立文「儒学的人文精神」(新華文摘　2000年　第5期)　131頁。
17) 李貴連編『中国法律思想史』(北京大学出版社　1999年)　38-41頁。
18) 馬道宗『曠世勝経中庸術』(中国工商連合出版社　1999年)　4-6頁。
19) 松下輝雄『マルクス主義法理論の展開』(有斐閣　1981年)　1-6頁。
20) 劉敏・前掲注(1)　183頁。
21) 張晋藩・前掲注(9)参照。
22) 中国の調停では,人民調停,法院調停,行政調停,仲裁調停という4つの主な方式が挙げられる。これらのうち,法院調停と人民調停は一番多く利用され,一番重要な役割を果たしているので,中国調停の両輪と言われる。
23) 何鳴編『人民法院調解理論與実務』(人民法院出版社　2002年)　3頁,章武生『民事訴訟法新論』(法律出版社　2002年)　257頁。
24) 強世功『調停,法制と現代性：中国調停制度研究』　204-209頁。
25) 白録玄「中国の調停制度」(ジェリスト　885号　1987年)　70頁。
26) 1949年以前,中国共産党の政権が立てられる地域を革命根拠地或いは解放区という。
27) 李栄棣＝唐徳華「試論我国民事訴訟中的調解」(法学研究　1981年　5期)。
28) 劉敏・前掲注(1)　203頁,章武生・前掲注(23)　257頁。
29) 白録玄・前掲注(25)　70頁。
30) 久保田信之「中国の調停制度に関する一考察—強力な人民管理機関としての役割—」(問題と研究　25巻11号　1996年)　51頁。

第 2 章　中国における調停の形成、発展とその要因

31) 中国では，基層人民政府は最下級の人民政府，すなわち郷，鎮，街道の人民政府を指し，基層人民法院は最下級の人民法院，すなわち区・県の人民法院を指す。
32) 中国では，都市部の区の下にいくつかの「街道」が設置されている。それは区域の名称として日本の町に相当する。
33) 木間正道＝鈴木賢＝高見澤磨『現代中国法入門』（有斐閣　1998 年）　203 頁。
34) 「弁法」は，仕方，方法及び手順の意味を有し，法律に命名するときによく使われる。中国では，「××弁法」という法律名称は，日本語に翻訳すれば，「××手続規則」に相当する。ところが，「××弁法」は専門用語なので，本書ではそのまま使われている。
35) 小山昇『民事調停法〔新版〕』（有斐閣　1977 年）　5 頁，石井良助『日本法制史概説』（創文社　1948 年）　527 頁，山崎佐『日本調停制度の歴史』（日本調停協会連合会　1957 年）　19 頁，梶村太市＝深沢利一『和解・調停の実務〔新版〕』（新日本法規　1981 年）　15 頁，日本調停協会連合会編『調停読本』（日本調停協会連合会　1954 年）　21-39 頁，杉山晴康『日本法史概論』（成文堂　1980 年）　296 頁，沼邊愛一＝野田愛子＝佐藤隆夫＝若林昌子＝棚村政行編『現代家事調停マニュアル』（一粒社　2000 年）　2-15 頁，沼邊愛一『家事事件の実務と理論』（日本評論社　1990 年）　3-5 頁参照。
36) 石川明＝梶村太市『民事調停法』（青林書院　1985 年）　4 頁。
37) 沼辺愛一＝佐藤隆夫＝野田愛子＝人見康子『新家事調停読本』（一粒社　1994 年）　2-3 頁。
38) 小野木常『調停法概説』（有斐閣　1942 年）　1-5 頁，小山昇『民事調停法概説』（有斐閣　1953 年）　1-22 頁，小島武司『裁判外紛争処理と法の支配』（有斐閣　2000 年）　163-164 頁。
39) 石川＝梶村・前掲注（36）　6 頁，石原辰次郎『民事調停法実務総攬』（酒井書店　1984 年）　9-11 頁。
40) 最高裁事務総局民事局，家事局「最近における調停事件の概況について」（法曹時報　26 巻 11 号　1974 年）　81-83 頁。
41) 竹下守夫「改正された民事・家事調停法」（ジュリスト　569 号　1974 年）　98 頁，石原・前掲注（39）　10-12 頁，小島・前掲注（38）　167-169 頁。
42) 山本幸三監修／特定調停法研究会編『一問一答　特定調停法』（商事法務研究会　2000 年）　1-4 頁，山本和彦「特定調停手続について―民事再生手続等とならぶ合意型倒産処理手続―」（銀行法務　575 号　2000 年）　44-45 頁，相澤哲「特定債務等の調整の促進のための特定調停に関する法律の概要」（金融法務事情　1568 号　2000 年）　16 頁，林道晴「いわゆる特定調停法・同規則の制定とその運用について」（調停時報　145 号　2000 年）　1-4 頁。
43) 統計数字によれば，特定調停事件が民事調停事件の中で占めた比率は，平成 12 年は 66.3 ％，平成 13 年は 80.2 ％，平成 14 年は 85.0 ％，平成 15 年は 87.3 ％，平成 16

年は 86.6 %，平成 17 年は 85.1 %，平成 18 年は 85.3 %である。
44)　楽浪は，紀元前 108 年（漢・元封 3 年）に漢が設置した朝鮮 4 郡の 1 つである。倭人は，百余国に分かれていたが，楽浪郡に定期的に朝貢していた。朝貢するときには貢物を持っていく。これに対し，漢帝国から回賜の品物が下される。
45)　井上教授によれば，「日本を大和と称したものも故あることである。」「和は日本人的原理である。和の心理的動機は忍であり信である。」（井上右近『十七憲法の思想史的謹解』（丁子屋書店　1942 年）87 頁）。
46)　加地教授は日本社会について「お上に対して，べったりと甘えてぶらさがるのが，われわれ儒教的民衆である。」と言う。（加地信行『儒教とは何か』（中公新書　1990 年）242 頁）。
47)　憲法 17 条の「以和為貴」とは，日本国家の根本法理たる国体と国民的道義とが「和」の精神に基づくものであることを規定したものである。（小野清一郎「憲法十七条における和の精神について」（愛知学院大学宗教法制研究所紀要　34 号　1987 年）236 頁参照）。
48)　島田正郎『アジア―歴史と法―』（啓文社　1963 年）232-246 頁，石尾芳久『日本古代法の研究』（法律文化社　1959 年）74-89 頁，石尾芳久『日本古代法史』（塙書房　1964 年）88-114 頁。
49)　日本において，戦国時代に，大名は，家臣団の中に平和秩序を求めるために，喧嘩両成敗法を定めた。喧嘩を行った者は，理非を問わず，双方とも処罰する。喧嘩両成敗法には，「和」，「忍」，「忠」の問題，大名と家臣の公私の問題が含まれている。（斉川真『日本法の歴史』（成文堂　1998 年）266-267 頁）。
50)　沼辺ほか・前掲注（37）3 頁。
51)　福島正夫『日本近代法体制の形成（上巻）』（日本評論社　1981 年）63-87 頁，井ヶ田良治＝山中永之佑＝石川一三夫『日本近代法史』（法律文化社　1982 年）3-78 頁。
52)　こうした信条の下で生きるピューリタンの間で争いが全く起こらなかったと言うと，現実はむしろ正反対だった。ニューヨーク大学法学部のウイリアム・ネルソン教授は，「1725 年から 1825 年の 100 年間にマサチューセッツ州のプリマス郡で起こった紛争とその解決法について」という調査の中で，プリマスの人々の間で数多くのトラブルが起こったことを報告した。
53)　現存するマサチューセッツ州の記録によると，1691 年から 1775 年の間に行われた裁判の数は，州内の各町ごと平均するとわずか 57 年に 1 件の割合だった。
54)　レビン小林久子『ブルックリンの調停者』（日本貿易振興会　平成 7 年）46-49 頁。
55)　宗教が原因で対立した代表的な例として，1636 年にロジャー・ウイリアムスがマサチューセッツ州のセーラムから追放された事件，翌年のアン・ハッチンソンの破門事件，そしてクエーカー教徒の迫害事件等を挙げられる。
56)　レビン・前掲注（54）49-56 頁。

57) Goldberg, The Mediation of Grievances Under a Collective Bargaining Contract: An Alternative to Arbitration, 77 nw. L. Rev. 270（1982）参照。
58) カリフォルニア州は現在，子供の監護権が問題となる場合に調停（conciliation）の利用を要求している。
59) E. シャーマン著 / 大村雅彦編訳『ADR と民事訴訟』（中央大学出版部　1997 年）2-4 頁。
60) 反体制運動は，ベトナム反戦運動，ウーマンズ・リブ運動，公民権運動などの総称ということである。
61) レビン小林久子『調停ガイドブック　アメリカの ADR 事情』（信山社　1999 年）6-8 頁。
62) アメリカにおける ADR 手法の多様な展開について，本書は第三編の中で引き続き詳しい検討を行う。
63) 山田久美子「公害・環境紛争解決に関する裁判外紛争解決制度（ADR）の日米比較研究と今後のわが国の制度のあり方について」（早稲田大学大学院法研論集　2004 年　第 112 号）168-169 頁。
64) Lawrence E. Susskind & Joshua Secunda, "Environmental Conflict Resolution, American Experience," Hharistopher Napier（ed）, Environmental Conflict Resolution, 21,（1998）.
65) 学者のものとしては，J. H. Barton, Behind the Legal Explosion,27 STANFORD LAW REVIEW 567（1975），B. Manning, Hyperlexis: Our National Disease, 71 NORTHWESTERN UNIVERSITY LAW REVIEW 767（1977）がある。
66) 1967 年には「司法運営に対する一般的不満の原因に関する会議」，いわゆる「パウンド会議」が合衆国司法会議，州最高裁長官会議およびアメリカ法曹協会の共催で催され，ADR がテーマの 1 つとして取上げられた。See W. E. Burger, Agenda for 2000 A.D. — A Need for Systematic Anticipation,70 F. R. D. 83; See also F.Sander,Varieties of Dispute Processing, 70 F. R. D. 111。さらに，樫村志郎「アメリカ合衆国における民事紛争解決のための課題」（自由と正義　41 巻 4 号　1990 年）54 頁参照。
67) 90 年代から，中国において法治保守主義が現れてきた。その代表者は蘇力教授である。彼は「中国の法治は，法制度の変革と法移植によって実現すべきではなく，中国の本土文化から創造されるべきである」と主張する（蘇力『法治及其本土資源』（中国政法大学出版社　1996 年）17 頁）。もっとも，日本の法継受の経験は，中国の法治保守主義の主張に対する最も有力な反論の論拠になると思われる。

第3章　中国における調停の理念と特徴

　人間は社会的動物であるから，個人の思考や行動は常に社会の習慣，文化，宗教，環境等によって束縛される。意識という，いわゆる「上部構造」を問題とするには，それを生み出し，また維持している経済的，社会的或いは文化的諸条件を問題にし，同時に考察しなければならない。したがって，ここで，調停理念という課題に入る前に，文化的，社会的要因などの背景を考慮して，日・米・中三カ国における国民の調停観について比較してみる。

第1節　アメリカ人の調停観

　アメリカ社会の1つの一般的印象は，社会は問題だらけで，矛盾に満ち，あらゆる関係に調和がないといったものである。アメリカ人，特に東部のアメリカ人は頑固なことで有名である。妥協を嫌い自分の主張だけを通そうとするので，一度揉め事が起きるとなかなか収まらない。お互いに意地を張って言い合っているうちに喧嘩は雪だるま式に膨れ上がることになる。[1] アメリカ人はたくましく，自分が納得したことならする，納得しないことはしない。したがって，中国・日本のように義理で何かするということはあまりないのである。そして，権利というのはまさに自分で勝ち取り，自分で守るべきものと認識されているので，司法的な判断が重視され，中国・日本のように，「正しきこと自らあらわる」という擬制の下に，「和」の精神で何でもうまく調和するという顔をしていられる社会ではないのである。[2]

　したがって，アメリカ人は歴史上長い間，調停よりも訴訟を好む傾向が強かったのである。それはアメリカが法治国家であるので，市民の間にトラブルが起これば裁判によって白黒がつけられ，解決されることが社会の慣習になっているわけである。また，世界各地からやって来た人々で構成されている国では，言葉や文化，習慣の違う人々の間に起こる揉め事は，話し合いより法律で解決するほうが簡単で迅速に処理できる，という理由もある。

さらに，社会経済的環境の変化による紛争の増加，アメリカ社会におけるコミュニティの崩壊とその規範の喪失，多量の立法（特に Civil Right Acts などの立法）などに基づく裁判所による法的救済可能範囲の拡大，かつ，訴訟開始手続の簡易性や訴訟費用・弁護士報酬制度の特質が提訴を容易にしていることを原因として，提訴件数が急増し，1970年代から1980年代にかけて，「訴訟ブーム」になった。[3]

しかし，「訴訟社会」と言われるアメリカにおいても，1970年代から，人々の考え方が次第に変わり，調停等のADRについての関心が高まってきた。そこでは，訴訟手続の遅延，弁護士費用の増加，手続運営コストの増加，陪審制の不確実性等裁判制度の欠陥が指摘され，従来の訴訟による紛争解決自体に対して疑問符を投げかけ，よりよい紛争解決手段としてADRは構想されたのである。[4] アメリカの伝統的な「競争の中からより良いものが生まれ，対立の中から真実が発見される」という考え方は見直され，「競争よりも妥協を，対決よりも対話を重視する」という考え方が台頭し始めた。[5] より「暖かい人間的な解決」としての調停は再び人々に重視されてきたのである。

ADRブームの興起及び調停理論と実務の発展に伴い，より良い環境を作り上げるための1つの方法は，市民を地域のコミュニティー内部に巻き込み，自分たちの紛争を自分たちで処理させ，かつ，判断形成の過程に参加させるという主張を持つアメリカ人は次第に増えてきた。[6] アメリカにおける調停の第一の目標は，和解だけではなく，「当事者をエンパワーする」ということである。したがって，アメリカの調停は日本と中国のそれと比べて，より当事者の主体性を強調する。

なお，アメリカは個人主義の国であるが，その個人主義とは，個人の潜在能力を信じ，それを最大限に活用することによって人間として開花し，充実した人生を歩むことを奨励する思想である。アメリカの調停が当事者の問題解決能力を尊重する点に，個人主義思想の影響が見て取ることができる。[7]

第2節　日本人・中国人の調停観

　アメリカ人の調停観と比べ，日本人の調停観は中国人の調停観に近い。日中両国はアジアの地域社会に属しているので，「東方文明」に基礎づけられ，「和」という思想がわれわれの地域文化の中で深く定着している。中国では，「和為貴」という中庸思想が数千年前から社会の主流思想として，中国人の行動を支配している。同じように，日本でも，「和の社会」と言われ，特に紛争について「和」という方式で解決する傾向がある。明治維新前に，日本は中国の文化，政治，法律制度を取り入れ，日本式の地域社会を構築したため，歴史上，両国の間に深い繋がりがある。したがって，言うまでもなく，この類似的な社会システム，文化背景の下で生み出されてきた法意識も，近似するところがある。[8] ところが，日本は，明治維新以後，西方の文化を全面的に取り入れ，とりわけ，フランス，ドイツの法制度に倣い，近代的な法文化を形成してきた。「上部構造」としての法の領域においても，西方の権利意識を導入してきたのである。逆に，中国は依然として独自の伝統文化を守り，いわゆる「中華法系」を維持し，西方の法文化を拒否する状態が前世紀の初頭まで続いていた。中国共産党が執政した後，伝統的法文化は否定され，戦争時の根拠地の法制度と旧ソ連の法モデルに基づき，社会主義法系の法制度が成立した。この時期，「公権力の信頼」という思想が中国人の法意識の特徴と言える。このような背景から見て，日・中両国国民の法意識は，一般性と特殊性を持っていることが明らかになる。したがって，法意識に支配される日・中両国国民の調停観も類似する点と相違する点がある。

1　日本人の調停観

　日本では，一般に，私人間の紛争を訴訟によって解決することをためらい或いは嫌う傾向がある。「伝統的な法意識からすると，訴訟を起こすということは，相手方に対する公然たる挑戦であり，喧嘩を吹っかけることを意味するのである」。西洋ならば当然であるような場合に訴訟を起こす者は，「かわり者」「けんか好き」等の烙印をおされる。訴訟を回避する態度は，深く

日本人の心の奥底に沈着しているのである。両当事者は紛争にあって，裁判を選択しても，たとえ訴えられる側（被告）が法律上正しくないということが判明した場合でも，「原告が白，被告が黒」とは言えないことになる。いわゆる「喧嘩両成敗」の思想が日本人の意識の中に深く根を下ろしている。[9] したがって，紛争が生じるとき，調停，和解，斡旋のほうが日本の国民に好まれる。

　国民性から見て，日本人における自我の形成は弱く，独立した"個"は確立していない。日本人は集団志向的であり，人間関係を重視している。それに，コンセンサス・調和・統合といった原理が貫かれている「和の社会」を強調する。したがって，紛争に関与した日本人が調停・交渉・和解による解決に達する傾向がある。[10] 身近な人間関係から生じるトラブルをいきなり訴訟の場に持ち出すことに対して，日本人には反感，抵抗感もしくは違和感を持つと考えられる。たとえば，家族・学校・隣人間などの社会は，基本的に信頼関係といった自然的規範によって支えられており，不幸にしてそこに生じる紛争は，信頼関係に基づく話合い，謝罪，互譲などによって円満に処理されることが好ましいと感じられるはずである。したがって，この種の紛争をいきなり法廷に持ち出すこと，つまり「裁判沙汰」にすることは，基本的な信頼関係に支えられている社会構造そのものの破壊を意味する。[11]

　訴訟は，費用もかさみ，時間もかかり，たとえ訴訟に勝ったとしても損をすることのほうが多いので，「公的な話合い」よりも，「私的な話合い」で解決するように努力すべきであるとするのが日本人の一般的な考え方である。日本人のこのような裁判回避，逆に言うと和解を好む一般的傾向は，いったい何に起因しているのであろうか。この問題をめぐって，かつて，原告（となりうる者）が自己の法的権利にこだわらないとする「文化説」，「信じられる脅迫」を不可能にする高価な裁判のために不利な妥協を強いられるとする「費用説」，両当事者の判決予測が近似（ないし一致）することからそれに基づく裁判外の合意が促進されるという「予測可能性説」など，さまざまな見解が説かれた。[12] それは，裁判にかかる費用，とりわけ弁護士費用，長くかかる時間，裁判をしていることからくる精神的，肉体的労力，世間の目，裁判に対する恐怖感・不安感，権利意識の強弱のアンバランスなど，さまざまな要因がある。裁判は，様々な紛争処理の中でも，最終的な手段である。裁

判に至るまでに，当事者同士の十分な話合い，私的若しくは公的な第三者を介しての話合いなど，事前の手続を踏んでもなお解決困難な事態であるときに，最終的手段として不本意ながら裁判に訴える，というのが平均的なパターンであろう。のみならず，訴訟になってからも，裁判官はできるだけ和解を勧めようとするであろうし，弁護士もなるべく和解の方向で解決しようと努める傾向がある。[13]

　日本人の規範意識に根強く「義理」規範が存在することがよく指摘される。「義理」も日本人の調停観に大きく影響を与えている。[14] これは紛争の権利主張の過程に現れている。日本人は"法的権利を追求しない"ということではなく，いわば"追求しにくい心情がある"。他者に対して何かをする，或いはしてもらう状況下において，何が望ましい（或いは許される）ことなのかという判断は当該の相手方をはじめ広く世間の「人の目」に照らしてみて，その要求が「恥ずかしい」ことであるかどうかを考慮した結果に左右されがちである。権利義務規範の世界に生きる者からすれば，いかにも曖昧で頼りない原則であるように映るであろうが，「義理」規範を中核に据える世界にあっては，自分に認められた法的権利であっても，その権利主張が「人の目」からして「恥ずかしくない」場合に初めて，その権利を主張できるようになるのである。[15]

2　中国人の調停観

　中国においては，昔から，訴訟より，むしろ自らの解決，一刀両断の裁判よりは和解のほうがよい紛争解決方法である，という考え方が根強く人々の心の中に定着している。そのため，紛争が生じるとき，中国人はできるだけ調停という方式を選択し，紛争の平和的な解決を図る傾向が強い。調停制度が中国において盛行する原動力は中国人の紛争に関する法意識にあると思われる。

　中国には伝統的に権利という観念自体が欠けていることがよく指摘される。共産党が執政した後，所有権や契約などについての法意識が中国人の間では発達しにくい状況にある。さらに，文化教育が遅れている辺鄙な農村では，権利意識が低いため，村民たちは自分がいったいどんな権利を持っているの

か，或いはこの権利を侵害されれば，どのように主張できるかということさえも，はっきりわかっていない。このような法意識の支配下で，紛争を回避する，或いはできるだけ紛争の段階に至らないようにするという法行動が繰り返されている。

　日本人と同じように，中国人も「訴訟嫌い」という傾向が強い。「和為貴」という中庸思想の影響を受ける中国人は訴訟を「人間関係を基礎とする階層的社会秩序」を破壊するものであると捉えており，紛争に対して，訴訟よりも説得，和解による解決を選択する傾向がある。人間関係を重視する中国人にとって，紛争を処理する過程は，感情的色彩が濃いものとして意識されている。民間紛争，とりわけ血縁と身分の関係から発生した婚姻，家庭，財産紛争が初めは感情的な摩擦にすぎず，公的ではない紛争解決方法のほうがより人間関係の調和を促すという考え方は「訴訟が嫌われ，代替的紛争解決方法が好まれる」ということの原因である。そのために，中国人の訴訟を選択する傾向は欧米諸国と比べてかなり低いのである。

　19世紀末の中国の社会を描いたアーサー・スミス『支那的性格』という本の中に，中国人の法意識について次のような記述がある。「社会の嵐が尋常のやり方で収拾がつかぬとき，換言すれば，「気」が優勢になって爆発せずには治まらぬ時には訴訟が始まる。訴訟と言えば支那では極めて重大事で忌み恐れられている。……西洋でも訴えることは一般に賢明だとは言われないが，支那では全て気狂い沙汰と目されている。訴えられるのは殺されるよりも悪いことであって，現に，訴えられないうちに殺されたほうがよいと戒めているのは，道理あることばである。……しかし，概して支那人の訴訟事件には，いずれも双方に調停人というものがあって，調停人の役目は頗る貴重である。それがあるために幾百万という事件が訴訟沙汰とならずに示談で終るのである。著者の知っている村で，戸数は千戸もあるが，既に数十年このかた１つの裁判沙汰もないという村がある。村には卿老とか卿長とか言われる顔役があってその地方の県衙門に地位を有し，争いを調停するためである」。また，「どの村でも，絶え間ない喧嘩が村人を別れ別れにする。この喧嘩の仲裁にあたって『調停人』は，かつてヨーロッパの政治家たちが勢力のつりあいを考慮したのと同様に，「面子」のつりあいを十分考慮する。調停の目的は片手落のない裁きではない。これは理論上，望ましいことではあ

ても，東洋人にはほとんどできないことであって，むしろ関係者一同に面子を適当に振りあてるように，とりきめられる。訴訟の解決にあたっても同じ筆法で，大部分はいわゆるドロン・ゲームにおわる」。[16)]このような意識や習慣が現在も中国人の法行動に影響を与えている。

ところが，「改革開放」と経済の発展につれて，中国人の思想・観念が次第に変わりつつあり，現在でも中国人の法意識は変動の過程にある。[17)]1995年に法意識国際比較研究会が行った中国人の法意識に関する調査結果を見ると，紛争が生じたときに高年齢者は「非法」的手段を選択する傾向が強いことに対し，若い世代の人々は法的手段を用いることが望ましいと考える傾向が強いことを現れている。[18)]したがって，中国人の法意識を考察する際に，世代間格差の問題を避けてとおることはできず，さらに，時代の変遷に伴い，近い将来紛争解決に対する中国人の法意識は逆転の局面を迎える可能性が高いと考えられる。

中国人の法行動に影響を与えるいま1つの要因は「公権力の信頼」という思想である。前述の調査結果によれば，公権力に対する信頼は世代間格差なく，どの年齢層の人々であってもその信頼の程度が高いのである。[19)]「公権力の信頼」よりも，「党の権威に対する信頼」というほうがより適当であろうと思われる。共産党が執政した後，数多い党員と幹部を国民の中に遣わし，民間紛争を解決させる。これらの党員と幹部たちは組織・政府を代表する立場に立っているので，彼らの説得が当事者双方を納得させ，事件についての解決方策も当事者に認容される。行政優位の中国の権力構造が国民の中で，司法判断より行政決定の影響力が大きくなるようにする。したがって，当事者の間に紛争が生じるとき，裁判よりも仲裁，調停，或いは行政処理など裁判外紛争処理方法がよく採用される。

日本人と同じように，中国人も集団的な志向が強い。個人主義・集団主義と紛争解決方略の関係については，Leungという学者がアメリカ人と中国人を対象にし，実験的な研究を行った。その結果，集団主義者である中国人は，個人主義者であるアメリカ人と比較し，裁判よりも調停や直接交渉を好む傾向が見られた。[20)]集団主義社会では，人の不仲や争い事が公になると，当事者は集団にとって危険な人物と見做され，排斥されたり，敬遠される結果になりやすい。そこで人々は，争いが公になりことを「恥」と感じ，それを秘

匿しようとする傾向を持つようになる。こうした解釈は集団主義者と個人主義者の紛争解決における動機づけの違いを強調するものであり，文化的価値説（cultural value theory）と呼ばれる。[21] しかし，Leung自身は別の説明を試みている。彼の主張によると，中国人もアメリカ人も敵意減少という属性を重視しているが，どの方略がこの点で有効かという価値判断が異なる。アメリカ人は裁判が当事者間の敵意を減少させると見たが，中国人は反対に調停や直接交渉のほうが敵意を残さないと判断したのである。こうした解釈は，方略選択の違いが文化的目標や価値の相違ではなく，それを実現すると期待される方略への価値観の違いに由来することを強調するものであり，文化的効果説（cultural efficacy theory）と呼ばれる。[22] いずれにしても，紛争解決の志向と文化との関連性は，否定できないものである。[23]

第3節　中国における調停理念の形成と変容

1　儒教式調停理念の形成と変容

(1)　調停の最高理念——「和」

　春秋・戦国以来，孔子，孟子の思想を中心にする儒家思想は，次第に中国社会の主導的な思想となり，それと同時に，儒家の思想と哲学理念も中国古代の紛争処理に大きく影響を与えた。[24]

　孔子は，「仁」が人間の最高の徳であると認め，「克己復礼」，「人を愛す」，「恭・寛・信・敏・恵」，「忠」など儒家の素朴な正義観を主張する。仁は二人とも考えられるので，二人という以上は，自分一人だけの問題ではなく，相手を予想して，相互の間に生じる人間らしい感情の交渉という意味になると思う。また，人らしさをそのように善意に解する以上，孔子は人間を信頼し，人間関係，すなわち人倫を強調することが推定できる。[25] さらに，孟子は，人には「仁義礼智」という四徳があり，「惻隠之心が仁の端，羞悪之心が義の端，辞譲之心が礼の端，是非之心は智の端」であるが，人には誰でもこの4つの美徳の端があるから，「人の性は善である」と主張する。この思

想は、「紛争の調停可能性」の重要な理論根拠となった。

　中国の伝統文化は、「天人合一」（自然と人間は一体になる）という哲学思想の下で形成された「和合文化」である。「天人合一」は、中国古代の哲学における基本的な宇宙観である。それによれば、人間はまず大自然のルールに従い、自然との調和を求めなければならない。これは自然科学の側面における和合文化である。そのほか、社会学の側面における和合文化は、人間は自然との調和を求めると同時に、社会との調和関係、すなわち、社会の一員としての人と人の間における和睦関係をも維持すべきである、というものである。また、倫理学の側面における和合文化は、人々がコミュニケーション、交流を行う際に、「仁」、「愛」、「礼譲」、「親和」ということを重んずるというものである。[26] 孔子は「礼之用、和為貴」と唱えていた。「礼」は社会の秩序を保つための生活規範の総称であり、儀式、作法、制度、文物などを含んでいる。「礼」を維持するために、「和」は最上なものとなすべきである。「和」は天地、万物の「最適化」の状態と見做され、社会が「和」の状態でしか、人間の友愛・互助、秩序の正常化、社会の安定を実現することができないとされる。

　こうした「和」を中心とした「和合文化」という背景の下で、中国人が紛争を解決する際には、「和」という精神の影響を強く受けている。紛争が生じたとき、社会の平和、人間関係の調和、いわゆる「和」の状態も破壊された。再び社会の平和、人間関係の調和を回復するために、紛争の解決が必要になる。訴訟の場合に当事者が対立・衝突する関係となるので、訴訟自体は「非調和」の手続と見做された。したがって、「仁義礼智」を道徳的な観念とする当時の人々は、できる限り訴訟を避けて柔軟な紛争解決方法を選択した。調停という手法は、紛争を解決する機能と社会の「和」という状態を維持する機能を有するので、当時の人々が好んだ紛争解決手法になったことは当然である。それに、調停手法の頻繁な利用に伴い、調停制度も次第に発達していったのである。

　「私的自治」という現代調停の基本的理念が未発達である中国古代の社会において、発達していた調停制度が存在していた原因は「和」という精神の存在にあると考えられる。古代の中国において、「和」は、社会秩序、人間関係および個人修養の中で、最高位のものと考えられ、「和」という状態を

追求し、「和」の社会を維持することも、人々の理想のようなものになったのである。「和」というものは、紛争解決の出発点であり、帰結点でもある。しかも「和」は紛争解決のプロセスに貫徹されている。したがって、中国古代調停における最も基本的な理念は、「和」と考えられる。

(2) 「礼の支配」と「理の支配」

この礼は元来、宗教儀礼から起こったものであるが、社会の変化に伴い、内容的には、宗教的なもののほか、政治的、社会的、或いは倫理的な規範として分化していったのである。孔子が礼を尊重したことは「君に事へて礼を尽くす」（論語・八佾編）、「己に克ちて礼を復むを仁と為す」（論語・顔淵編）などの言葉で察することができる。荀子はさらに、「礼は人道の極なり」（荀子・礼論編）と認めている。この極とは標準の意味であるが、荀子の思想においては、他律的に客観的な標準を定め、それに従って行動するのが人間の義務であるとされている。儒家のこの礼論は、「斉家」、「治国」の基準でもあり、紛争解決の標準でもある。[27]

礼儀は、コミュニケーションに関する行為作法または社会的基準である。具体的行為の定型化プログラムと象徴的形式によって構成される儀礼的秩序では、個人間の利己主義に基づく対抗行為を退けて、互譲、互恵ないし利他主義に基づく対話の原則が重視されている。[28]

調停についてはその社会内での公正妥当と考えられる基準に基づくものとして、「礼」のほかは、「理」もある。たとえば、元代の法律「至元新格」によって、元代の調停制度は「以理論解」である。当時、村落内の顔役たる村長がその村落内で公正妥当と考えられる解決の基準——理に従い、争いの双方の間に立って斡旋調停し、争いを和解に導くのである。[29]「理」の射程は極めて広く、「天理」、「道理」、「条理」、「情理」など、調停者が公正妥当と認める全ての基準は「理」になれるのである。

(3) 「法の支配」と「礼法統合」——天理・人情・国法

先秦時代の中国社会は儒家思想と対立する法家思想は、紛争の解決について、対極的な理論を提唱し、儒家と激しい論争を行ってきた。中国古代の社会は「礼」と「法」という２つの規範が存在していた。当時の「礼」とは、

祭祀儀礼に端を発し，宗族組織における具体的人間関係に立脚し，歴史的に形成され，社会的に容認された習慣の総体であった。一方，「法」とは，不文の「礼」に対し，当初から「公布」という形式を採って成立してきた実定的規範であった。法家は，「上古競於道徳，中世逐於智謀，当今争於気力」と主張した。「当今」の君主が「国」を持するためには，もはや「仁義弁智」によっていては不可能であって，「力」によらなければならない。すなわち，為政者は，「徳」に務めるのではなく，「法」に務めなければならない。韓非子は，人間の「利己心」を容認し，そこから生じる富の配分をめぐる争いの解決を，「法」の導入によってなそうとした。[30]

秦時代の統治者は「礼」を廃棄し，「法」だけによって，統治を行ったが，軽罪重罰主義が採用されたため，庶民の反抗に遭い，短期でこの統治は終結した。秦の苛酷な法を緩和するために，これ以降の統治者は再び「礼」を主張し，「法」の中に「礼」の理念を導入し，天理，人情，国法の三者に基づく礼法一体を基本とした司法を，中国古代社会における主導的なものと位置づけた。法律解釈権，司法権を独占的に掌握する官僚は儒学を学ばなければならなかった。[31] したがって，訴訟においても，和解，斡旋，調停という手法によって，紛争を解決した。調停は司法に取り入れられ，訴訟の手続過程における調停は中国の古代社会において大きく発達することとなった。

かつて，役所や裁判所では，執務室の上方に「天理・人情・国法」と刻まれた額が掛けられていた。紛争を処理する際に，遵守すべきなのは，まず天理，次が人情，最後に法律であるということを意味する。[32] 紛争処理の基準としての「天理・人情・国法」の順序から見ると，紛争処理の情意主義，法的制裁の温情主義が明らかである。特に，州県のレベルで行われる大量の軽微な刑事事件及び民事紛争の処理は，情理と礼儀によるものとしての色彩がより濃厚であった。中国法に関する滋賀秀三教授の比喩によれば，「国家の法は，情理の海に浮かぶ氷山の如く，情理の一部を可視的な形で固定させたものである。中国の裁判が法律よりむしろ情理によるものであり，一種の行政的調停にすぎないのである」。[33]

第3章 中国における調停の理念と特徴

2　現代調停理念の変容

20世紀の中国では，近代的経済体系と法治秩序を樹立するための実践とその挫折が繰り返されており，法観念の転換と法治の提唱に伴い，調停理念も変動期を迎えている。目下の調停理念は以下のものがある。

(1) 適法・合理

人民調停委員会組織条例6条1項は，調停の紛争解決基準について，まず，法律，法規，規章であり，次は国家政策に従い，これらの基準がない場合には，社会公徳に従って紛争を解決する，と規定している。これは日本の民事調停法の中での「条理にかない実情に即した解決」（民事調停法第1条）という規定と比べ，中国のほうがより国家と社会の利益を考慮すると思われる。中国においては，国家及び共同体の利益を過度に強調する傾向が，紛争解決の分野においても見られ，「公的規制」の影響はかなり強い。調停における法からの乖離は，中国においてある程度は政策及び社会公徳によって補われっている。

調停の基準としての法・政策・公徳は，昔の「天理・人情・国法」と比べ，順序の転換に止まらず，その内容にも大きな違いがある。「法治」社会を確立するという目標に応じて，法を第1位に位置づけるほか，政策・公徳をも調停の基準に取り入れている。このような基準は「権威主義」「公的規制」を過分に強調する中国社会の現実と合致するものの，調停手続の柔軟性からは乖離するのではなかろうかと疑問視されている。

1949年以来の中国法において，政策は，礼に代わって関係調整の機能を果たしてきたのみならず，法源性が賦与されている。とは言え，法解釈学的解決より，むしろ法政策学的解決のほうが中国的実体法規範の現状での基礎をなしている。法政策学的解決は，法律規範の適用範囲，重点，方式を状況に応じて繰り返し規定して，しかも制度的構成及びそれと社会実践の対応関係を調節するという機能的貢献が期待されている。[34] したがって，政策は，調停の基準としてより一層多用されていると言えよう。

(2) 自由意思・平等

　長期間にわたって，調停優先の理念は中国の社会に根強く定着していた。1958年の「調停を主にする」という方針は，「裁判を補にする」という意味に理解され，実際には，強制調停が大幅に増加することになった。さらに，1982年の民事訴訟法（試行）の中に調停重視の原則が採用され，調停優先の理念は裁判所の実務に幅広く浸透してきた。ところが，経済の市場化と国際化に伴い，中国取引社会の法制化はより一層推進され，調停優先の理念に対する見直しも行われた。1991年民事訴訟法の改正は，「調停を重んじなければならない」といった表現が削除され，調停と裁判との間における選択の自由，すなわち当事者意思の自主性が特に強調された（民訴法第9条，第85条，第88条）。そして，自由意思を保障するために，調停調書の合意瑕疵に対する救済の規定も設けられた（民訴法第180条）。

　人民調停も同様であり，大衆自治と国家管理の狭間で揺らぎながら，変革を経ることとなった。個人間の相互作用及び社会関係の互恵性に基づく権利概念を認めるに伴い，自由意思，平等の理念も徐々に人々に重視されてきた。人民調停委員会組織条例6条の規定により，調停は，当事者双方の自由意思に基づくものとし，平等にこれを行う。そして，人民調停と訴訟の関係について，「当事者の訴権を尊重し，調停を経なかった，或いは調停が成立しなかった等を理由として，当事者が人民法院に訴えを提起することを阻止することができない」（調停条例6条）という規定を設けた。

第4節　中国の調停理念と日・米の差異性

　西洋において論理，科学技術が発達することに伴い，西洋思想は理性中心のものになったと言える。それに対して，東洋の思想は情と意を重視するため，情意的なものと言えよう。[35] 西洋哲学は，人間の知性を強調するため，調停理念において，「正義」，「私的自治」が強調されている。[36]

　アメリカの調停理念が，典型的な西洋風であることは言うまでもない。日本のほうは，調停観は東洋のものであるが，調停理念は西洋のものを移植し

たものである。日本では，大正時代に調停制度が発足して以来，調停制度を導入すると同時に，西洋の調停理念も次第に取り入れ始めた。したがって，日・米の調停理念は基本的に類似性を持っている。

　中国の調停理念は，昔は儒家思想の影響を受け，情意主義を中心にするものであったが，現在では，西洋の現代法理念を取り入れ，伝統から現代へ移行する変動期にある。そのため，現在中国の調停理念は，日・米と表見的な同一性を持っているものの，実際にまだ未成熟のものなので，日・米との間になお大きな差異がある。

　「私的自治」は，調停の基本理念として日・米の学者たちに認められている。[37] 中国の「自由意思」の理念は「私的自治」という理念と表見的な類似性を持つものの，実質的に両者の間には差異が認められる。私的自治はもともと民法上の原則であり，一般に「自分自身の法律関係は自分の意思に基づいて自由に形成できる」ことを意味する。[38] それは，国家権力の基礎づけとしての社会契約説・民主主義に対応し，私人の私人に対する義務ないし契約の基礎づけの哲学的原理でもある。[39] そして，私法の優位性を前提とした「私的自治」では，上位の価値原理としての「自己決定」の自由が強調される。[40] ところが，「自由意思」という理念は，当事者が自分の権利を自由な意思によって扱うことができるとの意味において，「私的自治」と似ているが，紛争解決の場面では，当事者の意思決定は果たして「自由」なのかが問題である。中国において，まず，紛争が生じるときには，当事者が訴訟を選択するか調停を選択するかは，自由意思・平等及び当事者の訴権尊重の原則に従って，当事者の自由意思によって決めることができるはずである。しかしながら，現実には，紛争を予防するために，人民調停委員会の調停員は紛争があると思料するとき，職権で調停を行うことができる。そして，調停をするときには，調停員は平等，中立の立場に立つ第三者だけではなく，公権力の代表者という役割も任っている。なぜなら，調停員が紛争を解決すると同時に，国家法律，政策の宣伝・教育の責任をも負うからである。すなわち，中国では調停を行う際に，一方では，「自由意思」が強調され，他方では，「国家的介入」も強調されている。目下，「公的」規制が強調される中国では，「私的」な部分が未だ十分に発展できない状態に置かれており，「私的自治」自体も未だ法律上は導入されていないのである。したがって，中国調停の

「自由意思」という理念は,「国家規制」の下での「自由意思」であり,「私的自治」という理念との間に本質的な差異が存在していると言えよう。[41]

現代社会において,「正義への普遍的アクセス」が「法の支配」の最高理念として発見されて以来,「正義の総量」の最大化を図るためには,社会における総紛争の運命に関心を持つことが必要になった。[42] 小島武司教授の主張によれば,正義の総合システムにおける救済ルートは,判決という司法権の強行的な判断,当事者及びその代理人の相対交渉による完全な自主的合意,そして,その間に位置する各種の「中間的紛争解決機構」の3つに分類することができる。[43] そのいずれも「正義へのアクセス」の最大化の目標を達成するために機能している。調停は正義の総合システムにおける「中間的救済ルート」であり,その高次元での理念は「正義へのアクセス」というものである。[44]

「正義へのアクセス」以外,アメリカにおいて,調停の理念とされるのは,「裁判所の効率性の確保」,「紛争解決の質の重視」[45] というものもあり,最近,「個人の尊重と人間愛の精神への追求」[46] を調停の理念とする主張も登場してきた。日本においては,アメリカにおけるこれらの調停及びADR理念と同じようなもの以外に,「法化と非法化の共存」をADRの理念とする主張も存在する。[47] それに対し,中国においては,最近,「公平・効率」,「当事者の自治と国家司法権の統一」,「合法・合理」,「手続の効率性」をADRの理念とすることが主張されている。[48] しかしながら,これらの主張は未だ通説を形成しておらず,それに加え,そもそも,これらの主張の着眼点も日・米の理念とは異なっている。

また,調停の最高理念としての「正義」も,中国においては,日・米における観点と異なるところがある。中国的秩序の重点は,もともと実質的正義に置かれてきた。したがって,司法運用は明らかに結果志向である。実質的正義は衡平的考量による政策形成の動態を強調するが,手続,とりわけ手続的な正義と形式合理性は,あまり重要視しない。中国法では,現世を超越した神聖なる正義は成り立たず,反対に正義が人間の相互関係において揺れ動く中間的なものとして捉えられている。[49]

現代の西洋社会では,ロールズの『正義論』が上梓されてから,契約的観点に基づいて,相互性を中心として正義の解釈を行う主張が有力になってき

ている。50) しかし，中国における正義観はこの「相互性としての正義」とは違う特徴を持っている。中国の正義観念は「関係的公正」であると言える。礼儀，威厳，面子，人情などの要素による関係の構築は調停者としての高揚感を作り出すことができ，「仁学」と「恕道」によれば，「関係的公正」は家族愛から仲間の友の信頼を経て，さらに社会の一般原理へというような経過を経て生成されるものでもある。51) 中国の伝統的関係構造は，集権的統制の紐によって締め付けられ，かつ調整され得るようになってきた。これと関連して，調停の場では，人間関係・社会関係の調和が重視されており，実質的正義に基づく政策論的発想が優越性を持っている。

第5節　中国における調停の特徴

中国調停の全体像をより一層把握するために，中国における調停の特徴について，本書は次のようにまとめる。

1　古代儒教式調停の特徴

(1)　調停の対象となる紛争の種類は，「戸」（家庭紛争），「婚」（婚姻紛争），「田土」（土地，家屋紛争），「殴打」，「相争」（争い）などがあり，これらの民事紛争および軽微な刑事紛争は古代において「細故」と呼ばれていた。「強盗」，「殺人」など「十悪」に属する事件は，調停を適用してはならなかった。

(2)　調停の従った基準は，「礼俗」，「家法」，「法律」である。唐代以前，調停はほとんど倫理道徳に従って行い，「礼和」（礼により調和する）を強調した。唐代以降，「家法」，「族法」，「法律」によって調停を行う場合が多くなった。元代に至り，法律の中で調停に係わる規定が設けられ，官府調停の場合に，司法係官は大抵の場合倫理道徳の限界を打ち破り，法律の視点から調停を行っていた。ただし，民間調停の場合は，依然として「礼俗」，「家法」などに従い行われた。

(3)　調停は強制性を有する。古代においては，紛争当事者の主体性が非常に弱く，家長・族長・村の長老などの調停を受けなければ，以後の生産・生

活に悪い影響を与え，自分にも不利益をもたらす恐れがあるので，当事者は受動的に調停を受ける場合が多かった。たとえ官府に提訴したとしても，司法係官は当事者の自由意思を問わず，調停で当該事件を解決するのが適当と思うときに職権で調停を行った。こうした官府調停の場合には，当事者は司法係官の調停を受けなければならなかった。

(4) 中国古代において，紛争を解決する際に，訴訟より，調停が優先的に採用された。「息訟」，すなわち訴訟を減少し防止することは官吏の実績となるので，「息訟」の目標を実現するために，司法係官はできる限り調停の方法を採用し紛争を解決することになった。このような経緯は，現代の法院調停にも大きな影響を与えた。

(5) 調停の主宰者は，調停を行う際に，当事者間の権利義務関係に基づくのではなく，「中庸之道」によって当事者に「忍」，「譲」を説得し，当事者を合意に導いた。とりわけ，儒家の「仁」，「義」，「礼」，「智」，「信」などの道徳観念は，調停する際の是非，曲直を判断する基準とされた。したがって，ある意味では，中国古代の調停制度も伝統社会の道徳教化を重視した「徳治」，「人治」思想の産物の1つである。

2　現代調停の基本的な特徴

(1) 現代中国において，調停の概念は極めて広く理解されている。第三者が法律及び条理に基づき，争いの当事者双方に働きかけ，説得し，合意に達させる全ての紛争解決の活動が調停の範疇に属する。中国の調停は，和解，斡旋，交渉など紛争解決手段の特徴を一括し，その射程は司法，行政，民間，仲裁等各紛争解決の領域に到達している。制度としての調停よりも，むしろ一種の紛争解決手法としての調停は，幅広く国民に認識されていると言えよう。

(2) 調停を行う際に従うべき基準としては，法律以外に，国家の政策，社会の公共道徳も存在する。実際には，威厳，面子，人情等の要素も調停の手続過程に大きな影響を与えている。また，調停の過程は，紛争解決の過程だけではなく，当事者に対して法律・政策の宣伝・教育を行う過程でもある。この点からして，中国の調停は「教諭型」調停と言えよう。[52]

(3) 調停は紛争解決の機能を果たす一方で，紛争の予防，社会安定・団結の維持の面においても機能している。たとえば，人民調停では，調停員は紛争があると思料するとき，又は紛争の存在を発見するときは，紛争の激化を防止するために職権で調停を行うことができる。2000年中国司法部の「基層司法行政業務報告」によれば，2000年に中国全国において人民調停の活動を通じ，民間紛争に起因して自殺者が出てもおかしくないような事件2.7万件が解決され，自殺という最悪の結果が回避されたと言う。また，民間紛争から刑事事件に転化する可能性がある事件5.7万件が人民調停によって解決され，刑事事件へと発展することが予防されたと言う。

(4) 調停を行う者は，法院調停においては裁判官であり，人民調停においては人民調停員であり，行政調停においては政府の職員であり，仲裁調停においては仲裁人である。また，近時の新たな調停方式の創設に伴い，弁護士など法律専門家およびその他の技術専門家が調停の主宰者となる場合も少なくない。人民調停の調停員は任命，招聘，選挙という方式によって人民大衆から選出され，利用者からは費用を徴収しない。この点から見れば，人民調停は一般の国民が利用しやすく，アクセスしやすい「民的」調停と言えよう。しかし，他方では，法院調停，行政調停は完全な「官的」調停に属し，人民調停自体も人民法院，司法行政機関の二重指導を受けなければならないので，「権威主義」が依然として中国の調停に大きな影響を与えている。

(5) 調停の対象となる紛争の種類は極めて多い。たとえば，法院調停の場合，民事事件，家事事件，商事事件等のほか，被害者自ら提訴できる軽微な刑事事件（たとえば，刑事自訴事件），および行政事件の中での損害賠償の部分も，調停によって解決することができる。また，紛争自体が刑事自訴事件に属していても当事者が提訴しない場合には，公安派出所，人民調停委員会は調停で当該紛争を解決することができる。そのほか，人民調停委員会は，一般の民間紛争以外，勝手にごみを捨てるとか，汚い言葉を言うとか，社会一般的な道徳に違反する軽微で，些細な紛争についても，調停を行うことができる。

(6) 日・米両国において，調停は「非公開」で行う。しかし，中国における調停は「公開」を一般原則とする。特に，人民調停の場合は，調停会を開くことができ，一般人が傍聴することもできる。ただし，当事者の営業秘密，

個人のプライバシーに係わる事件については,「非公開」で行うことができる。

(7) 中国では，法院調停は訴訟の手続過程において，仲裁調停は仲裁の手続過程において行われるので，訴訟費用及び仲裁費用を徴収する以外，調停については費用を徴収しない。人民調停と行政調停の場合は，その運営経費が政府及び企業・事業組織によって負担されるので，調停の費用は徴収しない。53)

1) レビン小林久子『ブルックリンの調停者』(日本貿易振興会 平成7年) 16頁参照。
2) 田中英夫『アメリカの社会と法』(東京大学出版会 1972年) 151-189頁参照。
3) Goldberg, Green & Sander (eds), Dispute Resolution (1985) (herein-after, Dispute Resolution 1st) 3-7; Hurst, The Function of Courts in the United States, 1950-1980, 15-3=4 L. & Soc'y Rev. 401 (1981), 411; Burger, Isn't There a Better Way?, 68 A. B. A. J. 247 (1982) ;Miller, The Adversary System, 69-1 Minnesota L. Rev. 1 (1984), 8-11.
4) 林田学「アメリカにおけるADRの現状」(上智法学 35巻1・2号 1992年) 18-19頁，樋口範雄「アメリカ法の焦点 ADR（代替的紛争解決)」(法学セミナー 459号 1993年) 11頁参照。
5) 瀬戸口壮夫「米国ワシントン州における代替的紛争解決手続き」(判例タイムズ 838号 1994年) 16-17頁参照。
6) J. Auerbach, Justice Without Law? (1983).
7) レビン小林久子『調停者ハンドブック 調停の理念と技法』(信山社 1998年) 13頁参照。
8) 日中両国における法制度と法意識上の類似点については，利光三津『日本古代法史』(慶應通信 1986年) 145-155頁参照。
9) 川島武宜『日本人の法意識』(岩波書店 1967年) 137-143頁参照。
10) 杉本良夫『日本人は「日本的」か―特殊論を超えた多元的分析へ』(東洋経済新報社 1982年) 13頁参照。
11) 中村喜美郎『裁判法序説』(駿河台出版社 1991年) 8頁参照。
12) 和田安弘『法と紛争の社会学』(世界思想社 1994年) 210-211頁，加藤雅信「日本人の法意識」(ジュリスト 1007号 1992年) 15-20頁参照。
13) 中村・前掲注(11) 10-11頁参照。
14) 日本文化会議が行った日本人の法意識に関する調査によれば，日本人の法意識には日本人的義理人情スケールがある。(日本文化会議編『現代日本人の法意識』(第一法規 1982年) 45-53頁)。

15) 和田・前掲注（12） 212 頁参照。
16) 白神徹訳『支那的性格』（中央公論社　1940 年）　13-14 頁，307-308 頁。
17) 中国人の法律観の変化は，加藤雅信＝マイケル・K・ヤング「中国人の法意識（二）——一九九五年中国全国調査」（ジュリスト　1173 号　2002 年）　105-108 頁参照。
18) 加藤雅信＝マイケル・K・ヤング「中国人の法意識（三）——一九九五年中国全国調査」（ジュリスト　1173 号　2002 年）　126 頁。
19) 加藤＝マイケル・前掲注（18）　126 頁。
20) Leung, K., & Lind, E. A., Procedural justice and culture: Effects of culture, gender, and investigator status on procedural preferences, Journal of Personality and social Psychology, 50, 1134-1140（1986）.
21) 大渕憲一「紛争解決の文化的スタイル」（大渕憲一編『紛争解決の社会心理学』（ナカニシヤ出版　1997 年））350 頁。
22) Leung, K., & Wu, P. G. Dispute Processing: A cross-cultural analysis.
23) 提訴件数から比較すれば，アメリカは訴訟愛好の国，日本・中国は訴訟嫌いの国と言われている。ところが，判決率から見ると，アメリカでは，州レベルで判決率が 1 ％に満たない裁判所が少なくなく，連邦レベルでの判決率はただ 8.2 ％しかないのである。これに対し，日本・中国の判決率は約 40 ％であり，かなり高いものと言える。したがって，「訴訟愛好の民と裁判嫌いの民」というテーマについて理性的な吟味が必要であると小島武司教授は強く主張している（小島武司「紛争解決制度と法文化」（『民事紛争をめぐる法的諸問題＜白川和雄先生古稀記念＞』　信山社　1999 年）8-9 頁）。
24) 根本誠『中国伝統社会とその法思想』（東洋哲学研究所　1978 年）　61-77 頁。
25) 阿部吉雄編『中国の哲学』（明徳出版社　1964 年）　41-43 頁参照。
26) 劉敏『当代中国的民事司法改革』（中国法制出版社　2001 年）　184-185 頁。
27) 孔子は「政を為すに徳を以てす」「之を導くに徳を以てし，之を斉ふるに礼を以てす」（論語・為政編）と主張する。『大学』の中で，「格物」「致知」「誠意」「正心」「修身」「斉家」「治国」「平天下」という為政の八条目が主張している。儒家思想は，実践倫理に主眼があるとは言うものの，個人の人格形成だけが目的ではなく，自己と共に自己の周囲，さらにそれを次第に広げてゆき，全世界の道徳的秩序の完成を理想とするものである。
28) 季衛東『超近代の法』（ミネルヴァ書房　1999 年）　127 頁。
29) 仁井田陞『中国法制史』（岩波書店　1952 年）　120 頁。
30) 田中耕太郎『法家の法実証主義』（福村書店　1947 年）　13-21 頁，石川英昭『中国古代礼法思想の研究』（創文社　2003 年）　175-178 頁参照。
31) 中国古代において，「科挙」によって政治・司法官吏を選任していた。儒家の「四書」「五経」は必ず「科挙」試験の内容にされる。
32) 熊達曇『現代中国の法制と法治』（明石書店　2004 年）　48 頁参照。

33) 滋賀秀三『清代中国の法と裁判』（創文社　1984）　367頁．
34) 季衛東・前掲注（28）　299頁参照．
35) 岡田武彦『儒教精神と現代』（明徳出版社　1994年）　7-26頁参照．
36) ご存知のように私人間の法律関係については，私的自治の原則が採られ，各人の自由な意思に基づいて規律されている．したがって，私人間の法律関係について紛争が生じ，当該紛争が裁判所に持ち込まれた場合には私的自治の原則が訴訟の場に反映する．調停の場合にも，私的自治の原則が調停の場に反映する（足立哲「民事訴訟法案内—私的自治から始めよう—」（民事研修　478号　1997年）　42頁）．
37) 山田文「調停における私的自治の理念と調停者の役割」（民事訴訟雑誌　47号　2001年）　228-234頁．
38) 池田清治「私的自治の原則」（法学セミナー　556号　2001年）　14頁，山本敬三「現代社会におけるリベラリズムと私的自治（二）」（法学論叢（京都大学）　133巻5号　1993年）　4頁．
39) 星野英一「意思自治の原則，私的自治の原則」（星野英一編『民法総則［民法講座Ⅰ］』（有斐閣　1984年））　352頁．
40) 児玉寛「法律行為と法秩序—私的自治論における意思と理性との関係—」（私法　53号　1991年）213頁，フリッツ・リットナー／安達三季生訳「私的自治と私法の優位性」（法学志林（法政大学）　48巻2号　1987年）　10頁．
41) 私的自治は個人的意思自治であるというのが今日でも唱えられる私的自治である．しかし，「社会的原理」が浸透する現代社会において，私的自治の意味合いは変わってきている．私的自治とは自己の法律関係を自己の意思に従って創造的に形成することを言うが，その「法律関係」は社会関係であり，「自己」も社会の中での自己であり，「意思」も社会関係への意思であるから，社会の構造が歴史的に変化すれば私的自治の意味合いも異なっているのは当然である．したがって，ある意味から言えば，中国の「自由意思」は，西洋の現代法理念の導入する際に中国の社会構造に応じて生み出した「私的自治」の変種であると言えよう（山下木人「法律行為における私的自治の拡散」（法と政治　48巻1号　1997年）　8頁）．
42) カペレッティ＝ガース／小島武司訳『正義へのアクセス』（有斐閣　1981年）1頁，マウロ・カペレッティ編／小島武司・谷口安平編訳『正義へのアクセスと福祉国家』（中央大学出版部　昭和62年）3頁，L. M. フリードマン「正義へのアクセス—社会的および歴史的観点—」（マウロ・カペレッティ編／小島武司・谷口安平編訳『裁判・紛争処理の比較研究（下）』（中央大学出版部　1985年））　4-5頁．
43) 裁判を紛争処理システムの中心に位置づけながら，裁判とADRとを含む「正義の総合システム」を構想する小島武司教授に対し，裁判とADRとは理念的には対等の地位を主張しつつ，両者の相互浸透および相互連携を期待する学者がいる．たとえば，井上治典教授は，「裁判手続が本質的に有している諸価値を裁判外手続に取り入れ，裁判外手続に見られるメリットや手続運営の工夫を裁判にもいかしていくという，そ

れぞれの隔壁を流動化した上での相互交流と共存共栄のスタンスの中で，普遍的な紛争調整の手続のあり方が模索されなければならない」と主張している（小島武司『調停と法——代替的紛争解決（ADR）の可能性』（中央大学出版部　1989年）　4-7頁，小島武司「紛争処理制度の全体構造」（『講座民事訴訟法Ⅰ　民事紛争と訴訟』　弘文堂　1984年）　359-367頁，小島武司＝伊藤眞編『裁判外紛争処理法』（有斐閣　1998年）　249頁）。

44) 日本において，「正義へのアクセス」を論及した最近の論文は次のようなものが挙げられる。小島武司「正義へのアクセス，その新たな波」（判例タイムズ　1183号　2005年）　120-124頁，佐藤幸治「法の支配と正義へのアクセス」（判例タイムズ　1143号　2004年）　61-68頁，夏井高人「手続的正義—情報社会における社会構造の変化と正義の維持」（法とコンピュータ　23号　2005年）　49-51頁，照屋雅子「社会生活における紛争と解決—正義へのアクセス」（大阪経済法科大学法学研究所紀要　24号　1997年）　191-213頁。

45) McEwen, Differing Visions of Alternative Dispute Resolution and Formal Law, 12-2 Justice System J. 247（1987）; Johnson, Remarks at Panel II, 80 F. R. D. 167（1979）; 山田文「裁判外紛争解決制度における手続法的配慮の研究（一）」（法学　58巻1号　1994年）　58頁，田中成明「民事司法改革とその射程（二）」（法曹時報　47巻6号　1995年）　17頁，和田仁孝『民事紛争処理論』（信山社　1994年）　130-135頁，宮永文雄「ADRの制度化に関する一考察—アメリカ合衆国における展開を中心として—」（九大法学　75号　1997年）　79頁参照。

46) レビン小林久子「愛から愛へ—米国現代調停理念の誕生と展開（上）」（戸籍時報　554号　2003年）　2-12頁，レビン小林久子「愛から愛へ—米国現代調停理念の誕生と展開（下）」（戸籍時報　555号　2003年）　3-10頁参照。

47) 守屋明「我が国におけるADRの機能と理念についての一考察—法化型ADRと非法化型ADRの共存の必要性」（『世紀転換期の法と政治—岡山大学創立50周年記念論文集』　有斐閣　2001年）　423-454頁。

48) 范愉『非訴訟糾紛解決機制研究』（中国人民大学出版社　2000年）　363-374頁。

49) 季衛東教授は，中国における権利実現の過程においては，交渉が強調され，権利は伸縮可能な権利であると指摘した（季衛東『現代中国の法変動』（日本評論社　2001年）　284-292頁，季衛東・前掲注（28）　159-162頁）。

50) 正義の「第1の原理」は平等な自由の原理であり，その「第2の原理」は機会の公正な平等の原理と格差原理である。相互性としての正義は，報償，忠実性，相互扶助などに分けて分析することができる。（パリ，B. ／平野仁彦訳「相互性としての正義」（E. カメンカ＝A. イアースーン・ティ編／田中成明＝深田三徳監訳『正義論』（未来社　1989年）　101-156頁，渡辺幹雄『ロールズ正義論再説』（春秋社　2001年）　350頁参照）。

51) 季衛東教授は社会交換の間主観的可能性に立脚する正義観を「関係的公正」と呼

んでいる（季衛東・前掲注（28）159-162頁参照）。
52)　山田・前掲注（37）230-231頁参照。
53)　行政調停の運営経費は国によって負担され，人民調停の費用は基層人民政府および人民調停委員会を設立した企業・事業組織によって負担される。

第4章 総　括

　本編では，日・米法との比較を通して，中国調停制度の歴史沿革，調停に関する理念・国民意識の変遷，過去と現在の調停におけるそれぞれの特徴等の側面から，中国における調停の形成と変容という課題を検討した。

　中国の調停は，自給自足の自然経済の下で形成された地縁関係と封建宗法家族制度を背景として，人間関係の協調と社会秩序の維持の実践の過程において形成された。儒家思想の影響を受け，しかも，各時代における調停の制度上及び理論上の修正と発展を経て，調停の理論も次第に発展してきた。儒家の思想・道徳・観念は，調停制度の形成と発展に影響を与えるだけでなく，国民の調停観及び調停理念の発展にも大きな影響を与えた。こうした儒教と調停との間における密接不可分の関係は，中国の伝統的な調停における最も顕著な特色であると言える。

　近代に至って，西洋法理論及び社会主義法理論の導入に伴い，中国法の発展は非持続的で断層的な変革を経歴した。法律の発展と同様に，調停制度の発展も模索と挫折の過程を繰り返し，現在では伝統から現代へと脱皮する段階に来ている。伝統的な調停の基盤が近時の新たなADR潮流によって揺らいでしまうか否か，そして，従来の基盤の上でどのような制度が設立されるべきかは，この変革期における調停の中心課題になる。しかして，調停の歴史沿革，調停生成の社会背景，国民の調停観念などの問題の解明は，まず調停に係わる諸課題を解決するための前提になったのである。そのほか，他国との比較を通じ，自国の制度について再認識することも，中国調停の発展にとって重要な意義を有する。

　本編において，日・米における調停の歴史沿革，発展の比較を通じ，中国調停制度発展の流れがより明白になり，中国調停制度の特色もより明らかになった。しかも，日・米との比較を通じ，日本法における複数の法族をブレンドした混合法としての構造的特色，アメリカにおける調停の「興起～衰退～再興」の過程から，中国が調停制度の改革と未来進路の選択に直面する際に，多くの示唆を得ることができる。

第 1 編　中国における調停の形成と変容

　異なる調停観によって，日・米・中三カ国の国民が調停を選択する志向もそれぞれの異っている。東洋の情意社会に対して，西洋社会は理性社会である。したがって，日・中両国と比してみれば，アメリカ国民は調停を選択する際に，感情などの主観的な要素より，裁判の機能不全など客観的な要素が支配的な位置を占めている。

　調停観においては，中国と日本は類似性を有している。しかし，日・中両国における現代西洋法の移植と継受の方法が異なるため，調停理念の側面から見れば，日本はアメリカとより近似しており，中国は日・米と異なり，調停理念において独自性を有している。この異同は，伝統的な調停理念の面に現れるのに止まらず，「私的自治」，「正義」等の現代の調停理念においても，中国には日・米両国との間に大きな相違点が存在する。

　中国人の「訴訟嫌い」，「調停好き」及び「公権力に対する信頼」という国民性は，中国における権威主義を核心とする「調停社会」の形成にとって，重要な役割を果たしている。しかも，中国における「和」及び「天理・人情・国法」等儒家式調停理念から「自由意思」等現代調停理念への変容は，中国調停制度の発展と変容が意識領域に反映したものである。

　中国の調停は，経済，政治，思想，文化の発展に伴い，「官」と「民」，「情」と「理」，「権」と「法」[1]の衝突と妥協の漸進の変動の過程において，生成し変容したものである。時代の発展により，反省，模索，実践の過程を経て，中国の調停は必ず一連の変革を経歴し，より健全な方向に発展していくはずである。

1)　中国は，ずっと昔から「人治」の社会であった。「人治」社会において，法律が存在するものの，権力の影響は法律を超越し，社会秩序の各領域に波及していた。現在，中国が「人治」社会から「法治」社会への進展段階にあるが，社会各主体の意思決定はまだ権力コントロールの陰影から完全に脱出していない。したがって，中国の紛争処理は「権」（権力）と「法」の交錯の中で各主体の利益の均衡を保つ動態過程である。

第 2 編
中国における調停の現状と課題

第2編
中間におげる薬事制度の変遷と実態

第1章　序　章

　19世紀末期の経済領域における「洋務運動」に伴い，20世紀の初頭から，中国における近代的な法制の整備が始まった。[1] 政治情勢，社会変動，国際環境等の要因に関連して，中国社会形態の転化及び法律の整備は日本のそれと比べてより困難なことであった。西欧のパンデクテン型の法体系は清末から民国期にかけて整備されてきたものの，その過程が充分に展開していないうちに，社会の変革に伴い，社会主義の法に取って替られたのである。中国の社会主義の法整備も，模索と挫折の繰り返しの中で，曲折の非連続性の変動状態にある。[2] 長期間，中国においては非法化と反法化の傾向が強かったのである。

　中国における法律そのものが概念なり命題なり体系なりが洗練された自己完結の段階に至っておらず，一種の多元的な構成をしている。さまざまな規範は，具体的事実と社会状況の中で吟味され，当事者の意思と調整しながら，組み合わされる。実体法体系の欠陥が通例となっている中国の現状では，当然ながら実践における法創造の比較的大きな自由を認めざるを得ない。[3] しかも，中国法は急激な社会変動と複雑な関係構造への柔軟な対応力を保つために，紛争処理のメカニズムにおいて，調停と裁判を革命秩序の両輪として位置づけるのは当然なことである。[4] 調停の場では，法の維持と拡張もあれば，法適用の回避と抵抗もある。だからこそ，調停は，中国においてフォーマルなルールとインフォーマルなルールの新たな均衡状態を作り出すにあたって，重要な役割を演じることができる。

　中国の調停は，社会における個人的権利追求とその関係的自己制限を調節するための動態装置であり，国家の法と権威をインフォーマルな方式によって社会に浸透させる媒介装置でもある。[5] 国家と当事者のニーズを同時に満足させるために，多様な調停が形式上の種類の豊かさと適用範囲の広さを兼ね備えている。その発展も，単線型進化の様相ではなく，裁判と関連して，複線型の相互進化の過程である。

　本編では，中国の調停メカニズム及びその位置づけと存在空間を概観する

上で，中国調停体系を構成している4つの部分，すなわち法院調停，人民調停，行政調停及び仲裁調停について，比較法の視点から，理論及び実証的な検討を行いたい。この4種類の調停についての本格的な考察及び日・米法との比較を通じて，中国における調停の現状及び諸課題を解明することで，中国における調停制度改革の出発点と着眼点を明確にすることになる。

1) 1905年に，清朝政府は欧米法制視察五大臣を派遣することを契機にして，近代の法制化運動が始まった。1906年に，京師法律学堂が開講し，1912年には，弁護士組合が出てきた。1912年に，新刑律を公布し，1930年には，土地法が制定され，民法典も公布された。
2) 1950年代には，中国は旧ソ連法を継承し始めた。現代中国法と近代西欧法の継承関係は，H.J.バーマンが次のように表現している。「ソ連法は西欧法の私生児であり，やっと今一人前の顔をするようになった。そして，革命後の中国法はソ連法のわがままな娘であり，まだ街頭を放浪している。」しかし，政治的な理由によって，旧ソ連を模範とする立法の継承は1957年から，学説の継承は1962年から，それぞれ中断したのである。(Berman, Harold J. "Soviet Perspectives on Chinese Law", Jerome A. Cohen (ed.) Conte rary Chinese Law: Research Problems and Perspectives, Harvard University, 313-327 (1970)). そして，1966年から「文化大革命」が始まり，その後の十年間，中国の国家法システムは全面的に崩壊され，法学部や裁判所も廃棄された。1979年に至って，中国は再び国家法システムの整備を始めたのである。
3) 季衛東『超近代の法』(ミネルヴァ書房 1999年) 310-312頁参照。
4) 福島正夫『中国の法と政治——中国法の歴史・現状と理論』(日本評論社 1966年) 187頁参照。
5) S.ラブマンは，エイジェントという着眼点から，「伝統中国の調停は名実とも国家のフォーマルなエイジェントから逃れるための装置であったが，共産主義的中国の調停は直接に国家のエイジェントによって行われる」と主張する。そして，現代中国の調停における国家的動員を強調し，紛争解決の政治化現象について分析を行っている (Lubman, Stanley "Mao and Mediation: Politics and Dispute Resolution in Communist China", California Law Review Vol.55 No.5, 1355 (1967).)。

第2章　現代中国における調停制度の概観

第1節　中国調停のメカニズム

1　調停メカニズムの組み合わせ

　中国における現行調停制度は，大別すると，司法調停，民間調停，行政調停，仲裁調停という4つの類型に分けられる。

　司法調停は，いわゆる法院調停を指す。それは，人民法院が受理した民事事件，経済事件及び軽微な刑事事件（たとえば，刑事自訴事件）について，当事者の申立によって或いは裁判官が調停で紛争を解決するのが適当であると認めるときに，調停によって当事者を合意に至らせ訴訟を終結する制度である。

　民間調停は人民調停，職場調停，家族調停，隣人調停，学校内調停等を含む。職場調停，家族調停，隣人調停，学校内調停などの手法は，民間で頻繁に利用されているものの，組織上，制度上の規制を欠いており，統一の手続，ルールもないので，その利用実態を把握することは難しい。したがって，本書では検討の重点を人民調停に置きたい。人民調停は，人民調停委員会が町の住民間の揉め事や小さな家事紛争を解決するために，第三者として話合いの場を提供し，積極的に働きかけることによって当事者を合意に達させ紛争を解決する制度である。人民調停は年間460万件以上の事件を解決しており，中国における各種の紛争処理方法の中で最も活発に利用されている手法と言えよう。

　行政調停は，広い意味では行政機関が主宰する当事者間の調停のほかに，行政機関間の調停をも包含する。狭い意味での行政調停は，行政機関が主宰する当事者間の調停を指し，これは次の2つの種類に分けられる。1つは，末端の人民政府，すなわち郷，鎮の人民政府が一般の民間紛争に対し調停を行うものである。いま1つは，国家行政機関が法律の規定に基づきいくつか

の特定の紛争に対し調停を行うものである。

仲裁調停は英語のMed-Arbと同義である。名称について「仲調」か「調仲」か，学者の見解は一致を見ないが，一応，中国においては仲裁調停という名称が用いられている。仲裁手続に入ってから当事者間で任意に和解した場合は，和解（仲裁法49条）となり，仲裁判断が出される前に仲裁人の参与で当事者が和解した場合は，調停（仲裁法51条）となる。調停が成立した場合は，仲裁廷は調停書を作成し，又は調停による合意の結果に基づき判断書を作成しなければならない。調停書は仲裁判断書と同じ法的効力を有する。[1]

この4種類の調停は，すでに1つのシステムを形成し，中国紛争処理の調停メカニズムを構成している。このうち，法院調停は訴訟係属後裁判官だけが主宰するので訴訟内調停と言われ，これに対し，民間調停，行政調停，仲裁調停は訴訟外調停と言える。

2　調停メカニズムの二重構造

構造機能の分析は，社会での機能達成状態すなわち均衡状態の成立を解明するための理論たるに止まらず，紛争状態すなわち不均衡状態をもその射程内に包含する社会の一般理論であると主張される。[2] メカニズムと関連し，矛盾と統合の国家と社会，及び「官」と「民」の相互制御の動態過程は中国調停の構造の様態を決定している。

中国においては，関係構造における国家と社会，フォーマルなルールとインフォーマルなルールの競合及び不確実な決定効果が紛争解決ないし秩序維持の体制を作り上げてきた。調停メカニズムにおいて，「官」と「民」という2つの要素が相互に連動し，矛盾，統合の過程を繰り返し，国家的プロセデューと社会的プロセデューという二重構造を形成してきた。[3]

国家的メカニズムの代表的なものは法院調停と行政調停であるが，この2種類の調停は，ある側面から見れば，国家意志が調停過程に作用した産物であると言える。紛争が発生した場合に，当事者が「公的」処理を望み，争うことを裁判所と行政機関に持ち込んだときに，多くのケースは結果的に調停という方法で解決される。このような結果は当事者の希望とは多分に乖離す

るものの，国家権威の圧力に迫られ，当事者は調停者の説得の下でやむなく受動的に服従するのである。[4] 調停を多用する理由について，唐徳華最高裁副長官は，「調停は一種の裁判方法と事件解決方法である。事実がはっきりした場合に，是非を明確にして調停の方式で民事責任を確定するのは，当事者の互譲と自発的な義務履行を促進し，当事者の合法的権益と社会秩序を維持すると同時に，当事者間の団結を強化することができる」[5] と説明する。法院調停と行政調停は国家が運営する調停メカニズムなので，国家権威によって支えられるのは言うまでもないが，人民調停さえも国家権威の影響を受けている。実際には，地域の民衆に選挙された調停員は必ずしも，その地域共同体のために活動するとは言えず，共産党組織や政府機関からの国家的業務を引き受け，裁判所と司法行政部門，具体的には司法補佐員の指導を受けるようになっている。しかし，彼らは国家から報酬を全く支給されず，或いは極めて限られた手当しか支給されない。

　国家的調停メカニズムにおける国家権威に対する依存に相対し，社会的調停メカニズムは血縁，地縁ないし業縁という3つの関係に対する依存が強い。土地の境界，小作，売買契約，水利，金銭賃借，家産分割，婚姻，親族関係，相続などの権利義務関係をめぐる紛争の処理にあたって，社会的調停メカニズムが重要な役割を果たしている。調停人となる者には，同族の長老や村落の顔役もあれば，職場のリーダー，親友・近隣の熱心者もある。一部の実証的研究によって，今の農村では家族主義的紛争解決の比重が低減し，長老の権威性も弱体化したが，多くの村落で，一部の紛争の場合には，伝統的な民間調停が依然として機能している。[6] 都市では，近年，職場調停のほか，消費者協会，労働組合，個人経営者協会，私営企業家協会等民間組織による調停も盛んになってきている。[7] 社会的調停メカニズムを支えるのは，当事者の動機だけではなく，地域社会におけるボランティア精神及び共同体的責任感である。特に，調停者に対し，調停活動を通して，関係資源の増大及び個人威信の強化が計られることこそ調停の最大の魅力である。

3　調停メカニズムの作用機能

　私的紛争は当事者の互譲と合意によって円満に解決するのが望ましいとい

うことは，中国における一般的な見解である。地域社会紛争に関して，調停の役割には，とりわけ大きな期待が寄せている。簡易・迅速・低廉なる調停手続は，訴訟手続の欠陥を補完しつつ，自らの紛争解決機能を発揮している。[8] かつ，調停も裁判制度と並んで，権利追求の手段として位置づけられる。[9] 特に，社会変動が激しくなっている現代には，紛争解決における権利義務関係の構造，実質的公正の達成，具体的な状況に応じる社会関係の調整，当事者の合意と満足などが比較的に重視されるようになっているので，調停の果たす役割はそれだけ大きくなる。

　法院調停，民間調停，行政調停，仲裁調停によって構成された中国の調停メカニズムは，訴訟よりも広い範囲で機能しており，しかも優れた紛争処理能力を示している。たとえば，2006年に，人民法院の一審民事・経済事件の判決既済件数は約174万件であった。これに対して，人民法院の一審民事・経済事件の調停既済件数は143万件であり，人民調停の既済件数は463万件に上った。[10] 行政調停と仲裁調停は全国範囲の統計がないものの，もしそれらをも加えることができれば，調停の紛争処理能力は訴訟のそれの4倍以上であると推測される。

　紛争処理の機能のほかに，中国の調停は紛争予防の機能をも有する。例えば，「人民調停委員会組織条例」5条1項は，「人民調停の任務は，民間紛争を調停し，かつ調停を通じて，法律，法規，規章及び政策を宣伝し，公民に法律を遵守させ社会公徳を尊重させる教育を行う」と規定する。この条文によれば，宣伝と教育の手段を通じ，人民調停における紛争予防の機能が果たしていることが分かる。そのほか，人民調停員は紛争の発見，職権による調停などの手段をも通じ，紛争を予防するという目的を実現する。また，人民調停と同じように，法院調停，および行政調停の中における治安調停の場合も，法律・政策の宣伝・教育を重視している。

第2節　紛争処理システムにおける調停の位置づけ
——日・米・中の比較

(1)　日本においては，借地借家調停法の施行によって初めて，調停制度が

第2章　現代中国における調停制度の概観

表1　民事調停等新受件数

年度\区分	第一審訴訟新受件数	督促手続,起訴前の和解新受件数	民事調停新受件数	家事調停新受件数	訴訟事件の紛争解決総数に占める比率	調停事件の紛争解決総数に占める比率
平成9年	421,409	607,234	194,761	102,322	31.8%	22.4%
10年	467,920	620,190	248,833	107,559	32.4%	24.7%
11年	464,496	581,895	263,507	109,363	32.7%	26.3%
12年	462,679	580,453	317,986	114,822	31.3%	29.3%
13年	469,792	566,876	367,404	122,148	30.8%	32.1%
14年	479,999	526,710	489,955	128,554	29.5%	38.1%
15年	505,671	537,455	615,313	136,125	28.2%	41.9%
16年	508,243	510,983	440,724	133,227	31.9%	36.0%
17年	512,972	480,886	322,987	129,876	35.5%	31.3%
18年	570,784	446,635	304,049	129,690	39.3%	29.9%

注：1　この表は『調停時報』168号23, 28頁のデータに基づき作成したものである。
　　2　「第一審訴訟新受件数」は地裁第一審行政訴訟，人事訴訟，高裁第一審訴訟を除く。
　　3　平成10年以降の「第一審訴訟新受件数」には，「少額訴訟の新受件数」を含む。

紛争解決制度の一環たる地位を占めることとなった。同法の施行以来，既に80年以上を経たが，その間に，調停制度は次第に拡充発展し，現在その是非は別として，既に一般的かつ恒常的な紛争解決制度として，また，事実上のみならず法律上も訴訟制度と密接に関連する法制度として，訴訟制度のそれに優れるとも劣らぬほど強大な紛争解決機能を発揮している。現在においては，調停制度を無視して紛争解決制度を論じることは，事実上のみならず法律上も不可能であると言っても，必ずしも過言ではない。[11]

現行法制上考えられる民事紛争の主要な解決方法としては，訴訟（少額訴訟を含む），督促手続，起訴前の和解及び民事調停と家事調停が挙げられる。そこで，調停がその他の紛争解決手段と対比してどの程度利用されているかを新受件数から見ると，表1の通りである。

第 2 編　中国における調停の現状と課題

表 2　調停既済件数

(高・地・簡)

年度 \ 区分	調停既済総件数	民事調停既済件数	家事調停既済件数
平成 9 年	292,062	189,683	102,379
10 年	349,925	243,101	106,824
11 年	374,490	264,830	109,660
12 年	411,591	298,556	113,035
13 年	483,716	362,922	120,794
14 年	594,372	467,687	126,685
15 年	741,372	606,802	134,570
16 年	620,341	485,953	134,388
17 年	460,494	330,676	129,818
18 年	433,910	303,579	130,331

注：1　この表は『調停時報』168 号 22 頁のデータに基づき作成したものである。
　　2　「第一審訴訟新受件数」は地裁第一審行政訴訟，高裁第一審訴訟を除く。
　　3　平成 10 年以降の「第一審訴訟新受件数」には，「少額訴訟の新受件数」を含む。

　民事調停事件の新受件数は，この 10 年間，約一倍を増加した。1997 年（平成 9 年）に過去最高件数を記録して以来，毎年これを更新し続け，2003 年（平成 15 年）には前年よりも約 12 万 5,400 件増加して 61 万 5,313 件となった。[12] ところが，2004 年（平成 16 年）から民事調停の新受件数は特定調停事件の減少に伴い激減した。それにもかかわらず，2006 年（平成 18 年）に年間 30 万以上の事件を処理したのである。家事事件も，毎年徐々に増加しており，2006 年（平成 18 年）には約 13 万件になった。調停が紛争解決の重要な手段として広く国民に利用されていることを示していると言えよう。
　過去 10 年間における民事・家事調停の既済件数は表 2 の通りで，その処理結果の内訳は表 3 の通りであり，2006 年（平成 18 年）中に調停により処理された件数（既済件数）は，43 万 3,910 件である。調停は訴訟のように紛争の一刀両断的解決を目的とするものではなく，法律に則った解決を基本としながらも，当事者双方の理性的な話し合いと互譲による紛争の柔軟的な解決を目的としている。したがって，原則として強制的な解決ではない調停制

第2章　現代中国における調停制度の概観

表3　調停既済事件数－終局区分別

(民・家)

区分 年度	成立		不成立		取下げ		その他	
	件数	百分比%	件数	百分比%	件数	百分比%	件数	百分比%
平成9年	138,111	47.3	38,769	13.3	75,275	25.8	39,886	13.7
10年	161,816	46.2	42,792	12.2	91,440	26.1	53,866	15.4
11年	167,262	44.7	44,020	11.8	97,094	25.9	66,103	17.7
12年	171,890	41.8	45,462	11.0	101,552	24.7	92,680	22.5
13年	177,811	36.8	50,420	10.4	113,767	23.5	141,708	29.3
14年	170,720	28.7	51,299	8.6	131,449	22.1	240,898	40.5
15年	144,383	19.5	52,428	7.1	149,930	20.2	394,624	53.2
16年	106,142	17.1	47,951	7.7	121,005	19.5	345,238	55.7
17年	92,010	20.0	42,713	9.3	94,380	20.5	231,383	50.2
18年	87,127	20.1	40,048	9.2	88,999	20.5	217,727	50.2

注：1　この表は『調停時報』168号22頁のデータに基づき作成したものである。
　　2　高裁を除く数である。

度において事実上どの程度互譲が成立し，紛争解決の目的が遂げられているかは，調停制度の存在意義という観点からすれば，最も大きな関心事でなければならない。2006年（平成18年）の統計数字によれば，民事調停と家事調停事件の総数のうち，その20.1％が調停成立，20.5％が取下げによって終了している。取下げによって終了した事件のうちには，実質的に話合いが成立したことによるものが相当数あると推測される。

　調停事件の成立率は逐年減少している傾向にある。その一方，調停に代わる決定の割合が年々増加している。2006年（平成18年）には，特定調停事件は，不成立率が1.2％とほかの種類の調停事件に比べて極めて低くなっている一方で，調停に代わる決定の割合が77.5％と高くなっている。商事調停事件においても，調停に代わる決定の占める割合が16.3％となっている（表4の通り）。これは債務の弁済方法等について，当事者間での調整が難航した場合にも調停不成立とはせず，調停に代わる決定を行うことにより，積

第2編　中国における調停の現状と課題

表4　民事調停既済事件数―事件の種類及び終局区分別（平成18年）

(地・簡)

区分 種別	成立		不成立		調停に代わる決定		取り下げ		その他	
	件数	%	件数	%	件数	%	件数	%	件数	%
総数	24,587	8.1	16,847	5.5	204,745	67.4	50,892	16.8	6,499	2.1
民事一般	11,779	38.4	9,497	30.9	3,899	12.7	5,046	16.4	473	1.5
商　事	1,840	39.3	1,208	25.8	762	16.3	800	17.1	72	1.5
宅地建物	3,179	50.2	2,061	32.5	110	1.7	937	14.8	49	0.8
農　事	99	39.9	88	35.5	1	0.4	56	22.6	4	1.6
鉱　害	0	0.0	0	0.0	0	0.0	0	0.0	0	0.0
交　通	1,916	53.8	972	27.3	46	1.3	594	16.7	31	0.9
公害等	49	37.4	50	38.2	2	1.5	28	21.4	2	1.5
特　定	5,725	2.2	2,971	1.2	199,925	77.5	43,431	16.8	5,868	2.3

注：1　この表は『調停時報』168号42頁のデータに基づき作成したものである。

極的に裁判所が解決案を示していることによるものと考えられる。ただ，異議申立があると調停に代わる決定の効力は失われてしまうが，実際には異議申立件数は少ない。よって，裁判所が示した解決案が大抵当事者に受け入れられていることが明らかとなる。[13]

このような調停結果から見て，日本においては，裁判所が積極的に解決案を示す評価型の調停はかなり多用されているが，当事者をエンパワーする促進型の調停はまだ模索の段階にあると言える。当事者間の調整が難しい債務弁済協定調停等の事件の増加のほかに，日本人の自己の形成及び自己主張が弱いという国民性がこのような調停結果を招く1つの要因になると思われる。

司法調停のほかに，行政調停と民間調停も，日本の紛争処理システムにおいて一定の機能を果たしている。特に，近年，弁護士会仲裁センター及び各PL紛争処理センターで行われる調停がかなり活用され，成果を挙げている。多種多様なADR機関の存在は複雑な紛争への対応，当事者の多様なニーズを満足させることによって，重要な役割を果たしているが，司法調停は，ほかの行政ないし民間の組織が行う調停，斡旋や仲裁（新受事件）と比べると，

抜群の実績を挙げており，ADR全般の中で突出した存在感を示している。

(2) 紛争解決システムについて，相対的に見て，アメリカでは訴訟による割合が高く，日本・中国ではそれに代わる紛争解決の比重が高い。ただし，言うまでもなく，これはアメリカの紛争の多数が訴訟によって解決されるという意味ではない。アメリカでも圧倒的大多数は訴訟以外の手段で解決がなされている。[14] 近年，アメリカにおいて，代替的紛争解決の手法に対する関心が強まっている。全米において，400カ所以上の紛争解決センター（Dispute Resolution Centers）が存在しており，隣人同士の喧嘩から消費者の苦情に至るまで何十万件もの紛争が，毎年任意に調停人に申し立てられている。テキサス州では，19の大きなカウンティが年に2度「和解週間（Settlement week）」を設定している。その間は裁判所の施設は何千件もの調停その他のADR手続のために利用され，それらのうち約40％の事件で和解が成立している。カリフォルニアでは，1993年に，民間のADR提供業者の中で最大の組織が1万3000件のADR手続を実施したが，他方で陪審が裁判所において下した評決は7000件であった。[15] これらの驚くべき統計から，世界で最も訴訟を好む国たるアメリカでは，紛争処理システムにおいて，ADRがかなり大きな比重を占めていることが明らかになるのである。

アメリカにおいては，日本と中国が比べものにならないほど多種多様なADRの手段が考案されている。そこには，裁判所主導のADRと，裁判所外の私的なADRとの2種がある。裁判所主導のADRというのは，訴訟の提起後，事実審理の前に事件が決着するよう裁判所が積極的に努める種々の工夫を言う。例えば，Court-annexed arbitration（裁判所付属の仲裁）[16]，Summary jury trial（略式陪審判断），Court sponsored mediation（裁判所主導の調停）[17]，Early-neutral evaluation（ENE：早期の中立的評価）[18]，Settlement conference（和解協議）[19] 等が挙げられる。これら裁判所主導のADRに対し，裁判所と無関係の私的なADRはより多彩であり，Arbitration（仲裁），Mediation（調停），Neutral fact-finding（中立的第三者による事実認定），Neutral expert（中立的専門家）[20]，Med-Arb（調仲），Mini-trial（ミニトライアル），Multi-step ADR（段階的ADR）[21] などがある。[22]

仲裁が裁判に最も近い特質を備えているため，ほかの西欧諸国と同様，ア

メリカでも仲裁が国家裁判所の裁判に代わる紛争処理方法，すなわちADRの基本型である。23) 調停或いは和解は，アメリカにおいてあまり費用をかけずに紛争を解決する手段として注目を集めているが，ただまだ多くの支持を得るには至っていない。24) アメリカのADRの構図の中で，指導性の強弱及び手続の柔軟性・インフォーマル化の程度からして，仲裁は裁判に一番近く，調停は裁判に一番遠く，ほかのADRは仲裁と調停の中間に位置付けられている。25)

アメリカにおいて，調停には，強制的（裁判所付属の）調停及び任意的調停という2つの主要形態がある。調停が利用されるのは，離婚，子供の養育といった家事紛争，労使紛争，環境問題，財産，騒音，生活侵害，軽微な犯罪などの隣人紛争においてである。26) 調停は，裁判所，地域社会，行政機関及び商取引など広い範囲で利用され，アメリカ仲裁協会でも，調停は仲裁の前に用いられる。さらに，学校でも，小・中・高校の生徒は，生徒間の揉め事を調停で解決することを教えられる。27) これは将来への大きな期待を抱かせる試みである。

アメリカの調停の利用で最も興味深いものの1つは，いわゆる「グループ形成の促進」または「話合いの場の運営」である。調停の技術を用いる人々は，相反する利害を有する人々のために話合いの場を設ける。28) 調停の強みは，誠実さ，公正さ，さらには，訴訟における攻撃防御の範囲以外の事情にも当事者が配慮することにある。アメリカの調停は自らの努力で紛争を解決するために共同する当事者双方の主体性（willingness）を前提としており，「当事者をエンパワーすること」を強調している。促進型調停は評価型調停と同様に，重要なものと位置づけられている。

今日アメリカには，調停を専門に扱う弁護士事務所が多数存在する。さらに，アメリカの各州で，調停の利点が認識されつつある。アメリカのADRの中心は仲裁から調停に移行している傾向がある。29) 最近，弁護士は訴訟を提起する前に，それ以外の裁判回避手段があるという事実を依頼者に伝え，その手段について説明することを法的に義務付けようとする動きが出てきた。調停が最も盛んなコロラド州では，1993年1月1日付でこうした事柄を明記した条例がすでに発令されている。コロラド州のほかにも同様の法律の立法化を検討中の州も多く，中でもミネソタ州では，州立裁判所で扱う民事裁

第 2 章　現代中国における調停制度の概観

判の全てについて，裁判の前に調停を行うという内容のパイロット・プロジュクトが1994年から開始された。[30] そして，「紛争のフォーラムを合わせて」，訴訟事件の中から調停に移行するものが出てくると共に，相対交渉事件の中でも調停へ移るものが出てきて，調停は，訴訟と相対交渉によって処理することができる事情にも広がりを見せている。調停は司法システムの一角に位置づけられ，制度化されつつある。[31]

しかし，当事者間の調和を維持したいという願いのため，調停を代替的手段として取り込もうとする要求の下で，法の杓子定規な運用がなされなくなってきている。この事態の発生は，社会権，隣人紛争，家族法，環境法，市民権，囚人の市民権などに関連する法分野において見られる。これらの法分野の多くは，裕福でない市民にとって特に関心のあるところである。家族法関連の法分野において，貧しい者は調停に回される一方で，裕福な者は，二審制を採用する裁判所を利用し続けるのである。裁判所は「裕福な者」には正義を施し，調停は「貧しい者」に，貧しい者用の正義を提供するのである。したがって，ハリー・エドワーズ判事はこの現象を「二級品の正義」と称する。[32]

（3）　中国においては，紛争を解決する手段として，訴訟，仲裁，調停，行政解決，起訴前の和解などを挙げることができる。調停については，人民調停と行政調停のような純粋な調停態様以外に，調停という手法が訴訟，仲裁の手続過程の中においても，頻繁に利用されている。この訴訟，仲裁の手続過程の中における調停態様は，各々に法院調停，仲裁調停と呼ばれる。

調停という手法は訴訟，仲裁，民間による紛争解決，行政による紛争解決などのさまざまな紛争解決領域に利用されているので，中国においては，如何なる紛争処理方法の中にも調停の姿が見えてくるというイメージが自然に浮かび上がってくるであろう。この意味から言えば，中国調停の射程は，日本とアメリカのそれと比べ，より広範なものである。しかも，太古から続く調停伝統，政府の調停を促進する意向，国民の調停を好む傾向などの要素が相俟って，調停が中国の紛争処理システムにおいて最も重要なものであるとの位置付けがなされるのは当然のことであろう。

民事紛争を解決する手段として，最も多く利用されるのは，調停と訴訟で

表5　民事訴訟―人民調停既済件数別

区分 年年別	民事訴訟判決既済件数（一審民事事件・経済事件）	法院調停既済件数（一審民事事件・経済事件）	人民法院の判決と調停合計既済件数	人民調停既済件数
1997年	138.4万件	238.5万件	376.9万件	554.3万件
1998年	161.3万件	216.7万件	378.0万件	526.7万件
1999年	180.1万件	213.2万件	393.3万件	518.9万件
2000年	185.3万件	178.6万件	363.9万件	503.1万件
2001年	191.9万件	162.2万件	354.1万件	486.1万件
2002年	190.9万件	133.2万件	324.1万件	463.6万件
2003年	187.7万件	132.2万件	319.9万件	449.2万件
2004年	175.4万件	133.5万件	308.9万件	441.4万件
2005年	173.2万件	140.0万件	313.2万件	448.7万件
2006年	174.4万件	142.7万件	317.1万件	462.8万件

注：この表は，『中国統計年鑑＜1998年＞』（中国統計出版社　1998年）790，791頁，『中国統計年鑑＜1999年＞』745，758，759頁，『中国統計年鑑＜2000年＞』760，761頁，『中国統計年鑑＜2001年＞』764頁，『中国統計年鑑＜2002年＞』803頁，『中国統計年鑑＜2003年＞』835，836頁，『中国統計年鑑＜2004年＞』878，887，888頁，『中国統計年鑑＜2005年＞』789，790頁，『中国統計年鑑＜2006年＞』891，901，902頁，『中国統計年鑑＜2007＞』885，895，896頁のデータに基づき作成したものである。

ある。とりわけ，毎年人民調停で解決する事件数は，各民事紛争解決方法の中で最も多い。近年の民事裁判，人民調停，法院調停の既済件数を見ると，表5の通りである。

表5の統計によれば，1997年に人民調停で解決された紛争は554万3千件，法院調停で解決された紛争は238万5千件，民事裁判で解決された紛争は138万4千件であった。人民法院が解決した民事紛争は調停による解決と判決による解決を含んでおり，合計で376万9千件であった。すなわち，1997年の人民調停委員会が解決した紛争は，人民法院が解決した紛争より約177万4千件多かったのである。紛争が生じたときに訴訟を回避するという中国人の傾向はこの数字からも明らかになるだろう。さらに，提訴したものの，結局人民法院の調停によって解決された事件も少なくなく，97年の数字を

第 2 章　現代中国における調停制度の概観

表 6　2003〜2005 年中国人民調停既済事件数—事件の種類別

| 区分 | 既済件数 | | | 百分比（%） | | |
種別	2004 年	2005 年	2006 年	2004 年	2005 年	2006 年
合　　計	4,414,233	4,486,825	4,628,018	100.0	100.0	100.0
婚姻家庭	1,140,130	1,049,969	1,015,616	25.8	23.4	21.7
家屋宅地	398,759	388,032	386,350	9.0	8.6	8.4
債　　務	—	—	—	—	—	—
生産経営	—	—	—	—	—	—
隣　　人	793,917	836,919	929,423	18.0	18.7	20.1
損害賠償	340,021	332,514	346,018	7.7	7.4	7.5
そ の 他	478,318	525,756	509,443	10.8	11.7	11.0

注：この表は、『中国統計年鑑＜2005 年＞』（中国統計出版社　2005 年）782 頁、『中国統計年鑑＜2007 年＞』888 頁のデータに基づき作成したものである。

見ると、法院調停で解決した事件数は、判決で解決した事件数のほぼ2倍であった。さらに、人民調停と法院調停を合わせて見れば、97年に両者の既済件数は合計で793万件であり、民事判決で解決した事件数の約6倍であった。

　調停という手法が中国の紛争システムで占めている絶対的な優勢は、表5の中で明らかに現れている。ところが、近年裁判機能の強化、国民の法意識の変化に伴い、国民の調停を選択する志向に変化が見られ、過去と比べて調停の利用数が低減する傾向がある。表5の数字によれば、2006年には、人民調停の既済件数は462万8千件となり、1997年と比べ、約91.5万件減少し、法院調停の既済件数は142万7千件となり、1997年と比べ、約95.8万件減少した。逆に、民事裁判の既済件数は、この数年間増加の一途を辿っており、2006年には174万4千件となり、1997年と比べると、約36万件増加した。なお、人民調停は衰退の傾向を示しているものの、毎年の既済件数は依然として第1位を保っており、その抜群の紛争処理能力はなお極めて高い。

　近年の人民調停既済件数を事件の種類別に見ると、表6の通りである。これによると、2006年は、婚姻家庭事件が101万5,616件と例年の通り最も

多く，人民調停既済件数の 21.7％を占める。次いで多いのは隣人紛争であり，92万 9,423 件に達し，既済件数の 20.1％を占めている。この 2 種類だけで既済総件数の 4 割を占めっている。

調停としては，人民調停と法院調停のほかに，仲裁調停が存在する。すなわち，仲裁するときには，仲裁人が，説得の方法で，当事者双方を合意に導くことができる。これは，仲裁調停という。ただ，日本と同じように，中国においても，仲裁という紛争解決方法は，ほかの紛争解決手段と比べ，まだ広く国民に利用されていないのである。2006 年には，中国全国 185 ヵ所の仲裁委員会の新受件数総数は約 6 万 844 件であり，その中で調停によって解決される事件は一定の割合を占めている。

いま 1 つの調停手法は，行政調停である。公安機関，工商行政管理機関などの行政機関，或いは郷，鎮基層人民政府は民事紛争，商事紛争，民間紛争などを解決する際に，調停の手法を利用することができる。行政管理の範囲が広いので，行政調停も多くの行政機関に利用され，行政調停による紛争解決の件数も膨大なものになると推察できる。行政調停を取り扱う行政機関の数が非常に多いので，現在全国範囲の全ての行政機関が取り扱った行政調停の事件数に関して，未だ統計数字がない。1 つの例を挙げて説明すれば，司法行政機関に従属した郷鎮（街道）法律服務所の例が挙げられる。1997 年に，全国の郷鎮（街道）法律服務所が調停した紛争は 123 万 5 千件であり，1998 年に調停した紛争は 111 万件であり，2000 年調停した紛争は 105 万件であった。[33] 郷鎮（街道）法律服務所だけで年間百万件以上の紛争を処理することができることからすれば，全ての行政調停による処理が，年間どのような膨大な件数に達するかは想像し難くないことであろう。

以上より，調停という紛争の解決の手法は，中国において広く利用されていることが分かる。調停制度は，矛盾の激化を防止し，社会の安定を維持するために，重要な役割を果たしている。

(4) ADR について，世界各国が重視する程度は異なるであろう。ADR 手続重視型国家としては，アメリカ，中国が挙げられる。ADR 手続軽視型国家の典型としては，ドイツが挙げられる。[34] 日本は，ADR 手続重視と軽視の中間型国家である。[35]

また，各国が，裁判とADRのどちらにより傾斜しているかという観点から見ると，ドイツは，裁判に傾斜しているのに対し，日本と中国は，裁判よりも圧倒的に調停・和解が多いという点で，ADRに傾斜している。裁判傾斜型とADR傾斜型の中間には，ドイツに近いイタリア，オランダをはじめ，アメリカ，イギリスがあり，日本と中国に近い韓国をはじめ，スウェーデン，デンマークがある。[36)]

ところで，ADRには，「裁判所からの逃避」という側面があるが，欧米では，逃避した結果，仲裁が選択され，日・中両国では，調停が選択されることが多い。すなわち，仲裁制度には自由的な解決と強行的解決という2つの要素が併存しており，欧米において好んで利用されるが，日・中両国では，より自主的な解決である調停が，より好まれる傾向にある。[37)] しかし，日・中両国と同様に東洋社会に位置づけられる韓国では，調停はあまり利用されていない。逆に，大韓商事仲裁院の仲裁が活発に行われている。[38)]

ADR手続について，西洋と東洋を比較すると，アメリカ等の西洋は，対審主義ないしは当事者対立主義（Adversary System）で，対立する当事者がそれぞれに自己の主張を出し合い，これに基づいて中立的第三者が何らかの判断を下すADR手続が多くあるのに対し，東洋は，ラウンドテーブル型である調停が好まれる傾向が西洋よりも強い。（一方，訴訟においては，アメリカの当事者対立主義（Adversary System）に対して，中国等では，糾問主義（Inquisitorial System）的色彩が強い。）

調停について，アメリカでは，当事者の主体性を重視し，当事者をエンパワーすることを第1の目標とするから，アメリカの調停は，促進的（facilitative）調停のスタイルに属する。日本では，紛争内容について調停者が評価・判断を下し，それを引証しつつ調停活動が行われ，かつ調停に代わる決定が多用されるので，日本の調停は，評価的（evaluative）調停のイメージが強い。中国の調停は，日本と同じように，評価的調停が主導的な位置づけを得ているものの，調停活動中の宣伝・教育を重視し，調停を通して当事者の紛争についての意識を変えることに配慮するため，変容的（transformative）調停の特徴を持つ評価的調停，すなわち「評価中の変容」的調停と言えよう。[39)]

第3節　複雑系としての調停空間
―― 中国社会の紛争態様と関係ネットワーク

（1）　中国において調停の対象となる紛争は，主として民事紛争，商事紛争及び民間紛争である。これらの紛争は固有法の「戸婚」，「田土」，「銭債」の3種を基準にして，婚姻・家庭・相続に関する紛争，土地・家屋に関する紛争，債務・経済関係に関する紛争という3類型に大別できよう。[40]

家庭は，社会の最小単位を構成するものであり，家庭関係の和睦は，社会安定の基礎である。したがって，中国において，婚姻・家庭・相続に関する紛争の解決を非常に重視し，恋愛―結婚―家庭―離婚―相続，この一連の過程の中で生じた全ての紛争は調停の広い射程に包含される。日本の家庭裁判所で処理できる家事紛争と同じような紛争は[41]，中国では，当然に調停の対象になる。そのほか，恋愛・婚姻自由への干渉，夫婦関係，家族関係，婚姻中の不貞行為等による紛争も，人民調停及び職場調停の対象になるものである。たとえば，次の事件はこうした中国調停の実状を反映するものである。

この事件は四川省にある紡績工場で発生した。[42]

仕事に熱心で性格の明るい持ち主である若い女性労働者が突然，陰うつな状態に陥り，時々職場の外を流れている川の岸に長時間一人でぼんやり立ちつくすようになった。このような異常な状況を気にした同じ職場の人民調停委員会の調停員は，様々な調査をし，ようやく理由が判明した。同人の両親が彼女の恋人を「建設工事をする肉体労働者だから粗野なやつに違いない」と見做し，二人の交際をやめるよう強要していたのである。彼女は両親のこの不合理な要求に断固反発したが，その反発が親不孝だと思った両親はとても怒って彼女を叱ったり殴ったりするまでになった。精神的な苦しみに耐えられない彼女はついに近いうちに自殺しようとまで決心したのである。この不審な事態の詳細が分かると，当該調停委員会は速やかに，彼女が自殺によりその苦しみから免れるというやり方は彼女ないし彼女の恋人，両親などにとって無意味なことであり，責任感のない選択である等の道理を繰り返して説得・善導し，ついに彼女から自殺の想いを取り除くことに成功した。そのかたわら，彼女の両親に婚姻の自由について，両親ではあるが第三者でもあ

る者の干渉を禁止するなど婚姻法の原則や内容を伝え，また社会的職業によって人間性を判断するという誤りを明確に指摘し，娘の幸せを第1に考えるよう忠告・説得し，その両親を目ざめさせたという。このように，人民調停委員会の積極的な勧告などの活動によって，自殺という最悪な事態の発生を未然に防ぐことができたのである。

近年，人々の思想観念の変化に伴い，以上のような恋愛・婚姻自由の干渉が少なくなり，他方，経済の発展に伴い，中国における婚姻，家庭は新たな危機に直面している。「第三者挿足」（婚姻中の不貞，不倫行為），「包二奶」（内縁妻）などの現象は社会において恒常的になり，これらの原因でもたらされた紛争は中国の婚姻・家庭紛争の新たな焦点になってきたのである。これらの紛争は社会道徳，倫理の範疇に属し，法によって解決することは適当ではないので，これらの紛争を処理する際に調停が大きな役割を果たすことが期待されている。

また，中国の土地・家屋紛争も独自の特徴を持っている。中国において，土地，山林等は国家及び農村の生産隊という集団が所有権を持っている。請負制が導入された後，個人がその使用，経営権を取得することになった。それに加え，農民は配分によって宅地の使用権をも取得した。農村では，農事紛争は主に土地，山林，水利，宅地の配分，利用をめぐって生じる。そのほか，中国の農村は風水を非常に重視し，特に，墓地の風水が家族の運命に影響するものと考えていて，その風水が凶相であると子孫まで不幸になると信じられている。[43] したがって，農村では，墓地をめぐる争いが恒常的に生じる。農村の土地・家屋に関する紛争は地縁，血縁と関連があるので，これらの紛争は大抵人民調停によって解決される。その一方，都市では，人々の住宅は長い間企業・機関等の分配によって与えられ，居住権だけを有している。住宅分配の基準は各企業・機関によってさまざまであり，分配において職権や人間関係を利用する不正はよく報道されていた。[44] したがって，中国では，とりわけ過去では，住宅の配分をめぐる紛争，共同住宅の共用部分の利用についての紛争も，少なくなかった。これらの紛争が業縁と関連し，複雑な性質を持つため，職場調停によって解決されるのが通例であった。住宅配分制度が廃止された後，都市のマンション，別荘等不動産売買，賃貸が中国の経済増長の新たな駆動力としてブームになった。関係法律の欠缺や不備及び実

務経験の不足を原因として，不動産売買，賃貸の過程で生じる紛争，入居者と管理者が物件の管理をめぐる紛争等は，一時多くなってきた。これらの紛争の一部は訴訟で解決されているが，大部分は不動産管理局の行政調停，コミュニティ調停センターの民間調停によって解決されている。

そのほか，中国では，債務・経済紛争については，裁判所に訴えを提起するのが通例である。しかし，市場経済ルールの弱化及び経済規制への恣意的な干渉などの要因の影響の下で，中国の契約・経済関係には人間関係が含まれており，契約・経済関係の将来の存続性が強調されている。したがって，債務・経済紛争を解決する際，人間関係及び将来の存続関係を考慮しながら，解決しなければならない。そのため，人民法院はこの類型の事件を審理する際に，裁判官が積極的に調停案を提示し，法院調停によって解決される場合が多いのである。

中国において，調停で解決する紛争は，主に公民と公民の間で，日常生活と生産の中での継続関係から発生した民事紛争と民間紛争である。これらの紛争を解決する際に，「内部の団結を強化し生産を促進することを目的として，政策と法律に基づき，できるだけ調停，説得，批判教育の方法を用いてそれを解決し，かつ思想政治教育を強化して新しい社会の道徳風習を提唱することで，矛盾の抜本的な解決を促進すべきである」という方針が提唱される。[45] 言い換えれば，民事紛争と民間紛争の潜在性，遍在性，多様性，複雑化ということが調停の存在に広大な空間を呈したのである。

(2) そのほか，共同体内部の複雑な関係ネットワーク及び対外的イメージと権威資源としての個人の面子の維持は，さらに調停を多層面・多元化の空間へと陥れる。共同体とは，生活の相互依存性および価値観，行動規範，感情の共通性に基づき，身分と伝統を大切にする社会のあり方を指す。その成員に対する規制および一般的秩序の根拠は内部の緊密な関係による連帯でもある。伝統中国の共同体的調停を分析するにあたって，関係，情理及び面子が最も基本的な要素として注目に値する。

中国において，典型的な「関係」とは，血縁，地縁，業縁或いは同窓や同僚のような事情でかなり長期的かつ安定的に円満に付き合ってきた個人，組織，集団の間での絆を指す。王亜新教授の主張によれば，関係ネットワーク

は次の3つのレベルで機能している。「第1に，行政的ヒエラルキーにおいて，指令の権限を貫徹させようとする上級組織と自らの共同体的な既得利益を守ろうとする下級組織の間で資源の配分をめぐって交渉が行われる場合，交渉の担当者間に何らか関係が存在すれば，互いに有利な取引や互酬性を持つアレンジが成立しやすい。第2に，いわゆる水平的関係に立つ組織同士は，分業の利益を得るために，それぞれの占有する資源を活用し，個別的な交換を行う。このような交換を可能にし，かつ，円滑に実現させるものも，多くの場合，関係という個人の繋がりにほかならない。第3に，個人は，自分の持つ関係を最大限に生かし，身分などの公式的ルートを通して占有する資源やルート自体を基にして，それ以外ないしそれ以上の利益を得ようとする傾向にある」。[46] 関係は，交換及び価格メカニズムを通じての資源分配としての市場原理に類似する面を持っているため，中国の社会構造は，関係の要素に依存して維持する網状の複雑な立体空間に存立するとは言えよう。

　中国法研究者ロデリック・マクニール氏は，中国の契約紛争の処理を「関係的紛争解決（Relational dispute resolution）」として捉えた。彼の見解によれば，中国契約紛争のADRには主として6つの特徴がある。すなわち，「(1)紛争解決者の役割を引き受けたものは，紛争が生じた契約を時間の進行に伴って展開する関係として捉えること，(2)紛争解決のプロセスは契約関係から切り離せず，むしろその関係の発展段階の1つであること，(3)紛争解決者は上から，或いは外から当事者に対して判定を下すような自己認識を持たず，その代わりに契約関係に参与しながらそれを促進するように自ら認識すること，(4)紛争解決者が用いる規範は多様なソースから引かれるが，そのうち関係自体から生成してくる規範こそ最も拘束力があること，(5)紛争解決を支配する規範は関係的規範であること，(6)救済は，契約関係の維持を促す試みとして繰り返させること」である。[47] 持続的関係には，確かに長期合理的な企画や双方に有利な解決を可能にするような契機がある。しかしながら，力関係への還元ないし現状への固執の危険をどのように防止できるかという問題が残っているのも，また事実である。

　関係構造においては，関係距離に応じて，人々の相互間の行動基準や態度が微妙に違うので，関係状況についての判断は極めて重要である。紛争解決においてもそれは同様であり，紛争の性格・程度および問題解決のポイント

を把握するために，当事者間の関係の親疎程度がどのようであるか，当事者と調停者がどんな関係にあるかというような問題を聞かなければならない。当事者にとって，既存の関係ネットワークを打ち破ることは，潜在的で無形の利益の損失を意味する。したがって，調停の目標は関係の修復にあり，その手段の効果は関係の相互性にある。

　面子は個人の地位と名誉によって構成された社会評価の指標である。当事者が両者交渉による面子への影響を予測し難く，或いは当事者の面子不対称のため両者交渉が成り立たない場合には，第三者の媒介を通して双方の面子を維持し，或いは一方の不十分な面子を補足するという行動様式が一般に見受けられる。調停者の面子は，紛争処理過程に個人的色彩を帯びさせ，合意形成の動機付けを強化する。調停者の面子が広いほど権威資源も豊富になり，問題解決の見込みも強くなり，そして，紛争解決の成功は調停者の面子をさらに補強する。その結果，有力な調停者は，関心と尊敬，責任と服従のインフォーマルな社会的交換を通して，自分の関係ネットワークを広げることができ，その権威資源の増加につれ調停活動がますます有効になる。この意味で，共同体的調停には関係構造の「拡大再生産」のメカニズムが組み込まれているのである。[48]

第4節　小　括

　本章では，司法調停，民間調停，行政調停，仲裁調停という4つの部分から構成される中国調停のメカニズムを概観した。その中で，矛盾と統合の国家と社会，及び「官」と「民」の相互制御の動態過程における中国調停メカニズムの二重構造態様を分析することを通じ，紛争処理機能と社会予防機能の相互作用を中心とする中国調停メカニズムが社会保障体系の中で果たす役割を解明した。

　また，中国調停の利用状況と紛争処理システムにおける調停の位置づけについて考察すると同時に，日本とアメリカの調停を水平的な参照物として考察の視点に引き入れることにより，世界的ADR潮流における中国調停の輪郭はより明晰になった。さらに，中国社会の紛争態様および関係ネットワー

第 2 章　現代中国における調停制度の概観

クの検討を通じ，中国調停の多様・複雑な存在空間を呈し，調停存立の背景と原因を明らかにした。

1) 一説として，仲裁調停は特別な紛争解決手段であり，調停の一種ではないとされている（柴発邦『民事訴訟法学』（法律出版社　1987 年）460 頁）。
2) 機能主義によるマルクス主義的観点の内包或いはその統合が言われる場合にも，特にこの点が強調されている（Pierre L. van den Berghe, "Dialcetic and Functionalism: Toward a Theoretical synthesis," American Sociological Review 28, 695-705 (1963)）。
3) 中国において，各共同体がその対外防衛と対内協調を行い，かつ共同体間の問題を処理するために，秩序の形成・維持のメカニズムを次第に確立してきた。このメカニズムを「社会的プローケッジ」と呼ぶ。国家が民間社会の深層へ浸透していく過程においてプローケッジの方式を利用したのは，「国家的プローケッジ」と呼ぶ（季衛東『超近代の法』（ミネルヴァ書房　1999 年）288-289 頁参照）。
4) 高見澤磨教授は，「中国における紛争解決は，理を説いて紛争を解決しようとする第三者（説理者）と，理を説かれて心から服する当事者（心服者）とによって演じられる劇と捉らえることができる」と見解している（高見澤磨『現代中国の紛争と法』（東京大学出版会　1998 年）1 頁）。
5) 馬原＝唐徳華『民事訴訟法的修改與適用』（人民法院出版社　1992 年）74-75 頁。
6) 王滬寧『当代中国村落家族文化—対中国社会現代化的一項探索』（上海人民出版社　1991 年）116 頁。
7) 王穎「中国的社会中間層：社団発展與組織体系重構」（中国社会科学季刊　1994 年第 6 期）24-36 頁，孫立平「改革前後中国大陸国家，民間統治精英及民衆間互動関係的演変」（中国社会科学季刊　1994 年　第 6 期）37-54 頁参照。
8) 佐々木吉男『増補民事調停の研究』（法律文化社　1974 年）124-135 頁参照。
9) 六本佳平教授の研究によれば，権利概念について，2 つの基本的な捉え方が成り立つ。1 つは，個々の具体的に可視的な互恵関係に基礎づけられる権利のイメージである。いま 1 つは，一個の主体に帰属するがゆえに法的な性質を持ち，社会交換の可能性等のような根拠づけを必要としないところの主観的な権利のイメージである。六本教授自身は，権利主張と権利保護のメカニズムにおいてかような 2 つの方面を区別し，かつ両者を共に視野に入れることが必要であると主張する（六本佳平『法社会学』（有斐閣　1986 年）140 頁）。
10) 『中国統計年鑑＜ 2007 ＞』（中国統計出版社　2007 年）885 頁，895 頁，896 頁のデータによる。
11) 佐々木・前掲注（8）1 頁参照。
12) 調停事件が急増する理由は，バブルの崩壊後の景気後退やクレジットカードの普及等を背景として，貸金業関係調停事件（貸金業を営む者の貸金債権に係る調停事

件）及び信販関係調停事件（信販業者を当事者とする立替金，求償金及び貸金債権に係る調停事件）のいわゆる債務弁済協定調停事件が年々増加していたということである。これらの調停事件は平成12年2月の特定調停法の施行に伴い，特定調停事件としての申立に移行したのである。

13) 以上の分析については，最高裁判所事務総局民事局・家庭局「平成14年度調停事件の概況」（法曹時報 55巻11号 2003年） 69-73頁参照。
14) マルコム・M・フィーリー／田頭章一訳「アメリカにおける裁判外紛争処理手続の動向について」（ジュリスト920号 1988年） 76-81頁参照。
15) E. シャーマン著／大村雅彦編訳『ADRと民事訴訟』（中央大学出版部 1997年）1頁参照。
16) 連邦地裁に提訴された事件のうち，一定の類型の事件を強制的に仲裁手続に移行させる。ただし，裁定に不服であれば当事者は正式事実審理を要求することが可能とされ，当事者を拘束しない。
17) 裁判所が主導して調停を勧める。調停役は地域の弁護士や特別補助裁判官が務める。
18) 訴訟のごく初期に，当該事案の関係で経験ある中立的第三者による評価が得られれば，当事者の和解が促進されるであろうという考えに基づく。中立の評価人に選ばれるのは，地域のベテランの弁護士で当該種類の事件に経験の深い者が多い。
19) 裁判官または補助裁判官が主宰して，和解のための交渉の場を設定し，和解を働きかける場合がある。従来の単なる中立的アンパイアという裁判官像から離れ，早期の紛争解決のための積極的役割が期待されている。
20) 法律問題であれ，事実問題であれ，当事者が定めた中立の専門家に判断を聞くもの。結果をどう生かすかは，前もって取り決めておく。
21) 予め契約の中で，紛争が生じた場合の解決方法として，段階を追ってADR手続の組合せを定めるもの。たとえば，まず，当事者が直に話し合うこと，次に調停，ミニトライアル，それでもだめなら仲裁というように手続を決めておく。
22) 樋口範雄「アメリカ法の焦点 ADR（代替的紛争解決）」（法学セミナー 459号 1993年） 10-11頁参照。
23) これに対して，中国や日本では，仲裁はおそらく最も不人気な方法であり，仲裁の研究も，内在的な必要性からと言うよりも，国際的な仲裁ブームに呼応して推進されてきた感が強い。
24) グニエル・M・コルキー／阿川尚之訳「米国における代替紛争解決制度概観」（自由と正義 43巻1号 1992年） 119頁。
25) E. シャーマン・前掲注（15） 8-9頁参照。
26) マリリン・J・バーガー／吉野正三郎＝橋本聡訳「アメリカ合衆国における代替的紛争解決の最近の動向」（東海法学第5号 1990年） 193頁参照。
27) レビン小林久子『調停ガイドブック アメリカのADR事情』（信山社 1999年）

35-43 頁参照。
28) ジョン・バーキー／田邊誠訳「アメリカにおける代替的紛争解決―調停」（広島法学 第15巻第2号 1991年） 165頁。
29) レビン小林久子『ブルックリンの調停者』（日本貿易振興会 1995年） 46頁参照。
30) レビン・前掲注（29） 12頁。
31) 小島武司『調停と法―代替的紛争解決（ADR）の可能性―』（中央大学出版部 1989年） 35-38頁。
32) Edwards, Alternative Dispute Resolution: Panacea or Anathema?, 99 Har. L. Rev., 679 (1986).
33) 『中国法律年鑑＜1998年＞』（中国法律年鑑社 1998年）1257頁，『中国法律年鑑＜1999年＞』（中国法律年鑑社 1999年）1041頁，『中国法律年鑑＜2001年＞』（中国法律年鑑社 2001年） 1259頁参照。
34) ドイツがADR手続軽視型国家としての理由は，裁判官が多いこと，裁判官への信頼が高いこと，市民の法意識が高いこと，そして，裁判制度が比較的迅速・適正に機能していること等が挙げられる。
35) 石川明「我が国における裁判外紛争解決制度（ADR）の諸問題」（石川明＝三上威彦編『比較 裁判外紛争解決制度』 慶應義塾大学出版会 1997年） 6-8頁参照。
36) Takeshi Kojima, Dispute resolution systems and legal culture, The Editorial Board of the ISCJ, "The International Symposium on Civil Justice in the Era of Globalization, Collected Reports, Tokyo, August 1992", Shinzan Books, 508, (1993).
37) 三ケ月章「仲裁研究の現状と課題」（『民事訴訟法研究（9）』 有斐閣 1984年） 160頁，三ケ月章「手続法的にみた国際仲裁の問題点」（JCAジャーナル 27巻5号 1980年） 10頁。
38) 金祥洙「韓国における民事紛争の処理」（第二東京弁護士会創立70周年記念仲裁シンポジウム資料 1996年3月28日・29日開催） 16-17頁参照。
39) 評価的調停とは，法規範その他の外在的な規範・基準に基づいて紛争内容について調停者が評価・判断を下し，それを引証しつつ調停活動が行われるスタイルである。促進的調停とは，評価・判断を下さず，両当事者の交渉を巧みに援助することによって，規範との適合性というよりも当事者の利益の最大化を目指した調停を行うスタイルである。変容的調停とは，促進的調停よりさらに進んで，最終的に調停合意が成立しなくとも，両当事者が調停を経て相手方・紛争についての自己の認識を変えること，一種の教育的効果を，より重視するスタイルである（Robert A. Baruch Bush & Joseph P. Folger, The Promise of Mediation, Jossey-Bass, 84 (1994), 和田仁孝『民事紛争交渉過程論』（信山社 1991年） 66-67頁，山田文「調停における私的自治の理念と調停者の役割」（民訴雑誌47号 2001年） 230-231頁，廣田尚久『紛争解決学』（信山社 2002年） 303-304頁参照）。
40) 清代においては，笞・杖限りで済む事件は，州・県限りで処理できる事件（「州県

自理の案」）であり，それは基本的には「戸婚」・「田土」・「銭債」の案であって，今日のわれわれから見て民事的なものであった（滋賀秀三『清代中国の法と裁判』（創文社　1984年）5-8頁，高見澤・前掲注（4）111頁）。
41) 日本の家事調停の種類については，家事審判法第17条が次のように規定している。「家庭裁判所は，人事に関する訴訟事件その他一般に家庭に関する事件について調停を行う。但し，第9条第1項甲類に規定する審判事件については，この限りでない。」「人事に関する訴訟事件」というのは，人事訴訟手続法の対象となる事件のことである。「その他一般に家庭に関する事件」というのは，家事審判法第9条第1項乙類に規定する事件のほか，いろいろの事件がある。
42) この事件は，楊磊『中華人民共和国における人民調停制度』（修道法学　12巻2号　1990年）169頁の事件を引用した。
43) 「迷信用品充斥湘潭市場　做道場建廟堂　蔓延桃源」（人民日報　1989年10月11日6面）参照。
44) 人民日報1988年1月31日2面は，この問題の特集を組んだ。馬煥召は，「適当提高住房支出的比重」の中で，国民経済に占める住宅面での支出が低いことが，消費構造を歪め，また住宅の供給が需要を満たせないために「不正之風」があるとするため，経済的及び心理的負担能力を前提とした上で商品化を進めるべきであると主張する。
45) 董必武『社会主義の民主と法制を論じる』（人民出版社　1979年）63頁。
46) 王亜新『中国民事裁判研究』（日本評論社　1995年）308-309頁。
47) See Roderick Macneil, "Contract in China: Law, Practice, and Dispute Resolution", op. cit., supra note 22, 325-326. 季衛東『中国的裁判の構図』（有斐閣　2004年）63-65頁。
48) 季衛東・前掲注（3）280-281頁参照。

第3章
中国の訴訟に不可欠な部分としての法院調停

第1節　序

　法院調停とは，人民法院が受理した民事訴訟事件と軽微な刑事事件について，当事者の申立て或いは裁判官が調停することができると認めたときに，裁判官が説得または調停の方法で当事者の合意を得て訴訟を終結する方法である。[1] 法院調停制度というのは，民事訴訟事件の係属後，裁判官が積極的に調停に踏み切るというものであるが，このような制度は世界でもあまり見られない制度であり，中国裁判制度の重要な特質であると考えられる。

　約3千年前の周代に「調人の職」(調停に携わる官吏)が官制の中に設置されてから，「行政と司法の統合」の下で，調停という手法は中国訴訟システムにおいて「不可欠な部分」として定着してきた。[2] 現代の裁判制度も，伝統的な価値観と要素の影響から脱出しておらず，調停・合意を中心とする，いわゆる「同意中心型」インフォーマルな手続が依然として多用されているのである。[3] 人民法院は，常に交渉を促進しながら，合意形成を通して合法解決を見出すという，二段構えのアプローチを採用している。そこでは，「まずは原則，その次は協調」[4]，「初歩的な処理意見から交渉を経て調停協議・判決へ」，「事実の究明に重点をおいて，責任の所在を確定した後に，反復的な工作，法廷外での説得，上級機関の支援などで，全面的均衡を達成すること」，「敗訴者に対する政治的・思想的工作の繰り返し」などの言説によって示された司法慣行ないし裁判方式が生成し，普及した。[5] そのゆえに，政策本位の思考に基づき，裁判に互恵性をめぐる交渉や人間関係的諸要素を組み込んだ結果として，交渉や調停を媒介にする「調停優位」の裁判構図を形成するのは当然のことである。

　中国において法院調停は，大衆的自治組織による人民調停と並行し調停メカニズムの両輪として紛争処理システムにおいて重要な役割を果たしている。法院調停は，「中国の民間調停制度と法院審判制度を結び付ける産物であ

る」と認められ,[6] それが裁判所における調停であるものの，日本の民事調停及び家事調停により構成される裁判所内の調停と比べ，本質な差異がある。本章では，日本の司法調停―民事調停と家事調停に関する考察を出発点にし，比較法の視点から，中国の訴訟内調停―法院調停の本質，原則，主体，客体，手続等問題の研究を通じ，中国の法院調停の現状と課題について検討したい。

第2節　日本の司法調停――民事調停と家事調停

　日本の調停には，裁判所で行われる調停と裁判所以外の機関で行われるものとがある。裁判所で行われる調停は司法型調停とも呼ばれ，典型的ものとして，民事調停と家事調停とがある。裁判所以外の機関で行われる調停は，さらに国家の行政機関ないしこれに準ずる機関が扱う，いわゆる行政型調停と民間団体の扱う民間型調停に分けられる。前者には，例えば，労働委員会による調停（労組法20条），公害等調整委員会等による調停（公害紛争処理法31条以下）及び建築工事紛争審査会によるものなどがある。後者には，交通事故紛争処理センター，各弁護士会の仲裁調停斡旋センター及び各PLセンター等による調停が挙げられる。[7]

　日本の調停について見ると，裁判所内に置かれた司法調停は相当の実績を挙げており，全体で年間約43万件（民事調停新受件数が304,049件，家事調停新受件数が129,690件）の新受事件があり，ほかの調停と比べ，誇り得る紛争処理能力が示している。[8] したがって，日本の調停は司法調停を基軸にし，展開されたメカニズムと言えよう。[9]

　ここで，司法調停の典型例としての民事調停制度と家事調停制度について考察してみよう。

1　民　事　調　停

　民事調停は，民事紛争について，当事者の互譲により，条理にかない実情に即した紛争処理を図ることを目的とした手続である（民調1条）。調停は仲裁のように第三者の判断が当事者を拘束するのではなく，調停委員会が調

停案を示しても，それは単なる勧告に過ぎず，当事者の受け入れ，すなわち合意が必要となる（民調16条）。この意味で，調停は，当事者が自らの手で自主的な救済内容を形成できる紛争処理手続である。

(1) **民事調停の主体**

(a) **民事調停の受理機関**　民事調停は当事者の申立（民調2条），或いは訴訟係属審理中の裁判所が事件を調停に付すること（民調20条）によって開始される。特別の定めがない場合，民事調停事件が相手方の住所，居所，営業所若しくは事務所の所在地を管轄する簡易裁判所又は当事者が合意で定める地方裁判所若しくは簡易裁判所の管轄とする（民調3条）。しかし，実際には，簡裁の調停は申立調停事件を中心にし，99.5％の民事調停事件は簡易裁判所で取り扱っている。これに対し，地方裁判所で行われる調停は数が少なく，かつ，付調停事件が中心になる。[10]

(b) **民事調停の実施主体**

① 民事調停委員会

裁判所は，調停委員会で調停を行う。但し，相当であると認めるときは，裁判官だけで調停を行うことができる（民調5条1項）。民事調停の原則的実施機関である調停委員会は，調停主任1人および民事調停委員2人以上によって組織される（民調6条）。

調停主任は，簡易裁判所または地方裁判所の裁判官の中から毎年予め地方裁判所ごとに裁判官会議によって指定されるのを原則とする（民調7条1項，下級裁判所事務処理規則6条，8条）。

② 民事調停委員

調停委員は，原則として「弁護士となる資格を有する者，民事若しくは家事の紛争の解決に有用な専門的な知識経験を有する者又は社会生活の上で豊富な知識経験を有する者で，人格識見の高い年齢40歳以上70歳未満のものの中から，最高裁判所が任命する。」（民事調停委員及び家事調停委員規則1条）ものとされる。[11] 大都市の裁判所では，弁護士，司法書士，不動産鑑定士などの専門職の占める割合が大きいが，ビジネスマンなど法律関係専門職以外から任命される者も少なくない。[12] 民間人が調停委員として活動することは，

国民の司法参加という意義があり，そこに適切な人を得られるか否かが，個別事件における調停成否の重要な鍵の1つである。民事調停委員は，裁判所の命を受けてその職務を行う裁判所の職員であり，非常勤の国家公務員である（民調8条2項）。その任期は2年とされている（民事調停委員及び家事調停委員規則3条）。調停委員は，裁判官と共に調停委員会を構成して調停事件を処理する主体であり，裁判官に準ずる地位にあると言われている。[13]

③　民事調停官

2003年（平成15年），民事調停法，特定調停法，家事審判法の一部改正がなされ，民事調停官及び家事調停官の制度が創設されることになった。[14] 民事調停官及び家事調停官は，弁護士で5年以上その職に在った者のうちから，最高裁判所が任命する（民調23条の2第1項，家審法26条の2第1項）。民事調停官及び家事調停官は非常勤とし，任期を2年とする（民調23条の2第3項，第4項，家審法26条の2第3項，第4項）。民事調停官は裁判所の指定を受け，調停事件を取り扱い（民調23条の3第1項），民事調停法及び民事調停規則，特定調停法及び特定調停手続規則の規定において裁判官が行うものとして規定されている調停に関する権限を行うことができる（民調23条の3第2項柱書，民調規第27条柱書）。

(c)　**調停の当事者**　調停手続は，原則として，紛争解決を望む者の申立てによって開始され，その申立てにおいて相手方とされた者との間で進められる。前者を「申立人」，後者を「相手方」，両者を総称して「当事者」という。

当事者は，調停弁論能力が欠くか，これが十分でない場合には，補佐人を選任して，これと共に出頭することができる（民調規8条1項但書）。具体的には，知能や社会的経験の未熟，言語・視聴覚障害がある場合等に限らず，専門的分野における能力援助として，弁護士，税理士，保険会社係員，医師，科学者等を補佐人とすることも許される。[15] 弁護士でない者を補佐人とする場合には，調停機関の許可を要する（民調規8条2項，20条）。

調停手続においては，調停委員会の呼出を受けた当事者は，自ら出頭しなければならない。これを本人出頭主義或いは本人出頭の原則と言う。ただし，やむをえない事由があるときは，代理人を出頭させることができる。弁護士でない者を前項の代理人とするには，調停委員会の許可を受けなければなら

ない（民調規8条1項，2項，家審規5条1項，2項）。

(2) 民事調停の対象となる紛争

　民事調停法1条は，「民事に関する紛争について，当事者の互譲により，条理にかない実情に即した解決を図る」と定める。「民事に関する紛争」は，広い意味においては夫婦，親子の関係や相続をめぐる紛争，または労働関係の紛争も含まれるが，夫婦，親子の関係や相続をめぐる紛争は，家事調停で扱うこととなっているし，また労働関係の紛争のうち，いわゆる労働争議は，労働委員会等による斡旋，調停，仲裁に服することとなっているから，これは民事調停の対象とはならない。しかし，いわゆる個別的労使関係の紛争，たとえば，賃金や退職金の支払請求，解雇無効等の地位確認に関する事件等は，原則として民事調停の対象となるとしている。したがって，「民事に関する紛争」というのは，私人の生活関係の紛争のうち，親族，相続関係の紛争及び労働争議を除いた全ての紛争ということになろうかと思う。

　民事調停事件を分類すると，次の通りである。16)

　(a) **一般的民事紛争**　　一般的民事紛争は，すなわち民事一般調停事件である。民事調停で取り扱う紛争には，売買，消費貸借，賃貸借，雇用，請負，委任その他の契約の有効無効又は取消に関する紛争，物の引渡や金銭の支払いの請求に関する紛争，不法行為等による損害賠償に関する紛争，そのほか多種多様なものがある。

　(b) **特殊的民事紛争**　　特殊的民事紛争は，すなわち裁判所が管轄するその他の特則が定められている調停事件である。この紛争は主に以下のいくつかの種類がある。

　① 宅地建物紛争

　宅地又は建物の貸借その他の利用関係に関する紛争である。たとえば借地，借家の明渡しや，地代，家賃の値上げなどに関する紛争である。

　② 農事紛争

　農地又は農業経営に付随する土地，建物その他の農業用資産の貸借その他の利用関係に関する紛争である。

　③ 商事紛争

　商事の過程で発生する紛争である。たとえば，売買代金，約束手形金，為

替手形金，貸金等の紛争等種々雑多なものがある。
  ④　鉱害紛争
  鉱業法に定める鉱害の賠償に関する紛争である。取り扱い件数は甚だ少ないようである。
  ⑤　交通紛争
  自動車等の運行によって，人の生命又は身体が害された場合における損害賠償に関する紛争である。
  ⑥　公害紛争
  公害又は日照，通風等の生活上の利益の侵害によって生ずる被害に係る紛争である。
 (c)　**債務の調整に関する紛争**　　貸金業を営む者の貸金債権に係る紛争及び信販業者を当事者とする立替金，求償金及び貸金債権に係る紛争である。これらの紛争はもともと一般的民事紛争及び商事紛争として取り扱ったが，2002年（平成12年）の特定調停法の施行に伴い，これらの事件の大部分は特定調停事件としての申立に移行したのである。[17]

(3)　**民事調停の手続**

　調停は，裁判所の指定した期日に，裁判所で行われる。ただ，裁判所外の適当な場所で，現地調停をすることもできる（民調規9条，20条）。そこでは，主張，事実の調査，証拠調べ，斡旋（第三者の調停委員が当事者間における紛争処理を支援すること），調停条項の作成や指示とこれに対する意見の交換などが，一般的には，非公開（民調規10条）の交互面接方式で行われる。[18] 手続の原則としては，調停委員会が自ら進んで調停の資料収集を行うことができるという建前である職権探知主義が採用されている（民調規12条1項）。期日には原則として当事者自らが出席しなければならないので（民調規8条1項），直接主義・口頭主義が保障された話合いの場を利用しつつ，当事者が手作りの救済を形成できる仕組みとなっている。調停の結果について利害関係を有する第三者の手続参加（民調11条）も認められる。手続をどのように進めるかについては厳格な定めはなく，また，判断基準も実体法に忠実である必要はないので，当事者による手続形成の可能性も広がっていく。
　調停が成立し合意内容が調書に記載されれば，その記載には，裁判上の和

解と同一の効力が認められる（民調16条）。裁判上の和解は確定判決と同一の効力が認められる（民訴267条）ので，調停調書は債務名義となる（民執22条7号）。調停に代わる決定は，調停が成立する見込みがない場合で相当なときに行われるが，異議の申立があったときは効力を失う。ただ，異議申立がないときは，裁判上の和解と同一の効力を有することになる（民調18条3項，民訴267条）。当事者間に合意が成立する見込みがなく，調停に代わる決定もされないときは，事件は不成立として終了する。ただし，地代借賃増減調停事件，商事調停事件，鉱害調停事件については，裁定の制度が認められている（民調法24条の3，31条，33条）。[19]

2　簡裁における民事調停

簡易裁判所では，民事訴訟法の改正に伴い，少額訴訟及び一般市民の本人訴訟を多く取り扱い，「国民に身近で，親しみやすく，利用しやすい」ことが事務処理の基本としている。

(1) 調停部門の構成

簡裁調停部門の構成は，各地によって，多少違いがある。たとえば，大阪簡裁には，調停事件の担当部署として，受付・相談係と調停係が設けられている。また，調停係は，調停センターと9つの係で構成されている。調停センターは，事件管理，調停委員管理および調停室管理を行っている。調停係は，特定調停担当係と一般調停担当係に分けている。[20] 東京簡裁には，調停事件を担当する専門のセクションとして民事第6室を設け，コンピュータ・システムを導入して調停事件，調停室および調停委員の一元的な管理を行っている。民事第6室は4つの係に区分され，それぞれに，裁判官3名，主任書記官1名，書記官3名，事務官2名のほか，調停委員約140名ずつが配置されている。調停委員の職業別は，東京簡裁の実状を例として，表1の通りである。[21]

(2) 取扱い事件

日本において，簡易裁判所の民事調停手続は，家庭裁判所の家事調停手続

第2編　中国における調停の現状と課題

表1　東京簡裁係別調停委員配置表

(平成9年1月1日)

係	弁護士	専門家			一般	合計
		鑑定士	建築士	医師		
1	79	11	3	3	46	142
2	78	11	2	4	45	140
3	80	11	1	4	47	143
4	79	10	3	4	46	142
合計	316	43	9	15	184	567

表2　簡裁・地裁・家裁の新受件数

	調停新受総件数	簡裁新受件数	地裁新受件数	家裁新受件数
平成9年	297,083	191,773	2,965	102,322
平成10年	356,392	246,702	2,119	107,559
平成11年	372,770	261,443	2,055	109,263
平成12年	432,808	315,577	2,399	114,822
平成13年	489,552	365,204	2,194	122,148
平成14年	618,509	487,943	2,005	128,554
平成15年	751,438	613,260	2,047	136,125
平成16年	573,951	439,173	1,545	133,227
平成17年	452,863	321,383	1,599	129,876
平成18年	433,739	302,528	1,508	129,690

注：この表は各年度における『法曹時報』,『司法統計年報』のデータに基づき作成したものである。

と並び，一番機能しているADR手法として評価されている。司法調停の中で，簡裁の民事調停は約7割の事件を取り扱っている。簡裁・地裁・家裁の新受事件は，表2の通りである。2006年（平成18年）の全簡易裁判所の民事調停事件新受件数は，30万2,528件であった。2006年（平成18年）の全簡易裁判所の通常訴訟事件新受件数42万4,434件及び同年の全地方裁判所の通常訴訟事件新受件数16万9,436件と比較してもその利用の多さが明ら

表3　簡裁新受事件の種類別

区分 年度	総　数	一　般	宅地建物	農事	商事	交通	公害等	特　定
平成9年	191,773	157,132	9,267	47	19,952	5,149	226	
10年	246,702	205,706	8,832	67	26,944	4,938	215	
11年	261,443	221,217	8,224	39	27,079	4,698	186	
12年	315,577	78,900	8,060	47	12,758	4,801	226	210,785
13年	365,204	47,172	7,907	33	10,867	4,607	192	294,426
14年	487,943	47,659	7,644	32	11,349	4,429	188	416,642
15年	613,260	48,226	7,497	22	16,077	4,270	153	537,015
16年	439,173	38,652	7,164	29	7,750	3,999	146	381,433
17年	321,383	31,748	6,621	20	4,399	3,707	117	274,771
18年	302,528	29,393	6,111	25	4,100	3,470	162	259,267

注：この表は『司法統計年報』のデータに基づき作成したものである。

かになるであろう。[22]

　東京簡裁の実状を例として，調停事件を取り扱うのは，本庁の調停部門である民事第6室と4つの分室が中心であるが，本庁の訴訟部門である民事第1室から第5室においても，数多く扱われている。これは，受訴裁判所が職権で付調停の決定をした上で自ら民事調停法17条の調停に代わる決定をするためである。（たとえば，1996年（平成8年）の新受事件の取扱部門別の内訳は，民事第6室10,622件，分室200件，民事第1室から第5室2,997件という通りである。）[23]

　日本全国簡裁の新受事件の種類別内訳は表3の通りである。従来，簡裁で取り扱う事件は主に一般事件，宅地建物事件，商事事件，交通事件であったが，2000年（平成12年）の特定調停法の制定以来，特定調停事件は簡裁調停の中心になり，その新受事件数は全簡裁新受事件総数の8割を占めている。

(3) 事件の処理手続

　申立ては，書面または口頭ですることができる（民調規3条）。簡易裁判所

第2編　中国における調停の現状と課題

表4　調停既済事件数―出頭代理人別―全簡易裁判所

年度	既済事件総数	出頭代理人有り			
		申立人		相手方	
		弁護士	その他	弁護士	その他
平成11年	262,756	20,322	23,639	11,121	111,651
平成12年	296,347	22,805	25,527	11,081	113,299
平成13年	360,756	26,461	28,205	11,380	113,100
平成14年	465,535	22,534	29,815	10,085	98,053
平成15年	604,817	22,828	36,042	10,264	64,890
平成16年	484,081	20,000	24,716	9,763	25,396
平成17年	329,106	16,854	14,794	8,953	13,138
平成18年	302,026	16,248	12,437	8,504	9,475

注：この表は，各年度の『司法統計年報』のデータに基づき作成したものである。

の窓口には，一般市民でも容易に調停の申立てができるように，各種の定型用紙が備え付けられており，実際に，これを利用して多くの調停申立が当事者本人によりなされている。簡易裁判所既済件数の出頭代理人別は表4の通りである。2006年（平成18年）の数字によれば，全簡易裁判所の既済件数の約1.5割は，出頭代理人が付いているが，残りの約8.5割の事件は全て本人出頭の事件である。

　調停係書記官は，受付係から新件の記録を受領したら，申立書及び添付書類を熟読し，形式的審査及び実質的審査を行う。事物管轄違いの事件は，受理後，直ちに管轄のある裁判所に移送する（民調法4条1項）。土地管轄違いの事件については，自庁処理ができる場合がある（民調法4条1項但書）。

　借地借家法11条の地代若しくは土地の借賃の額の増減の請求または借地借家法32条の建物の借賃の額の増減の請求に関する事件について訴えを提起しようとする者は，まず，調停の申立をしなければならない（民調法24条の2第1項）。これらの事件について調停の申立をすることなく訴えを提起した場合には，受訴裁判所は，その事件を調停に付さなければならない（同条2項）。そして，受訴裁判所は，適当であると認めるときは，職権で，訴

第3章　中国の訴訟に不可欠な部分としての法院調停

表5　簡裁調停既済件数の終局区分

区分 年度	総数	成立	不成立	調停に代わる決定	取下げ	調停をしないとしたもの	その他
平成9年	187,107	89,111	21,982	30,850	41,334	3,402	428
10年	240,692	111,080	25,086	44,192	56,060	3,934	340
11年	262,756	115,036	26,023	55,749	61,252	4,371	325
12年	296,347	117,847	26,605	80,599	65,069	5,294	933
13年	360,756	119,449	30,015	123,733	75,626	9,201	2,732
14年	465,535	110,291	28,854	218,269	91,897	13,337	2,887
15年	604,817	80,362	27,707	367,031	108,723	17,556	3,438
16年	484,081	41,883	23,147	322,978	80,731	13,445	1,897
17年	329,106	28,832	18,974	215,937	56,214	8,636	513
18年	302,026	23,747	16,436	204,585	50,819	5,928	511

注：この表は各年度の『司法統計年報』のデータに基づき作成したものである。

訟事件を調停に付した上，管轄裁判所に処理させまたは自ら処理することができる（民調法20条1項）。

　調停主任は，できる限り，初回の調停期日と最後の調停期日に立ち会い，公害事件，集団事件，著名事件及び難航する事件について，優先的に立ち会うものとする。調停委員会は，職権で事実の調査をすることができ，必要であると認める場合は，民事訴訟法で定める方式により，証人尋問，鑑定，検証又は書証の取調べ等の証拠調べをすることができる（民調規12条）。また，調停委員会は，必要があると認める場合は，当該調停委員会を組織していない民事調停委員の専門的な知識に基づく意見を聴取することができ，この場合は，裁判所が意見を述べるべき調停委員を指定し，指定を受けた調停委員は，調停委員会に出席して意見を述べることになる（民調規14条）。

　当事者からの事情聴取，事実調査，証拠調べ等によって，事実関係が明確になり，争点や問題点が明確になると，調停委員会は，解決の方針を検討し，調停案を作成することになる。かつ，事件の状況によって，一般的な調停方式以外に，即日調停，夜間調停等多様な方式で調停を行う。

調停手続は，成立，不成立，調停しない措置，調停に代わる決定等によって，終了する。簡裁の最近10年間の事件処理結果は，表5の通りである。2006年（平成18年）の数字によって，調停成立事件は7.9％，取下げ事件は16.8％，調停に代わる決定は67.7％を占めている。取下げによって終了した事件のうちには，調停手続に付した結果実質的に話し合いが成立したことによるものが相当数あると推測されるため，約9割の簡裁の調停事件は円満な解決を遂げたと言える。[24]

3　地裁における民事調停

地裁レベルで本格的に調停事件を取り扱う専門部があるのは，大規模裁判所に限られるが，地裁の調停事件においては，事件の特徴が簡裁のそれとは異なる面も多い。地裁の調停は大体訴訟代理人として弁護士が就く事件が多いので，訴訟志向が強くなり，調停は訴訟に傾斜した形で運用されている。

(1)　調停組織

東京地裁においては，民事第22部が専門的に民事調停事件を取り扱っている（ほかに，借地非訟事件も専門的に取り扱っている）。当部は，裁判官5名，書記官6名，事務官4名の合計15名で構成される。裁判官は，いずれも民事調停事件と借地非訟事件を担当している。民事調停事件については各裁判官が調停主任となり，事件の分配は，原則として順填である。

民事第22部の調停委員は2001年（平成13年）4月1日現在では294名であり，その内訳は，表6の通りである。[25]　調停委員会は，一般的には，調停主任裁判官と法律専門家調停委員1名，技術専門家調停委員或いは有識者調停委員1名の計3名で構成されるが，複数の専門分野の専門知見が必要となる場合には，法律専門家調停委員のほか，複数の技術専門家調停委員で調停委員会を構成する運用も行っている。また，専門家の調停委員を当初から指定できないときや，調停開始後に新たに専門的知識を必要とする争点が生じたときは，専門家の委員の意見聴収制度の活用や調停委員の追加指定も行っている。

第3章　中国の訴訟に不可欠な部分としての法院調停

表6　東京地裁における調停委員の構成

(平成13年4月1日現在)

職業の別		人　員
有識者調停委員		15
法律専門家調停委員	弁護士	108
	裁判官退官者	9
	大学教授	9
技術専門家調停委員	建築士	65
	不動産鑑定士	40
	コンピューター専門家	15
	医師	11
	弁理士	8
	公認会計士	5
	税理士	5
	機械技術士	2
	土木技師	1
	土地家屋調査士	1
	土地家屋測量士	1
合　計		294

(2)　取扱い事件

　調停事件が裁判所に係属する経路としては、当事者が裁判所に対し調停の申立てをする方法（民調法2条）と、訴えが裁判所に係属している場合に受訴裁判所が職権で事件を調停に付する方法（民調法20条）の2種類がある。後者の付調停事件は、3つの大きな類型に分かられる。第1は技術的、専門的な知識が必要な事件である。第2の類型は、円満解決の希望の強い事件である。第3の類型は、訴訟担当裁判官の予断排除の関係で調停に付するものである。[26] ただし、東京地裁のシステムから言うと、本案部の裁判官が時間を取れないので、調停に回すという面がある。[27] 現在民事22部が扱っている調停事件の大部分は付調停事件であり、付調停事件が年度によって多少異

なるが，全体の85％〜95％を占めている。[28] 付調停事件については，建築，コンピューター，不動産賃料，税金関係等の主張整理や紛争の解決のため専門的知見を要する事件が多いのである。2001年（平成13年）6月末現在の調停事件647件のうち，284件が建築関係事件であり，また，コンピューター関係事件が52件となっている。[29] 申立事件について，最近の例では宇宙開発事業団と国との間のH2型ロケットの打上に関する紛争事件や，申立額が1000億円を超えるバブル期の不動産取引に関連した大型紛争事件の申立があり，公平・中立な調停手続の活用の在り方の一側面を示すものとして今後の動向が注目される。[30]

日本全国地方裁判所調停新受事件の種類別は，表7の通りである。地裁で受理する事件は，一般調停，商事調停，宅地建物調停，農事調停の4つの種類を中心とする。

地裁の調停事件の大部分は本人出頭ではなく，代理人，とりわけ弁護士が付いているのは，その1つの特徴である。地方裁判所調停既済件数の出頭代理人別は表8の通りである。最近8年間の数字によれば，出頭代理人を有する事件は8割以上を占め，かつ，大多数の場合は弁護士がその代理人になるのである。

(3) 事件の処理手続

付調停の場合，訴訟事件を担当した裁判官と調停主任裁判官が異なり，付調停時における訴訟事件の審理の状態を調停手続に引き継ぐための工夫が必要となる。この場合，本案部は当該調停事件について第1回調停期日を定め，これを当事者に告知した上，記録を調停部に回してくるのが通常である。そして，本案部は，その際，調停部に対し，定型化された付調停連絡メモに①訴訟がどの段階にあるか，②調停への希望（専門家の意見聴取，当事者の対立感情の緩和，主張・書証の整理，現地検分等），③調停委員指定の希望，④調停期間についての希望，⑤当事者の対応予想，⑥裁判所の所見等，調停を進める上で有益な連絡事項を必要に応じて記載した上，これを記録と共に送付してくる扱いとなっている。[31]

調停部では，付調停連絡メモと訴訟記録から，当該事案の解決に必要な知見を有する調停委員を選任して調停委員会を構成し，調停主任裁判官と担当

第3章 中国の訴訟に不可欠な部分としての法院調停

表7　地裁調停新受事件の種類別

区分 年度	総数	一般	宅地建物	農事	商事	鉱害	交通	公害	特定
平成9年	2,965	1,673	456	529	303	1	2	1	—
平成10年	2,119	802	470	484	358	2	3	—	
平成11年	2,055	809	402	439	399	—	5	1	—
平成12年	2,399	926	397	400	584	1	8	2	81
平成13年	2,194	920	384	336	483	1	8	3	59
平成14年	2,005	879	316	343	424	1	7	9	26
平成15年	2,047	869	302	287	520	4	6	3	56
平成16年	1,545	628	219	259	362	—	6	1	70
平成17年	1,599	594	257	263	454		6	2	23
平成18年	1,508	598	214	203	457		6	—	30

注：この表は各年度の「司法統計年報」のデータに基づき作成したものである。

表8　調停既済事件数―出頭代理人別―全地方裁判所

年度	既済事件総数	出頭代理人有り			
		申立人		相手方	
		弁護士	その他	弁護士	その他
平成11年	2,063	1,461	171	1,149	182
平成12年	2,202	1,607	137	1,310	165
平成13年	2,156	1,641	110	1,272	226
平成14年	2,146	1,554	175	1,330	173
平成15年	1,978	1,428	123	1,196	109
平成16年	1,867	1,435	67	1,202	122
平成17年	1,562	1,167	58	1,028	106
平成18年	1,544	1,197	54	1,051	70

注：この表は各年度の「司法統計年報」のデータに基づき作成したものである。

調停委員との間で訴訟記録及び付調停連絡メモの記載を参考しながら今後の

調停手続の進行について評議を行った上で，調停手続を開始する。

調停委員は，訴訟記録を検討し，付調停連絡メモの記載を基本として，当事者双方本人，建築関係事件やコンピューターソフトの開発に関する事件ではその担当者等から事情聴取して争点整理を進める。その際，法律専門家調停委員が主体となって争点整理が行われるのであるが，技術専門家調停委員が専門的知識や経験に基づいて当事者双方にアドバイスし，予想される原因を示唆し，技術的に問題のある主張の整理を手伝い，有効な証拠方法を指摘することで，早期の争点整理を可能にしている。建築請負関係事件や賃料改定事件など，調停手続の進行上，現地検分をするのが望ましい事件については，通常は争点整理や資料の整理が終了した段階で，調停委員が積極的に現地検分をし，これを基に，調停案を作成・提示して，当事者を説得する。地裁の調停手続について，坂本宗一判事は，「地裁22部の調停というのは，訴訟事件の和解に近いような運用がされているような印象を受けます。主張整理をして，争点を確定し，現地に行って事実認定をして，調停案を出して解決する，まさに司法型調停の運用です。」と評論している。[32]

調停成立する見込みがない場合は，できる限り調停に代わる決定を活用するように心掛けている。特に賃料の増減額事件は，17条決定に親しむ類型である。付調停事件について調停が不成立の場合は，調停主任裁判官において，調停の経過，不成立となる事情，専門家調停委員の意見等，その後の訴訟の進行に有益と思われる事柄をメモに記載し，これを本案部に記録と共に送付する。

最近の地裁の調停では，調停主任の裁判官が積極的に関与し，訴訟中の弁論準備手続と同様の流れで争点の整理をし，書証等の証拠も提出した上で，調停が進められることになっている。もし最終的に調停が成立しなかった場合には，その準備書面を弁論において陳述するというような形で進めるので，不調となっても，調停の期間が無駄になってしまうことはない。[33]

日本全国地方裁判所調停既済件数の終局区分は表9の通りである。2006年（平成18年）の統計数字によれば，地裁民事調停事件の総数で，その54.4％が調停成立，10.4％が調停に代わる決定，4.7％が取下げによって終了している。地裁調停の成立率はかなり高いレベルを維持しているのは明らかになっている。

第3章 中国の訴訟に不可欠な部分としての法院調停

第9表　地裁調停既済件数の終局区分

区分 年度	総数	成立	不成立	調停に代わる決定	取下げ	調停をしないとしたもの	その他
平成9年	2,555	1,524	542	196	226	4	63
10年	2,398	1,498	475	188	162	1	74
11年	2,063	1,182	446	240	145	1	49
12年	2,202	1,167	556	269	160	3	47
13年	2,156	1,202	587	179	146	11	31
14年	2,146	1,197	579	195	120	6	49
15年	1,978	1,097	507	236	96	11	31
16年	1,867	969	561	187	106	10	34
17年	1,562	852	406	139	109	8	48
18年	1,544	840	411	160	73	6	54

注：この表は各年度の「司法統計年報」のデータに基づき作成したものである。

4　家事調停

　家事調停は，家庭裁判所に申し立てられ（家審法17条），或いは家庭裁判所が乙類事件に対する職権で調停に付すること（家審法11条）によって，調停手続が開始される。

(1)　家事調停の実施主体

　家事調停の受調停裁判所は家庭裁判所である。第三者として調停を行う機関には，調停委員会と家事審判官があるが，当事者の申立があれば調停委員会で調停を行わなければならない（家審3条）。調停委員会は，家事審判官1人と，民間人から選任される家事調停委員2人以上とで組織されることになっている（家審22条）。そのほか，家事調停官も，家庭裁判所の指定を受け，調停事件を取り扱う（家審法第26条の3第1項）。家事調停官は，家事審判法及び家事審判規則の規定において家事審判官が行うものとして規定され

ている調停に関する権限を行うことができる（家審法第26条の3第2項柱書，家審規第143条第1項柱書）。34)

(2) **家事調停の対象となる紛争**

家事調停の種類については，家事審判法第17条がこれを明らかにしている。すなわち同法は，次のように規定している。「家庭裁判所は，人事に関する訴訟事件その他一般に家庭に関する事件について調停を行う。但し，第9条第1項甲類に規定する審判事件については，この限りでない。」「人事に関する訴訟事件」というのは，人事訴訟手続法の対象となる事件のことである。「その他一般に家庭に関する事件」というのは，家事審判法第9条第1項乙類に規定する事件のほか，いろいろの事件がある。

これら家事調停の対象となる事件を項目別に掲げると，次の通りである。

(a) **人事に関する訴訟事件**　　これは，次に掲げる事件である。
① 婚姻事件及び養子縁組事件
　イ　婚姻の無効若しくは取消，離婚又はその取消の訴
　ロ　養子縁組の無効若しくは取消，離縁又はその取消を目的とする訴
(b) **親子関係事件**
　イ　子の否認，認知，その認知の無効若しくは取消の訴
　ロ　父を定めることを目的とする訴

なお，これら事件の中には，離婚無効の訴，離縁無効の訴，及び身分関係確認の訴は明記されていないが，これらの事件についても家事調停の対象となるものとすると解されている。

次に，これら人事訴訟事件のうち，離婚事件及び離縁事件を除く各事件は，いずれも家事審判法第23条の「合意に相当する審判」の対象となっている。

(c) **乙類審判事件**　　これは，先に述べた家事審判法第9条第1項乙類に規定する，次のような事件である。
① 夫婦間の同居その他の夫婦間の協力扶助に関する処分
② 夫婦の財産の管理者の変更及び共有財産の分割に関する処分
③ 婚姻から生ずる費用の分担に関する処分
④ 離婚後の子の監護者の指定その他子の監護に関する処分
⑤ 協議離婚後の財産の分与に関する処分

⑥　祭祀承継者の指定
⑦　養子離縁後の親権者となるべき者の指定
⑧　協議離婚後の親権者の指定又は変更
⑨　直系血族又は兄弟姉妹の扶養に関する処分
⑩　推定相続人の廃除及びその取消
⑪　寄与分を定める処分
⑫　共同相続の場合の遺産の分割に関する処分

(d)　その他一般に家庭に関する事件　　これは，前記(a)及び(b)に掲げた事件以外の事件を指すのである。

すなわち，次に掲げる事件がこの種事件に属するものである。
①　夫婦間の紛争事件で，前記(a)及び(b)に該当しないもの
②　内縁関係の夫婦間の紛争，たとえば内縁の解消の請求，解消に伴う慰謝料，財産の分与等
③　婚姻要約者間の紛争，たとえばその後の履行請求又は要約解消に伴う慰謝料請求等
④　相続・遺言をめぐる紛争
⑤　親族間の金銭貸借，土地建物の賃貸借に関する紛争
⑥　その他[35]

(3)　家事調停の手続

家事調停は，調停の一種なので，手続上民事調停と重複するところがある。したがって，ここは家事調停の特有の手続について論じる。

家事調停においては「調停前置主義」を原則とする。すなわち，家審法17条の規定により調停を行うことができる事件について訴えを提起しようとする者は，まず家庭裁判所に調停の申立てをしなければならない。調停の申立をすることなく訴を提起した場合には，裁判所は，その事件を家庭裁判所の調停に付しなければならない（家審法18条）。

家事調停の場合は，職権調停も認められる。家審法11条は「家庭裁判所は，何時でも，職権で第9条第1項乙類に規定する審判事件を調停に付することができる」と規定している。家事訴訟事件の係属審理中の受訴裁判所は，その係属する事件を職権によって家事調停に付して調停手続を開始すること

をも認めている。すなわち，家審法17条が規定する調停該当事件に係る訴訟が係属している場合には，裁判所は，何時でも，職権でその事件を家庭裁判所の調停に付することができる（家審法19条）。調停に付されたときは，調停が終了するまで審判手続を中止することができることになっている（家審規20条）。

　調停機関が，当事者から紛争の実情をよく聴いた上で，当事者を説得したり合理的な解決案を提案したりして，合意が成立するように努める。家事調停事件が財産上の問題に関するものではなく，離婚や離縁などのような身分事項に関するものであるときは，原則として本人でなければ有効な合意ができないので，その点からも本人の出頭を原則としている（家審規5条）。家事調停では，手続は非公開で行われ（家審規6条），職権探知主義（主張や資料の収集を当事者のみに任せることなく裁判所の職責ともする建前）が採用されている（家審規7条）。また，相当と認められる場合には，利害関係人を手続に参加させることができるほか（家審法12，20条），調停委員会の呼出しを受けた事件の関係人が正当な事由なく出頭しないときは，過料に処せられることになっている（家審法27条）。

　調停において当事者間に合意が成立し，調停委員会または家事審判官がこの合意を相当と認めた場合に，これを調書に記載したときは，調停が成立し（家審法21条1項），事件は終了する。成立した調停は，訴訟事項については，確定判決と同一の効力を，乙類審判事項については，確定審判と同一の効力を有する（同項）。

　婚姻又は養子縁組の無効又は取消しに関する事件の調停において，当事者間に合意が成立し無効又は取消しの原因の有無について争いがないときは，合意に相当する審判をすることができる（家審法23条）。かつ，家庭裁判所は，調停（乙類審判事項の調停事件を除く）が成立しない場合に相当と認めるときは，調停委員の意見を聴いて，当事者双方の申立の趣旨に反しない限度で，離婚，離縁その他必要な審判をすることができる（家審法24条）。家事審判法23，24条の審判に対して，当事者が審判の告知を受けたときから2週間以内に，当事者または利害関係人が異議の申立をしたときは，審判はその効力を失う（家審25条1項・2項，家審規139条）。

　調停委員会は，当事者間に合意が成立する見込みがない場合，または成立

した合意が相当でないと認める場合において，家庭裁判所が家事審判法23条，24条の審判をしないときは，調停が成立しないものとして，事件を終了させることができる（家審規138条の2）。

調停委員会が，事件が性質上調停をするのに適当でないと認めるとき，申立人が不出頭を繰り返し，申立を維持する意思がないと認めるときまたは当事者が不当な目的で濫りに調停の申立をしたと認めるときは，調停をしない措置をすることができる（家審規138条，142条）。36)

第3節　中国の訴訟内調停――法院調停の本質と原則

1　法院調停の本質

(1)　調停の任意性と判断性

調停は第三者が公正の立場に立ち，説得を通じ，当事者の話合い・互譲に基づき，当事者に合意を達させ，紛争を自主的に解決することを目的とする制度である。調停においては，当事者の主体的な紛争解決意思は，何よりも重要なことであり，調停を行うとき，当事者の自由意思を尊重しなければならない。調停において，当事者の合意は任意性を有し，それに，合意を達するための当事者の互譲及び相手方の主張に対する納得等の意思決定も任意性を有する。

司法上の調停は，当事者合意の任意性を強調すると同時に，調停合意に対する調停機関の判断性という特質をゆるがせにもできない。たとえば，日本の民事調停は条理にかない実情に即した解決を図ることを目的とする制度である（民調1条）。条理にかない実情に即した解決かどうかは，調停機関が判断する。中国の法院調停の場合は，調停で合意した内容が法律の規定に違反してはならない（民訴88条）。合意の内容は合法であるかどうかは，調停機関が判断する。当事者間で合意が成立しても，調停機関において，その合意が相当ではないと判断すれば，その調停を拒否することができることになっている。

(2) **日本における司法調停の本質論**

日本において司法調停の本質に関する学説は,「調停合意説」と「調停裁判説」に分けられる。

(a) **調停合意説**　調停合意説は,調停手続における当事者の任意性,すなわち当事者の合意をもって,調停の本質と見るものである。たとえば,宮崎澄夫教授は,次のように主張する。「調停手続の目標としての調停自体は飽迄も合意であり,しかもこの合意は単に調停機関の調停判断の受諾というような受動的なものではなく,当事者間の具体的な法的関係を一定内容に確定しようとする意思の合致であるとするのを正しい見解と信じるものである。」[37] 太田知行教授も,基本的には調停合意説に立脚し,「調停は紛争当事者間に取引が成立するよう仲介するものである」と見解する。[38]

(b) **調停裁判説**　調停裁判説は,村崎満（元）判事が,家事調停の分野において明確に唱え出してから有力になりつつある考え方である。村崎満氏は,「調停の本質は調停官の判断であり,この判断に対する納得が合意という形であらわれたにすぎない」[39] とか,「調停も裁判もその本質は同じであり,唯手続が調停は形式にとらわれずに為されるに対して,裁判は民事訴訟手続という形式によってなされる点のみの差である。」[40] とする。森松萬英（元）判事も,「調停は当事者の合意を調書に記載することによってなす裁判である。」[41] と結論づける。佐々木吉男教授は,「国家の紛争解決機関が,法律手続に従い,民事紛争につき公権的判断を下し,当該紛争について解決基準たるべき具体的規範が形成されるという意味においては,民事調停と民事訴訟の間に本質的な差異は存在しないと考えなければならない。そして,調書に記載され調停が成立した場合には,裁判上の和解にしたがって確定判決と同一の効力を有するのも,それが国家の紛争解決機関の公権的判断であり,当該紛争の解決基準たるべき具体的規範であることに基づくものと考えられるべきように思われるのである。」[42] と主張した上で,「公権的判断論」という自説を提出し,調停裁判説を展開した。

(c) **両説の止揚・合流**　調停合意説は日本において従来の通説であると認められ,今日においても多数説の地位を保持し続けている。調停本質論は,調停における「合意」＝「調停条項」の性質をどう把握するかの見解の相違

と言えるのであるが，調停合意説と調停裁判説の対立は，日本の司法調停の本質を解明する上で多大の貢献をした。

小山昇教授は調停裁判説と調停合意説を次のように総括し，将来を展望する。「この２つの傾向の違いは，調停条項を意欲した当事者の効果意思に自由の性質を認める程度の違いであるということができる。前者は，調停においては，調停機関が正しいと判断する解決案に，調停機関が，誘引し，指導し，提示し，受諾を勧告し，事実上強制する，という方向で調停を見るものである。後者は，調停においては，当事者は，手続に関与することにおいても，話合いに応ずることにおいても，調停条項を定めることにおいても，十全に自由である，という方向で調停を見るものであり，制約は調停条項が相当であるか否かの点でチェックを受けるに止まると見るものである。このような見解の相違は，調停のあるべき姿に関するイメージの相違の反映である。この見解の分かれに対して，いずれか一方を理由ありとさせるに足るだけ十分な実定法規上の根拠は定められていない。しかも，これらは基本事項における見解の相違である。より細目的なテーマに関する見解がこれを踏まえて分かれるであろう。実情を踏まえて条理にかなう解決をする作業が職業的裁判官の排他的・独占的な作業であるとの偏見から解放されて，非職業的な市民もまたこれを分担することが，少なくとも理念としては，司法の民主化という歴史の流れにそうものであるならば，当事者自身が自己の問題を解決するにあたってもこの作業を自ら分担することが，右の２つの傾向の将来の合流として，右の２つの傾向の中に予見されるのであるように思える。」[43]

調停裁判説と調停合意説の対立は，今後も続くであろうが，本書は，調停合意説の立場に立脚しつつ，調停合意説の当事者の主体性の重視と調停裁判説の事実認定や法的判断の重視という両方の利点を，実務上において取り入れ，よりよき調停のために，工夫しなければならないとする見解に立つ。

(3) 中国における法院調停の本質論

中国において法院調停の本質が合意か裁判かという論争も存在する。民事訴訟法学界の学説は以下の３つの見解がある。

(a) **調停裁判説**　　調停裁判説は，計画経済時代の職権主義を強調する訴訟モデルに基づき，裁判を調停の本質と見るものである。法院調停は人民法

院が裁判権を行使し民事事件を審理する案件の終結方式であり，その本質は裁判権による紛争解決である。たとえば，白緑玄教授は調停裁判説の立場に立って，「裁判官が調停で解決するにせよ，判決で解決するにせよ，みな客観的な真実を調査することを前提としているために，実は1つの民事訴訟の手続の中で2つの方法で民事事件を解決するようになったのです。」44) と指摘する。

　(b)　**調停合意説**　　調停合意説は「当事者処分権説」とも言う。この学説は，西洋の近代 ADR 理念の影響を受け調停の本質を当事者が人民法院の指導の下で自律的に紛争を解決する活動と見るものである。調停合意説の支持者は，「調和・秩序」を中心とする伝統的調停の理念から解放し「自由・効率」等現代の調停理念を唱える。とりわけ若手の学者たちの中にこの学説を支持する者が少なくない。たとえば，劉敏教授は調停合意説の立場に立って次のように主張する。「第1に，調停の方式によって紛争を解決するか否か当事者が自由に選択することができる。すなわち当事者が手続の選択権を持っている。第2に，当事者が調停を申し立てた後でこのプロセスを続けるかどうかも当事者が自主的に決められ，当事者に調停をやめる意向があったら，調停者は調停の手続を終止しなければならない。第3に，調停条項は当事者双方の自由意思の現れであり当事者の合意によって作成されるものである。調停者は当事者を強要してはならない。この点から見て調停は当事者の自主交渉の延伸と言えよう。」45)

　(c)　**折衷説**　　この学説は調停裁判説と調停合意説を折衷し，法院調停は当事者の処分権を基礎にして当事者の処分権の行使と人民法院の審判権の行使を結び付けた産物であると主張する。その理由は次のように挙げられる。「まず，自由意思は法院調停の基本原則として法律で定められ，調停の方式で紛争を解決する実質は当事者双方が処分権を行使し紛争を処理する結果である。次に，法院調停は人民法院が主宰し審判権を行使する方式でもある。当事者の合意の成立は人民法院の職権での関与と関係がある。したがって，法院調停は当事者の意思決定と裁判官の意向の均衡の結果であり，当事者の合意と裁判官が持つ裁判権の結合である。」46)

　(d)　**調停本質論に関する私見**　　調停裁判説が従来の通説であると認められる。しかし，80 年代の西方の現代調停理念の導入及び 90 年代の自由意思原

則が民事訴訟法の中で確立されることに伴い，調停合意説或いは折衷説を出張する研究者が増えてきた。法院調停の本質論に関する論争が，中国の民事司法改革の展開に従い，今後も続いていくことは予想でき，とりわけ調停裁判説と調停合意説の対立は，将来の法院調停制度改革の行方の探索に対して重要な意義を有すると思われる。

そして，より興味深いことに，中国の裁判の本質が調停であるという見解がある。滋賀秀三教授は，清代中国の法と裁判に関する研究において伝統中国の裁判は「本質的には調停であったというべきであろう。……ただし，調停といっても，それは決して，当事者間の和解を容易ならしめるためにする口添え，受入れると否とは当事者の意思次第である雰囲気においてなされる提案であったわけではない。官憲の開明的な判断とその強権とを最後の頼りとして救済を求めて現れる人民に対して，条理に基づいてもっとも公正妥当と考えられる措置を公権的に説示し，官憲の威信と懲らしめ権を背景として強力にその受入れと遵守を迫るものであった。」と指摘している。[47] 滋賀教授の所説は清代中国の裁判に関するものであり，そのまま現代の裁判制度に援用できるかは慎重な検討が必要である。しかし，それは現代中国の裁判と調停に関する研究において１つの極めて大切な視点を提供してくれる。

実際には，現代中国の裁判においても調停手法は依然として活発に利用されている。中国の裁判が調停という性格を有することは既に多くの学者に指摘されている。例えば，季衛東教授は『中国的裁判の構図』の中で「調停裁判」という概念を提唱し，[48] 王亜新教授は中国裁判のモデルは「当事者の同意や合意による紛争処理を裁判の中心に据えて，訴訟手続が同意の獲得を目標として構成され展開されてゆくというような，いわゆる『同意中心型』の裁判」[49] であると指摘している。さらに，高見澤磨教授は，裁判所での手続を含む現代中国の紛争処理の性格を「説理―心服」の構造として把握し，中国の揉め事の裁きは，「理を説いて，解決しようとする説理者と理を説かれて心から服するという形をとる心服者とによって演じられる劇」であると説明している。[50]

中国の裁判が調停型裁判であると主張する以上の学者は，全て日本の研究者又は日本にいる中国人の研究者である。つまり，日本の一般的な調停に関する認識，或いは中国本土の調停に関する認識のどちらに立脚するかによっ

てその結論は異なるであろう。多くの中国の研究者は、法院調停を本格的な調停制度に見做し、国際的な調停に関する一般的な理論に基づき考察した上で、法院調停の本質は「合意」であると結論づけた。ただ、法院調停自体は国際的に認識されているものではなく、調停合意説の立場そのものは疑問があるであろう。折衷説は、法院調停における法院の裁判権と当事者の処分権の矛盾を調和しようとしているが、単に調停過程の両者の均衡作用の現象だけを解明し、調停の核心、本質の問題に論及していない。これに対して、調停裁判説は裁判全体の視野から法院調停を考察するということであり、立脚点はより高いと思われる。

　1991年に改正された民事訴訟法は「自由意思」と「合法」を調停の基本原則として定めている。それ以降、確かに調停の過程において当事者の合意はより重視されたようになったが、法院調停制度それ自体はあまり大きな変化がなく、依然として民事訴訟過程に属しているのである。「合意」が重視されるものの、「合法」の前提の下での裁判官の公権的判断を経ずしては、調停を成立させることはできず、その「合意」は、「合法」及び「公権的判断」を必要とする枠内の「合意」と言えよう。また、法院調停の事件は、最初に訴訟事件として当事者により人民法院に訴えが提起されるものである。当事者が人民法院に紛争処理を請求する第1の目的は合意や互譲・妥協ではなく、人民法院の公権的判断を通じて自己の合法的な権利を保護するということにある。そのほか、法院調停の判断基準は条理ではなく、法律である。裁判官は法律に基づき当該事件に対し、法的判断及び法的予測をした上で、当事者に和解勧告を行い、調停の全過程をコントロールする。さらに、中国において、法院調停には形成力、既判力、執行力は全て認められ、調停無効の主張については、法定の事由がない限り、再審に準じた訴えを提起しなければ許されない。法院調停の結果は、判決と同じように紛争解決の終局的な効果をもたらす。その調停書の中に終局性、権威性、公権的判断等、裁判の特質が隠れている。

　以上のことから、本書は、調停裁判説の立場に立脚しつつ日本学者の論説を踏まえ、中国の法院調停は裁判官が当事者の合意を認めた上で下した公権的判断であり、その本質は裁判と全く同じものである、と解する。もっとも現時点では、法院調停は訴訟事件を審理する1つの手法にすぎず、裁判過程

から脱却し独立して存在しない限り，法院調停と民事訴訟の間に本質的な差異は存在しないと考えられる。

2 法院調停の原則

(1) 当事者の自由意思の原則

　中国の民事訴訟理論より，一般に自由意思の原則は手続上の自由意思と実体上の自由意思という2つの意味を有する。前者は「離婚事件について法に別段の定めがあるほかは，当事者が調停に同意しない場合では，合意を得られる可能性がある場合でも調停を強要してはならない」という意味を有し，後者は「当事者双方が人民法院の調停により合意を得られる場合には，互いの理解と譲歩，自由意思による話し合いの結果でなければならない」ということを意味する。51)

　まず，調停手続は当事者の自由意思により開始される。法院調停は当事者の申立て或いは人民法院が当該事件に対し調停で解決すべきであると認めるとき，当事者の意見を求めかつ当事者双方が共に同意する場合に，裁判官は調停の方法を採用し，事件を審理することができる。次に，「人民法院は民事事件の審理にあたっては，当事者の自由意思の原則に基づき，調停を行う」(民訴85条)。すなわち，当該事件を調停するか否かは当事者の自由意思に基づき決され，さらに，調停を行うときも当事者の自由意思に従い行わなければならない。そのほか，「調停の合意の成立は，双方の自由意思に基づくものでなければならず，強制してはならない」(民訴88条1項)。「調停が合意に達しない，または調停書送達前に一方が翻意したときは，人民法院は速やかに判決しなければならない」(民訴91条)。さらに，民事訴訟法第16章「裁判監督手続」は，自由意思の原則違反を効力の生じた調停書に対する再審の法定の事由の1つとして次のように規定している。「当事者は法的効力を生じた調停書について証拠を提出し，自由意思の原則に反しまたは調停による合意の内容が法に反することを証明するときは再審を申し立てることができ人民法院の審査により事実であるときは再審しなければならない」(民訴180条)。

訴訟中の調停は裁判官の主宰の下に行われるが，本質から言えば自律型の紛争解決方式である。訴訟が裁判所に係属した後，当事者双方は等しく判決を得る権利を有し判決を選ぶか若しくは調停を選ぶかは当事者の処分権の範囲内のことである。調停を行うことができるか，調停が合意に達せるかは当事者双方の紛争解決の志向にかかっている。したがって，この自由意思の原則は，法院調停の中で極めて重要な意義を有し，理念型の調停原則と言えよう。

(b) **合法の原則**　　中国の民事訴訟理論により，合法原則には「手続の合法性」と「合意の合法性」という2つの意味がある。「手続の合法性」とは，「調停の開始，進行，調停の方式，調停による合意の達成及び調停書の送達等手続はいずれも民事訴訟法の規定を遵守しなければならない」ということである。「合意の合法性」とは，「法院調停は実体法の規定に合致してはならず調停で合意した内容が法律の規定に違反してはならない」ということである。[52] この2つの意味における合法原則は，調停の濫用防止の道具として調停のプログラムに設置された実体と手続の保障であると言える。

手続の合法は，裁判官が正しく調停の方式により事件を処理することを保障することができ，自由意思の基礎の上に調停が真に確立されることを保障することができる。合意の合法は，判決の合法性より広義的なものであり，合意の内容が法の禁止規定に抵触せず，国家と社会公共の利益を損なわず，社会の公共道徳に反せず，第三者の合法的権利・利益を損なわない限り，その合法性は認められる。[53]

合法の問題には相当大きな伸縮性がある。この伸縮性は両面性を持つ。その積極的な面から見れば，裁判所に調停における相当大きな行動の余地を持たせ，当事者の合意の達成をかなり弾力的に促すことができる。他方，その消極的な面から見て，伸縮性があまりに大きな自由裁量権を裁判官に持たせたことは，裁判官の権利の濫用を招く恐れがあり，かつ，事件の処理を著しく個別化し，同じ事件が調停において違う結果となる可能性がある。[54] 実務上，裁判官が当事者の一方に偏り，その権威を利用し相手方に権利の放棄を促すことは，手続的には，法律違反とは言えないが，実質的には法律の趣旨に違背することになるであろう。

(c) **事実及び是非の明確化の原則**　　人民法院における民事事件の審理は，

事実を明白にし是非をはっきりとさせ，その基礎に立ち調停を行う（民訴85条）。法院調停は事実および是非の明確化の原則を守らなければならないとした理由は次の通りである。「まず，調停は裁判所の裁判活動であり，民事・経済紛争を処理する方式であり，当然のことながら，「事実を根拠とし，法律を準拠とする」という訴訟原則に反してはならない。次に，裁判所は調停をするときに当事者に対し思想教育をしなければならず，事実と法律により当事者を説得しなければならないが，事件の基本的事実がはっきりしない場合には，説得教育はなかなか進められない。最後に，調停において裁判官は，しばしば当事者の参考になるような紛争解決案を示さなければならず，当事者を調停による合意の達成に導かなければならないが，事実を明らかにし，是非をはっきり区別することは，合法的で，確実に実行可能な当事者双方に受け入れられる方案を出すための前提条件である。」55)

実務上において法院調停は事件の事実を全部究明する必要がなく，かつ，調停合意の合法性及び当該合意の内容が訴訟前の真実の事実関係に合致しているかどうかは必ずしも関係がない。ただし，調停による合意がある程度事件の事実と離れることは許されているため，実務上調停を事実を明白にさせることが難しい事件を処理するための特効薬とし，是非や責任を問わず，ひたすら「丸め込んで宥め」ようとする者も少なくない。したがって，事件の真相を把握することは裁判所の調停活動にとって重要なことである。他面では，調停の事実に対する要求を判決のそれと同様に解し事実の細部の全てにわたって明らかにすることは行き過ぎであり，そうすると，調停手続の迅速性のメリットを失い，調停にとってかえってマイナスとなる。したがって，実務上この事実及び是非の明確化の原則をどの程度で把握すればよいのかは難しい問題である。

第4節　法院調停の主体

1　調停機関

法院調停の場合，調停するために単独の調停組織を建てるのでなく，民事

訴訟の一連の中でその事件を審理する裁判官1人或いは合議体3人が審理を続けていきながら，当事者の申立或いは裁判官が調停することができると認めるときには，当事者を説得し調停する。したがって，法院調停の場合，事件を審理する組織自体が調停組織と言える。具体的に調停を担当する者は裁判官である。

　中国人民法院の審判組織は，人民法院組織法10条，11条，刑事訴訟法147条と民事訴訟法41条，42条の規定によって，独任法廷，合議法廷と審判委員会の3つの形式に分けられる。審判委員会は各クラス人民法院で設置される。主に審判の経験を総括し，重大的な難しい事件について判断及び討論し，その他の審判の仕事に係わる問題を討論する。そして，調停を行わない。したがって，法院調停の調停組織は，独任法廷と合議法廷という2つ形態がある。

(1)　独任法廷

　1人の裁判官が独自で簡単な事件を審判する組織形態である。民事訴訟法40条，142条，刑事訴訟法174条の規定に基づき，基層人民法院とその派遣した人民法廷が簡単な民事事件と経済紛争事件及び軽微な刑事事件を受理するとき，裁判官1人に事件を審理させることができる。当事者が申立てた場合或いは裁判官が調停が必要であると認めた場合に，調停を行う。

(2)　合議法廷

　3人以上の裁判官或いは裁判官と人民陪審員が集団で事件を審判する組織形態である。人民法院は民事事件，経済紛争事件に対し独任法廷による一部の簡易事件を審判する場合を除き，3人の裁判官からなる合議法廷が審判する（民訴40条）。[56] 合議法廷は，人民法院が事件を審判する基本的な審判組織形態であるが，そのメンバーは決まってはおらず臨時に構成されるものであり，法院院長或いは法廷長は1人の裁判官を選んで裁判長を担当させる。合議法廷が事件を評議するときに意見の違いが生じた場合，少数が多数に服従するという原則をとるが，少数の者の意見は評議記録に記入され合議法廷のメンバーはそれに署名しなければならない。

　調停の対象になる事件に対し合議法廷は集団で調停を行い，或いは合議法

廷が1人の裁判官に授権しその裁判官が調停を主宰し調停書を作成するとき，合議法廷の全構成員が署名しなければならない。

(3) 裁 判 官

法院調停を主宰するのは裁判官である。裁判官法第4章の規定により，裁判官は次の条件を備える者でなければならない。
① 中華人民共和国国籍を有すること。
② 年齢満23歳であること。
③ 中華人民共和国憲法を擁護すること。
④ 良好な政治，業務の資質と良好な品行を備えること。
⑤ 体が健康であること。
⑥ 大学法学部卒業か或いは大学法学部卒業ではないが，法律知識があり2年以上勤務経験があること，或いは法学士の学位を取得し1年以上の勤務経験があること（法学修士または法学博士の学位を取得した者は前述の勤務年限の制限を受けない）。

初任の審判員，審判員補佐は，公開試験，厳格な考課方法によって，才徳兼備の基準に基づき，裁判官の条件の備わる者の中から人選する。院長，副院長，審判委員会委員，法廷長，副法廷長の担当者は実際の仕事の経験がある優れた者の中から人選するべきである（裁判官法12条）。

各クラス人民法院院長は同じクラス人民代表大会が選出する職を免じる。各クラス人民法院の院長の任期は同じクラス人民代表大会の任期と同じであり，同副院長，審判委員会委員，法廷長，副法廷長と裁判官は本院院長が指名し，同じクラス人民代表大会常務委員会が任免する。裁判官は本院院長が任免する。裁判官は人民代表大会常務委員会の構成員を兼任してはならず，行政機関，検察機関及び企業，事業体の職務を兼任してはならず，弁護士を兼任してはならない（裁判官法11条，15条）。

2 当 事 者

中国の法院調停は民事事件を審理する過程中の調停であるから，調停の当事者はすなわち当該民事訴訟の当事者である。民事訴訟の当事者とは，民事

権利・義務に紛争が生じ，民事権益を保護するため，自己の名において訴訟を追行し，民事訴訟手続を発生，変更および消滅させる者である。[57] 当事者は，審判手続の第一審では，原告・被告，第二審では上訴人・被上訴人，再審では，第一審手続を採用するとき，原審原告・原審被告，第二審手続を採用するとき，原上訴人・原被上訴人と呼ばれる。

中国民事訴訟法49条の規定により，民事訴訟の当事者になれる者は公民，法人およびその他の組織である。法人はその法定代表者が訴訟を行い，その他の組織はその主要な責任者が訴訟を行う。満18歳の者，或いは16歳以上18歳未満の公民で，自己の労働収入を主要な生活基盤としている者は，訴訟能力を有し（民法通則11条），独自に調停活動を行うことができる。

訴訟無能力者に対し，その者の法定訴訟代理人が訴訟及び調停活動を代理する。[58] 法定訴訟代理人は，当事者が訴訟能力を欠くため自ら訴訟行為をすることができない状態にある場合に，当事者に代わって訴訟行為をする者であり，すなわち，私法上の法定代理人である。[59]

委託訴訟代理人は，当事者，法定代表者，法定代理者の委託により，その者に代わり，訴訟を追行する者を言う。[60] 委託訴訟代理人は，当事者に代わり，調停活動を行うこともできる。弁護士，当事者の近親者，関係する社会団体或は所在の職場が推薦する者，人民法院が許可したその他の公民は，いずれも委任されて訴訟代理人となることができる（民訴58条2項）。ただし，離婚事件に訴訟代理人がいる場合にも，本人が意思を表示することができないときを除き，出廷すべきである（本人出頭主義）。特殊な情況により確実に出廷できないときは，人民法院に対し意見を書面で差出さなければならない（民訴59条2項，61条，62条）。

3　参加人

人民法院が調停を行う場合には，関係する部門と個人を要請し協力を求めることができる。要請された部門と個人は，人民法院の調停に協力しなければならない（民訴87条）。たとえば，法律専門家，専門技術者，関係行政部門の関係者などを要請することができる。これらの参加人からの意見聴取は，争点を十分に理解し事件の実情を的確に認識した上で適切・妥当な解決を図

るのに大きな役割を果たしている。

第5節　法院調停の対象となる紛争の種類

　中国の民事訴訟法3条は，「人民法院は，公民の間，法人の間，ほかの組織の間及びこれらの主体の相互間の財産関係と人身関係に基づき提起した民事訴訟を受理する。……」と定めている。そして同法9条は，「民事事件の審理は自由意思と合法の原則に基づいて調停を行わなければならない。調停が成立しない場合は速やかに判決を下さなければならない」と定めている。すなわち，民事訴訟の対象となる紛争のほとんどは人民法院の調停によって処理することができる。そのほか，特定の刑事事件と行政事件についても調停を行うことができる。ただし，民事特別手続，督促手続，公示催告手続，破産手続に適用する事件，婚姻関係・身分関係を確認する事件などは，調停を利用してはならない（最高人民法院の人民法院民事調停活動における若干問題に関する規定2条）。

　実務上において，法院調停の対象となる紛争としては主に以下の種類がある。

(1)　経済契約紛争

　すなわち，売買契約，電力・水・ガス・熱エネルギー供給使用契約，贈与契約，金銭貸借契約，賃貸借契約，ファイナンスリース契約，請負契約，建設工事契約，運送契約，技術契約，寄託契約，倉庫保管契約，委託契約，斡旋契約，仲介契約の15種類契約をめぐる紛争である。

(2)　財産関係をめぐる紛争

　特に，使用権[61]，債務関係，共有関係[62]，担保関係[63]をめぐる紛争はよく調停の対象になる。

(3)　不法行為によって生じる紛争

(a)　一般的不法行為紛争

(b) 特殊な不法行為紛争（民法通則121条，122条，123条，124条，125条，126条，127条，133条）
　① 国家機関・公務員の職務の執行に係る不法行為紛争
　② 製造物責任紛争
　③ 高度な危険作業による責任紛争
　④ 環境汚染による不法行為紛争
　⑤ 地上堀削工事に伴う事故責任紛争
　⑥ 建築物その他の倒壊・落下事故責任紛争
　⑦ 飼育動物による不法行為紛争
　⑧ 被監護人による不法行為紛争

(4) 家事に関する紛争

(a) **婚姻関係をめぐる紛争**　人民法院が受理する婚姻関係紛争は主に離婚の訴訟である。すなわち，離婚できるかということおよび離婚後の財産分与，子供の養育などの紛争である。離婚事件では，まず調停が行われ（調停前置主義。婚姻法25条2項），不調になった場合に判決を行う。

(b) **扶養関係をめぐる紛争**　子から親への扶養義務および兄弟間の扶養義務，祖父母・孫相互間の扶養義務をめぐる紛争である。

(c) **相続関係紛争**　相続・遺言をめぐる紛争及び共同相続の場合の遺産の分割に関する紛争である。相続紛争で争いの中心となるのは，私有住宅である。

(5) 人身関係紛争

特に，名誉権，栄誉権，肖像権，プライバシー権等を侵害する事件は，調停で解決されることが多い。

(6) 特定の刑事事件と行政事件

刑事訴訟の場合，特定の事件すなわち，刑事自訴事件（被害者自ら訴えを提起する軽微な刑事事件）及び刑事附帯民事事件について調停を行うことができる（刑訴77条，172条）。行政訴訟の場合，行政侵権賠償事件について調停を行うことができる（行政訴訟法67条3項）。

第6節　法院調停手続の流れ

　中国の法院調停は民事訴訟の過程で行うので，民事訴訟法は調停について独立的な手続を定めていない。その代わりに調停を民事訴訟の審判手続の中に嵌め込んだため，原則的な規定しか設けられていない。民事訴訟法が規定しているこのような調停モデルは「審調結合型調停」と呼ばれる。すなわち，調停手続と審判手続の両者が一体となり調停は審判手続の中で行い，調停が成立しない場合には審判が継続し判決が下される。

　実務上においては，一般的に法院調停は以下のプロセスによって行われる。[64]

(1) 調停の開始

　当事者の書面または口頭の申立てがある場合は，調停を行うことができる。また，人民法院は当該事件が調停を通して解決すべきであると認めるとき，当事者の意見を聞き取り当事者の同意の下で調停を行うことができる。さらに，離婚事件を審理するときは，人民法院の職権で調停手続を開始させることができる（最高人民法院「中華人民共和国民事訴訟法」の適用に関する意見92条2項）。

(2) 調停前の準備

(a) 調停の時間　　民事訴訟は当事者の訴えの提起と人民法院の受理によって開始され，審理前の準備を経て開廷審理の段階に入り，さらに開廷審理前の準備，審理の開始，法廷調査，法廷弁論等段階を経て最後の判決段階に至る。法院調停は民事訴訟の全過程に貫通し，民事事件が受理された後から判決の前までいずれかの段階においても行うことができる。ただし，口頭弁論段階前の調停は当事者の同意を得なければならない（最高人民法院の人民法院民事調停活動における若干問題に関する規定1条）。

　なお，調停は第一審だけでなく第二審である上訴法院においても行うことができる。中国では二審終審制が採用されているため，第二審で調停の合意が成立する場合は一審法院の判決は取り消されたものと見做される。

(b) **調停の場所**　調停は人民法院において行うことが普通である。事件の状況により裁判官は当事者の所在地，紛争発生地などに行き現地で調停を行うこともできる。

(c) **調停の方策の立案**　訴状，答弁書，証拠となる材料を審査し，当事者双方の利害関係の争点を明確にする過程で当該事件を調停で解決するか否かについて当事者双方の意見を求める。調査・証拠収集活動を行い，全面的に事件を把握することに基づき，調停の方策を立てる。そして当該事件に対し関係する組織や個人の協力が必要であると認めるとき，これらの組織や部門に協力を要請する。

(d) **当事者への通知**　人民法院が調停を行うときには，当事者は出頭すべきである。当事者・証人に出廷を通知するには，書面，電話，口頭など簡易な方式を採用することができる。当事者は確実に出頭できない理由がある場合には，特別授権の代理人が当事者に代わって出頭し協議することができる。離婚事件の調停は本人が特殊な情況により確実に出廷できないときは，人民法院に対し意見書を差し出さなければならない（民訴62条）。

(3) 調停の進行及び方法

(a) **事件の事実を明白にするための調査**　人民法院は事実を明白にし是非をはっきりとさせ，その基礎に基づき調停を行わなければならない。そのため当事者に対する尋問，証拠の審査などの手段を通し当該事件の真相，法的争点を明白にすべきである。

(b) **法律・政策の宣伝**　調停を行うとき裁判官は当該事件に係わる法律・政策を当事者に説明すべきである。たとえば，当該事件の事実をどのように確定するか，当該事件の行為によってどのような法律上の結果が発生するか，当事者がどのような権利と義務を有するかなどに係わる法律・政策上の規定を説明するべきである。当該事件の法律・政策の宣伝を通し当事者に法律・政策の教育を行う。

(c) **当事者への説得**　当該事件が明白になりかつ当事者が関係する法律・政策を理解した上で，裁判官は当該事件の解決方策について当事者を説得する。当事者も自分で解決方策について意見を陳述し，裁判官の主宰の下で合意に達することができる。

(4) 調停手続の終了

(a) **合意の成立による終了**　調停の合意が成立した場合，人民法院は調停書を作成しなければならない。調停書は訴訟上の請求，事件の事実と調停の結果を明記しなければならない。調停書は担当裁判官および書記官が署名し人民法院の印鑑を捺印し当事者双方に送達する。調停書は当事者双方が署名受領した後，直ちに法的効力を生じる（民訴89条）。

以下に掲げる事件の調停合意については，人民法院は調停書を作成しなくてもよい（民訴90条）。
① 調停で和睦した離婚事件
② 調停で継続が認められた養子縁組関係事件
③ 即時履行できる事件
④ その他の調停書の作成を必要としない事件

調停書の作成を必要としない合意については記録に記入しなければならず，当事者双方，担当裁判官，書記官が署名又は捺印した後，直ちに法的効力を生じる。

(b) **合意の不成立或いは翻意による終了**　調停で合意に達せず或いは調停書送達の前に一方が翻意したときは調停手続が終了し，人民法院は即時に判決を下すべきである（民訴91条）。ただし，調停条項によって権利，義務を有しない当事者が調停書の領収を拒否する場合に，民訴91条が適用してはならない（最高人民法院の人民法院民事調停活動における若干問題に関する規定15条）。

(5) 法院調停の効力

法院調停は以下の効力がある。
① 訴訟手続の終結

調停書が効力を生じるのは，人民法院が当事者双方の紛争を既に解決したことを意味し，訴訟手続が終結したときと考えられる。
② 当事者双方の権利義務の確定

調停書に載せる権利義務の内容は，当事者双方に対し拘束力を持つ。
③ 再起訴の禁止

合意は当事者の自由意思に従い成立するため調停書が効力を生じた後，同じ事実，争点及び同じ相手方に対し再び訴えを提起することはできない。ただし調停で和睦した離婚事件は，6か月後，再び訴えを提起することができる（民訴111条7項の反対解釈）。

④　第二審への不服申立ての禁止

調停書は当事者双方が署名した後，直ちに法的効力が発生するため，第二審への不服を申し立ててはならない。

⑤　執行の効力

調停書は執行の効力があり，当事者は履行しなければならない。一方が履行を拒否したときは，相手方は人民法院に対し強制執行を申し立てることができる。

第7節　調停無効に関する日・中の比較

1　既判力に関する学説

中国において，法院調停の調停書は確定判決と同一の効力を有する（民訴法89条）。学説上においても実務上においても調停の形成力，既判力と執行力は認められる。日本において，調停の形成力，執行力について，あまり異議がなく，調停は既判力があるかどうかについて，3つの学説に分けられる。[65]

(1)　既判力肯定説

既判力肯定説は，調停がその内容において，不明・不定・不能・不法でない限り，全ての場合に調停無効の主張は既判力によって遮断されるとするものである。この説は主として，以下の根拠がある。

①　民事調停法の16条，民訴法267条，家審法21条1項の文理解釈（「確定判決と同一の効力」を有する以上既判力を有するとする）。

②　調停も司法手続による紛争解決手続としてこれに不可争力を認める必要性があり，かつ手続法上既判力を認める条件がある（小山説）。[66]

③　合意の相当性の審査権等を重視するいわゆる調停裁判説（佐々木説）。67)

(2) 制限的既判力説

制限的既判力説は，調停は実体法上有効なときに限り既判力が有し，意思の欠缺など実体法上の瑕疵が存するときは，それを理由とする調停無効の主張が許されるとするものである。

この説を主張する学者は，調停における合意は私法行為（私法上の和解契約）であると共に，訴訟行為（手続き上の行為）としての性質を持っている両性説の立場から，制限的既判力説を唱える。これは，民事調停法16条，民訴法267条の文言に従いながら，瑕疵を伴うのは不可避的であるという訴訟上の和解や調停の実態からの要請にも応じようとするものであると主張する。68)

(3) 既判力否定説

これは調停の既判力を全面的に否定する学説である。この学説は，①調停の本質は，当事者間における私法上の合意にあり，訴訟物に対する裁判所の判断ではないこと，②調停条項は，判決の主文のように客観的な範囲を定めにくい上，当事者の合意を本質とする調停では実体法上の瑕疵を伴うことは不可避的であることなどをその根拠とし，主としていわゆる調停合意説から導き出されている。69)

諸説の中で，既判力肯定説と制限的既判力説の差異は，既判力をいかに解するかによって説が分かれていると考えられる。調停の無効を認めるか否かについては，調停に既判力を認めるか否かによって，結論が異なる。現時点で，調停に既判力を認めるに足る手続保障が必ずしも十分とは言い難く，また実体上の瑕疵が入ることが不可避であるので，本書は既判力否定説の立場に立ち，調停無効の主張を許すことが一般的に調停利用者の利益にかない，調停当事者に十分な救済を提供できると思われる。

2 調停の無効とその救済手段

(1) 日本の場合

日本においては,調停無効の原因として次のようなものが挙げられている。

(a) **実体法上・手続法上の瑕疵の存在** 制限的既判力説の立場に立ち,実体法上の無効原因が存在する場合には,その和解が当然無効となることを認め(最判昭31・3・30民集10巻3号242頁),また,実体法上の取消原因がある場合には,これを理由とする調停の取消を認めている(大判昭10・9・3民集14巻21号1886頁)。

(b) **調停の組織に関する瑕疵** 調停主任裁判官を欠き調停委員のみによって組織された調停委員会の調停は無効である。[70] 調停に関与することが法律上許さない裁判官が関与したとき,調停に関与した裁判官が当事者の一方から収賄するなど職務に関する罪を犯していたとき,また,当事者が実在しないとき,当事者が適法に代理されなかったときは,調停が無効である。[71]

ただし,裁判官1名と調停委員1名とで成立した調停であっても,裁判官だけの調停として,調停は有効である(仙台地判昭32・5・27調停時報16号2頁)。

(c) **調停の内容に関する瑕疵**

① 調停条項が不明,不定または不能の場合は調停が無効である。

調停条項が不明または不定の場合,その調停は,内容的に効力を発揮できないから無効であり,調停の合意の内容が不能の場合は,「実現不能のことを実現する合意に効力を認める余地がない」から,無効である。[72] たとえば,買い取るべき建物の一部が区分所有権の客体たりうるかどうか不明のとき(東京高決昭34・9・3下民10巻9号1863頁),収去すべき地上物件が特定されていないとき(東京高決昭39・6・15調停時報34号2頁,札幌地決昭41・8・30判タ195号145頁)の調停無効は認められた。

② 調停条項が公序良俗違反,強行法規違反の場合は無効である。

調停の実体的効力と手続的効力とは区別されるべきであり,「公序良俗,強行法規の違反の場合は,実体法上の効力を生じないという意味で無効であろうか,手続法上は一応有効と解すべきであり,一歩譲っても手続的効力の

無効は，公序良俗・強行法規違反が明白かつ重大な場合に限られるべきである」。[73] 判例によれば，不法原因に基づく債務の支払方法（大阪簡判昭 27・10・9 下民集 3 巻 10 号 1435 頁），旧借地法 11 条の違反（東高判昭 33・10・15 東高時報 9 巻 10 号民 183 頁），民法 881 条に違反する（神戸地判昭 32・12・19 調停時報 17 号 2 頁）等場合は，調停無効は認められる。

(d) **意思の形成に関する瑕疵**　当事者の意思能力の欠缺は，調停を無効にする。判例によれば，通謀虚偽表示による合意は，民法 94 条により原則として無効である（東京高判昭 33・12・26 東高時報 9 巻 13 号民 257 頁）。錯誤に基づく合意は，原則として民法 95 条により無効である（東高判昭 33・10・15 東高時報 9 巻 10 号（民）179 頁，福岡高宮崎支判昭 36・3・6 調停時報 30 号 28 頁）。調停における合意が形成される過程で相手方等の詐欺・強迫を受け，これによって互譲を余儀なくされたときは，民法 96 条により原則としてその合意は取り消すことができ，その合意の取消により，調停調書は効力のない合意を記載したものとなり，無効のものとなる（東高判昭 38・12・19 東高時報 14 巻 12 号（民）326 頁）。また，事実の調査や証拠調べをした場合において，その結果を基礎にし，これが真実であることを前提として，合意が形成されたところ，証拠文書が偽造または変造であり，又は供述や証言が虚偽の陳述であったときは，合意はその基礎を欠くものとして効力を認めるべきではなく，したがって調停も無効であるとする。[74]

(e) **調停の手続に関する瑕疵**　調停に手続法上の瑕疵があって，調停を無効することがある。たとえば，代理人の出頭によって成立した調停において，調停の成立までに代理権限を証する書面を提出せず，かつ追認がないときは，その調停は無効である（大阪地判昭 32・9・4 調停時報 20 号 2 頁）。調停代理人である弁護士が個人として調停の目的物を譲り受ける旨定めた調停は，弁護士法 28 条または民法 90 条に違反し無効である（鳥取地米子支判昭 31・1・30 下民集 7 巻 1 号 171 頁）。

調停調書の効力について，訴訟上の和解調書の効力と同様に考えることができれば，その無効主張の方法についても和解調書と同様に考えることができる。判例は，その無効主張の方法として，①弁論続行期日指定の申立による方法（大決昭 6・4・22 民集 10 巻 7 号 380 頁，大決昭 8・7・11 民集 12 巻 20 号 2040 頁，最判昭 33・6・14 民集 12 巻 9 号 1492 頁等），②和解無効確認の訴を提

第 2 編　中国における調停の現状と課題

起する方法（大判大 14・4・24 民集 4 巻 5 号 195 頁，大判大 14・6・18 新聞 2468 号 14 頁等），③請求異議の訴を提起する方法（大判昭 3・3・7 民集 7 巻 2 号 98 頁，大判昭 10・9・3 民集 14 巻 21 号 1886 頁等），④再審に準じた訴を提起する方法（大判昭 7・11・25 民集 11 巻 20 号 2125 頁，大判昭 8・4・26 新聞 3558 号 18 頁等）の 4 つ方法のいずれをも認めている。[75] そのほか，執行文の付与等に関する異議の申立，再調停の申立，調停取消の訴の提起等方法も，一部の学者たちに主張される。[76]

(2)　中国の場合

　中国においては法院調停に既判力を認めるため，調停無効の主張はほとんど認められない。ただし，当事者が既に法的効力を生じた調停書に対し，証拠を提出して調停が自由意思の原則に違反或いは調停合意の内容が法律に違反することを証明したときは再審を請求することができる。人民法院は審査の結果，違反事実を認めたときは再審を受理しなければならない（民訴 180 条）。当事者の再審の申請は調停書の法的効力が生じた後，2 年以内に提出しなければならない（民訴 182 条）。

　調停の既判力の効果は判決の既判力の効果と全く同じというわけではない。小山教授は，「訴訟の判決においては，紛争の対象であった権利義務関係についてのその存否の判断が不可争のものとされる。調停においては，紛争の対象であった権利義務関係を処分してこれと交替した調停条項の示す権利義務関係の存在が不可争のものとされる。」と主張し，既判力の不可争性を強調する。[77] 調停は実体法上の瑕疵等があっても，既判力肯定説によれば，既判力の不可争性を理由として調停無効の主張を封ずることができる。これは，「公平・正義」の法の精神から考え，必ずしも合理的ではないと思われる。

　以上の比較から見て，中国の法院調停は調停無効を認める原因において狭く，調停無効の救済手段は単一であり，当事者に対する手続保障も十分ではない。日本の調停無効を認める要件と救済手段は中国の調停実務に対し，参考に値する。

第8節　法院調停と日本の司法調停及び訴訟上の和解との比較

1　法院調停と日本の司法調停

　中国において裁判所による調停は法院調停しか存在しないので，中国の法院調停が日本の司法調停に相当するものであるという誤解が生じやすい。確かにこの両者は共通する点がある。たとえば，法院調停は調停者が両当事者の間に入って双方の主張を擦りあわせていくが，両当事者が合意に達しないと成立しない。この点においては，日本の司法調停は同じである。さらに，当事者の互譲により紛争の解決を図る点でも両者は共通の性格を有する。また，法院調停も日本の司法調停も手続の進め方について厳格な定めはなく，実定法規に従うというより，具体的な紛争の実情に即し当事者双方の納得に基づき妥当かつ現実的な解決を図るものである。

　しかし，実際には中国の法院調停は日本の司法調停と大きな差異がある。まず，調停の主宰者から見て中国の法院調停は1人の裁判官或いは3人の裁判官合議体が調停を主宰する。これに対し，日本の司法調停は，裁判官だけ或いは裁判官と民間人で構成した調停委員会が調停を主宰する。しかも，調停委員会が主宰する調停は裁判官が全ての調停期日に立ち会わないのが一般的である。したがって，中国の法院調停は裁判官を核心にして行うものであるのに対し，日本の司法調停は調停委員を中心にして展開するものであると言えよう。

　次に，調停の対象が異なる。日本の司法調停は民事紛争及び家事紛争について調停を行う。中国の法院調停は民事，家事紛争以外，特定の刑事紛争，行政紛争についても調停をすることができる。そして，これらの紛争は，訴訟係属中の事件である。

　最後に，調停の手続から見て中国の法院調停は民事訴訟の手続の中に嵌まり込んでおり，民事訴訟の不可分の一部として位置づけられている。その手続は，民事訴訟法の規定によって規範されている。中国の「審調結合」の裁判構図に対し，日本の司法調停は独立な手続を有するため，裁判と調停の関

係は「審調分離」という構図になる。しかも，日本の司法調停は，民事調停法と家事調停法という別々の法律によって規定されている。

　以上の違いから見れば，中国の法院調停は裁判所で行う調停であるとしても，日本の司法調停とは大きな相違点を有し，全く別の類型の調停と言えよう。アジア・太平洋諸国における ADR に関する調査研究を行っている池田辰夫教授はこの問題について，「いわゆる法院調解は，手続構造から見て，議論の余地はあるものの，日本流の調停ではなく，むしろ訴訟上の和解と端的に理解すべきものである」と指摘している。[78]

2　法院調停と日本の訴訟上の和解

　訴訟上の和解とは，訴訟の係属中に裁判所で訴訟の当事者が訴訟物である権利または法律関係について互いにその主張を譲歩して訴訟を終了させる旨の期日（口頭弁論，和解，準備手続，証拠調べ）における合意を言う。[79] 裁判所は訴訟が如何なる程度にあるかを問わず和解を試み又は受命裁判官若しくは受託裁判官に和解を試みさせることができる（日本民訴89条）。和解が成立しかつ調書に記載したときは，その記載は確定判決と同一の効力を有する（日本民訴267条）。

　法院調停も訴訟上和解も訴訟の係属中に行い，裁判官は事件の法的問題の所在を的確に認識した上，主張と証拠との関係を十分押さえ，さらに事件の背景事情や当事者の個性にまで目配りして和解勧告を行い，交渉・説得，合意調達，条項の確定といった各段階にわたって当事者を紛争解決の合意に達させる。また，確定判決と同一の効力を有する点において法院調停と訴訟上和解は同じである。この点について，李浩教授は法院調停と訴訟上和解はある意味から言えば同一の事物であると主張し，さらに両者が違う制度に設計される理由を，訴訟制度を創設するときの違う定位方法に帰結する。すなわち，「訴訟上の和解は当事者の立場に立ち合意によって紛争を解決することを強調する。これに対し，法院調停は裁判所の立場を基点にして制度設計を行う。」[80]

　李浩教授の見解は，法院調停が調停の範疇に属するという一般論を認めている中国法学界において注目すべきものである。しかし，法院調停は訴訟上

の和解と同一のものであるという点において，筆者が必ずしも認めるところではない。中国において訴訟上の当事者和解もある。民事訴訟法51条より，「当事者双方は自ら和解することができる」。実務上には訴訟期日における当事者和解に対し2つの処理方法がある。1つは，当事者が自ら和解で合意に達した場合，訴えの提起を取下げ，その和解協議は私法上の和解協議と見做し法的効力は有しない。いま1つは，書記官が当事者間の和解を審判記録に記入し，人民法院はこれによって調停書を作成し，当事者双方に送達する。調停書は当事者双方が署名した後，法院調停と同一の効力を有する。[81]

すなわち，中国の民事訴訟手続において，法院調停と当事者和解という2つの和解方式があるので，法院調停だけで訴訟上の和解に相当するものとするのは十分ではなく，法院調停と当事者和解を合わせれば日本の訴訟上の和解により近いものとなろう。したがって，私見によれば法院調停と訴訟上の和解の関係は，「法院調停＋当事者和解≒日本の訴訟上の和解」という式で表示すればより的確であろうと思われる。

第9節　小　括

本章では，中国の訴訟に不可欠な部分としての法院調停を中心にして検討を行った。しかも，中国の裁判所による調停である法院調停と，日本の裁判所による調停である民事調停・家事調停との比較を通し，両者の主体，客体，手続等各方面における特徴は明らかになった。さらに，日本の簡裁，地裁，家裁におけるそれぞれの調停現状を概観した上，対比と批判の視点から，中国における法院調停の本質，原則，制度現状，無効の救済等相関の課題についての分析と考察を通し，中国の法院調停と日本の司法調停の共通点と相違点はより一層明晰になった。

制度設計の出発点が違うことによって，中国の法院調停と日本の司法調停との間に大きな差異を有する。本格的な日本の民事調停と家事調停と類似する制度は，実際に中国において存在しない。中国の法院調停は日本の司法調停よりも，むしろ訴訟上の和解に相当する制度と言えよう。より厳密に言えば，「中国の法院調停＋当事者和解≒日本の訴訟上の和解」という関係式で

第2編　中国における調停の現状と課題

示される。

　実務上において，中国の法院調停は当事者の合意よりも，裁判所の権威が過分に強調され，この点も調停の本質と効力に関する日・中の比較を通し，明らかになったのである。中国の立法上及び実務上において，調停の「合意による紛争解決」という本来の姿をどのように回復するか，日本の民事調停，家事調停のような制度を導入するか否かは，まだ課題として残っている。これらの課題は，本書の第3編の中で，続けて検討してみよう。いずれにしても司法改革の際に，日本の司法調停の長所と経験は，中国の制度設計にとって参考に値すると思われる。

1) 柴発邦教授は，法院調停について，次のように定義している。「法院調停とは，民事訴訟中に裁判官の主宰の下に当事者双方は自由意思に基づき協議し，互譲によって合意に達し訴訟活動及び訴訟を終結させる方法である」(柴発邦『民事訴訟法学』(法律出版社　1987年)　332頁)。
2) 中国調停制度の沿革および法院調停制度の発展について，本書の第1編の第2章の第1節及び第2節の中で，既に詳しく検討した。
3) 王亜新教授は，西欧近代の民事裁判モデルと伝統中国及び現代中国のある時期における民事裁判モデルをそれぞれ「判決中心型」と「同意中心型」に定義し，かつ，この2つのモデルを以下のように区別する。「まず，前者は，裁判官の下す判決という強行的判断を裁判の中心に置き，訴訟手続や正統性原理をこれに照準を定めて構成するのに対して，後者において裁判の中心となるのは，当事者の納得或いは同意である。次に，前者は，裁判の前提としての明確な実体的規範およびそれを整合的に解釈・限定ないし発展させるメカニズムの存在に対応して，裁判官と当事者，当事者と当事者の間の訴訟追行における役割分担，配分を権利・義務化し，明確な手続規範をもってこれをコントロールする，フォーマルな訴訟手続構造を持っている。これに対して，後者は，実体と手続の両方において明確な規範及びそれを発展させるメカニズムの欠如を特徴として，状況と裁量，実質的に力関係によって左右される柔軟でインフォーマルな訴訟手続構造を有するものである。さらに，前者は，強行的判断を裁判の中心としながら，当事者の主体性・自律性を内容と形式の両面から保障する訴訟手続構造を持つことによって，当事者の主体性・自律性と両立しうるに対して，後者は，当事者の納得・同意を中心とするが，それを獲得する過程において当事者の主体性・自律性を生み出し，かつそれを促進しうる制度的保障が欠如するために，むしろ当事者の主体性・自律性の樹立を防げて，その結果，常に隠れた強制による当事者合意の形骸化の危険がつきまとうこととなる」(王亜新『中国民事裁判研究』(日本評論社　1995

第3章　中国の訴訟に不可欠な部分としての法院調停

年）69-70頁）。
4)　一般原則について合意形成を図り，それから具体的事項をめぐる調整を行うなど，一般原則に関しては融通性を認めず，具体的事項に関しては柔軟性が強いというような中国的交渉スタイルは，ルシアン・W・パイ『中国人の交渉スタイル—日米ビジネスマンの異文化体験』（園田茂人訳　大修館書店　1994年）特に11-12頁，92-101頁，192頁などに分析されている。
5)　季衛東『中国的裁判の構図』（有斐閣　2004年）50-51頁参照。
6)　何鳴編『人民法院調解理論與実務』（人民法院出版社　2002年）22頁。
7)　石川明「我が国における裁判外紛争解決制度（ADR）の諸問題」（石川明＝三上威彦『比較　裁判外紛争解決制度』慶應義塾大学出版会　1997年）9-11頁，石川明『調停法学のすすめ』（信山社　1999年）10-13頁参照。
8)　「民事・家事調停事件関係統計」（調停時報　168号　2007年）38頁参照。
9)　小島武司＝伊藤眞編『裁判外紛争処理法』（有斐閣　1998年）6頁。
10)　2006年（平成18年）において，簡裁で取り扱う調停事件は302,528件であり，地裁で取り扱う事件はわずか1,508件である。司法統計年報（民事・行政編）〔平成18年〕（最高裁判所事務総局　2007年）3頁，坂本宗一「調停制度の現状と運用について」（東調連合会報　57号　2004年）41頁，小島＝伊藤・前掲注（9）72-73頁参照。
11)　昭和40年代において，「社会情勢の著しい変動，殊に，科学技術の進歩，経済規模の拡大社会生活の変化，国民権利意識の向上等に伴い調停の場にあらわれる民事・家事の紛争は，ますます複雑化すると共に，交通事故，公害等に係る新しい類型の紛争が加わって一層多様化しており，その処理はいよいよ困難なものとなっており」，調停の成立率が逐年低下しつつある。これに対処し，従来以上に優れた資質能力と豊かな社会経験・高度の専門知識を有する多数の民間人を調停委員に迎えることが必要であり，同時に，手続規定の整備をする必要がある。「民事及び家事の調停制度を国民の期待に沿い得るよう充実強化しようとする」目的を図るため，1974年（昭和49年）に，「民事調停法および家事審判法の一部を改正する法律」（法律55号）が成立した。改正法は，調停委員制度の改正（調停委員候補者等の制度を廃止し，初めから非常勤公務員として任命される民事調停委員，家事調停委員の制度を導入し，その職務の内容の充実を図ると共に，手当ての支給等その待遇を改善すること），民事調停手続の改正（交通及び公害等調停事件の管轄について特則を設けること），家事調停手続の改正（遺産分割調停手続について特則を設けること）を主たる内容とするものである。民事調停法の改正趣旨に言及言葉に関する解説は竹下守夫「改正された民事・家事調停法」（ジェリスト　569号　1974年）98頁，石原辰次郎『民事調停法実務総攬』（酒井書店　1984年）10〜12頁，小島武司『裁判外紛争処理と法的支配』（有斐閣　2000年）167〜169頁，最高裁事務総局民事局，家事局「最近における調停事件の概況について」（法曹時報　26巻11号　1974年）81-83頁参照。

12) 小島武司「現代社会は司法調停を必要としているか（一）―その役割の検証―」（白門　56 巻 9 号　2004 年）　14 頁。
13) 石川明＝梶村太市『民事調停法』（青林書院　1985 年）　85-87 頁，石原・前掲注（11）　44-55 頁参照。
14) 民事調停官及び家事調停官制度の創設の趣旨について，司法制度改革推進本部事務局企画官小山太士氏は「近年の日本の社会経済情勢の変動に伴い，多方面の専用分野にわたる複雑困難な調停事件が増加するようになっており，その数は全体として増加の一途をたどっている。今後も調停制度が時代のニーズに応え，実効的に機能していくためには，調停手続の紛争解決機能の強化が必要不可欠であるが，裁判官と同じく法律専門家である弁護士にもこのような裁判官の権限と同等の権限をもって調停に関与させることができれば，弁護士の有する多様な知識・経験や専門性を調停手続に活かすことができるのはもちろんのこと，調停手続の主宰者が多様化することにより調停の紛争解決機能が充実強化され，今後ますます増加することが予想される複雑困難な調停事件に的確に対応していくことが可能となる」と解説していた（小山太士＝武藤貴明「民事調停官及び家事調停官の制度の創設について」（『調停時報』　156 号　2003 年）　71 頁）。
15) 石川＝梶村・前掲注（13）　122-125 頁参照。
16) 梶村太市＝深沢利一『和解・調停の実務』（新日本法規　1980 年）　230-241 頁，田中正人『やさしい民事調停のはなし』（株式会社ぎょうせい　1985 年）　22-26 頁，石川＝梶村・前掲注（13）　290-410 頁参照。
17) 最高裁判所事務総局民事局・家庭局「平成 14 年度調停事件の概況」（法曹時報　55 巻 11 号　2003 年）　76 頁。
18) 交互面接方式とは，申立人と相手方とそれぞれ別々に話を聴く等のことを言う（コーカスとも言う）。それは日本の調停の過程中において，よく利用される。ただし，近年アメリカの ADR 理念の影響を受け，当事者双方の主体性を強調する同席調停は多くの学者と実務家に主張されている。たとえば，豊田洋子「合同面接・同席調停の技法について――家裁調査官の経験から」（井上治典＝佐藤彰一編『現代調停の技法～司法の未来～』　判例タイムズ社　1999 年）　120-142 頁，井垣康弘「同席調停の狙いと成功の条件」（井上治典＝佐藤彰一編『現代調停の技法～司法の未来～』　判例タイムズ社　1999 年）　172-192 頁，上原裕之「ケース研究『同席調停のすすめ』」（『新しい家庭裁判所をめざして―鈴木経夫判事退官記念論文集―』　ルック　2000 年）　116-161 頁。
19) 佐藤鉄男＝和田吉弘＝日比野泰久＝川嶋四郎＝松村和得『民事手続法入門』（有斐閣アルマ　2002 年）　25-27 頁，茗茄政信＝近藤基『書式　和解・民事調停の実務――申立から手続き終了までの書式と理論』（民事法研究会　1999 年）　289-293 頁参照。
20) 座談会「大阪簡易裁判所における民事調停事件について」（判例タイムズ　1130

号 2003年) 24頁,資料「民事調停事件処理要領」(判例タイムズ 1130号 2003年) 39頁参照。
21) 太田豊「東京簡裁における民事調停事件の実情」(判例タイムズ 932号 1997年) 7頁参照。
22) 事件数は,最高裁判所事務総局編『司法統計年報〔平成18年〕1 (民事・行政編)』による。
23) 太田・前掲注 (21) 9頁参照。
24) 簡裁の調停事件の処理手続は,加藤新太郎編『簡裁民事事件の考え方と実務』(民事法研究会 2004年) 374-402頁,前掲注 (20) 資料「民事調停事件処理要領」40-44頁,澤谷修造「簡裁における民事調停事件の運営について——主任裁判官の全件立会の提言」(判例時報 1871号 2004年) 19-21頁,座談会「長崎簡易裁判所における一般調停事件の運営について」(判例タイムズ 1140号 2004年) 7-15頁参照。
25) 石栗正子「東京地方裁判所における調停の実情と課題」(ジュリスト 1207号 2001年) 73頁の数字によって,この表は作成される。
26) 座談会「民事調停の諸問題」(判例タイムズ 932号 1997年) 31頁の園尾隆司判事の発言による。
27) 前掲注 (26) 座談会26頁の大島明判事の発言による。
28) 東京地裁の統計数字によって,付調停事件が全体事件の中で占める比率は,平成4年86.3％,平成5年84.5％,平成6年86.2％,平成7年94.4％,平成8年94.8％ということである(横山正輝「東京地裁における民事調停事件の実情」(判例タイムズ 932号 1997年) 3頁)。
29) 石栗・前掲注 (25) 74頁。
30) 石栗・前掲注 (25) 73頁。
31) 横山・前掲注 (28) 2頁。
32) 坂本・前掲注 (10) 41頁。
33) 座談会「東京・大阪における民事調停の現状」(判例タイムズ 1152号 2004年) 19頁の岡久幸治判事の発言による。
34) 沼邊愛一『家事事件の実務と理論』(日本評論社 1990年) 41-43頁,沼邊愛一＝野田愛子＝佐藤隆夫＝若林昌子＝棚村政行編『現代家事調停マニュアル』(一粒社 2000年) 34-45頁参照。
35) 沼邊愛一＝佐藤隆夫＝野田愛子＝人見康子編『新家事調停読本』(一粒社 1994年) 124-130頁,高野耕一『家事調停論』(信山社 2002年) 45-57頁,田中・前掲注 (16) 72頁参照。
36) 二田伸一郎＝小磯治『書式 家事審判・調停の実務——申立から手続き終了までの書式と理論』(民事法研究会 2000年) 13-46頁,岡本和雄『家事事件の実務』(日本加除出版 1994年) 1-30頁,佐藤＝和田他・前掲注 (19) 285-289頁参照。
37) 宮崎澄夫「調停の理念」(民事訴訟法学会編『民事訴訟法講座5巻』 有斐閣

1956 年）1380 頁。
38) 太田知行「Ⅱ調停・和解」(1975 年度春季学術大会『現代社会と法』第二分科会：裁判制度）(法社会学　28 号　1975 年）174 頁。
39) 村崎満「調停離婚及審判離婚について」（ケース研究　1963 年 4 号）17 頁。
40) 村崎満「調停雑感」（ケース研究　1964 年 2 号）2 頁。
41) 森松萬英「調停裁判論に対する一考察」（法学新報　71 巻 12 号　1964 年）51 頁。
42) 佐々木吉男『増補　民事調停の研究』（法律文化社　1974 年）161 頁。
43) 小山昇『民事調停法（新版）』（有斐閣　1977 年）286 頁。
44) 白緑玄「中国の調解（調停）制度」（ジュリスト　885 号　1987 年）74 頁。
45) 劉敏『当代中国的民事司法改革』（中国法制出版社　2001 年）193 頁。
46) 何鳴・前掲注（6）5 頁。
47) 滋賀秀三『清代中国の法と裁判』（創文社　1984 年）252-254 頁。
48) 季衛東教授は，中国の経済契約紛争の処理に関する論説の中に，「調停裁判」という用語を導入した（季衛東・前掲注（5）47 頁参照）。
49) 王亜新・前掲注（3）28 頁。
50) 高見沢磨『現代中国の紛争と法』（東京大学出版会　1998 年）1 頁。
51) 王懐安編『中国民事訴訟法教程』（人民法院出版社　1992 年）183-185 頁。
52) 章武生編『民事訴訟法新論』（法律出版社　2002 年）261 頁。
53) 判決形成の過程は，裁判官が事実を究明した上で法律を適用する過程であり，実体法は，特定の事件の事実により引き起こされた権利，義務及び責任について，一般に相当明確で，具体的な規定をおいている。そのため，判決の実体法上の合法は相当厳密である。事実が一旦確定してしまえば，裁判官は法の適用上選択の余地は極めて少なく，判決の結果と実体法が定める事実がもたらす法的結果とが一致してはじめて，判決は実体的合法性を備えることになる。調停はそうではなく，調停による合意の内容が合法であるかどうか判断するときに，合意の内容が法の具体的規定に合致するかどうかにはとらわれず，主に合意が自由意思により成立したものかどうか，合意の内容が当事者の意思をほんとうに反映しているかどうかを見るのである（江偉＝李浩＝王強義『中国民事訴訟法の理論と実際』（成文堂　1997 年）124 頁）。
54) 江偉他・前掲注（53）125 頁参照。
55) 江偉他・前掲注（53）122-123 頁。
56) 第一審の刑事事件，第一審の行政事件は全て合議法廷が審判する。第二審の事件，再審事件，死刑判決再審事件は全て合議法廷が審判する。
57) 章武生・前掲注（52）159 頁参照。
58) 一般的に，訴訟行為能力は，民法上の行為能力に対応する。しかし，両者が全て一致してはいない。自然人は民事行為能力によって行為能力者，制限的行為能力者，行為無能力者と分けられるが，訴訟行為能力によって訴訟能力者，訴訟無能力者に分けられる。10 歳以上の未成年者は制限的民事行為能力者であり，その年齢・知力と

相応する民事活動を行うことができる（民法通則12条1項）。しかし，訴訟活動を行うことができない。

59) 民事行為無能力者・民事行為制限能力者の監護人はその者の法定代理人となる（民法通則14条）。民法16条，17条の規定によって，未成年者の法定代理人となる者は，父母，祖父母・外祖父母，兄・姉，関係が密接なその他の家族・友人で監護責任を引受けることを希望し，未成年者の父・母の勤務先或いは未成年者の住所地の住民委員会・村民委員会の同意を経た者であり，精神病者の法定代理人となる者は，配偶者，父母，成年の子女，その他の近親族，関係が密接なその他の親族・友人で監護責任を引受けることを希望し，精神病者の所在の勤務先或いは住所地の住民委員会・村民委員会の同意を経た者である。

60) 章武生・前掲注（52） 193頁。

61) 使用権でもっとも重要なのは，国がデベロッパーに大量の土地使用権を有償で譲渡することで，大規模開発，都市再開発の資金を稼ぎ出し，外資を導入することにも寄与した国有土地使用権制度である。従来，中国では土地利用は無償で行われてきたが，一部の土地につき使用権とは言え有償化したことで，土地転がしにより暴利を貪る行為が発生している。したがって，土地使用権をめぐる紛争が大量に存在している。

62) 民法通則は共有を各自の持分が決まっている「按分共有」と持分が明定されない「共同共有」に分類する（78条2項）。この中で，特に「共同共有」をめぐって，よく紛争が発生する。有力学説によれば，共同共有になるのは，婚姻期間中の夫婦財産（婚姻法17条），家族の共同経営財産および遺産分割前の共同相続財産（相続法2条参照）だけであると言われる。

63) 担保関係紛争は，すなわち，保証，抵当権，質権，手付，留置権をめぐる紛争である。そのほか，建物典権の紛争も含めている。中国には伝統的に不動産について「典権」と呼ばれる用益物権と担保物権を兼ねた独特の慣習がある。「典権」は，当該建物使用・収益する者「典権人」がその対価「典価」を所有者「出典人」に支払い，家屋の使用・収益権を取得する一方，所有者は期間満了後〔最長30年〕，「典価」を返還することにより目的物を取り戻すことができるというものである。買戻しをしなければ，目的物は「典権人」の所有に帰する。「典価」は一般に家屋の価格よりも低めに決められ，一種の金銭消費貸借的な意味合いを持つ。現在でも，建物については紛争が多く，司法実務において典権の法的効力が認められている。実定法には規定はないが，最高人民法院の多くの司法解釈には裁判規範が示されている（木間正道＝鈴木賢＝高見澤磨『現代中国法入門』（有斐閣 1998年） 203頁参照）。

64) 法院調停の手続について，何鳴・前掲注（6） 29-41頁，章武生・前掲注（52） 262-265頁参照。

65) 梶村＝深沢・前掲注（16） 679-690頁参照。

66) 小山・前掲注（43） 285頁。

67) 佐々木・前掲注（42） 222頁。

68) 田中恒明「調停の無効等」（判例タイムズ　258号　1971年）80頁。
69) 鈴木忠一『非訟事件の裁判の既判力』（弘文堂　1961年）65頁，石川明「民事調停の効力」（別冊判例タイムズ　4号　1977年）67頁参照。
70) 梶村＝深沢・前掲注（16）　703頁参照。
71) 小山・前掲注（43）　293頁。
72) 小山・前掲注（43）　294頁，石川・前掲注（69）68頁。
73) 石川・前掲注（69）69頁。
74) 小山・前掲注（43）　296頁。
75) 梶村＝深沢・前掲注（16）　710頁。
76) 石川＝梶村・前掲注（13）　484-485頁参照。
77) 小山・前掲注（43）　287頁。
78) 池田辰夫「アジア・太平洋諸国におけるADR制度の現状と展望―アジア・太平洋諸国ADR調査研究会の活動を通して」（別冊NBL　75号　2002年）7頁。池田教授のほかに，中国の劉敏教授，周康氏等多くの方々も，中国の法院調停は日本の訴訟上の和解に相当するものであるという見解を持っている（劉敏・前掲注（45）　197頁，周康「中国における法院調解制度の検討」（石川明・三上威彦編著『比較　裁判外紛争解決制度』慶應義塾大学出版会　1997年）210頁）。
79) 小島＝伊藤・前掲注（9）76頁。
80) 李浩「関与建立訴訟上和解制度的検討」（『清華法律評論』第2巻　清華大学出版社　1999年）211頁。
81) 章武生・前掲注（52）　266頁参照。

第4章 「東方の経験」
——人民調停の神話——

第1節　序

　人民調停は，人民大衆が自分で自分を教育・管理する自治的活動であり，具体的に言えば，人民調停委員会の調停員が，国家の法律，法規，政策および社会公徳に従い，説得的な方法で当事者に納得させて民間紛争を処理する活動である。この制度は昔の民間調停に起源を有し，戦争時期の抗日根拠地と解放区の調停制度を基礎にして生成し，今日の中国の紛争処理メカニズムの中で最も機能している紛争解決方法として注目されている。

　中国において，大部分の民間紛争は，司法の手続により解決するのでなく，人民調停委員会及びその他の大衆の自治組織を通じて解決されている。統計によれば，1980年から1999年にかけての20年間に全国各地の人民調停組織が調停した民間紛争は約1.36億件であり，同期の全国各級の人民法院が審理した第一審民事事件の2～3倍に当たる。人民調停制度は，民事紛争の解決，人民内部の矛盾の解消，犯罪事件の予防，社会秩序の維持，経済発展の保障等，いろいろな分野で重要な役割を果たしていると言えよう。[1]

　人民調停委員会のように国家の裁判機関ではない社会的組織が，一定の紛争について管轄権を与えられている例は，ほかの社会主義国では旧ソ連の同志裁判所，旧東ドイツの紛争処理委員会に見ることができる。[2] しかし，これらの紛争処理機関が主として軽微な犯罪ないし労働規律違反を対象としているのに対し，中国の人民調停委員会は軽微な刑事紛争だけでなく，広く民間紛争全般をその対象としている。この点について，田中信行教授は，「係る対象の広さ，およびその活動の活発さという点において，おそらく今日の人民調停委員会はほかに比類なき存在と言ってよいであろうが，その他の組織面・制度面でも個性豊かな内容を含むものである。」と評価している。[3] そのほか，人民調停委員会は，紛争を解決する以外に，紛争の予防，法律の宣

伝・教育，精神文明の建設等にも寄与し，社会主義の民主と法制を促進することにも役立っている。

人民調停制度は，中国共産党が変動時期の政治と社会のニーズに応じて独自に創設した制度である。最も中国的な司法制度として，その独特な仕組みと著しい効果は，既に，国際的に法学界の関心を呼び起こし，西洋の学者から「東方の経験」と呼ばれている。[4] ただし，この制度の形成と発展の過程は曲折に満ちたものであり，その現状と未来の行方にも多くの課題と疑問が残っている。本章では，人民調停制度の曲折の発展過程に沿い，現行人民調停制度の現状及び課題について考察してみる。また，人民調停の主体，客体，手続，効力等課題についての検討を通し，人民調停の基本的性格について再定位してみたい。さらに，日本，アメリカにおける民間調停との比較を通し，人民調停の組織面及び制度面における特色をより一層明らかにしたいと考える。

第2節　行政と民間の狭間における人民調停の探索と挫折

1　行政調停の枠内で誕生した人民調停

中国において，民間調停は古くから紛争の解決手段として用いられてきたが，1940年頃の日中戦争時期に中国共産党の支配にあった解放区で形成された人民調停制度は，伝統的な民間調停の基盤を受け継ぎ，それに革命的大衆運動の役割をも合わせ担わせようとする政治的な意図の下に，全く新たな組織化を目指して形成された。[5] 人民調停組織は最下級の行政機関に設置されていたが，一般の住民代表若しくは民間団体代表が多数参加しており，単なる行政機関とは異なる存在であった。ただし，村政府の民政主任或いは民事主任を中心に構成された調停組織が調停を主宰する場合が多く，政府の要員も常に調停活動に参加した点から見れば，人民調停の中に行政調停の要素もあった。[6] この時期，農民解放戦争の必然的結果として，農地及び離婚をめぐる紛争が著しく増大していたが，共産党の解放区において，人民法廷が

十分に整備されておらず，正規の裁判官がなく，正規の法律は制定されていないという状況に応じるため，辺区政権は，これらの紛争の解決をほとんど調停に任せていた。田中信行教授は，この時期の調停を政府調停と呼び，「調停とは言え当事者間の和解成立が目的なのではなく，革命政権の政策に基づく合理的な解決を当事者に受入れさせることが目的とされ，無原則な和解は厳しく排除された」という特徴を指摘した。[7]

1946年以後，土地改革の推進に伴い，階級的利益の対立を含む紛争の処理手段としての人民法廷も，人民内部の和解的紛争処理手段としての人民調停組織も普及していった。この時期の人民調停は民事紛争だけでなく，軽微な刑事事件も対象に含めていたが，民事紛争については調停が強制され，調停の不成立を証明する行政機関の紹介状がない限り，法院は訴えを受理しないという調停前置主義が採られていた。さらに，いったん受理した訴訟でも，法院が適当と見做した場合には再び人民調停に移すことさえできた。[8] この時期の調停制度は，民事裁判と分離し難く結び付いていたと言えるであろう。しかも，この調停はそれ自体で既に裁判による判決と同等の法的効力を持ち，これに基づき強制執行もできた。[9] この時期の人民調停は，土地改革を中心とする農民紛争を解決する役割，及び機能不全の司法機関の負担を軽減するための補完的役割を果たしていたと言える。

1949年の建国を契機に調停前置主義は廃止され，調停は当事者の自由な意思に基づくとの原則が確立されるに至った。[10] さらに，1953年4月の第2回全国司法会議は，1954年の憲法制定に伴う司法制度の正規化を見通し，このような行政機関に基づく調停を廃止し，あらためて民間調停制度として組織化してゆく方針を決定したのである。

2　民間調停への移行とその挫折

1954年3月に制定された人民調停委員会暫行組織通則（以下「54年通則」と略記）は，人民調停の基本法としての地位を有する。通則は，調停組織を大衆的住民組織と規定し，そこで成立した合意に全く法的拘束力を認めないという点を基本的特徴とした。これは，司法機関，行政機関の正規化に伴い，一度行政機関に借りて使われた人民調停は民間調停の本来の位相を回復する

発想であったと思われる。しかし，司法機関の紛争処理能力の低下は，1955年以降の農業合作化の進展に伴う紛争の増大に直面して顕在化してきた。そこで，調停組織が司法機関の業務を一定程度肩代わりせざるをえない現実に対応するため，司法部は対策の遅れを自己批判しつつ「54年通則」を事実上撤回し，調停組織を再び行政機関に編入する方針を立てたのである。[11]

その直後，すなわち，1957年後半期に，それまでの百家争鳴が反右派闘争へと転化したことに呼応し，調停組織も整風運動の一翼を担うため治安防衛委員会と一体化した調処委員会に再編された。農村では生産大隊が調処委員会を設置し，生産隊が「調処小組」を置いていた。都市では，住民委員会，街道弁事処[12]，商店，企業，学校，工場，それぞれ調処委員会を設置し，その下に「調処分会」或いは「調処小組」を置いた。調処組織は，民事紛争及び軽微な刑事事件を処理するほか，人民公社化運動にあわせ展開された増産節約運動を推進するため，これに関する自治的規約を公約として定めようという愛国公約運動において，「大衆の自己監督の組織」として，愛国公約の実施，監督，検査の責務をも負っていた。[13] 同時に，不良分子取締りのために一定の処罰権をも付与された。[14] この点について，久保田信之教授は，「人民調処委員会は，大衆的調停組織に『行政処理権』を付与したために，民間の紛争を民の立場・当事者の立場から解決しようとする目的から遠く離れたものになり，あくまでも『整風運動』という共産党の統治方針を実践する目的と任務を担った組織となったのである。」と指摘した。[15] この時期は党による一元的指導が強調され，行政機関と大衆組織の区別も曖昧であった。特に農村では，実質上の行政機関である人民公社の強力な指導系統の下に置かれた点で，調処組織は実質上きわめて行政機関に近い存在であったと見ることができる。

しかし，1960年代の初めに大躍進政策の破綻が明らかとなり，調整政策へと移行するに伴い，調処委員会は廃止され再び調停委員会が復活した。ところが，そこで再建された調停制度は「通則」の完全な復活ではなく，各地が地元の実情に応じる様々な対応をしたのである。天津市の場合（1963年）を見ると，損害賠償を内容とする合意については最下級の行政機関である街道弁事処の承認を要するというやり方を採用していた。[16] ということは，言い換えれば，調停に一定の拘束力を与えることにほかならず，それが「通

則」の線をはみ出ていることは否定できないであろう。いずれにしても，組織の再建へと向かった調停制度は，1960年代後半，文化大革命の嵐に呑み込まれ，ほぼ完全な機能停止状態に陥った。

　荒れ狂った10年間の「文革期」には，司法機関はその機能を大きく喪失することとなり，「人民裁判」「大衆裁判」が罷り通った。私利私欲，私怨に振り回される暗黒の一時期を経験したのである。[17] 文革後期における矛盾の激化，及び文革によって司法組織が壊滅的打撃を被った現実に対応するため，1973年頃にはある程度まで調停組織を再建する動きが出てきた。[18] しかも，この時期に再び民事紛争について調停前置主義が採用された。[19] 1976年にいわゆる「四人組」が失脚したのち，法制度の整備と司法組織の再建が急速に進展するに伴い，1978年には調停前置主義が全国で廃止されるに至った。[20] その後1980年1月には街道弁事処，公安派出所及び住民委員会についての組織条例などと共に「通則」が「再公布」されたことによって，[21]「通則」は一部に修正を受けたものの，[22] 人民調停制度に関する基本法としての地位を回復した。

3　二重指導体制の下における人民調停の整備

　1950年代における調停制度は，1954年の「通則」の制定以降，同年の「人民法院組織法」や「都市住民委員会組織条例」などに関連する規定を散見することができるものの，憲法には規定されず，民事訴訟法は制定されていなかった事情も加わり，国家の法制度の構成部分としていささか体系性を欠如する状態に置かれた。しかも，そのような体系上の不備は，「通則」の制定から数年を経ずして，人民調停についての政策が変更されたことにより，「通則」自体の効力が曖昧になったにもかかわらず，法改正などの措置が適切に採られなかったため，法制度と実態との間に著しい乖離を生み出すに至った。[23] 1980年代初頭から，中国は「民主と法制」の強化をスタートラインとして始められた全面的な法整備の時期に入り，人民調停制度もその一環として関係法律の整備，通則の改正，細則の制定等段階を経て，基層人民政府と基層人民法院の二重指導の下に置かれ，完備された調停体系として形成された。

第2編　中国における調停の現状と課題

(1) 人民調停に係わる法律の整備

　1980年1月16日の『人民日報』社説では,「基層大衆自治組織を確立し,政権建設を強化しょう」との見出しの下,人民調停の組織の再建と普及を唱え,同年1月19日の『人民日報』は一部の修正を受けた「通則」の全文を掲載し,54年の「通則」を実質的に「再公布」する措置を採った。[24)] この措置を契機に,調停制度に係わる法律上の整備が積極的に推進されるようになる。

　1982年12月に改正された「中華人民共和国憲法」は,その第111条2項で,「住民委員会および村民委員会は,人民調停,治安防衛,公衆衛生その他の各委員会を置き,その居住区における公共事務及び公益事業を処理し,かつ,人民政府に大衆の意見及び要求を反映し,建議する」と規定し,人民調停制度についてはじめて憲法上の根拠を与えた。

　1982年3月に全国人民代表大会常務委員会で採択された「中華人民共和国民事訴訟法(試行)」は,その第14条で次のように規定した。

　「人民調停委員会は基層人民政府および基層人民法院の指導の下で,民間の紛争を調停する大衆的性格の組織である。

　人民調停委員会は法律の規定に従い,自由意思による原則に基づき,説得,教育の方法を用いて調停活動を行う。当事者は調停による合意を履行しなければならない。調停を希望しないかまたは調停が成立しないときは,人民法院に訴えを提起することができる。

　人民調停員会が事件の調停にあたって,政策および法律に違反したときは,人民法院が是正しなければならない。」

　この第14条は,二重指導体制における人民法院の役割が,調停過程において政策および法律の違反に対して是正をすることを規定していたが,中国の法化社会への進展および人民法院の職権の専門化に伴い,1991年に改正された「中華人民共和国民事訴訟法」の中で,この条文を「人民調停員会が事件の調停にあたって,法律に違反したときは,人民法院が是正しなければならない。」(民訴法16条)と改めた。したがって,1991年以降,人民法院の人民調停に対する指導は専門的法律指導に限定されていた。

　また,組織上の問題に関連して,1987年11月に公布された「村民委員会

組織法（試行）」は，村民委員会の下における人民調停について規定を設けており，1998年11月に改正された「村民委員会組織法」は同じく，村民委員会の任務として「民間紛争の調停」（2条）をあげると共に，「村民委員会は必要に基づいて，人民調停，治安防衛，公共衛生などの委員会を置く」（14条）と規定した。都市における住民委員会については，1954年の「都市住民委員会組織条例」がこれを規定していたが，同条例を改正するため，1989年12月に全国人大常務委員会で採決された「都市住民委員会組織法」は，旧条例と同様に，その任務として「民間紛争の調停」（3条）をあげ，「住民委員会は必要に基づいて，人民調停，治安防衛，公共衛生などの委員会を置く」（13条）と規定した。

以上に掲げた一連の立法措置によって，人民調停制度は法制度の中で明確に位置づけられることになったのである。

(2) 通則の改正

前述の立法措置と比べ，「通則」自体の改正作業はかなり遅れた。1980年代における調停制度の普及と活動の活発化は，「通則」が抱えている問題を改めて認識させ，1981年8月開催された第1回全国人民調停活動会議では，既に「人民調停委員会組織条例」の草案が提出されていた。[25] しかし，厳密な改正作業は10年近く時間を要し，1989年6月17日に国務院第37号令によって公布，施行された「人民調停委員会組織条例」は，草案を修正した第15稿ということになる。[26] 今回の改正は，「通則」それ自体が内包していた問題の深刻さを十分考慮した上で，経済改革の進展にあわせて，調停制度のみならず裁判制度の再建をはじめとする，経済契約仲裁制度も含めた紛争解決制度全体の再編過程における人民調停制度の再定位と言えよう。[27] 同時に，今回の改正作業が終局的な性格を持つものではなく，改革の途上にある過渡的なものに止まり，経済と法制改革の進展に伴い，より一層の法整備が必要だと思われる。

今回の改正における主要な改正点は以下の通りである。

① 調停の対象とされる紛争の範囲が若干変更された。「通則」3条はその範囲を，「民間の一般的民事紛争および軽微な刑事事件」としていたが，「条例」1条は単に「民間紛争」とのみ規定した。「軽微な刑事事件」が対象

から除外されたのは,「治安管理処罰条例」が1986年に改正された際,これについての調停が新たに公安機関の職権に加えられたためである。[28] ただし,実務上では,喧嘩,殴り合い,財物の損壊などの刑事に係わる軽微な紛争は,人民調停委員会自らの調停及び公安派出所との連携調停で解決される場合は依然として少なくない。

② 調停組織については,住民委員会と村民委員会を母体として組織されることを認めた上で,大型企業を中心として職場を単位とする組織の普及に応じて,「条例」は「企業,事業組織は必要に基づいて人民調停委員会を設立する」(15条)と規定している。調停委員の選任について,「通則」が毎年選挙するものとしていたのに対し,「条例」は住民委員会や村民委員会の委員が兼任することを認め,またそれ以外の委員の選任についても,両委員会の任期にあわせて3年ごとに選挙によって選出するものと改めた。

③ 調停委員会に対する指導について,「条例」第2条は「通則」と同じく,「基層人民政府および基層人民法院の指導の下で活動する」と規定し,両者の分業関係を維持すると共に,基層人民政府の指導についてはさらに具体的に「人民調停委員会の日常業務に対する基層人民政府及びその派出機関の指導については,司法補佐員が責任を負う」と定め,司法補佐員の指導的役割を明確にした。

今回の改正は,調停範囲の限定,調停組織の拡大,調停に対する指導関係の明確化を通じて,従来の人民調停が民間調停及び行政調停との関係で曖昧な位置づけがなされていたことを改善し,行政と司法の二重指導の下での民間調停という人民調停の定位を再び強調し,人民調停組織の健全と発展に契機を与えた。

(3) 実施細則 ——「人民調停業務に関する若干規定」の制定

10年の検討を経て制定された「人民調停委員会組織条例」は原則的な規定のみ設けるもので,その実施の過程において,多様・複雑な社会状況に対応しきれない面を持っていた。中国の高速な経済発展および急速な社会変動に伴い,「条例」の改正及び実施細則の制定は人民調停実務上の切実な要望になったのである。「条例」の改正作業は時代の要請に応えて1994年から行われ,今でも続いている。[29] ただ,「条例」具体化の作業が先に完了したこ

とから，その部分は2002年9月11日に「人民調停業務に関する若干規定」（以下「02年規定」と略称する）として司法部部長事務会議で採択された。

この「02年規定」は，総則，人民調停委員会と人民調停員，民間紛争の受理，民間紛争の調停，人民調停協議及びその履行，人民調停業務に対する指導，附則という7つの部分により構成され，人民調停の任務，組織，手続，効力等について詳しい規定を設け，「条例」の実施細則として機能するものである。特に，手続についての規定は従来の「通則」及び「条例」の空白をうめ，人民調停の実務に法的根拠を提供したものである。この「02年規定」の中における組織及び手続に関する内容については，さらに詳しく検討してみなければならない。

第3節 「2つの矛盾」に関する理論及び人民調停に対する影響

1 毛沢東の「2つの矛盾」に関する理論

中国革命の推進の中心となった統一戦線は，時期段階によってその内容を複雑に変化させていかねばならなかった。当時の毛沢東思想の柔軟性は，このような現実の必要性が生み出したものであった。毛沢東は既に1937年の「矛盾論」の中において，マルクス・レーニン主義の生きた魂は具体的状況を具体的に分析することにあることを説き，矛盾という現象が多様性を有し，かつ動的であることを，当時の社会状況を念頭に置きながら哲学的に論じた。[30] しかし，そこには，人民内部の矛盾と敵味方の矛盾という形での捉え方は直接には見られない。

1957年2月27日に毛沢東は最高国務会議拡大会議で講演し，それをさらに整理・補充して，同年6月19日に人民日報において「関於正確処理人民内部矛盾的問題」（人民内部の矛盾を正しく処理する問題に関して）と題して発表した。[31] 周知のように，この論文で毛沢東は，初めに社会主義革命と社会主義建設の終了後も敵味方の矛盾と人民内部の矛盾が存在すると述べた。その内容を紛争認識に即して整理すると次のようになる。

敵味方の矛盾とは地主，官僚資本家，窃盗・詐欺・殺人・放火・無頼等の犯罪者及び外部の敵対勢力と人民との矛盾である。人民内部の矛盾は労働者，農民，民族ブルジョアジーの各階級，および知識人などのそれぞれの間に存在し，人民政府と人民大衆の間にも矛盾がある。毛沢東はこの矛盾こそが，かえって社会発展の原動力となるとするから，その存在を恐れはしない。問題は，まず具体的に矛盾関係を正しく区別し，次にこれに対し正しい処理の仕方をすることにある。敵味方の矛盾における敵に対しては独裁を以て対処するが，人民内部の矛盾に対しては，団結・批判・教育・説得といった方法で対処する。そこで，法律や行政命令による強制を社会維持の必要上認める場合も，必ず説得と教育を伴うようにすべきであるということになる。したがって，法が強制的に作用する場合でも必ず大衆路線の方法を採り，人民の自己教育を重視する。[32]

　この理論は，1950年代の政治情勢に由来するものであるが，それはまた，その後，中国の政治，国家，階級といった全ての面における理論的基礎となり，法学および法制度においてもまた理論的基礎となった。現在の中国法が人民法院や大衆的な自治組織の調停を重んずるのは，この淵源のためであり，刑事犯罪に対する司法機関の裁判それ自体も，犯罪者に対する教育的役割に相当の重点を置くことになる。[33] この理論は，人民調停制度の対象，任務，機能という面にも影響を与えている。

2　人民調停の対象――民間紛争及びその種類

　人民調停の対象となる紛争は民間紛争である。民間紛争というのは，公民と公民の間に日常生活と生産の中での継続関係から発生した紛争を意味する。[34]「2つの矛盾」に関する理論より，これらの紛争は人民内部の矛盾に属するので，説得・調停の方法を利用し解決したほうがより適切である。しかも，紛争を調停により解決した後，当事者の体面が傷つけられず，当事者間の人脈関係を継続することができるため，人民内部の団結を維持することに有利である。

　前述のように，「89年条例」は「軽微な刑事事件」を人民調停の対象から外し，「民間紛争」を人民調停の対象に限定することになった。「民間紛争」

第4章 「東方の経験」

という概念それ自体は極めて曖昧であるが，衛平氏はそれが「民事紛争及び経済紛争」を含むと説明している。[35] しかるに，1990年4月19日に司法部が公布した「民間紛争処理弁法」の中では，民間紛争について，「市民の間の身分，財産上の権益に係わって，及びその他日常生活の中で発生した紛争」と定義されている。この定義により，上の説明で言う「経済紛争」は，経済契約紛争を指すのではなく，ごく一般的な意味での経済的な紛争を指しているものと理解される。経済的な紛争の増大および紛争の複雑化・多様性という傾向に伴い，「民間紛争」の用語が曖昧であるため，従来の「民事紛争」には収まり切らない紛争をも含むようになっている。[36]「89年条例」の中におけるその調停対象についての改正は，調停活動の現状および発展に応じて柔軟に対処するものと言えよう。

民間紛争の特徴について，白録玄教授は次のような点を挙げる。[37]

① 日常生活及び個人の関係から生じた紛争である。国家の企業或いは集団的企業の間，またはこれらの企業と個人の間の紛争は，農村での農民と生産隊の間の請負・契約の紛争を除き，一般的に民間紛争とは言えない。

② 紛争の数が多く，種類も多様である。その中には，血縁と身分の関係から生じた婚姻家庭紛争があり，債務・賠償および生産経営など財産紛争もある。

③ 感情的色彩が濃い。紛争の最初の起因は感情的な摩擦にある。

以上の民間紛争の概念，範囲及び特徴に関する法律の規定，学者の論説及び調停の実務に基づき，筆者は民間紛争の種類については，次のようにまとめてみたい。

(a) **婚姻関係紛争**
① 婚姻自由権をめぐる紛争 [38]
② 婚姻存続中の不倫関係をめぐる紛争
③ 夫婦間の協力扶助に関する紛争
④ 夫婦の財産の管理及び共有財産の分割に関する紛争
⑤ 婚姻から生ずる費用の分担に関する紛争
⑥ 離婚後の子の監護者の指定および子供養育に関する紛争
⑦ 協議離婚後の財産の分与に関する紛争

(b) **家庭関係紛争**　家族成員相互間，共同生活の中で発生する人間関係及び財産をめぐる紛争である。

(c) **相続をめぐる紛争**　主に相続権の有無，相続分，遺言の効力，遺産の範囲，相続開始の時間・場所，共同相続の場合の遺産の分割に関する紛争である。

(d) **扶養関係紛争**

(e) **組合経営関係紛争**

2人以上の組合員が契約に基づいて共同出資し，収益共有・危険共同負担の無限責任企業を組合企業という（組合企業法2条，8条）。組合経営の過程中，組合員の権利・義務，収益配分，財産処分をめぐって，しばしば紛争が発生する。

(f) **貸借関係紛争**　このような紛争はほとんど貸借契約の違反により発生する。

(g) **商品の品質と数量をめぐる紛争**　製品の品質問題は主に生産者の責任であるのに，品質をめぐる紛争は販売者と消費者の間に発生する。さらに，商品の数量不足をめぐる紛争も農産品の販売者と消費者の間に大量に存在する。

(h) **家屋紛争**　民間で家屋の占有，使用，売買の過程中，生じる紛争である。

(i) **宅地紛争**　農業の発展に伴い，農民の収入が増加し，農村で自宅を建てるのがブームとなった。同時に，宅地の使用・変更，宅地の限界をめぐる紛争も大幅に増加するようになる。

(j) **債務紛争**　契約，不法行為，不当利得，事務管理により発生する債権，債務関係をめぐる紛争である。この中で，金銭的な債務が最も多い。

(k) **権利侵害紛争**　財産権，人格権の侵害及び賠償をめぐる紛争である。

(l) **刑事に関わる軽微な紛争**　喧嘩，殴り合い，または他人の財物の損壊等の治安管理に違反する軽微な刑事紛争は人民調停委員会自らの調停或いは公安派出所との連係調停で解決することができる。

(m) **社会道徳の違反で生じる紛争**　勝手にごみを捨てるとか，汚い言葉を言うとか，社会一般的な道徳を違反する軽微で，些細なことにより生じる紛争である。

3　人民調停の任務と機能

　毛沢東の「2つの矛盾」理論は，中国の紛争処理に大きな影響を与えている。中国において紛争を処理する際に，紛争の解決を重視することだけではなく，紛争の予防，及び紛争の解決を通じて国民に対する教育等も重視している。その側面は，人民調停の任務と機能の中からはっきり窺い知ることができる。

　たとえば，「89年条例」5条1項は，「人民調停の任務は，民間紛争を調停し，かつ調停を通じて，法律，法規，規章及び政策を宣伝し，公民に法律を遵守させ社会公徳を尊重させる教育を行う」と規定する。さらに，「02年規定」の中においては，人民調停委員会の任務について，「（一）民間紛争を調停し，民間紛争の激化を防止すること，（二）調停活動を通じて，法律，法規，規則と政策を宣伝し，公民に紀律及び法律を遵守し社会公徳を尊重することを教育し，民間紛争の発生を予防すること，（三）村民委員会，住民委員会，所属の組織および基層人民政府に民間紛争と調停活動の情況を報告すること」と定めている。すなわち，人民調停の任務は，「2つの矛盾」理論に基づき，「人民内部の矛盾」に属する民間紛争を調停し，かつ，その調停活動を通じて国民教育と紛争予防の効果をも有し，社会安定及び人民団結を促すということである。

　人民調停は紛争処理機能と社会予防機能を有する。調停は社会変動における新しい関係と既存の関係の連結環であり，団結を保ちながら差異化を推進し，既存の秩序を改革に適応できるような形で調整するという手法であり，構造的な原因にまで踏み込んで紛争を解決する。

　中国において民事紛争を解決する手段として，最も多く利用されるのは，人民調停と訴訟である。毎年，人民調停で解決する事件数は各民事紛争解決方法の中で最も多い。人民調停の膨大的な紛争処理の能力は表1により明らかであろう。

　1990年には，人民調停で解決する紛争は740.9万件であり，民事訴訟で解決する紛争は185.0万件であった。人民調停既済件数は民事訴訟既済件数の約4倍であった。しかし，経済の発展に伴い，中国人の訴訟意識も次第に変わってきており，訴訟を選択し，紛争を解決する人は多くなってきた。こ

のような事情により，民事訴訟既済件数は，この数年間増加の一途を辿っており，毎年更新し続け，2006年には，438.2万件となった。逆に，人民調停の既済件数は逐年減少しており，2006年には，462.8万件となり，1990年と比べ，278.1万件減少した。それでも，人民調停は依然として中国の主要な紛争処理方法として，重要な役割を果たしており，毎年解決する紛争は，ほかの解決方法と比べ，件数が最も多い。

　人民調停の強大な紛争処理能力が発揮している原因は，人民調停自体の強化にあるほか，国家の紛争予防の政策誘導にもある。現代中国において，地域社会の人民調停組織は，その積極性・迅速性・便利性のゆえに，民間紛争の予防と抑制に重要な役割を果たすものとして位置づけられてきた。たとえば，1981年8月に開かれた第1回全国人民調停活動会議では，調停の主要な任務は，社会治安総合管理への参加と規定された。1985年12月に開かれた第2回全国調停活動会議では，「調停と防止を結び付け，防止を主とする」という方針が打ち出され，そして，1988年7月に開かれた民間紛争激化の「調停による」防止をめぐる全国経験交流会では，紛争激化防止活動の重要性が非常に強調された。1999年5月に開かれた第4回全国人民調停活動会議では，「調停と防止を結び付け，防止を主とする，多様な手段を採用し，協同で作戦する」という方針が示され，各紛争処理機関の連携を強調すると同時に，社会の安定を維持することが目的とされたのである。こうした推移を見れば，社会変動によってもたらされた紛争の急増および調停でそれを抑制する国家の政策的意図が強化されてきたことは一目瞭然である。ただし，調停の積極性を紛争の極力防止のために最大限利用しようとする結果，調停がますます既存の秩序を維持するようになり，その保守化・硬直化を招いてしまったことは，否定できない。[39]

　調停機関は，主動的に潜在的な事件を取り扱うことで社会の衝突を未然に防止し，かつ一定の救済政策に従って諸利益を調整することができ，また，処分権主義の下で消極的なアクセスの原則に縛られている裁判所を補助し，正義へのアクセスに関する諸々の障害を克服し，司法の輪を拡大する役割を担っている。さらに，説得及び決定後の交渉で，流動的実態や諸関係の均衡に配慮しながら紛争を弁証法的に処理し，かつ規範の内面性・社会性を強化することも可能である。

第 4 章 「東方の経験」

表 1 民事訴訟―法院調停―人民調停既済件数別

区分 年別	民事訴訟既済件数 (万件)	法院調停既済件数 (万件)	人民調停既済件数 (万件)
1990 年	185.0	119.4	740.9
1997 年	472.0	238.5	554.3
1998 年	481.6	216.7	526.7
1999 年	506.1	213.2	518.9
2000 年	473.4	178.6	503.1
2001 年	461.6	162.2	486.1
2002 年	439.3	133.2	314.1
2003 年	441.6	132.2	449.2
2004 年	430.4	133.5	441.4
2005 年	436.0	140.0	448.7
2006 年	438.2	142.6	462.8

注:この表は『中国統計年鑑＜1991 年＞』(中国統計出版社　1991 年) 934, 956 頁,『中国統計年鑑＜1998 年＞』790, 791 頁,『中国統計年鑑＜1999 年＞』758, 759 頁,『中国統計年鑑＜2000 年＞』760, 761 頁,『中国統計年鑑＜2001 年＞』764, 765 頁,『中国統計年鑑＜2002 年＞』803 頁,『中国統計年鑑＜2003 年＞』835, 836 頁,『中国統計年鑑＜2004 年＞』878, 887, 888 頁,『中国統計年鑑＜2005 年＞』789, 790 頁,『中国統計年鑑＜2006 年＞』891, 901, 902 頁,『中国統計年鑑＜2007 年＞』885, 895, 896 頁のデータに基づき作成したものである。

第 4 節　人民調停の組織化

　現代中国における人民調停の組織化は,おおむね農村では,「県―郷鎮[40]―村民委員会―村民組―隣保[41]」,都市では,「市・区―街道弁事処―住民委員会―住民組―共同住宅」という 2 つの縦軸に沿って行われた。各調停組織のトップは,司法補佐員の媒介を通して地方の司法行政機関に結び付けられ,そのボトムは,十戸調停責任制や中庭調停責任制という形で日常生活の場を中心に「蜘蛛の巣」のようなネットワークが編成された。[42] 1980 年代末以降,都市での調停活動は,住所中心主義から職場中心主義へ移行する動向

を見せてきている。[43] とりわけ大型・中型の企業の場合には，「工場―生産現場―作業組」という層状の調停機構が整備され，企業の管理組織及び法務活動の中に組み込まれた。[44]

1 人民調停委員会

　人民調停の主な組織形態は人民調停委員会である。

　憲法111条2項，民事訴訟法16条2項と人民調停委員会組織条例2条1項は，人民調停委員会は，村民委員会と住民委員会の下に設置された民間の紛争を調停する大衆的組織であり，基層人民政府と基層人民法院の指導の下で活動すると規定している。民間紛争を解決する「大衆的な」組織というのは，人民調停組織の性質が行政機関ではなく，人民法院のような国家を代表し裁判権を行使する機関でもなく，人民大衆が自分で自分を教育・管理する大衆的な自治的組織であることを意味する。人民調停委員会が民間紛争を調停することができるのは，大衆が人民調停委員会を信頼し，調停委員会が説得的な方法で当事者に納得させて解決するからである。人民調停委員会のいま1つの特徴としては，同じ種類の調停委員会の間には，いわゆる垂直型の関係が存在せず，かつ，互いに連帯関係を持たない存在だというものである。また，人民調停委員会の構成員である調停員本人は会費を払わないが，当事者に調停料を徴収することができない（調停組織条例11条）。組織面の単一性と調停面の非営利性という点で，人民調停委員会は一般民間組織及び社会団体組織と異なる。[45]

　「89年条例」3条，「02年規定」11条，13条，15条，16条により，人民調停委員会は，委員3名から9名の間で構成され，主任委員1名を置き，必要があれば，副主任委員を置くことができる。人民調停委員会委員は村民委員会委員，住民委員会委員或いは企業，事業組織の責任者が兼任するほか，大衆の選挙によって選ばれ，或いは村民委員会，住民委員会或いは企業，事業組織が招聘・任命する。選挙と任命は3年に1回行われ，再選再任も許される。人民調停委員会の中には女性委員が含まれなければならない。多民族の居住地域の人民調停委員会には，少数民族の成員が含まれていなければならない。

中国の大行政区画は23省，5つの自治区と4つの直轄市，あわせて32に分けられている。省，自治区には県・市・自治州・自治県が置かれ，県，自治県には郷・鎮・民族郷[46]が設置され，その郷・鎮・民族郷の人民政府が基層人民政府である。また，大都市においては市の下に区という行政区画があり，区の下に街道弁事処という事務機関が置かれ，その下に住民の居住地区に住民委員会が設けられている。さらに，農村において，郷人民政府の下に村民委員会が設けられている。都市においては，住民委員会を単位として調停委員会が設置され，農村においては郷の下の村民委員会を単位として調停委員会が設置され，自然村にもまた調停組織が創設され調停委員が置かれる。そのほか，多くの工場・鉱山・企業などには普遍的に調停組織が設置され，大きなところでは職場を単位として調停委員会が設置され，割合小さなところでは工場・鉱山・企業を単位として調停委員会が設置され，職場に調停組が置かれている。[47]

近年，調停組織の発展に伴い，人民調停の組織形態も多様化の方向に移行している。人民調停委員会のほかに，以下の調停組織がある。

① 連合調停委員会

都市と農村の相接地帯，隣合わせの県，郷，街道，企業において設置された地域，職場，業界に跨る紛争を調停する組織である。

② 専門調停組織

ある種類の紛争を調停するために設けられた専門的な組織である。たとえば，集貿市場調停委員会，国家重点工程現地調停委員会が挙げられる。

③ コミュニティトラブル調停センター

団地などコミュニティにおいて取り扱われている家庭内の紛争，隣人間で生じる紛争などを調停する組織である。

④ 郷鎮（街道）司法調停センター

司法所を中心に相関部門の連携を土台に設立された司法所と人民調停委員会が調停できない重大かつ複雑，困難な紛争及び集団型事件を調停する新型調停組織である。

2　人民調停員

　人民調停員は大衆の選挙を経て，或いは任命を受け，人民調停委員会の指導の下で，人民調停業務に携わる人員である。人民調停委員会委員，調停員のことを総称として人民調停員という（規定2条）。

　村民委員会委員，住民委員会委員，企業，事業組織の責任者，司法補佐員，及び公正な人物で大衆と繋がりを持ち，人民調停の活動に熱心でなければならないと共に，一定の法律知識と政策のレベルを備える成年の市民は，人民調停委員会委員となることができる（調停条例4条，規定13条）。人民調停員は村民委員会委員，住民委員会委員，企業，事業組織の責任者が兼任する以外，本村民区，住民区，企業・事業組織の群衆の選挙により，或いは村民委員会，住民委員会及び企業・事業組織，司法科の招聘・任命により選任される。選挙・任命は3年に1回で，再選再任も可能である。人民調停委員会委員が職に任ずるべきでないとき，原選挙・任命組織は補選できる。人民調停委員会委員が法律に違反し，職責を尽くしてないか或いはその職務に適さない場合には，原選挙・任命組織はこれを更迭し改選・改任することができる（調停条例3条2，4，5項，規定16条）。

　調停員は一般的に老齢の古参幹部，定年労働者，街道の老婦人など衆望を受ける人達から選挙される。楊磊氏は，調停員の特徴について，次のようにまとめている。[48]

① ほとんどはすでに定年退職した高齢者であること。
② 中学校卒業以上の学歴を持っていない者が少なくないが，社会生活の経歴が深く豊富であること。
③ 人柄がよく，この地域で人々に尊敬されていること。
④ 長期間当該地域内に居住し，地元の人々の生活状況及びその性格，興味などをよく知っていること。

　人民調停委員会は，状況に応じ，調停員に手当てを支給することができ，かつ，各クラスの人民政府は，顕著な成績をあげた調停員を表彰し，奨励すべきである（調停条例13，14条）。同時に，調停条例12条により，人民調停委員会委員は以下の規律を遵守しなければならない。

① 私情のために不正を働くことは許されない。

② 当事者に対する如何なる制止や報復は許されない。
③ 当事者に対する侮辱或は処罰は許されない。
④ 当事者の秘密を漏らすことは許されない。
⑤ 汚職し収賄することは許されない。

調停員は比較的高度な政治素養と良き道徳品行を備えることが要求されると同時に，司法機関の有力な補助者ないし人民内部の矛盾を処理する際に党と政府の有力な補助者としての役割を果たしている。[49] 調停員は国家から報酬を全く支給されず，極めて限られた手当てしか支給されない。その反面，調停員が調停を通して，自分の威信と人間関係のネットワークを拡充することができ，公式的報酬の代わりに，宴会に出席したり，贈り物・謝礼を受け取ったりして，不正行為を行うことが問題とされている。[50]

第5節　人民調停の手続ルール

1　人民調停の原則

「89年条例」6条の規定により，人民調停委員会の調停活動においては，以下の原則を遵守しなければならない。

(1) **適法・合理原則**

調停は法律，法規，規章及び政策に従って行い，法律，法規，規章及び政策の中に明確な規定がない場合は社会公徳に従って行う。

(2) **自由意思・平等原則**

調停は，当事者双方の自由意思に基づくものとし，平等にこれを行う。

(3) **当事者の訴権尊重の原則**

当事者の訴権を尊重し，調停を経なかったり，或いは調停が成立しなかった等を理由として，当事者が人民法院に訴えを提起することを阻止することができない。

「89年条例」6条1項は，調停の紛争解決基準について，第1の基準は，法律，法規，規章であり，次は国家政策に従い，これらの基準がない場合には，社会公徳に従って紛争を解決する，と規定している。これは，日本の民事調停法が強調している「条理にかない実情に即した解決」（民事調停法第1条）という目的に比べ，異なる出発点に立っていることを明らかにするものである。中国において，国家及び共同体の利益を過度に強調する傾向は，紛争解決の分野においても，「公的規制」という形で影響を及ぼしている。調停における法からの乖離という問題があるが，中国においてある程度，政策及び社会公徳がこの乖離を補っている。

2　人民調停手続の流れ

「54年通則」の公布から現在に至るまで，人民調停制度は50年の歴史を築いてきたが，手続ルールについては，統一規則を設けていなかった。調停活動は，全て調停員の経験によって行うので，調停員の業務水準が高くない場合には，調停の無秩序，規範に合わない状況が大きな問題となる。とりわけ紛争の複雑・多様化及び国民の法意識の向上に伴い，この問題はますます深刻化になったと言える。この背景の下で，「02年規定」は，人民調停手続について以下の通りの規定を置くこととなった。

(1)　人民調停の管轄

民間紛争は当事者所在地，所属組織或いは紛争発生地の人民調停委員会が管轄する（規定21条1項）。

村民委員会，住民委員会，或いは企業事業組織の人民調停委員会が調停できない重大な，困難複雑な紛争は，郷，鎮，街道人民調停委員会が管轄する。地域或いは組織を超える紛争は，関係する人民調停委員会が共同で調停を行う（規定21条2項）。

(2)　人民調停の申立て

当事者が人民調停委員会に調停を申し立てる方式は2つある。すなわち，書面申立と口頭申立である。大部分の申立ては口頭で行う（規定23条2項）。

(3) 人民調停の受理

(a) **申立による受理**　人民調停委員会は，当事者の申立てにより，民間紛争を受理する。当事者の申立てが受理の要件を満たす場合，人民調停委員会は受理しなければならない。受理要件を満たさない場合，当事者に対し法律・法規により関係部門の処理を求めるべきであること，或いは人民法院に訴えを提起すべきであることを告知する。紛争が激化する恐れがある場合，適時に緩和措置を採った後，関係する機関に移送する（規定23条1項，24条）。

(b) **職権による受理**　人民調停委員会は，民間紛争の存在を認めた後，職権で調停を行うことができる。ただし，調停は当事者の自由意思を前提とするため，当事者が人民調停委員会に職権調停に対し異議を申し立てるときは，調停を行ってはならない（規定23条1項）。

(c) **移送による受理**　当事者が既に基層人民政府，関係部門に解決のための処理を請い，或いは人民法院に訴えを提起した紛争に対し，基層人民政府，関係部門及び人民法院は当該紛争が人民調停の方法で解決したほうが適切であると認めるとき，当事者双方の同意により，人民調停委員会に移送することができる。[51]

(4) 調停前の準備

(a) **調停員の指定**　人民調停委員会は1名の人民調停員を主宰者に指定し，状況により必要と認めるときは，何人かの調停員を指定し，調停に参加させる（規定15条1項）。簡単な事件の場合に1名，複雑な事件の場合に3名というタイプが普通である。当事者双方が協議で，信頼する調停員を選定することができる。

(b) **事件についての尋問・調査**　調停員は，当事者に事件の事実，当事者の請求及び理由などに関し尋問し，必要があれば，関係部門と関係者に対し調査を行い，調停する前に，事件の事実を十分に把握すべきである。

(c) **参加人の要請**　人民調停委員会が紛争を調停するとき，関係部門と関係者に要請して調停に参加させることができる（条例7条3項）。実務上，一般的に参加人となる者は，司法補佐員，治安防衛委員会主任，婦人連合会主任などである。紛争の性質によって，住宅の管理者，人民警察，関係企業

の責任者，関係行政機関の関係者なども調停に参加することができる。要請に応じて参加する部門と個人は，当委員会に協力するよう努めるものとされる（条例7条3項）。

(d) **調停の場所の確定** 調停は一般的に，専用的な調停の場所で行う。必要があるとき，当事者に便利な場所で行うこともできる（規定28条）。たとえば，家庭内紛争を調停するとき，当事者の自宅で行うことができる。

(e) **当事者への告知** 人民調停委員会が紛争を調停する前に，口頭或いは書面で当事者に対し人民調停の性格，原則，効力及び当事者の調停活動における権利義務を告知しなければならない（規定30条）。

(5) 調停活動

人民調停委員会は紛争を調停するにあたり，事件の事実を明白にし，是非をはっきりさせ，その基礎を踏まえ，穏やかな態度で道理を説く方法により，当事者間の隔たりを解消し，調停の合意を得させる（条例8条1項）。調停をするとき，当事者の特徴及び紛争の性格，難易程度，動向などの状況により，多種多様な方式・方法を採用することができる（規定31条）。一般的に，調停会を開き，調停を行う。軽微な紛争に対しては，即時に現地で調停することもできる。

人民調停委員会が必要であると認めるとき，公開で調停を行い，当事者の親族，近隣同士，同僚同士，地元の人などに，調停会を傍聴することを許すことができる。ただし，当事者のプライバシー，商業秘密に関わる事件及び当事者が公開に反対する事件は公開できない（規定29条）。

紛争を調停するときは，調書に記録するものとする（調停条例8条2項）。一般的に，1カ月以内に紛争を解決するべきである（調停規定33条）。人民調停委員会が民間紛争を調停する場合，費用は無償とする（条例11条）。

(6) 調停の終了

人民調停委員会の調停で解決する紛争は，民事上の権利義務に係わる場合，或いは当事者が申し立てる場合には，調停協議書を作成するべきである（規定34条）。調停協議書には，当事者と調停員が署名し，人民調停委員会の印鑑を捺印するものとする（条例8条2項）。

調停を通じ，合意が成立しなかった場合，当事者は基層人民政府に解決のための処理を請い，或いは人民法院に訴えを提起することができる（条例9条2項）。

(7) 調停の効力

1980年代からの経済改革の深化に伴い，財産関係や契約に係わる権利義務関係をめぐる紛争は，従来のような離婚問題などに代表される身分関係を中心とした紛争に代わり主要な位置を占めるに至っている。この種の紛争を解決するにあたっては，法的強制力の有無が紛争解決手段として有効かどうかを判断するための重要な指標と見做されるようになった。したがって，調停の合意に法的効力が発生するか否かという問題が，次第に本質的な問題としてクローズアップされた。

「54年通則」の中に，調停の効力についての規定は設けていなかった。「54年通則」を改正する際に，調停の効力をめぐる議論の中には2つの見解があった。調停に法的効力を付与すべきであるとする支持派は，紛争解決制度全体の中で調停制度が現実に果たしている役割の大きさを強調し，これに代替しうる適当な紛争解決手段がほかにはないことを，その必要性の根拠とした。これに対し，反対派は，調停組織の全般的業務水準が低いため，調停が合法的かつ適法に行われる保障に乏しいことを指摘し，法的効力の付与には危険性が伴うと主張した。[52] 反対派の見解が，当時の中国の現実を適切に把握したものだったことから，立法過程では，反対派の見解が優位に立ったようである。

「89年条例」と「02年規定」の中では，調停の効力について，次のように規定している。

「民事上の権利義務の内容を有する，かつ当事者が署名・押印する調停協議書は民法上の契約の効力を持つ。」（規定5条）

「人民調停委員会の主宰の下で成立した調停合意は，当事者がこれを履行するものとする。

調停を通し，合意が成立しなかった場合，または合意が成立した後翻意した場合は，当事者は基層人民政府に解決のための処理を請い，或いは人民法院に訴えを提起することができる。」（条例9条）

「89年条例」9条1項の規定は，当事者が合意の内容を履行する義務を負うものと解釈することが可能であることから，『法制日報』の特約評論員論文は，「89年条例」が調停の合意に「法的拘束力」を付与したと指摘した。[53] ところが，同条2項の規定により，合意が成立した後でも，当事者は基層人民政府に処理を請求し，或いは人民法院に訴えを提起することができる。もし，調停の合意に法的効力が発生するなら，たとえ当事者が事後に後悔しようとも，法的効力が発生した後で再議を申し立てることは許されないはずである。したがって，「89年条例」9条2項の規定によれば，人民調停委員会による調停の法的効力についてはこれを否定的に解さざるをえない。

(8) 不服申立手続

(a) **人民調停委員会の対応** 人民調停員会は調停協議の履行について督促の義務を負う（規定37条1項）。かつ，当事者の履行状況について調査を行い，その結果を記録に記入する（規定36条）。

当事者が協議内容の不当を理由として人民調停委員会に不服申立てを提出する場合，或いは，人民調停委員会が自ら協議の内容が不当であると認める場合，人民調停委員会は当事者双方の同意に基づき，調停を再開し原協議の内容を変更する，或いは原協議を取り消し，当事者双方に新たな協議をさせる（規定37条2項）。

(b) **基層人民政府の対応** 当事者は，調停協議を不服とする場合には，基層人民政府に対し解決のための処理を請うことができる（条例9条2項）。「基層人民政府は，人民調停委員会の主宰の下で達した調停合意が，法律，法規，規章及び政策にかなう場合はこれを支持しなければならない。法律，法規，規章及び政策に違反する場合は，これを是正しなければならない」（条例10条）。「支持」というのはこの場合極めて曖昧な表現であるが，調停委員会による調停の合意を基層人民政府として承認するということであろう。

なお，基層人民政府の「処理」の法的効力について，「民間紛争処理弁法」は具体的な規定を設けている。「民間紛争処理弁法」21条により，処理の決定は決定が下されてから15日以内に，当事者によって人民法院に訴えが提起されないときには，法的効力を生ずるものとされた。

(c) **人民法院の対応** 当事者双方は調停協議の履行，変更，取消に対し，

人民法院に訴えを提起することができる（規定37条3項）。これは，むしろ人民調停の「当事者の訴権の尊重」という原則から導かれる，実態問題に対する適応措置であろう。調停協議に関する訴えに対し，人民法院側は長期間にわたり，普通の事件として対処し，特別な措置が置かれず，その対応はかなり消極的であった。

2002年に，「最高人民法院の人民調停協議に係わる民事事件の審理に関する若干規定」（以下「02年最高院規定」という）が最高人民法院審判委員会第1240回会議で採決され，同年11月から施行された。これは2002年の司法部の「人民調停業務若干規定」の制定に伴い，人民法院側が打ち出した適切な措置であろうと思われる。

この「02年最高院規定」が規定した人民調停の不服申立に関する内容は，具体的には次の通りである。

まず「人民法院は当事者が提出した調停協議の変更，取消に関する請求，或いは調停協議が無効である主張について，受理しなくてはならない。」（最高院規定2条）

以下の場合には，人民法院は調停協議の無効を認める（最高院規定5条）。
① 調停協議が国家，集団或いは第三者の利益を害すること，
② 調停協議が合法の形式を利用し非法の目的を包み隠すこと，
③ 調停協議が社会公共利益を害すること，
④ 調停協議が法律，行政法規の強制性規定に違反すること，
⑤ 調停協議が人民調停委員会の強迫によって達成されること。

以下の場合，当事者は人民法院に，調停協議を変更すること，又は協議を取消すことを請求することができる（最高院規定6条）。
① 調停協議が重大な誤解によって達成されること，
② 調停協議が成立するとき，明らかに公平を欠くこと，
③ 当事者一方が詐欺，脅迫の手段を利用し，或いは相手方の困っているのに付け込み，相手方に真の意思に違反する状態の下で調停協議を達成させること。

ところが，調停協議の取消しについて，当事者は自己が取消権を有することを知るとき，或いは知りうべきときから，1年以内にその権利を行使しない場合には，取消権を失う（最高院規定7条1項）。

ただし，調停の無効及び変更について，「02年最高院規定」の中には具体的な時限が規定されていない。したがって，民法135条の一般民事権利の訴訟時効に関する規定に適用し，その権利を知るとき或いは知りうべきときから，2年以内に主張するべきと解される。

第6節　人民調停の二重指導体制

　人民調停の二重管理体制は，「54年通則」が制定された時点において，既に形成されていた。「54年通則」第2条の規定によれば，調停委員会は「基層人民政府及び基層人民法院の指導の下で活動する」ことになっていた。さらに「54年通則」第10条でも，「基層人民政府及び基層人民法院は，調停委員会に対する指導および監督を強化し，その活動を援助しなければならない」と規定している。これは，調停活動の日常的管理業務については基層人民政府が指導し，調停にあたっての法律的側面については基層人民法院が指導するという，指導の内容に係わる分業関係を規定したものである。54)

　しかし，「通則」制定当時は，基層人民政府には人民調停についての専門の管理機関が置かれていなかったため，実際の管理業務は主に基層人民法院によって行われていた。55) 50年代の後半からは党による一元的指導が強調されるようになり，59年4月には司法部が廃止され，司法行政が人民法院に移管された結果，二重管理体制におけるバランスはなおいっそう人民法院の方に偏っていくことになった。

　1979年にその活動を再開した司法部は，82年に「人民調解司」という調停専門の担当部門を新設すると同時に，その下部機関として省・自治区・直轄市の司法庁（局）には「人民調解工作処」を，地区（市）・県の司法局（処）には「人民調解科（股）」を設置し，調停活動に対する指導，管理体制の強化に乗り出した。56) ただし，これらの指導機関を通じて直接に人民調停委員会の指導，管理にあたったのは，その下の行政レベルである郷鎮・街道に設置された司法所（科）である。具体的な事務は司法所（科）に配置された司法補佐員によって処理された。1980年代から，二重指導体制の重心は基層人民法院から司法行政機関に移転し始め，「02年規定」制定の時点において，

司法行政機関の指導が人民法院より強くなるようになった。

　前述のように，もともと人民法院による人民調停に対する指導は，政策と法律の両方の指導であったが，1991年に民事訴訟法が改正された後は，この指導は専門的な法律指導に改められた。実務上，基層人民法院は主に人民法廷を通じて人民調停委員会に業務指導を行った。人民法廷は人民調停員を要請し，法廷調停の訴訟事件に参加させ，人民調停員は法院調停の事件を傍聴することを通じて，法律実務，調停技法など習得するとされた。なお，基層人民法院は司法補佐員に対する指導を通じて，人民調停活動を指導することもできる（司法補佐員業務暫定規定2条，3条）。さらに，人民調停委員会が事件の調停にあたって法律に違反したときは，人民法院が是正することができる（民訴法16条）。以上のように定められていた。

　「89年条例」は，人民調停委員会は「基層人民政府と基層人民法院の指導の下で活動する」，「基層人民政府及び出先機関は，人民調停委員会の日常事務を指導し，司法補佐員がこの仕事に携わる」と規定している（条例2条）。1980年代前半，各級の司法行政機関の中に人民調停を指導する専門の部門がもはや設置されていたものの，司法行政機関による人民調停に対する指導は，「89年条例」の中で触れられなかった。二重指導体制の重心が司法行政機関へ移転することに伴い，「02年規定」の中で司法行政機関による人民調停に対する指導について，ようやく詳しい規定が設けられていた。「02年規定」の第39条～第42条により，各級の司法行政機関は人民調停について以下の指導，管理活動を行うことができる。

①　適切な措置を採り，指導を強化することによって，人民調停委員会の組織，業務，制度等の健全に促し，人民調停活動を規範化させ，人民調停業務のレベルを高めること。

②　多種多様の方式を採用し，人民調停員を育成し訓練すること。かつ，人民調停員の素質を高めること。

③　成績が顕著であり，貢献が目立つ人民調停委員会と人民調停員に対し，定期または適時の表彰と奨励を行うこと。

④　人民調停業務の指導と表彰の経費，人民調停委員会の活動経費，人民調停員の手当の経費を着実にするため，同級の人民政府，村民委員会，住民委員会，企業及び事業組織と斡旋すること。

「02年規定」の中において，郷鎮，街道の司法所（科），司法補佐員が人民調停活動に対する指導は次のように規定している（規定43条）。
① 人民調停員会の業務に対する指導と監督を強化し，人民調停委員会或いは紛争当事者が出した人民調停活動の相関問題についての伺い，諮問，苦情に回答し，それを処理するのに責任を負うこと。
② 人民調停委員会の要請に応じ，或いは必要であると思うとき，紛争を調停する具体的な活動に参加し，協力すること。
③ 人民調停委員会の主宰の下で達された調停協議について審査を行い，法律，法規，規則及び政策に違反するものに対し，是正しなければならない。
④ 人民調停活動の経験を総括し交流を行い，民間紛争の特徴と法則について調査研究を行い，人民調停委員会の業務の改善に対し指導を行うこと。

実務上，司法補佐員の活動は単に人民調停組織の活動に対する管理と指導に止まらず，実質的には最上級の調停機関として自ら調停活動にあたるようにさえなった。[57]このような現象が生じた理由は，近年の紛争の複雑化に直面し，人民調停委員会が「無力化」していったことにあると思われる。徐芳氏は，「関於司法行政調解若干問題的探討」という論文の中で，人民調停委員会及び調停員の問題点を，次の3点にまとめている。「①調停員の年齢が高く，業務水準が低く，活動が不安定になっているため，調停委員会の調停が成立しにくくなり，司法補佐員に処理を依頼するケースが増えている。②近年の傾向として物質的要求が強まっているため，その種の紛争には説得・教育を内容とする調停では効果が乏しく，解決しにくくなっている。③紛争が複雑化し，調停にあたって当事者は関係部門の支持を要求することが多いが，調停委員会が大衆組織であるため，関係部門と協力して解決しょうという態勢がとりにくく，調停活動を困難にしている。」[58]このような人民調停の主体的側面の欠陥を補足するため，結果として指導的立場にある司法補佐員が，人民調停委員会で調停しえなかった紛争について，自ら調停にあたるようになったものと思われる。

「司法補佐員業務暫定規定」3条2項は，司法補佐員の職責として「民間調停活動を指導，検査し，疑義ある紛争の調停に参加」することを規定して

いる。その趣旨は,「民間調停活動を指導」するため,「疑義ある紛争」の場合には調停委員会の「調停に参加」するということと解釈されるが,司法補佐員自身による調停の実施は,この「参加」を運用上やや拡大解釈したことに端を発した現象であろうか。[59] しかも,司法補佐員が司法行政職員である以上,司法補佐員が自ら調停を行うことは,制度論として見た場合には,民間調停の範囲に越え,民間調停に対する行政的補完措置ひいては一種の行政調停と言えよう。

二重指導体制の下に置かれた人民調停は,民間調停制度として自立して存在するものとは言い難く,民間調停と行政調停の融合,ないしは「半行政」の性質を有するものと言えよう。したがって,人民調停の性格について,再び検討の必要があると思われる。

第7節　人民調停の性格に対する再定位

権利擁護の見地から調停の性格をどのように理解すべきか,これこそ法化過程にある今日の中国が真剣に考えるべき問題である。

人民調停制度の性格は,人民の民主的な自治制度の一種であり,人民大衆が自ら紛争を解決する法律制度である点に特色が見られる。前述のように,「中華人民共和国憲法」111条2項は,「住民委員会,村民委員会は人民調停,治安保衛,公共衛生等の委員会を設け,地域の公共事務と公益事業を取り扱い,民間紛争を調停し,社会治安の維持に協力し,人民政府に大衆の意見と要求を反映させ,かつ建議を提出する」と定めており,「中華人民共和国民事訴訟法」16条2項は,「人民調停委員会は基層人民政府と基層人民法院の指導の下で,民間紛争を調停する大衆的な組織である」と定めている。これらの条文から,立法上人民調停に賦与する「民主的自治」,「大衆の自らの紛争解決」という性格がはっきり見られる。

しかしながら,国家が民間社会の深層へ浸透していく過程においていわゆるブローチ方式を利用したのは,現代中国の社会変動における極めて大きな特徴の1つである。[60] 人民調停は,村民・住民の自治組織として法定されているが,実際には国家法的秩序の「第1の防衛線」と位置付けられたのであ

る。地域の民衆に選挙された調停委員は，必ずしもその地域共同体のために活動するとは言えず，共産党組織や政府機関からの国家的業務を引き受けて，裁判所と司法行政部門，具体的に司法補佐員の指導を受けるようになっている。したがって，人民調停の性格については，諸学者が異なる見解を主張している。その中で，季衛東教授は，「人民調停は大衆自身が個人の過度な権利追及と大衆の集団的目標との間に媒介機能を果たしている「大衆的審判」の性格を持つ」，「自治と官治の統合」」と主張し，張亜新教授は人民調停の実質が「国家の動員」であると主張する。[61]「自治と官治の統合」ないし「国家の動員」というのは人民調停の「民主的自治」の色彩を薄めてきたが，現実には確かに存在しているのである。このような見方は調停の場における近代的権利意識の形成を阻害する側面の存在を認めつつ，利己的な契機と共同的な契機の止揚としての自律型調停の実現には多くの問題点があることを指摘するものである。権力依存型の利益交換による妥協の上で成り立つような調停の組織化・制度化は，真の合意を備えたとは言えず，したがって権利の実現を必ずしも導かず，目前の人民調停は「民主的自治」，「大衆の自らの紛争解決」という立法目的に達するまでにはまだ遠い道のりがあると思われる。

　人民調停は極めて中国的な特色を持つ司法補助制度と言える。その特色の1つは人民調停制度自体の中間性と曖昧性にある。その中間性は，中国伝統的な「中庸」思想と関連があるか否か，考証し難い問題であるが，変動期の中国の法制度にはその中間性と曖昧性が存在するのは確実である。中国の特色として創設された人民調停制度は，創設の当初から，「民間」と「行政」という二重の性格を有していた。前述のように，「54年通則」の制定を契機にして，人民調停は法律により「大衆的」性格を賦与されていたが，実務上では，人民調停の発展過程は「民間」と「行政」の狭間にあると位置づけられ，探索し続ける曲折に満ちたものであり，その制度の内実も極めて複雑な状況を呈していた。1950年代末から1970年代にかけて完全に「行政化」された人民調停組織は，1980年代からは「大衆的組織」として再出発し，その「民間」調停という性格が立法上再び確定されるに至った。

　ところが，人民調停の「大衆的」性格を明示する「89年条例」が公布された翌年，司法部は「民間紛争処理弁法」を公表し，調停委員会の調停に対する不服申立手続が新たに導入され，その受理機関が基層人民政府とされた

第4章 「東方の経験」

のである。このような民間調停が行政調停と結びつく，従来見られなかった全く新しいパターンが生み出されたことは，人民調停の今後の方向が民間調停と行政調停の競合へと発展していくことの前兆なのであろうか。

　1980年代から，人民調停の二重指導体制の重心は司法行政機関の方に偏り始め，「02年規定」の中で司法行政機関の指導の強化は立法上確定された。特に，「02年規定」の中においては，行政機関の職員である司法補佐員が人民調停委員会の委員を担任することができると規定された（規定13条2項）。このような「行政」と「民間」の組織上の混同は，調停の法的効力等の点において運用上の混乱を招く恐れがあり，しかも人民調停の性格をより曖昧模糊にさせることになったのである。

　司法行政機関と人民調停委員会の間で，相互の分業関係をめぐる曲折に満ちた葛藤が長期にわたって続けられていく可能性が予想されるが，実効ある人民調停制度の確立に至る具体的な構想は得られないものではない。民間調停と行政調停の相互依存の現象が現実に存在することは明らかであり，人民調停の性格の正確な定位も，それを考慮した上で再び検討する必要がある。確かに人民調停組織は立法上の「大衆的組織」という性格を有しているが，人民調停自体は単なる民間調停とは言い難く，現時点の人民調停はむしろ「半行政」的な調停，ないし「民間と行政が結びつく」調停と言えば，より適切であろうか。

第8節　日・米における民間調停の現状及び日・米・中三カ国の比較

　日本とアメリカにおいては，人民調停に相当する行政と司法の二重指導の下での民間調停制度は存在していない。ただし，単純な民間調停組織である公益型ADRと業界型ADRは幅広く存在している。

1　日本における民間調停の現状

　日本における民間ADRには，交通事故紛争処理センター，弁護士仲裁セ

ンター，日本海運集会所，国際商事仲裁協会などの公益型 ADR があり，医事紛争処理委員会，クリーニング賠償問題協議会，自動車製造物責任相談センター等各種 PL センターなどの業界型 ADR もある。[62] しかしながら，現状においては，交通事故紛争処理センターのような例を除き，民間型 ADR は必ずしも十分に機能しているとは言えない。これらの ADR 機関において，調停は唯一の手段ではなく，多様な紛争処理方法が採用されている。任意性の強い相談から，強制性の強い裁定まで，すなわち，「相談―苦情処理―斡旋―調停―仲裁―裁定」という処理メニューを用意し，使い分けているのである。[63]

(1) 弁護士会紛争解決センターによる調停

弁護士会運営の紛争解決センターが，第二東京弁護士会を先駆けとして広く展開されている。2008 年 2 月現在，日本全国において既に 28 カ所の弁護士会紛争解決センターが設立されていた。[64] その設立の目的は，法律相談の延長戦上に，和解や調停に比べて「より早くより安くより良い解決を実現する」システムを提供することにある，とされた。[65]

取扱事件につき事案の種類や金額で特別な制限を設けていないが，裁判所で受理されないような案件でも積極的に受け入れている。境界確定，離婚，遺産分割等，本来裁判所で最終的な判断がなされるべき事件でも，和解により自治的な解決が可能である限り，受理している。実務上隣人間の建築などをめぐる紛争，喧嘩や各種事故の損害賠償，従業員の解雇をめぐる紛争，家族関係や相続問題，敷金の返還や賃料の争いなどさまざまな事件が持ち込まれている。

紛争解決の際，仲裁を中心として，相談，斡旋，調停等の方式も採用されている。仲裁・調停人は仲裁人候補者名簿に登載されている者から，当事者の意思に反しない限り，センターが選任する。一般には申立書及び答弁書が出た段階で，双方から口頭で事情説明をしてもらい，証拠も書証の提出程度に止めて，争点整理を先行させ，和解による解決が可能かどうかを検討する。和解による解決の可能性がある場合には，和解契約書を作成し，当事者双方が署名捺印する。事件を処理する方法は，単純な仲裁，調停だけではなく，仲裁の過程において積極的に和解を勧め，いわゆる調停的仲裁の手法が多く

第4章 「東方の経験」

採用されている。[66]

(2) 交通事故紛争処理センターによる調停

　昭和40年代後半（1965年〜1970年）からの交通事故の増加に伴い，交通事故による損害賠償請求の紛争が増加したため，1974年（昭和49年）には損保協会の拠出金を運営費とする「交通事故裁定委員会」が発足し，それが1978年（昭和53年）には「交通事故紛争処理センター」として財団法人化された。交通事故紛争処理センターは，交通事故の関係者の利益の公正な保護を図るため，交通事故に関する紛争の適正な処理に資する活動を行うが，具体的には，交通事故に関する弁護士による無償法律相談，弁護士による和解の無償斡旋，紛争解決のための審査等を行っており，専門店方式の裁判外紛争処理機関と言えよう。

　相談は，嘱託弁護士による通常の交通事故相談であるが，相談者が相談の結果を希望すれば，嘱託弁護士は和解の斡旋を行う。和解の斡旋を行う嘱託弁護士は，被害者と加害者に中立の立場で示談斡旋をする。しかし，加害者側が保険会社の担当者である場合には，被害者側に法的アドバイスをするなどして実質的公平を図るよう努力する。そして，嘱託弁護士は，当事者双方の言い分を聞いた上で裁判基準に基づいて損害額を算定する。斡旋で和解が成立しなかった場合は，当事者が希望すれば審査を行う。審査は3人の審査員で構成される審査会によって行われる。審査会の裁定は，損保協会と交通事故紛争処理センターとの申合せで，保険会社はこれを尊重遵守することとなっている。しかし，被害者又は加害者は裁定に拘束されないので，裁定に不服があれば，その他の解決方法を考えることもできる。

　紛争処理センターは斡旋に入れば通常2〜5回程度でほとんど示談が成立している。その意味で手続の迅速性という意味から評価されてきたところである。ただし，紛争処理センターは損保協会の寄附によって運営されている点が公平性という観点からは問題であるが，理事，審査員，嘱託弁護士の選任にあたり，中立性を堅持するための注意をはらっており，むしろ保険会社側から損害額の裁定が高額にすぎるとか，紛争処理センターが被害者側に有利な和解の斡旋をしがちであるとの批判もある。また，紛争処理センターは，高裁所在地にしかないため，その他の地方の人には利用しにくいものとなっ

ている点も今後の課題と考えられる。[67)]

交通事故による紛争を処理する ADR 組織は，交通事故紛争処理センターのほかに，日弁連交通事故相談センターもある。2006 年の統計によれば，交通事故紛争処理センターの新規相談件数は 7,421 件であり，示談成立の件数は 6,185 件である。日弁連交通事故相談センターの相談取扱件数は 34,884 件，示談斡旋の申込受理件数は 1,287 件である。

(3) JCAA の国内商事調停

1950 年に日本商工会議所を中心に経済団体連合会など経済 7 団体が発起人になり，主に国際商事紛争の解決を図り，外国貿易を促進し，日本の産業経済の確立に資するための機関として日本商工会議所に国際商事仲裁委員会が設置された。その後，国際取引の発展に伴い，事業の拡大と業務の充実のため，1953 年に同会議所から独立し，社団法人国際商事仲裁協会として発展改組された。さらに，2003 年からは，名称を社団法人日本商事仲裁協会 (JCAA) に変更し，国内商事紛争の解決にも本腰を入れ取り込んでいる。

JCAA は国内商事調停規則を定め，これによって国内商事紛争について調停を行う。国内商事調停規則には次の特徴がある。

① 国内商事調停規則が対象とする紛争は，主に国内企業同士の国内取引から生じた紛争である。そのほか，企業対個人の紛争も扱う。

② 調停の利用にあたり，事前に調停合意がなされていることはむしろ少ないため，そのような事前合意がなくしても調停の申立てを可能とし，この場合には，JCAA を通じて，相手方に調停の利用が働きかけられる。そして，相手が一定期間（15 日）以内にこれに応じれば調停手続が開始される。

③ 当事者が利用しやすいため，国内商事調停規則において，可能な限り調停費用を低廉にするための配慮がしている。請求金額が 500 万円以下の場合には，一律 5 万円，500 万円超 1000 万円以下の場合は 7 万円といった調停料金が設定されている。調停人に対する報酬は賄われるため，実費を除き，利用者にはこれ以外に費用を負担する必要がない。

④ 調停手続の期間は調停人選定から原則 3 カ月とされ，この期間内に終了すべきものとされる。

⑤　JCAAでは，調停による商事紛争の解決に相応しい経験豊富な専門家を掲げた「調停人名簿」を備えている。調停人は原則1名であり，当事者が調停人の選任について合意できない場合においては，JCAAが調停人を選定することになる。

⑥　調停手続の文書の通信手段として，郵便のほか，ファックス，電子メールを利用することができる旨を定めている。

⑦　調停手続で和解が成立した場合は，調停人は，当事者に和解契約書を作成させた上，和解契約成立の立会人としてそれに署名押印することになる。万一その契約書を紛失してしまった場合に備え，JCAAでは10年間これを保管し，必要に応じて写しを交付するなどの利用者の便宜が図られている。[68]

JCAAは，国内商事取引から生じる様々な紛争の速やかな解決に向け，ADRの一層の利用促進を目指すため，「国内商事調停規則」を制定したが，規則が施行された平成15年の実績を見れば，年間の申立件数は十数件しかないので，その利用の頻度はまだ相当低いと言えよう。

(4)　各種PLセンターによる調停

製造物責任法の制定によって，製造物責任関連事故の製造者の帰責要件については，主観的事実である過失から，より立証の容易な客観的事実である製造物の欠陥であることが明らかになったものの，損害，欠陥及び欠陥と損害との間の因果関係の立証責任はこれまでと同様被害者側にあり，その立証の困難性等は広く議論されていた。製造物責任関連事故の紛争処理手段の多様化を通じて被害者の迅速かつ公正な救済を図るため，通商産業省は1994年（平成6年）10月に商務流通審議官通達（「製品分野別裁判外紛争処理体制の整備について」）により，関係団体に製品分野別の裁判外紛争処理体制の整備についての要請を行った。[69]

1994年（平成6年）から現在に至るまでに，各製品分野で医薬品PLセンター，日本化粧品工業連合会PL相談室，化学製品PL相談センター，消費者生活用製品PLセンター，生活用品PLセンター，日本玩具協会PLセンター，住宅部品PLセンター，家電製品PLセンター，自動車製造物責任相談センター，ガス石油機器PLセンター，防災用品PLセンター，日本自動

車工業会PL相談室，日本自動車輸入組合消費者相談室，清涼飲料相談センター等裁判外紛争処理機関が相次いで設立された。

これらのPLセンターでは，消費者と企業との間の相対交渉が円滑に進められるような措置を講じている。相対交渉以外，多くのPLセンターは斡旋，調停の方法をも採用している。たとえば，消費者生活用製品PLセンターでは，企業と消費者との間の相対交渉による解決が困難な事案について，消費者又は企業のいずれの一方が調停を申し立て，かつほかの当事者の同意を得た場合には，調停を行う。調停は判定会による審査により調停案の提示を行うことにより，紛争の解決を図るものである。

民間調停・斡旋機関であるPLセンターについては，まだ設置後間もないのでその評価は明らかでない。「PLセンター」の関係者が，その業界に長く係わってきたとすれば，その専門知識により事故原因の究明もたやすいということもあろう。しかし，「もう一方の当事者である被害者から見れば，PLセンターの関係者は，欠陥商品を製造したメーカーの属する業界と同じサイドにいることになる。常に業界よりの判断が下されるであろうとの疑いを抱かれがちである。」[70]

2　アメリカにおける民間調停の現状

日本では調停というと裁判所付設の調停のイメージが強いが，アメリカでは各地に多数所在する近隣ジャスティス・センターのような地域的な紛争処理機関や，ADRサービスを提供する民間組織・会社などによる調停も活発に機能している。

現在，アメリカにおいてADRのサービスを提供している組織の数は，数千とも数万とも言われている。よく知られるADRのほか，社内に独自のADR制度を設け人事管理や社員間の融和に役立てている企業や，2～3人の調停者・仲裁者が集まり会社を組織し活動しているグループは数知れないほどである。また，調停を専門に扱う弁護士事務所も多数ある。アメリカの各州において調停の利点が認識されつつある。[71]

主な民間ADR組織による調停は，次の通りである。

第4章 「東方の経験」

(1) 近隣ジャスティス・センターによる調停[72]

「近隣ジャスティス・センター」は1976年以降急速に発展したADRとして，その組織は全米に多数存在し，各地域によって名称，形態も様々である。[73] アメリカ法曹協会の調査によれば，地域的なADRによる紛争処理機関の数は1980年には100件程度であったが，1990年には400件を超すようになった。[74] もっともこの中にはコロンビア特別区の上位裁判所のマルチ・ドアー紛争処理センターのように，裁判所付置機関としての性格の強いものも含まれている。1990年代以降の傾向として，資金援助と事件の送付の両面で裁判所との結び付きを強め，裁判所から組織的に独立したセンターが増加している。これらのセンターで用いられるADRの方法として調停が圧倒的に多い。[75]

解決のためにセンターに持ち込まれる紛争の領域は，家庭内の揉め事（家事紛争），未成年犯罪（喧嘩，物の破壊，嫌がらせ），軽犯罪，労働者の苦情，賃借に関連する問題（修繕，権利金，立ち退き），消費者紛争（払い戻し，交換，修理），政府の手当の拒絶（年金，福利，健康，退役軍人手当など），近隣の生活妨害（騒音，ペット，生活妨害）である。[76] 一般的には，裁判所や警察，検察官から事件の送付を受けるという形をとることが多い。[77]

センターの運営資金は，州政府，大きな財団，私的な慈善団体等資金源から拠出された。州は調停数がある程度の水準に達していれば，センターの運営方針には干渉しない姿勢である。[78] センターの職員は，大部分が調停，意志疎通，仲裁の技術を習得しているいわゆる新しいタイプの専門家である。[79] 調停過程においては，手続結果の実体的公正さの担保のための後見的・職権探知的介入や法的助言の提供がなされるわけではなく，あくまでも当事者間のコミュニケーションの復活を図り，彼らに問題を投げ返すことを職責としているという。[80]

ニューヨーク州の統計数字によれば，1997年に州内の各近隣ジャスティス・センターで調停された事件数は4万件，和解率が7～8割の程度である。[81] この数字を全米の範囲に広げられれば，近隣ジャスティス・センターによる調停はかなり実績を挙げることになるであろう。

(2) ジャムス／エンディスピュートによる調停[82]

　ジャムス／エンディスピュート（J.A.M.S／ENDISPUTE）は全米 32 カ所に事務所を持ち，職員数は 350 人を数える，ADR サービス提供企業としてはアメリカ最大の組織である。

　ジャムス／エンディスピュートが取り扱う事件の 90％は，企業から依頼されたものである。調停・仲裁を行う場合は，ケース・アドミストレーターが当事者と連絡を取り，調停者・仲裁者の選考を進める。パネルに登録されている仲裁者・調停者は約 300 人であり，そのほとんどが元判事，現役の弁護士である。

　ジャムス／エンディスピュートが取り扱う事件の中で，85％の事件は調停の手法によって解決され，15％の事件は仲裁の手法によって解決される。設立後の 1995 年には委託された事件数が約 2 万件，1996 年にはその事件数が 2 万 5 千件に上っており，解決率は 90％に至った。

　調停，仲裁のほか，ジャムス／エンディスピュートは，企業の人事管理担当者に基本的調停技術を教えること，その企業に相応しい社内 ADR 制度を編み出すことを内容とする，コンサルティング（Consulting）サービスをも提供する。編み出した社内 ADR 制度は，基本的には，トラブルを抱える社員と社内担当者との話合い，苦情の事実調査と社内での調停，ジャムス／エンディスピュートの調停者による調停，拘束力のある仲裁という 4 つのステップによって構成される。

　ジャムス／エンディスピュートの料金は専門家料金と管理料金の二本立てである。専門家料金は両当事者が二分し，カバーする仕事内容は，調停・仲裁準備，資料の調査や研究，打合せ，調停・仲裁料，和解書等の作成，必要なフォロー・アップなどである。管理料金は専門家料金の 6％，最低 125 ドルが請求される。カバーされる仕事は，申立人と非申立人の間の連絡をとり，調停・仲裁実施に対するお互いの合意を取り付けること，調停人・仲裁人選択の手伝い，その他資料収集，会議室使用料などが含まれる。ただし，当該組織は事件の申込み料金は取らない。[83]

(3) CPR を通じる調停

CPR インスチチュート・フォア・ディスピュート・リゾルーション（Institute for Dispute Resolution）は，非営利 ADR 組織として，一般に短く CPR と呼ばれている。CPR は Center for Public Resources の略語である。[84]

CPR は会員制であり，企業，弁護士事務所，法学研究者などから広くメンバーを募っている。CPR はほかの団体のような ADR の実施管理サービスを行わず，「当事者が自分で管理する」ADR を推奨する。CPR は，どちらの当事者とも利害関係のない，完全中立な ADR の専門家の選択と実施方法の決定をした上で，当事者が自ら専門家と相談しながら ADR を実行することを望んでいる。CPR において，分野別の調停と仲裁の専門家リストが備えられており，登録された調停・仲裁者は 600 人以上に達し，その多くは元判事と弁護士である。

CPR の利用ルートは，まず法人会員である企業，或いは企業から相談を受けた会員の弁護士が，問題発生後，有能な調停者や仲裁者の名前を知るために CPR にコンタクトする。CPR の相談窓口は，トラブルの内容や規模によって適当と思われるニュートラルのリストを作成し，送付する。この時，原則としてニュートラルの紹介は無料であり，紹介を行った時点で事件は CPR の手を離れる。当事者は自ら調停者や仲裁者に連絡を取り，選択を行い，料金を交渉し，ADR を実施する。

なお，CPR は，ADR 関係文書の発行，特定企業や業種に見合った ADR 条項，ADR 規則，ADR 合意書の作成など業務をも取り扱っている。[85]

(4) NASD による調停

NASD，すなわちアメリカ証券取引業者協会（National Association of Securities Dealers）が独自の仲裁制度を有し，投資家の苦情だけでなく，ディーラー同士の争いごとも内部で解決していることは広く知られている。アメリカの証券業界において NASD に登録した証券会社だけでも約 5,400 社であり，ディーラー数は約 50 万 5 千人に超える。1976 年に NASD はトラブルの穏便かつ早期解決手段として仲裁の導入を決定したが，その組織規模の巨大化に伴い，取り扱う ADR の件数も増加の一途を辿っている。1996 年には NASD

が扱った仲裁件数が約6万件に達し，1995年8月からは調停も行っている。[86)]NASDが調停を導入するようになったのは，仲裁だけでは膨大な数の苦情を処理できなくなったからである。1996年の実績を見ると，調停で解決する事件数は428件であったが，NASDの目標が毎年少なくとも仲裁の10％，つまり6千件を調停で解決するということである。

NASDの調停の実施方法について，レビン小林久子教授は『アメリカのADR』の中で詳しく説明している。「まず，当事者の一方から調停の希望を伝えられた各証券取引所の調停ディレクターが相手側に連絡を取り，調停の説明を行い，了解を取り付ける。次に，当事者双方が調停実施の合意書を提出し，その中で所定の調停規則に従うことを約束する。申込金納入後，双方の調停者のリストが送られ，当事者は適当と思われる数名の名前にマークしてリストを送り返す。最後に，NASDの担当者が，マークされた名前の中から一人を任命する。その事件が調停可能であるかどうかは，各調停ディレクターが決める。そして，調停者の任命と同時に調停の時日と場所が決められる。」「調停はいつでも，たとえ事件が仲裁中であっても，仲裁判断が下される前なら試みることができる。しかも仲裁の邪魔をすることなく，仲裁と同時進行させることも可能である。調停者は調停開始前，事件のあらましを書いた文書と，必要に応じてさらに詳しい資料を求めることができる。そのほか，調停終了後，調停者が双方に電話で話し，和解の細かい部分をまとめることもある。」[87)]

調停された事件のうち，80％は当事者が調停実施を決めてから数週間，長くても2～3ヶ月以内に解決されており，これは仲裁の平均日数11.4カ月に比べ格段に早いものである。調停の費用，特に紛争金額が高い事件の調停費用は，仲裁と比べてかなり低いと言われている。

3　三国の比較からの示唆

アメリカにおいては，多くの州及び連邦の裁判所でADRが何らかの形で裁判手続に組み込まれる一方，裁判所以外の近隣ジャスティス・センターによるADRも盛んに行われ，さらにはADRをビジネスとして行う企業も全米各地に登場している。ADRは公的機関から民間機関まで全面的に展開され

第 4 章 「東方の経験」

ていると言えよう。

　日本においては，司法型調停の利用が圧倒的に多いようであり，民間型調停については，自動車 ADR のようにその設置目的の範囲で機能しているものがあるとは言っても，やはり全体の数字から見ては利用件数が少なく，その活用拡大化が一向に進んでいないのが現状である。

　中国においては，民間調停と言えば，人民調停のほかに，学校内調停[88]，職場調停[89]，親族調停[90]なども挙げることができるが，これらの調停は学校，職場，家族内部の紛争解決に対して大きな役割を果たしている。しかし，これらの調停は組織性，系統性を欠くため，その実態はかなり把握し難い。ところが，「大衆的組織」である人民調停委員会の調停は年間約 500 万件の民間紛争を取り扱っており，裁判所の負担の軽減，紛争の深刻化の防止および国民の正義へのアクセスの拡大に対し，重要な役割を果たしている。人民調停の圧倒的に多い紛争処理件数は人民調停の盛況を示すものであるが，行政と司法の二重指導の下に置かれた人民調停自体が単純な民間調停と言えるか否かはなお検討する余地がある。

　日・米・中三カ国の民間調停の現状と特徴には大きな差異がある。三カ国の民間調停の特質に関する比較を通じ，以下の示唆を得ることができる。

（1）　日本の調停は官中心であるというイメージが強い。[91] すなわち，日本において，戦前から現在に至るまで，裁判所の調停を中心とした制度となっており，行政機関の調停も戦後から発展し続けていたが，民間調停はまだ低迷の状態に置かれている。中国においては，法院調停，行政調停いわゆる「官中心」の調停がよく機能しているが，人民調停のような「官民連携」型の調停もかなり盛んである。つまり，日本と中国の調停は「官」の色彩が濃厚であると言えよう。日・中両国と比べ，アメリカの ADR 制度は，極めて多彩に展開されている。アメリカにおいては，訴訟付属型 ADR，行政型 ADR のほか，1926 年設立のアメリカ仲裁協会（American Arbitration Association, AAA）を始めとする全国的組織が提供する仲裁及び調停，営利団体が運営する ADR，非営利組織が開設する ADR 及び弁護士事務所等による調停の活動も盛んである。このような差異が存する原因は，日本と中国がまだ「国民の統治客体意識から統治主体意識への転換期」にあり，アメリカは既に「様々

な人種，宗教，文化の人々で成り立つ高度に発展した民主主義社会」になっている，というところにあろうか。アメリカの調停においては，当事者間の話合いを促進させることを重視し，当事者の主体性を強調している。これに対し，日本と中国の場合は，当事者双方の言い分について一定の評価をし，解決の方向を示すような意見を述べるという評価的な方式がよく採用される。日本と中国においては，国民の統治客体意識から統治主体意識への転換を基底的前提として，自律的な調停の確立が期待される。[92]

(2) 中国における人民調停は隣人紛争，家庭関係紛争，相続紛争等を取り扱う。アメリカにおいても，これらの紛争は民間のコミュニティ調停機関或いは専門の弁護士が活躍する分野である。これに対し，日本では，これらの紛争の調停はほぼ司法調停が独占している。また，軽微な刑事紛争については，中国では，人民調停によって解決することができる。アメリカにおいては，裁判所や警察がADR機関に刑事事件を付託し，当事者間の問題として和解による解決を図るという制度もある。[93]これに対し，日本においては民間機関が軽微な刑事紛争を調停することができない。さらに，企業間の商事紛争については，アメリカでは民間機関の調停が盛んに活用されているのに対し，日本と中国の民間調停制度は，ニーズに十分応える実績を挙げているとは言えない。要するに，三カ国の民間調停が取り扱う紛争の範囲から見ると，民間調停の対象となる紛争の範囲は日本が最も狭いと言えよう。民間調停の低迷状態を改善しようとする日本は，より幅広い紛争を民間調停の対象範囲とすることは，1つの有効な手段であろう。しかも，日本と中国の経済の発展に伴い，企業間の商事紛争が大量に発生している。商事紛争を解決する仲裁，調停の活性化は両国における民間型ADRの発展に重要な影響を与えると考えられる。

(3) 中国の人民調停において，調停員は地元の人々の選挙，或いは村民委員会，住民委員会及び企業，事業組織の任命によって選出された当事者の信頼できる者である。そして調停員は中立，公正の立場に立って調停を行わなければならない。これらの調停員に対する信頼は，地元の共同生活の中で或いは企業での共同労働の過程で長期間にわたって形成したものである。調停

員の任期が3年間であり，調停員が職に任ずるべきでないとき，原選挙組織は補選でき，調停員が法律に違反し，職責を尽くしてない或はその職務に適さない場合には，原選挙組織はこれを更迭し改選することができる（89年条例3条2,4,5項）。日本の場合には，調停担当者の中立性と信頼性の確保がまだ十分ではないことが，民間型ADRの利用率が低い理由の1つである。[94]自動車ADRのように，業界団体が関与して設置したADRについては，消費者等が偏見を抱くことも少なくないと推測されるが，調停担当者の選出方式の工夫，とにかくADR機関の中立性の確保と担当者の信頼の維持には，相当の時間と多大な努力が必要だと思われる。

(4) 近年，中国の人民調停の新受件数は年々減少する一方である。2006年は1990年と比べ，人民調停の新受件数が約278万件減少した。その理由の1つは，人民調停員の多くが定年労働者，教師であるが，彼らは法的知見・専門的知見が十分ではなく，目前における紛争の複雑化・多様性・専門化に対して適切な対応ができないというところにある。日・米の状況を見ると，アメリカの場合には，ジャムス／エンディスピュートのようなほとんど退職した判事，現役の弁護士が調停者になる民間組織は多く挙げられるが，日本においても，法律専門家，技術専門家など専門的知見を有する者が調停の担当者になる場合は少なくない。[95] 中国において，最近の紛争が多種多様であり，その解決のためには専門的知見を要することが多くなってきたので，日・米両国のように，法律家及び各分野の専門家が調停担当者として関与することが望ましい。

(5) アメリカのコミュニティ調停機関には，当事者から費用を徴収せずに，連邦や州等の政府からの補助金と寄付によって運営され，調停者も無償奉仕というところも多い。中国の人民調停には，調停費用を徴収せず，人民調停委員会の活動費用の支出と調停委員の手当ての支給は，村民委員会或は住民委員会の負担とする（89年条例11条，14条2項）。日本における民間調停の可能性についても，まず，廉価で良質のサービスを提供するために運営資金をどのように確保するかが深刻な問題となる。この点に関しては，ADR費用を関係業界の負担とするという考えもあり，取引当事者から予め紛争処理

に要する費用の相当額を保険料として徴収しておくという議論もある。[96] しかし，米・中両国のように政府から民間ADRに対する資金援助という議論はあまりないようである。財政面上の政府からの支援の強化は日本の民間調停の活性化に対し，一考に値する措置であろうか。

(6) 最後に，アメリカにおいては，弁護士事務所が当事者双方から依頼を受け，報酬を得て，調停を行うことがある。日本と中国では，弁護士事務所や弁護士個人が調停を行うという動きは顕在化していないが，今後，アメリカのように調停専門事務所ができることも考えられる。[97] ところが，アメリカの弁護士調停には，かなり厳しい倫理上の制約が課せられている。たとえば，アメリカ法律家協会（American Bar Association, ABA）の「家庭紛争における弁護士調停者の行為基準（Standards of Practice for Lawyer-Mediations in Family Dispute）」(1984年) 4条C項は，法的問題を明確にすることは許されるが，当該事件の事実に適用される法についての調停者の解釈に基づいて当事者らの決断を指図してはならない旨を定めている。[98] また，州によっては，弁護士調停者は，当事者に法的情報を提供することは許されるが，法的アドバイスをすることは許さないとするところや，当事者双方同席の下であれば法的アドバイスができ，当事者らに別の弁護士からアドバイスを受けるよう進めた上であれば和解条項案を作成できるとするところもある。現在，日本においても中国においても，弁護士による裁判外調整活動をめぐって議論があるが，弁護士調停の双方代理・利益相反等の弁護士倫理上の問題は予め考慮したほうがよいと思われる。

第9節　小　括

本章では，「大衆的な組織」である人民調停委員会による調停，すなわち人民調停について検討を行った。人民調停の組織面，制度面における現状及び課題を検討すると同時に，日本，アメリカにおける民間調停との対比的な考察をも行った。しかも，三カ国の比較を通じ，多くの示唆が得られた。

中国の人民調停はその生成された時点から行政と民間の狭間で存立し発展

第4章 「東方の経験」

し続けており，その進展過程は曲折に満ちた道程であると言えよう。人民調停が行政と司法の二重指導体制の下に置かれるため，立法上には「大衆的」「自治的」組織が強調されているものの，実務上には，行政指導の強化に伴い行政機関からの関与と左右も以前より強まってきた。人民調停は単純な民間調停と言えるか否かには疑問があり，人民調停の今後の行方も大きな課題として残っている。

　人民調停制度の改革が「調停法」を立法する方向に向いつつあることに伴い，社会各界で議論が活発化している。現在，中国には統一の人民調停法がない。人民調停制度に関する規定は，「人民調停委員会組織条例」，「人民調停業務に関する若干規定」及びほかの法律，規定の中で定めている。どのような統一の調停法が定められるかが注目される。そして，1990年代に各地において相次いで経済紛争調停処理センターの設立および弁護士が調停に関与するべきという主張は，調停制度が欧米，日本の調停制度の利点を取り入れている。伝統的な人民調停制度をどのように改善するか，人民調停の機能をどのように活かすかは，興味深い問題として本書第3編の中で続けて検討してみる。

1)　孟祥沛「中国現代の人民調停制度について」（山梨学院大学法学論集　47号　2001年）　82頁参照。
2)　福島正夫『社会主義国家の裁判制度』（東京大学出版会　1965年）　62-66頁，169-187頁。
3)　田中信行「現代中国の人民調停制度——一九四〇〜一九五三年—」（東京都立大学法学会雑誌　23巻2号　1982年）　148頁。
4)　人民調停制度は，中国の特有の制度として，世界で広範な関心を呼び起こしている。多くの国の学者及び代表団は，人民調停制度の経験に関する考察のために中国を訪れた。その中で，日本の10回目の弁護士中国訪問団の団長天野憲治は人民調停に対し次のように評価している「中国の調停委員会はこんなに良い組織だとは全然思っていなかった。調停委員会は公衆のために紛争を解決して，人民の間の団結を促進することばかりではなく，社会の治安を維持することもできる。非常に公正である。それに，どんな報酬も受け取れない。こんな制度はほかの国には全然想像もつかない。」（『当代中国的司法行政工作』当代中国出版社　1955年）　54頁）。
5)　1940年6月の晋察冀辺区における県区村暫行組織条例が行政村に調停委員会を設

置すると規定しているのが，最初のものと認められる。その後，1940年前半の各解放区における県・区・村レベルでの行政組織に関する立法の中に，相次いで調停に関する規定が定められ，民政股による調停，政府による調停，村公所による調停，民事委員会による調停，調停委員会による調停，民政科による調停等いろいろな形式があるため，制度面と組織面から言えば，決して統一されたものとはなっていなかった（韓延龍＝常兆儒編『中国新民主主義革命時期根拠地法制文献選＜第2巻＞』（中国社会科学出版社　1981年））。

6) 白緑玄「中国の調解（調停）制度」（ジュリスト　885号　1987年）70頁参照。
7) 田中信行「中国における人民調停の役割」（比較法研究　46号　1984年）176頁。
8) 1941年4月18日「山東省調解委員会暫行組織条例」（山東省膠東行署『法令匯編』），1945年12月13日「山東省政府関於開展調解工作的指示」（『山東省政府法令匯編』），1942年4月1日「晋察冀辺区行政村調解工作条例」（晋察冀辺区行政委員会『現行法令匯集』（上））による。本書において建国前の調停に関する法的資料は，中国社会科学院法学研究所図書資料室編『人民調解資料選編』（群衆出版社　1980年）によっているが，引用にあたっては同書の引用箇所を示すかわりに，参考のため原出典を示すことにした。
9) 韓延龍氏は，この点について，強制執行を可能としているのは一部地域の立法上の欠陥と見做している。ただし，立法上の原因を考えずに，一部地域の調停が強制執行できるのは，否定できない事実である（韓延龍「試論抗日根拠地的調解制度」（『法学研究』1980年　第5期））。
10) 1949年2月25日の「華北人民政府関於調解民間糾紛的決定」（『華北人民政府法令匯編』第1集）1949年3月15日の「天津市人民政府関於調解程序暫行規程」（『天津市法令匯編』第1集）による。
11) 田中・前掲（7）178頁参照。
12) 街道というのは，日本の町に相当する。街道弁事処はその町の事務機関である。
13) 針生誠吉『中国の国家と法（第2版）』（東京大学出版会　1980年）55-61頁，王珉「人民調処工作対解決人民内部矛盾的重大意義」（政法研究　1960年　第2期）29-31頁参照。
14) たとえば，1957年，遼寧省における調処の制裁方法は，次のように挙げられる。①批判教育による方法として，個別的批判，小集会での検討，大会での批判，「大字報」（壁新聞）による批判などがある。②改悛を誓う始末書。③謝罪。④家庭での管理教育。⑤盗品の返還。⑥労働による処罰。
15) 久保田信之「中国の調停制度に関する一考察―強力な人民管理機関としての役割―」（問題と研究　25巻11号　1996年）56頁。
16) 田中・前掲（7）179頁参照。
17) 劉家興『民事訴訟教程』（北京大学出版社　1982年）394-395頁，久保田・前掲（15）56頁。

18) 国谷知史「基層大衆組織の再建―住民委員会,人民調停委員会,治安妨衛委員会及び街道事務所」(中国研究所編『中華人民共和国主要法全集＜第二集＞』1981年) 35-36頁参照。
19) 最高人民法院研究室「一些省・市法院整頓健全民事審判程序制度的情況」(1973年11月7日) 参照。
20) 「第八次人民司法工作会議紀要」(1978年5月) 26頁参照。
21) この「再公布」という措置は,正式の法的手続を指すものではないが,この種の措置について一般に表現されている。彭真「中華人民共和国全国人民大会常務委員会工作報告」(新華月報 1980年 第9期) 20-21頁参照。
22) 中国司法部の「通則」に関する解説 (1980年1月16日) による。
23) 田中信行「中国における人民調停制度の改革 (上)」(中国研究月報 44巻8号 1990年) 2頁。
24) 司法部人民調解司編『人民調解』第一輯 10頁。
25) 『中国法制報』1981年8月28日。
26) 司法部基層工作司編『人民調解委員会組織条例講話』(法律出版社 1989年) 6-7頁。
27) 田中信行「経済仲裁制度の統一過程」(アジア経済旬報 1278号 1983年)
28) 「治安管理処罰条例」第5条は,「民間の紛争により生じた喧嘩,殴り合い,または他人の財物の損壊等の治安管理違反行為について,情況が軽い場合,公安機関は調停によって処理することができる」と規定する。
29) 高昌礼「第四次全国人民調解工作会議曁模範人民調停委員会模範人民調停員表彰大会上的講話」(1999年)。
30) 『毛沢東選集』第一巻 (人民出版社 1970年) 1274-1312頁。
31) 『毛沢東選集』第五巻 (人民出版社 1977年) 363-402頁。
32) 針生誠吉『中国の国家と法 (第二版)』(東京大学出版社 1980年) 27-32頁,高見澤磨『現代中国の紛争と法』 177-179頁参照。
33) 鈴木敬夫編訳『現代中国の法思想』(成文堂 1989年) 215-224頁。
34) 白緑玄・前掲注 (6) 72頁。
35) 衛平「論人民調解委員会組織条例的立法依拠及特点」(法学 89年 第10期)。
36) 田中・前掲注 (23) 5頁参照。
37) 白緑玄・前掲注 (6) 72頁。
38) 旧時代の当事者の意思を無視した売買婚紛争及び現時の高齢者の再婚に子女が干渉する紛争である。
39) 季衛東『超近代の法』(ミネルヴァ書房 1999年) 273頁。
40) 中国においては,郷は農村の行政区画の1つであり,鎮は農業と工業が半分ずつ占める地域である。
41) 隣保というのは,近くに住んでいる何戸の農民によって構成された活動サークル

42) 農村では，ほぼ10戸につき一名の調停員が任命され，都市では，団地のような1共同住宅区域につき一名の調停員が任命され，これらの調停員は所管区域の紛争処理に責任を持つ。
43) 中国には，職場中心主義が存在している。職場は社会基盤の重要環節であり，職場を中心にして社交界および人間関係ネットワークを形成するのである。職場は個人の所属として個人と緊密な連帯関係を保ち，職場の長は仕事のほかに職員に対して政治素質，思想道徳，個人生活，福祉など各方面から指導する。たとえば，郵便物は住所より職場に届ける場合が多い，職場の長は職場内の紛争及び職員に関係する紛争に対して処理する責任を持つ等が挙げられる。
44) 1980年の「通則」再公布にあたって司法部が出した「人民調停委員会暫定組織通則第4条に関する説明」は，「都市において大型工鉱業企業の職員・労働者家族が集中的に居住している一部地区では，工鉱業企業の職員・労働者家族委員会を単位として，独自に調停委員会を設置し，活動を行うことができる」と定めていた。1985年の第2回全国人民調停活動会議において，3～5年以内に500人以上が所属する全ての工鉱業企業に調停組織を普及させていくことが決定された。それ以降，企業の調停組織の数は大幅に増加してきた（田中・前掲注（23） 9頁参照）。
45) 楊磊「中華人民共和国における人民調停制度」（修道法学 12巻2号 1990年）161頁参照。
46) 少数民族人口を主要な人口とする郷である。
47) 白緑玄・前掲注（6） 71-72頁参照。
48) 楊磊・前掲注（45） 172頁。
49) 司法部人民調解司編『第二回全国人民調解工作会議文件匯編』1985年 15頁。
50) 司法部人民調解司編『人民調解委員応知応会』（1988年9月） 17頁，季衛東・前掲注（39） 290頁。
51) 張新民＝王欣新編『人民調解員工作手冊』（中国法制出版社 2000年） 63頁参照。
52) たとえば，姚自修「司法行政調解裁決権芻議」（法学 86年 第2期），徐芳「関於司法行政調解若干問題的探討」（法学 87年 第3期）など。
53) 本報特約評論員「具有広範群衆性的一件大事」（法制日報 89年7月4日）。
54) 田中信行「中国における人民調停制度の改革（下）」（中国研究月報 44巻9号 1999年） 13頁。
55) 文敬「加強人民調解工作的科学管理」（中国法学 87年 第3期）。
56) 80年代後半，「人民調解司」が「基層工作司」と改称されたのに伴い，下部の人民調停の管理機関も「基層工作処」，「基層工作科（股）」と改称された。
57) 1988年の統計によれば，司法補佐員が直接調停にあたった紛争は104万件にのぼる。これは調停委員会が同年に調停した紛争725万件の14.3％に相当する。そのほかにも，調停委員会の調停に協力する形で，90万件の紛争を処理している（司法部

基層工作司編『人民調解委員会組織条例講話』前掲注（26）5頁）。
58) 徐芳・前掲注（52）参照。
59) 田中・前掲注（54）26頁。
60) 「ブローチ」(broach) の英語の原意は「 veer or cause (a ship) to veer so that its side is presented to the wind and waves」である。すなわち，「船が方向を急転し，風波を舷側に受ける」という意味をする。中国の社会変動の過程においての「側面から問題を解決する」方式を「ブローチ」方式と言う。紛争解決過程に作用し，「紛争の解決に止まらず，紛争の事前予防も重視する」，「硬直な訴訟方式より柔軟な調停方式を愛用する」など意味がある。
61) 季衛東『超近代の法』（ミネルヴァ書房　1999年）273頁，張亜新「人民調停と弁護士」（第二東京弁護士会『弁護士会仲裁の現状と展望』（判例タイムズ社　1997年））45-48頁。
62) 加藤新太郎「ADRとその普及の条件―訴訟上の和解との比較において―」（小島武司編『ADRの実際と理論Ⅱ』（中央大学出版部　2005年））13頁，吉村徳重「裁判外紛争処理の現状と将来」（『民事訴訟法の争点＜新版＞』〔ジュリスト増刊法律学の争点シリーズ5〕有斐閣　1988年）55頁。
63) 佐藤鉄男「紛争処理の多様化」（北大法学　42巻4号　1992年）1022頁。
64) http://www.nichibenren.or.jp/ja/legal-aid/consultation/houritu7.html 日本弁護士連合会のホームページによる。
65) 設立目的・経緯については，座談会「弁護士仲裁センターについて」（法の支配104号　1997年）48頁，「少額事件仲裁制度導入に関するシンポジム」（判例タイムズ　721号　1990年）4頁などが，当時の状況を伝えている。山田文「弁護士調停（Lawyer-Mediation）の可能性」（第二東京弁護士会『弁護士会仲裁の現状と展望』（判例タイムズ社　1997年）24頁参照。
66) 1989年～1996年度の二弁仲裁センターの統計数字によれば，終結事件の約50.5％が和解で終了している。弁護士仲裁センターの紛争処理手続きについて，小島武司＝伊藤眞編『裁判外紛争処理法』（有斐閣　1988年）116-119頁，山口修司「交通事故紛争処理センターと第二東京弁護士会仲裁センター」（北大法学　42巻4号　1992年）1058-1059頁参照。
67) 交通事故紛争処理センターの紛争処理手続に関して，山口・前掲注（66）1057-1059頁，小島・前掲注（66）123-128頁，小柳光一郎「(財)交通事故紛争処理センターにおける業務の実態と今後の課題」（ジュリスト　1207号　2001年）91-93頁，宮崎章「財団法人交通事故紛争処理センターについて」（東京弁護士会会報　71号　1986年）35-36頁参照。
68) 国内商事調停規則の特徴について，(社)日本商事仲裁協会「国内商事調停規則の制定について」（JCAジャーナル　50巻1号　2003年）24-25頁，中村達也「国内商事調停規則の解説」（JCAジャーナル　50巻1号　2003年）30-39頁，「日本商事

仲裁協会　調停手続の流れ」http://www.jcaa.or.jp/adjust-j/flow/flow.html 参照。
69)　小島・前掲注 (66)　136-137 頁参照。
70)　萩澤達彦「裁判外紛争処理の現状と将来」(『民事訴訟法の争点＜第三版＞』〔ジュリスト増刊法律学の争点シリーズ 5〕　有斐閣　1998 年)　38 頁，長谷川俊明『紛争処理法務』(税務経理協会　1996 年)　117 頁。
71)　レビン小林久子『調停ガイドブック』(信山社　1999 年)　112 頁，ダニエル・M・コルキー／阿川尚之訳「米国における代替紛争解決制度概観」(自由と正義　43 巻 1 号　1992 年)　120 頁参照。
72)　近隣ジャスティス・センターによる調停が民間調停に属するか否かについては意見が分かれる。レビン小林久子教授は『調停ガイドブック』の中で，近隣ジャスティス・センターを「アメリカの ADR サービス提供団体・会社」という章に取り込み，言い換えれば，著者は近隣ジャスティス・センターを民間団体として位置づけていると思われる。しかし，近隣ジャスティス・センターは「コミュニティの価値を当事者間で検討し衡平な解決のために採用するといった手続設計はなく，実質的には裁判所付設の調停である」という主張もある (山田文「裁判外紛争解決制度における手続法的配慮の研究 (三)」(法学　58 巻 5 号　1994 年)　144 頁)。
73)　1976 年に合衆国司法会議，州最高裁長官会議及びアメリカ法曹協会の共催で催された「司法運営に対する一般的不満の原因に関する会議」，いわゆる「パウンド会議」が，きっかけとなった。See W. E. Burger, Agenda for 2000 A. D. — A Need for Systematic Anticipation,70 F.R.D.83; See also F.Sander, Varieties of Dispute Processing,70 F. R. D. 111. さらに，樫村志郎「アメリカ合衆国における民事紛争解決のための課題」(自由と正義　41 巻 4 号　1990 年)　54 頁参照。
74)　American Bar Association, Dispute Resolution Program 1990 Directory による。
75)　See W. R. Drake & M. K. Lewis, Community Justice Center — A Lasting Innovation, DISPUTE RESOLUTION FORUM, December 1988, at 3.
76)　マリリン・J・バーガー／吉野正三郎・橋本聡訳「アメリカ合衆国における代替的紛争解決の最近の動向」(東海法学　第 5 号　1990 年)　199 頁。
77)　Hofrichter, supra, note 10, at 103-106；さらに，野村美明「アメリカにおける裁判外の紛争処理」(北大法学　42 巻 4 号　1992 年)　1069 頁。
78)　レビン・前掲注 (71)　140 頁参照。
79)　マリリン・J・バーガー・前掲 (76)　200 頁。
80)　山田・前掲注 (72)　123 頁。
81)　レビン・前掲注 (71)　139 頁。
82)　ジャムス／エンディスピュートは，ジャムスとエンディスピュートという 2 つの会社が合併してできた会社である。ジャムスの全称は Judicial Arbitration Mediation Service であり，1978 年に西海岸を本拠地として主に仲裁サービスを提供する組織である。一方，エンディスピュートは 1991 年に東海岸で組織された調停を主体とする

第 4 章 「東方の経験」

企業である。全米範囲に事業を拡張するため，1994 年には両社は合併し，ジャムス／エンディスピュートを設立した。

83) ジャムス／エンディスピュートの業務内容及び調停手続に関して，レビン・前掲注（71） 112-116 頁，瀬戸口壯夫「米国ワシントン州における代替的紛争解決手続」（判例タイムズ 838 号 1994 年） 22-24 頁参照。
84) CPR は，1979 年にジェームス・F・ヘンリー氏によって設立された。設立の目的は，裁判に代わるトラブル解決法として ADR の利用を企業や弁護士事務所に広め，そしてそのために ADR の研究や新しい利用法の開発，利用者の教育に勤しむというものである。
85) CPR の業務については，see CPR's Alternative, Vol.10, No.12, December 1992, III-8；CPR PANELS OF DISTINGUISHED NEUTRALS （第 15 版 1992 年）；さらに，レビン小林・前掲（71） 116-120 頁，林田学「アメリカにおける ADR の現状—その序論的スケッチ」（上智法学 35 巻 1 = 2 号 1992 年） 40-41 参照。
86) レビン・前掲注（71） 121 頁。
87) レビン・前掲注（71） 128-129 頁。
88) 中国においては，学校内で生徒たちの間の紛争は担当先生或いはクラス委員会による調停で解決する場合が多い。中国の学校においては，各クラスにはクラス委員会が設置されている。クラス委員会はクラス長，団支書（共産主義青年団支部書記），学習委員，生活委員，文芸委員，体育委員等によって構成されており，委員は生徒たちの選挙及び担当教員の任命によって選出される。
89) 人民調停委員会を設置している企業・事業組織は人民調停委員会によって企業・事業組織の内部の紛争を解決する。人民調停委員会を設置していない企業，事業組織，国家機関，社会団体等職場は，職場内部の紛争について，工会（労働組合）のリーダーまたは職場のリーダーはそのほとんどを調停によって解決する。
90) 族長，家長，及び親族間で威信を有する人は，親族内部の紛争について，交渉，斡旋，調停等方法によって解決する。
91) 日本の調停について，小島武司教授は「日本の調停などは非常に公的な色彩が強い」と指摘し，笠井正俊教授も「制度の設置主体という面で，民と官とを対比させると，わが国の ADR は官中心である。」としている。小島武司等編「アメリカの大司法システム（上）」（中央大学出版部 1992 年） 251 頁，笠井正俊「比較法的視点からみたわが国 ADR の特質—アメリカ法から」（ジュリスト 1207 号 2001 年） 57 頁。
92) 棚瀬孝雄教授は，手続主宰者と両当事者がより水平的な関係に立って平等のコミュニケーションを行い，かつ当事者の主体的参加をよく発揮させる自律的な調停モデルを提唱している。（棚瀬孝雄「自律型調停への期待（上）—法化社会の調停モデル」（ジュリスト 920 号 1988 年） 46-54 頁，棚瀬孝雄「自律型調停への期待（下）—法化社会の調停モデル」（ジュリスト 921 号 1988 年） 40-48 頁，棚瀬孝雄「法化社会の調停モデル」（法学論叢 126 巻 4・5・6 号 1990 年） 122-154 頁参照）。

第2編　中国における調停の現状と課題

　それに，和田仁孝「自律型ADRモデルの新たな展開—紛争交渉論とトランスフォーマティヴ・アプローチ」(小島武司編『ADRの実際と理論(2)』(中央大学出版部　2005年)) 24-39頁，仁木恒夫「自律的紛争処理の内的メカニズム—調停手続における合意の位置をめぐって」(九大法学　68号　1994年)　181-205頁も同旨。
93)　笠井・前掲注(91)　59頁，小島武司『調停と法-代替的紛争解決(ADR)の可能性』(中央大学出版部　1989年)　117-121頁。
94)　山本和彦「裁判外紛争解決手段(ADR)の拡充・活性化に向けて」(NBL　706号　2001年)　8-11頁，長谷部由起子「民間ADRの可能性」(早川吉尚＝山田文＝濱野亮編著『ADRの基本的視座』(不磨書房　2004年))　151頁。
95)　日本においては，弁護士等の法律家の関与が十分でないことが民間型ADRの短所の1つとして指摘されることがある。加藤・前掲注(62)　18頁参照。
96)　小島武司「司法制度改革とADR—ADRの理念と改革の方向」(ジュリスト　1207号　2001年)　17-18頁，山本和彦「裁判外紛争処理制度(ADR)」(法律ひろば　53巻9号　2000年)　720頁，髙谷進「指定住宅紛争処理機関の意義と課題」(ジュリスト　1159号　2000年)　46頁参照。
97)　遠藤直哉「中立型調整弁護士モデルの展望」(宮川光治ほか編『変革中の弁護士(下)』(有斐閣　1993年)　265頁，呉明徳(白川好晴訳)「中国の調停及び調停への弁護士の関与についての簡単な紹介」(自由と正義　43巻7号　1992年)　160-161頁。
98)　Stephen B. Goldberg, Frank E. A. Sander, Nancy H. Rogers, Dispute Resolution, 3rd. Aspen Law & Business, at 648 (1999).

第5章　行政調停の位相とあり方

第1節　序

　中国における行政調停は，大昔から既に存在していた。各時代の官府は行政管理を行うと同時に，紛争処理の職務をも担っていた。[1] その理由は，古代中国における紛争を処理する仕組みが，むしろ行政主導によって構築され，司法はただそれを補強する機能を果たし，結果として司法と行政を合わせて1つのシステムが形成されている点にある。

　現代の中国においても，司法の機能領域は狭く，アメリカにおける言わば「大司法像」と比べ，小さな司法と言える。アメリカの大司法システムは「圧倒的な多数の訴訟事件の存在」，「法曹人口の膨大」，「新たな司法積極主義」，「弁護士の活発化」等といった特徴を有し，[2] それに対し，中国の司法には，訴訟事件が少ない，法曹人口とりわけ弁護士の数が少ない，法専門職の担当者のレベルが低い，国民の司法へのアクセス面が狭い等の特徴がある。数年前，「法」と「権力」の主導性に関する議論がまだ存在していた中国の社会を想起すれば，行政がどの程度の優位性を持つかは容易に想像し得る。[3] 紛争解決の場面で，行政機関が大きな機能を果たすことが期待され，行政調停もそのニーズに応じて整備され拡充されている。

　行政調停が拡充されている背景には，いくつの要因がある。基本的に，あらゆる問題に行政が管轄権を持つことが自明の前提とされ，管轄する問題につき，法案・政策案作成者として，また法運用のための委任立法と指針の作成者として，行政が法・政策の制定・運用に主導権を有することが当然の前提とされてきた。[4] 次に，行政管理活動は様々な社会関係に及んでおり，その行政領域の包括性という観念は人々の意思決定を左右し，人々の行政に依存する意識を強め，さらに，私人の間の紛争でもこのような行政の広範な関与・介入が求められるようになった。また，行政であるために，基本的に当事者双方から距離を置き，行政機関に求められる中立性と公正性が維持され

ている。行政調停の主宰者は，中立・公正な立場に立ち，当事者双方に法的ルールに関する一般的な情報を提供し，或いは，制度利用のコストや一般的常識を伝達し，当事者を合意に導き，紛争を解決する。さらに，行政機関において，極めて広い範囲を対象として，多数の部局が相談・斡旋・調停業務を行政サービスの一環として担当している。その多くは，公務員が担当し，通常，無料である。[5]

　以上のような要因の下で，行政機能の拡大化の１つの意義としては，紛争処理の面で司法機能の不全という現状を補完するものであると言える。行政管理対象の広範性に基づき，行政調停は各分野の紛争処理の中で大きな役割を果たしており，行政管理の円滑性，弾力性，円満性にも寄与する。

　日本において，司法の機能は中国と同じような問題点を有し，紛争管理のシステムにおいても，中国と同じような行政の機能領域の広範さが存在する。[6] この類似した背景の下で，行政調停に対する重視は両国に共通するが，行政的紛争処理の面における多彩な展開方式では両国の間には多くの相違点がある。本章では，日本法との比較の視点から，両国の行政調停の位相，あり方，特徴等について検討していきたい。

第2節　日本における行政調停の現状

　日本において，ADR のうち最も活用されているものは司法型 ADR であり，民間型 ADR は不振である。行政型 ADR は，国家の行政機関の支えの下で，最近その進出が著しい。「司法型 ADR に関しては裁判所の負担軽減，民間型 ADR に関しては私的自治の再生という側面が重視される傾向にあるのに対し，行政型 ADR については，消費者利益，環境利益の保護等，集団的・公的な性格を有する紛争解決への期待が高い」。[7] そのため，行政型 ADR は，主に公害関係，労働関係，消費者保護関係，建設業，不動産取引関係に関する紛争を対象として，裁断型或いは調整型の紛争解決を行う。[8] ただし，行政型 ADR で解決された事件のほとんどが斡旋・調停事件であり，裁断型の ADR は，あまり活用されていない。[9]

　行政型 ADR には，紛争の解決を図る目的とする設置された専門委員会に

よるものと普通の行政機関が直接行うものなどがある。この中で調停を取り扱うのは，主に紛争を解決する専門委員会によるものである。日本の行政調停には主に以下の種類がある。

1　公害調停

(1)　公害紛争処理制度の創立

日本において，昭和30年代（1955年～1965年）の後半以降，急速に高度経済成長を遂げつつあったが，その副作用として，水俣病，四日市喘息，イタイイタイ病など，公害による悲惨な疾病が多発し，公害発生源とされた企業と被害住民のとの間で，大規模な公害紛争が続発した。[10] これらの公害紛争を解決する手段としての民事裁判は，被害者にとって，原因と被害発生との因果関係の立証が困難であること，訴訟の提起及び追行に多額の費用を要すること，手続が厳格なために判決の確定による最終的な解決まで相当な年月を要することから，被害者の救済のために，十分に機能していたとは言えない。[11] この背景の下で，1970年（昭和45年）に制定された公害紛争処理法による調停，斡旋等の公害紛争処理制度が創設された。公害紛争処理制度は，当初経済の高度成長期における顕在化した公害被害のうち，公害対策基本法2条が「公害」と定義したいわゆる典型7公害による被害に関する紛争について，公害紛争に対する裁判制度の問題点を補うことを趣旨として，行政の専門知識，機動性，柔軟性等を活かして，簡易，迅速かつ適正にこれを解決し，公害被害の早期救済を図ることを主たる目的とするものであった。[12]

(2)　公害紛争処理機関とその管轄

公害紛争処理法の制定に伴い，1970年（昭和45年）には，公害紛争処理機関として，国には中央公害審査委員会，地方には都道府県公害審査会が設置された。さらに，1972年（昭和47年）には，中央公害審査委員会と土地調整委員会とを統合して，公害等調整委員会を設置した。

公害等調整委員会は，委員長と委員6人で組織される。委員には，職権行

使の独立と身分保障が与えられている。その権限は，準立法的権限（規則制定権）及び準司法的権限（責任裁定権・原因裁定権・土地利用調整に係る不服裁定権など）を有する。公害紛争の処理のほか，公害等調整委員会は，鉱業等に係る土地利用の調整（鉱区禁止地域の指定，鉱業等に係る行政処分に対する不服の裁定），土地収用法等に基づく処分に対する事前の意見の申出・承認，内閣総理大臣に対する公害防止施策の改善についての意見の申出の権限を有する。

公害等調整委員会は，次の紛争に関する斡旋，調停及び仲裁について管轄する（公害紛争処理法24条1項，公害紛争令一・二）。①重大事件—大気汚染，水質汚染により生じる著しい被害に係る事件（例えば，水俣病事件），②広域処理事件—航空機や新幹線（スーパー特急及びミニ新幹線を含む）による騒音事件，③県際事件—複数の都道府県にまたがる事件。かつ，次の事件について，裁定する権限を有する（公害紛争処理法42条の一二，42条の二七）。①公害に係る被害についての損害賠償の有無及び賠償額に係る事件（責任裁定），②公害に係る被害が発生した場合の因果関係の解明に係る事件（原因裁定）。

都道府県公害審査会は，公害調整委員会が扱う紛争以外の斡旋，調停及び仲裁について管轄する。裁定事件は扱うことはできない。[13]

(3) **公害紛争処理の対象**

公害に係る被害についての損害賠償に関する紛争その他の民事上の紛争を対象としている（処理法26条1項，42条の12第1項，42条の27第1項）。公害とは，環境基本法2条3項に規定する大気汚染，水質汚染，土壌汚染，騒音，振動，地盤沈下，悪臭のいわゆる典型7公害を指す。

なお，防衛施設から発生する公害（いわゆる基地公害）については，他の法律に基づく措置が講じられていることから，制度の対象外とされている（処理法50条）。

(4) **公害紛争の処理手続の種類**

公害紛争の処理手続には，斡旋，調停，仲裁及び裁定の4種類がある（処理法1条）。

斡旋は，当事者間における紛争の自主的解決を援助，促進するため，その

交渉，話合いが円滑に進むように，間に入って仲介することである。斡旋により当事者間に合意が成立すれば，合意の内容に応じて，和解契約の成立，債務の承認等の効果を生ずる。

調停は，法定の第三者機関（調停委員会）が紛争について所定の手続に従って当事者間を仲介し，双方の互譲に基づく合意によって紛争の解決を図る手続である。調停が成立した場合には，その合意は，民法上の和解契約と同一の効力を有する。

仲裁は，当事者双方が裁判所において裁判を受ける権利を放棄し，紛争の解決を第三者に委ね，その判断に従うことを約束（仲裁契約）することによって紛争を解決する手続である。仲裁判断は当事者間において，確定判決と同一の効力を有する（処理法41条，仲裁法45条1項）。

裁定は，当事者間の公害に係る被害についての民事紛争について法律的判断を下すことにより，紛争解決を図る手続である。裁定には，責任裁定と原因裁定の2種類がある。責任裁定は公害に係る被害についての損害賠償責任の有無及び賠償すべき損害額についての判断である。[14] 原因裁定は，加害行為と被害の発生との間の因果関係の存否について判断する裁定である。[15]

(5) 公害調停の手続及び特徴

調停は，当事者の一方又は双方からの申請に基づいて開始され，委員長及び委員のうちから指名された3人の調停委員からなる調停委員会を組織して行われる（処理法31条）。調停委員会は，当事者に出頭を求めて意見を聴いたり（処理法32条），事件の関係人や参考人に陳述若しくは意見を求めたり，鑑定人に鑑定を依頼したり，事実の調査をしたりすることができる（公害紛争の処理手続等に関する規則16条）。また，重大事件については，文書・物件の提出命令や立入検査の強制権限も与えられている（処理法33条）。手続を円滑に進め，当事者間の合意形成を容易にするため，調停の手続は非公開とされている。

調停委員会が提示した調停案を受諾するか否かは当事者の任意であるが，当事者が受諾したときは，当事者間に合意が成立したことになり，調停条項のうち権利義務に係わるものについては，和解契約の性質を有する。また，調停委員会が調停案を作成し，30日以上の期間を定め，その受諾の勧告を

した場合には，当事者が指定された期間内に受諾しない旨の申出をしなければ，当事者間に調停案と同一の内容の合意が成立したものと見做されるという受諾勧告の制度が設けられている（処理法34条）。かつ，調停委員会は，受託の勧告をした場合において相当と認めるときは，理由を付して当該調停案を公表することができる（処理法34条の2）。

調停の手続特質としては，①調停の前提となる事実の調査を調停機関の側が職権ですることができること，②手続が厳格に法定されておらず，柔軟な進め方をすることができること，③調停機関が行政の専門知識を利用できる態勢がとられていること，④さまざまな行政措置と連係した解決を図ることができること，たとえば，関係行政機関に対し，資料の提出，意見の開陳，技術的知識の提供その他必要な協力を求めることができ，国のほかの行政機関，地方公共団体，学校，試験研究所，事業者，事業者の団体又は学識経験を有する者に対し，調査を委託することができる（公害等調整委員会設置法15条，16条）。⑤迅速な解決を期待することができること，などがある。

解決の内容の特質として，①実体法上の請求権の法律構成にとらわれることなく，申請をすることができること，②公害による被害が発生した事後でなくても，被害発生の具体的な恐れがあるときは，調停申請ができること，③関係者の任意の実行あるいは協力を前提としており，努力条項，紳士条項等の多彩な条項を盛り込んで，科学・技術の進歩や社会状況の変化等の後発的事情を調停内容の実施に反映させることができること④調停条項の中に，事情の変更があるときは，慰謝料の変更申請ができる旨の条項，アフタケアー条項，フォローアップ条項など設ける例が見受けられること，⑤調停成立により双方に信頼関係，協力関係が築かれ，継続的な環境の保全又は創造の効果を期待することができ，また，継続的に当事者間で話合いが行われ，測定結果等の情報開示が行われるなど，結果として，住民参加，情報開示の要請をある程度満たす場合があること，⑥公害等調整委員会は行政内部における権威ある機関であるので，その機関が関与し調停が成立した場合，これを通じて行政政策や，ときには立法に影響を与えることがあること，などがある。[16]

(6) 公害紛争処理の実情

1970年（昭和45年）の処理法の施行後，2006年（平成18年）度末までに，公害等調整委員会に係属した公害紛争事件は785件であり，その内訳は，斡旋事件3件，調停事件702件，仲裁事件1件，裁定事件76件（責任裁定事件54件，原因裁定事件22件）及び義務履行勧告申出事件3件となっている。これらのうち，終結しているのは，斡旋事件3件，調停事件701件，仲裁事件1件，裁定事件65件（責任裁定事件46件，原因裁定事件19件），及び義務履行勧告申出事件3件の計773件である。受付事件を手続別に見ると，調停事件はその大部分を占めている。また，裁定事件の多くが，職権により調停手続に移行し，調停が成立している。最近10年間の公調委の係属事件及び終結事件数は表1の通りである。[17]

同じ期間に，公害審査会に係属した事件は1,127件であり，その中で，斡旋事件36件，調停事件1,074件，仲裁事件4件及び義務履行勧告申出事件13件である。そのうち，終結した事件は1,083件である。最近10年間の公害審査会の係属事件及び終結事件数は表2の通りである。[18]

2　建設工事調停

(1)　建設工事紛争審査会制度の創設

建設工事の請負に関する紛争は，その内容に技術的な事項を多く含むこと，請負契約に関するさまざまな慣行が存在すること等から，解決が容易ではないことも多い。こうした建設工事紛争の特徴に着目し，専門家による迅速な解決を図るために設けられたのが，建設工事紛争審査会制度である。

実際には，1949年（昭和24年）に施行された建設業法で，建設業審査会に，建設工事の紛争解決のために「斡旋」権限を与えていた。ところが，この建設業審査会は，建設大臣或いは都道府県の知事の尋問に応じ，建設業の改善に関する重要事項を調査審議する機関なので，斡旋権限は付属的なものである。そして，紛争解決について斡旋の権限だけを有し，法律的な効果が十分ではなかったと言える。それで，1956年（昭和31年）の建設業法の改正に

第2編　中国における調停の現状と課題

表1　公害等調整委員会に係属した事件の受付及び終結の状況

区分 年度	斡旋 受付	斡旋 終結	調停 受付	調停 終結	仲裁 受付	仲裁 終結	裁定 受付	裁定 終結	義務履行勧告 受付	義務履行勧告 終結	合計 係属	合計 新規受付	合計 終結
平成 9年	0	0	1	2	0	0	4	0	1	0	26	6	2
10年	0	0	1	1	0	0	1	15	0	1	26	2	17
11年	0	0	1	1	0	0	3	3	0	0	13	4	4
12年	0	0	2	5	0	0	2	1	0	0	13	4	6
13年	0	0	3	3	0	0	3	1	0	0	13	6	4
14年	1	0	2	1	0	0	4	5	0	0	16	7	6
15年	1	2	2	2	0	0	8	4	0	0	21	11	8
16年	0	0	0	2	0	0	3	3	0	0	16	3	5
17年	0	0	1	2	0	0	7	6	1	0	20	9	8
18年	0	0	0	0	0	0	6	5	0	1	18	6	6

表2　都道府県公害審査会等に係属した事件の受付及び終結の状況

区分 年度	受付件数 合計	斡旋	調停	仲裁	義務履行勧告	終結件数 合計
平成 9年	51	1	49	0	1	40
10年	39	1	38	0	0	45
11年	26	0	25	0	1	36
12年	31	0	30	0	1	35
13年	31	0	30	0	1	28
14年	30	0	30	0	0	35
15年	33	0	33	0	0	34
16年	41	0	40	0	1	45
17年	36	0	36	0	0	31
18年	32	0	30	0	2	35

より，新たに現在の「建設工事紛争審査会」制度が創設された。[19]

(2) 建設工事紛争審査会の組織

建設工事紛争審査会は，建設省に置かれている中央建設工事紛争審査会と都道府県に置かれている都道府県建設工事紛争審査会がある。

審査会は委員15名以内をもって組織され，委員互選による会長及び会長代理が置かれている。また，事件処理の繁閑に応じ，必要がある場合には特別委員を置くことができる。委員と特別委員との間には，紛争解決という場面ではその職務に違いがない。

委員は人格が高潔で識見の高い者のうちから，中央審査会にあっては建設大臣が，都道府県審査会においては都道府県知事が任命することとされている。審査会の特性を生かすために委員は法律の専門的知識を有する法律委員，建築・土木・設備等の技術的な専門的知識を有する技術委員，建設工事の実務等に詳しい一般委員に区分して選ばれている。法律委員は，法律学者，弁護士等，技術委員は，建築学者，建築関係の研究所の研究員，設計事務所の設計士等，一般委員は，建設業関係の行政経験を有する者等から任命されている。[20]

建設工事紛争審査会の委員及び特別委員には，法律専門家や学識経験者のほか，建築・土木・設備・電気などの建設工事に関する技術の専門家を任命し，法律専門家と共に紛争解決にあたっているのは，建設工事紛争審査会における紛争解決の大きな特色である。

(3) 建設工事紛争審査会の取扱事件の範囲及び管轄

審査会が具体的に取扱う事件については，建設業法25条1項で，「建設工事請負契約に関する紛争に限る」と規定されている。典型的には，工事完成引渡請求，瑕疵修補請求，未払工事代金請求等紛争があり，また，請負契約から派生する紛争，たとえば工事代金支払の遅延に基づく遅延利息の請求や請負契約当事者の保証人に対する請求は審査会において処理している。建築工事紛争審査会での事件数の大きな割合を占めているのは自宅の建築の発注者など建築について特別の知識経験を持たない一般の発注者が当事者となっている事件であるが，こうした当事者については，自らの抱える具体の建築

上の懸念が，建築界における常識から見て妥当かどうかについての理解を得て，和解に至るケースが多い。

ところが，請負人と工事現場近隣住民間の紛争，不動産の売買契約に伴う紛争，元請負人と孫請負人間の紛争等は「請負契約」を前提とする紛争にもかかわらず，取扱事件の範囲には含まれない。[21]

建設大臣許可の建設業者が当事者である紛争及び異なる都道府県知事の許可の建設業者間の紛争が中央建設工事紛争審査会の管轄，その他が都道府県建設工事紛争審査会の管轄である。なお，当事者双方の合意があれば，いずれの審査会でも管轄審査会とすることができる。

(4) 建設工事紛争の処理手法

審査会の行う紛争処理の手続は，斡旋，調停，仲裁の3種類がある。

斡旋は，対立する両当事者に話合いの機会を与える制度であり，技術的な争点の少ない比較的簡単な事件に適している。原則として1人の委員は両当事者の主張の要点を確かめ事件が解決されるように努める。

調停は，3人の委員が当事者の出頭を求めて意見を聞き，或いは調停案を作成して当事者に対してその受託を勧告する等の手段により事件の解決を図るものであり，事案が複雑で技術的，法律的争点が多い事件に適している。

仲裁は建設業法による仲裁に付する旨の仲裁契約の存在を前提とし，当事者の一方または双方からの申請によって開始される。原則は審査会に属する委員の中から当事者が合意によって選定した3名の委員が仲裁することとされているが，当事者が選定を行わないときは審査会の会長が委員を指名してこれに行わせることになっている。[22]

(5) 建設工事調停の手続

調停は当事者に話合いの機会を与えることにより，話合いにより紛争の解決を図ろうとするものである。調停手続については，裁判所における一般の民事調停に準じ，これと同じような形式で進められる。建設業法においては，調停の手続について特に細かな規定は置いていない。一般的には，調停は以下のような手続の流れによって進められている。

まず，当事者の一方から調停の申請がなされると，審査会は相手方たる当

事者に対し，申請書の副本を送付すると共に，申請書の内容に対する答弁を記載した答弁書の提出を要求する。答弁書の提出期限は，通常審査会が申請書の副本を発送する日から1カ月後としている。答弁書が提出されると，双方の一応の主張が出揃い，争点が明確になり，紛争の全貌が相当程度見えてくるのが普通であるので，この時点で，どの分野の委員又は特別委員を担当委員にしたらよいかを判断し，会長が担当委員を指名する。

　もっとも，紛争の経緯の複雑な調停事件で，申請書及び答弁書のみからでは，争点が明確にならないこともある。こうした場合には，申請した当事者に答弁書に対する反論書の提出を要求する。この場合は，反論書の提出を待ち，内容を検討の上で，会長が担当委員を指名する。

　調停事件の担当委員は前述のように3名であるが，その構成は，法律専門家である委員または特別委員が1名，技術の専門家である委員または特別委員が1名で，あとの1名は，事案に応じて技術専門家，法律専門家，あるいは学識経験者の委員または特別委員から選ばれている。

　担当委員が指名されると，極めて例外的なケースを除き，直ちに担当委員及び当事者の都合を聞いて期日を調整し，審理を始めることになる。[23]

　調停の審理では，調停委員は，予め当事者が提出した申請書，答弁書等を検討した上で，さらに両当事者からの事情聴取，書面の追加提出の指示等により，当事者双方の主張を説明，補強させ，また，必要に応じ書証の提出を指示し，争点を整理する。そして，必要に応じて，技術の専門家である担当委員も加えて現場検証を行うこともある。このように，審理を重ね，必要な場合は現場検証がなされた上で，調停委員が合議して和解案を作成し，これを提示し，和解を勧告する。

　和解勧告の結果，和解が成立すれば調停書を作成し，両当事者及び調停員が署名捺印する。調停書は民法上の和解契約と解される。しかし，当事者間に和解が成立する見込みがない場合には，調停は打切りとなり，手続は終了する。なお，調停成立，調停の打切りのほか，手続終了としては，事件の係属中に両当事者間で自主的に紛争が解決される場合は，申請した当事者が当該申請を取り下げることとなる。[24]

第2編　中国における調停の現状と課題

表3　建設工事審査会の申請件数と取扱件数

年度	手続別	中央審査会 申請件数	中央審査会 取扱件数	都道府県審査会 申請件数	都道府県審査会 取扱件数	合計 申請件数	合計 取扱件数
平成10年	斡旋	14	16	13	26	27	42
	調停	36	49	162	279	198	328
	仲裁	5	21	72	192	77	213
	計	55	86	247	497	302	583
平成11年	斡旋	7	8	27	31	34	39
	調停	23	50	139	249	162	299
	仲裁	15	31	38	157	53	188
	計	45	89	204	437	249	526
平成12年	斡旋	10	12	20	34	30	46
	調停	21	39	118	218	139	257
	仲裁	8	30	29	129	37	159
	計	39	81	167	381	206	462
平成13年	斡旋	15	19	19	22	34	41
	調停	36	55	103	184	139	239
	仲裁	6	28	33	105	39	133
	計	57	102	155	311	212	413
平成14年	斡旋	18	21	27	33	45	54
	調停	32	61	130	200	162	261
	仲裁	19	37	29	95	48	132
	計	69	119	186	328	255	447
平成15年	斡旋	19	23	21	30	40	53
	調停	48	65	135	203	183	268
	仲裁	12	44	29	9	41	123
	計	79	132	185	312	264	444
平成16年	斡旋	12	16	22	28	34	44
	調停	25	50	131	210	156	260
	仲裁	13	46	23	63	36	109
	計	50	112	176	301	226	413
平成17年	斡旋	6	9	25	34	31	43
	調停	39	60	122	176	161	234
	仲裁	10	37	31	66	41	103
	計	55	106	178	274	233	380
平成18年	斡旋	17	19	19	28	36	47
	調停	36	54	112	178	148	232
	仲裁	8	39	18	56	26	95
	計	61	112	149	262	210	374

（取扱件数＝前年度繰越件数＋当年度申請件数）

(6) 審査会の紛争処理状況

　建設業法では，建設紛争の特質に配慮して紛争審査会の制度が設けられ，建設工事紛争を解決する際に斡旋，調停，仲裁の3つの裁判外紛争処理手法が導入されてきた。審査会の特色として，①専門技術性　②迅速性　③手続の簡便性・弾力性等が指摘されており，審査会の紛争処理の実績も，大きな成果を上げている。最近9年間審査会の紛争処理状況は表3の通りである。[25] 審査会の申請件数は1998年（平成10年）302件であり，その後漸減傾向にあり，近時は日本全国で年間200件以上の申請が新たになされ，300件を超える紛争が処理されている。2006年（平成18年）度の申請件数は210件であり，前年度と比べて約9.8％減った。2006年（平成18年）度の申請件数を手続別に見ると，調停（148件）が全体の70.5％を占め，斡旋（36件，17.1％），仲裁（26件，12.4％）がこれに続く。建設工事調停は建設工事紛争の解決の中で，とりわけ重要な役割を果たしていると言えよう。

第3節　中国における行政調停の態様とあり方

　本編第2章で述べたように，中国の行政調停には，広義の意味と狭義の意味とがある。広義の行政調停は，行政機関を主宰者とする調停のほかに，行政機関間の調停をも包含している。行政機関間の調停とは，行政機関の間で法律上の権限及び行政管理の範囲等について争いが生じるとき，行政機関双方の共同の上級行政機関は調停によって解決すること，とされる。[26] これは実際に行政管理活動を行うときの各行政機関間の関係調整と言え，本書で検討する調停の範囲には属していない。それゆえ，ここでは行政機関の主宰する当事者間の調停，いわゆる狭義の行政調停について検討してみたい。

　狭義の行政調停は，大別して2つの種類に分けられる。1つは，基層の人民政府が一般の民間紛争に対し行う調停である。いま1つは，国家行政機関が法律の規定に基づきいくつかの特定の民事紛争または経済紛争あるいは軽微な刑事紛争などに対し行う調停である。[27]

第2編　中国における調停の現状と課題

1　基層人民政府による調停

　基層人民政府は，郷，鎮，街道の人民政府を指す。基層人民政府は所轄地域で行政管理活動を行うと同時に，当該地域の安定，団結を維持するために紛争解決活動をも行っている。1990年に司法部が発布した「民間紛争処理弁法」の中で，基層人民政府による紛争解決について詳細な規定を置いている。

(1)　基層人民政府の取り扱う紛争の範囲

　1990年「民間紛争処理弁法」（以下「処理弁法」と略称する）によれば，基層人民政府によって処理できる紛争の範囲は民間紛争，つまり，日常生活の中で生じる公民の間の人身，財産関係等に関する紛争である（処理弁法3条）。これは人民調停委員会による調停の対象となる民間紛争と，全く同じものである。とはいえ，中国には民間紛争について，民間的な紛争処理（人民調停委員会による調停），行政的な紛争処理（基層人民政府及び特定の行政機関による調停及び処理決定）と司法的な紛争処理（人民法院による調停及び判決）という3つのルートがある。いずれのルートを選択するかは原則的には紛争当事者の自由な意思決定によって決められる。ただし，基層人民政府は，当事者が人民調停委員会の調停を経ずに直接基層人民政府の処理を求める事件について，当事者にまず人民調停委員会による調停を通すよう説得しなければならない（処理弁法10条）。もっとも，人民調停委員会の調停を強制することはできないので，当事者が説得を拒否すれば，基層人民政府は受理せざるをえない。そのほか，基層人民政府の処理を求める紛争は法律，法規，規定，政策に基づき特定の行政機関の管轄範囲に属する場合は，基層人民政府は当事者に当該特定の行政機関に申し立てるべきことを告知しなければならない（処理弁法11条）。したがって，実際には基層人民政府によって処理できる紛争は，特定の行政機関の管轄範囲以外の民間紛争である。

(2)　紛争処理の担当者

　紛争処理の担当者は，司法補佐員である。司法補佐員は基層人民政府の司法行政業務の担当であり，具体的に民間紛争を処理する業務に責任を負う

第 5 章　行政調停の位相とあり方

表 4　全国司法補佐員人数の推移

年別	司法補佐員人数	年別	司法補佐員数	年別	司法補佐員人数
1985 年	41,919	1997 年	57,029	2002 年	47,173
1990 年	47,399	1998 年	52,875	2003 年	46,088
1994 年	53,705	1999 年	54,987	2004 年	63,438
1995 年	53,922	2000 年	54,638	2005 年	61,666
1996 年	56,173	2001 年	48,682	2006 年	62,573

注：この表は『中国統計年鑑＜1995 年＞』(中国統計出版社) 681 頁,『中国統計年鑑＜1999 年＞』745 頁,『中国統計年鑑＜2004 年＞』878 頁,『中国統計年鑑＜2006 年＞』891 頁のデータに基づき作成したものである。

(処理弁法 2 条)。[28] 司法補佐員は基層人民政府の司法科（所）に勤めており，そこで具体的な業務を行っているが，行政役員の区分からいって，区（県）級の司法行政機関の職員に属し，その給料も司法行政機関に発給されている。[29] 司法補佐員のこのような二重の身分に基づき，司法補佐員による調停は司法行政機関の調停に属するという見解を採る学者もいる。[30] 確かに司法補佐員の身分は，司法行政機関からの派遣員のような性質を有している。しかし，民間紛争を取り扱うのは，司法行政機関ではなく，基層人民政府である。基層人民政府が紛争を処理する際に，具体的な調停活動は，司法補佐員によって行い，調停が成立する場合は，調停書が作成され，不調になった場合は，処理決定が下される。調停書及び処理の決定は，司法補佐員が署名し，人民政府の印鑑を捺印した上で，基層人民政府の当該紛争に対する処理の結果として，当事者に送達する。したがって，司法補佐員の行う調停は基層人民政府による調停であると言って差し支えない。また，紛争処理のほか，司法補佐員は人民調停委員会の業務について指導を行うこともできる。この点は既に本編第 4 章の人民調停の二重指導体制に関する検討の中で言及した。

　全国の司法補佐員の設置状況は表 4 の通りである。1985 年に中国全国約 4 万 2 千人の司法補佐員が設置されていたが，10 年後の 1995 年には，その人数は 1 万 2 千人増え，約 5 万 4 千人に至った。1997 年に司法補佐員の人数は歴史上の第 1 の頂点に達し，その後，逐年減少した趨勢を示している。2004 年には，国家の「社会治安総合管理」政策の実行に伴い，司法補佐員

の人数は急に1万7千人増加し,過去の最高記録を更新し,6万3千人になった。

(3) 基層人民政府による調停の手続

基層人民政府による紛争処理の管轄は,原則として当事者の戸籍所在地または居住地の基層人民政府に属する。ただし,地域を越えた民間紛争について,当事者双方の戸籍所在地または居住地の基層人民政府は協議で管轄する(処理弁法7条)。

紛争処理の手続は当事者一方または当事者双方の申立てによって開始される。申立ては書面または口頭の方式によることができる(処理弁法8条)。

民間紛争を処理する際に,司法補佐員は当事者双方の陳述を十分に聞き取り,必要がある場合,紛争の事実について調査を行わなければならない。また,当事者双方が事件の争点について弁論を行うことも認められる(処理弁法13条)。

基層人民政府が民間紛争を処理するとき,まず調停をしなければならない(処理弁法15条)。司法補佐員は事実を明白にし,是非をはっきりとさせ,その基礎に基づき,当事者双方を互いに了承し譲り合うように促す。そして,当事者の自由意思に基づき,当事者双方を合意の方向に導く(処理弁法15条)。

調停で当事者が合意に達した場合は,調停書を作成しなければならない。調停書は当事者双方,司法補佐員が署名し,人民政府の印鑑を押印したあと,当事者双方に送達する。調停書は送達された日から,法的効力を生じ,当事者は履行しなければならない(処理弁法16条)。

調停によって合意が得られないときは,基層人民政府は処理の決定を下すことができる(処理弁法17条)。処理の決定は決定が下されてから15日以内に,当事者が人民法院に訴えを提起しない場合には,法的効力を生ずるものとする(処理弁法21条)。

(4) 政府調停の効力に関する検討

1990年「民間紛争処理弁法」の最も注目すべき点は,基層人民政府の調停及び処理の決定に法的効力を付与するということにある。これに止まらず,今回の立法は,基層人民政府に強制執行の権限さえ与えられたのである。一

第 5 章　行政調停の位相とあり方

般的には，法的効力を生じる行政機関による処理の決定及び仲裁機関の裁定について，債務者側が履行しないため，債権者側が強制執行の申立をする場合は，「民事訴訟法」216 条の規定により，人民法院に執行の申立てをすることになっている。[31]しかし，「処理弁法」21 条の規定によれば，基層人民政府が処理の決定を下してから 15 日以内に，当事者が提訴もせず決定を履行もしない場合，基層人民政府は当事者の一方からの申立てに基づき，「その職権の範囲内で，執行に必要な措置をとることができる」と定めている。これは基層人民政府の職権の拡大と言える。

　ただし，同条の規定は「処理の決定」についてのものであることから，調停の合意については適用されないようにも読める。仮にそうであるとすれば，調停の場合にその法的効力を認めた以上，行政機関による処理決定及び仲裁機関の裁定を準用し，人民法院による強制執行を申し立てることが許されるであろうか。ところが，調停書は行政機関の処理規定を準用する法律条文もなく，司法解釈もないのであることから，運用上の混乱を招いた。実務上には，調停書の執行に対し，各級の人民法院の裁判官は，自身の法律条文に関する理解によって判断することになった。その結果，同じような執行の申立について，受理と棄却という 2 つの異なる処理方法が出現した。この実務上の問題に対応するため，1993 年に最高人民法院は通達の形式で具体的な処理方法を明示した。最高人民法院が全国地方各級人民法院に発布した「郷（鎮）人民政府が調停・処理した民間紛争をどう取り扱うかに関する通知」(1993 年 9 月 3 日法発〔1993〕21 号) の中で，司法補佐員の調停によって合意された調停協議に基づき強制執行が申し立てられた場合には，その申立を棄却することとされている。[32]それゆえ，1993 年から，人民法院は基層人民政府による調停書に対して，強制執行しないようになった。

　未だに，基層人民政府の調停書に対する執行についてはまだ具体的な処理は明定されていない。法的効力を認めたとしても，この効力はいったいどんな効力を指すのかはまだ疑問として残っている。

2　各行政機関による調停

　各行政機関による調停は，特定の行政機関が法律に基づき所管の行政対象

範囲内の民事紛争，経済紛争及び軽微な刑事紛争について行う調停ということである。[33] 各行政機関による調停の場合は当該行政機関が法律上の調停権を有しなければならない。現行法の規定によれば，各行政機関による調停は主に以下の種類を挙げられる。

(1) **工商行政管理機関による調停**

工商行政管理機関は，企業登記，商標管理，広告管理，契約管理，市場管理，消費者権益保護を業務内容とする行政機関である。国のレベルでは国務院の直属機構である国家工商行政管理総局が設置されており，地方のレベルでは各級の工商行政管理局が設置されており，最も基層のレベルでは郷（鎮，街道）の工商行政管理所が設置されている。

国家工商行政管理総局は全国範囲の市場監督管理，工商行政管理業務の指導及び工商行政に関する法律の執行を主な職責とする行政機関であるので，具体的な紛争解決はほとんど取り扱わない。[34] 調停を扱うのは各級の工商行政管理局と郷（鎮，街道）の工商行政管理所である。各級の工商行政管理局は当該行政区画範囲以内の工商行政管理に係わる紛争，郷（鎮，街道）の工商行政管理所は郷（鎮，街道）範囲以内の工商行政管理に係わる紛争について斡旋，調停，仲裁をすることができる。工商行政管理機関による調停には主に以下の種類がある。

(a) **契約争議調停** 1981 年に「中華人民共和国経済契約法」（以下，旧経済契約法と略称する）が制定された。旧経済契約法 48 条の規定によれば，経済契約に関する紛争について，当事者は国家の契約管理機関に調停又は仲裁を申し立てることができる。これは中国で初めて契約紛争の行政調停を認めた法律上の規定である。国家の契約管理機関とは工商行政管理機関と各業務主管部門を指す。すなわち，経済契約紛争が生じるとき，当事者は工商行政管理機関と当該業務主管部門のどちらにも調停を申し立てることができる。[35]

中国の経済発展につれて，経済契約に関する紛争も年々増えつつある。工商行政管理機関は，契約管理機関として経済，技術契約の締結，履行，変更，解除について監督管理を行うと同時に，当該契約の締結，履行，変更，解除の過程で生じる紛争の解決に対しても，重要な役割を果たしている。[36] しか

し，長期間調停手続に関する具体的な規定が存在しないため，実務上運用の不便を招くと同時に，調停の実効性も実現できなかった。1997年11月3日に国家工商行政管理総局が「契約争議行政調停弁法」（局令第79号）（以下，契約調停弁法と略称する）を発布した。この契約調停弁法の中で工商行政管理機関による調停に関する手続が詳しく定められている。

契約調停弁法6条によれば，工商行政管理機関の契約調停事件の受理範囲は法人及び非法人経済組織の間で生じ，一定の経済目的の実現を内容とする契約紛争である。非経済組織の個人の間の契約，又は経済目的の実現を内容としない契約は，工商行政管理機関の受理範囲に属していない。

調停の申立人には，契約の当事者だけではなく，当該事件と直接利害関係を有する者もなることができる（契約調停弁法7条）。すなわち，契約の締結，履行，変更，解除の過程の中で，全て当該事件と直接的な利害関係を有する者は契約の行政調停を申し立てることができる。調停を申し立てるとき，工商行政管理機関に調停申立書を提出し，それと同時に，契約の副本を提出しなければならない（契約調停弁法9条）。工商行政管理機関は調停申立書及び関係書類を審査した上で，5日以内に，受理又は不受理の決定を下さなければならない（契約調停弁法10条）。工商行政管理機関は当事者の申立てを受理することを決めた場合には，まず，契約管理を担当する職員から1～2人の調停員を指定する（契約調停弁法11条）。

調停員は，自由意思，公平・合理と非公開の原則によって，調停を行う（契約調停弁法3条，4条，5条）。簡単な事件に対し，現地で調停することもできる（契約調停弁法11条）。調停を行うとき，調停員はまず調停要綱を作り，それに基づき調停手続を展開する。調停員は当事者の主張をよく聴き，その上で当事者双方の互譲を促し，積極的に調停協議に導く（契約調停弁法15条）。なお，当事者は自らの主張に対し立証責任を負う（契約調停弁法14条）。

調停は2カ月以内に終結しなければならず，特殊な事情があれば，1カ月延長することができる（契約調停弁法21条）。調停が成立する場合，調停協議を作成し，或いは当事者双方が新たな契約を締結することとなる。調停協議または新たな契約は3部を作成し，当事者双方が1部ずつ持ち，いま1部は工商行政管理機関で保存する（契約調停弁法19条）。調停が不調の場合，または当事者が調停協議を履行しない場合は，工商行政管理機関は当事者に，

仲裁機関に仲裁を申したてるか，あるいは人民法院に訴えを提起することを告知するものとする（契約調停弁法20条）。調停が終結した後，工商行政管理機関は調停終結書を作成しなければならない。調停員は調停終結書に署名し，契約争議調停専用印を捺印する。当事者が調停終結書を求める場合，当事者に送達する（契約調停弁法22条）。

　(b)　**消費者権益争議調停**　　工商行政管理機関は消費者の権益を守るために，違法な事業者に対する行政処罰，違法な取引活動の差止め，違法な行為による経済的利益の被害者への援助などを職責とする。工商行政管理機関は消費者の苦情を受理した後，調停というインフォーマルな助力を通じ，消費者と事業者の間の紛争を円満に解決することを図る。

　1996年の「工商行政管理機関消費者苦情受理の暫行弁法」と1997年の「工商行政管理所消費者苦情処理の実施弁法」の中で，消費者権益争議に関する調停について，具体的な規定が設けられている。

　1996年「工商行政管理機関消費者苦情受理の暫行弁法」の主な内容として，「工商行政管理機関は民事争議に属する消費者苦情を処理する際に，調停制度を採用する」(7条)，「工商行政機関は調停を主宰する。当事者双方が合意に達した場合，調停書を作成するものとする」(26条)，「調停書は当事者の主張と協議の結果を明記した上で，調停主宰者が署名し，工商行政管理局の印鑑を捺印し，双方当事者に送達する」(27条)，「工商行政管理機関の調停は消費者苦情の受理日から60日以内終結しなければならない。60日以内合意に達せない場合，調停を終止する」(28条)，「不調する場合，或いは調停書が法的効力を生じた後履行されない場合は，消費者は法律，行政法規の規定に基づき，関係部門に仲裁を申立て，或いは人民法院に訴えを提起することができる」(29条)，とされている。

　実務上，消費者権益争議事件のほとんどは，最も基層レベルに設置された工商行政管理所によって取り扱われている。1997年「工商行政管理所消費者苦情処理の実施弁法」（以下，実施弁法と略称する）は工商所の消費者権益争議調停に関して具体的な規定を設けていた。工商行政管理所が苦情を処理する際，まず「実施弁法」の規定に基づき，「実施弁法」に規定がない場合は，「工商行政管理機関消費者苦情受理の暫行弁法」の規定に基づいて処理する。

「実施弁法」3条によれば，消費者が生活需要を満足するために商品を購入・使用し，又はサービスを受け取り，その過程で事業者と争いが発生する場合，「消費者権益保護法」34条（三）項の規定に基づき工商行政管理機関に苦情処理を求めることができる。その管轄は消費者権益保護者事業者所在地及び経営行為発生地の工商所に属する。[37] すなわち，工商所の事件受理範囲は日常生活に係わる消費者権益争議に限り，生産経営のための商品の購買，使用及びサービスの受け取りで生じる紛争は工商所が受理しない。

工商所は消費者苦情を処理するとき，職権で証拠を収集することができる（実施弁法7条）。そして，簡易手続によって解決することもできる。簡易手続は，「口頭で申立てることができる」，「工商所が即時処理することができる」，「即時履行し得る調停合意は調停書を作成しなくてもよい」，「調停書を作成しない場合は調停合意の内容を記録に記入し，当事者双方がそれに署名または押印し，その記録は調停書と同等の効力を有する」，とされている（実施弁法6条）。

調停書を作成する場合，当事者は調停書に基づき義務を履行しなければならない（実施弁法8条）。事業者が調停書を履行せず，かつ当事者の行為が「消費者権益保護法」50条第（7）項の違法行為に属する場合，工商行政管理機関は関係法律，法規，規則によって処罰を下す（実施弁法9条）。[38]

一般的には，調停をするとき，工商行政管理機関は「法律を基準とする」，「事実の究明，調査研究を重視する」，「公開・公平・公正」，「マスコミと連携する」など原則に基づき，なるべく調停をうまく機能させようとする。[39]

国家工商行政管理総局2002年1〜3月「消費者苦情処理状況分析報告」によれば，2002年1〜3月，中国全国工商行政管理機関の消費者権益争議調停の新受件数は143,151件であり，消費者権益争議は主に携帯電話サービス業，電信業，飲食業，職業・不動産仲介業などの業界に集中している。[40] その統計数字から推算すれば，中国全国の工商行政管理機関による消費者権益争議調停の年間新受件数は，約57万件に達するものと見込まれている。

(c) **商標，特殊標識に関する調停**　　商標，特殊標識の登録，管理も工商行政管理機関の職責の1つである。工商行政管理機関は商標，特殊標識に関する事件を処理するとき，損害賠償の主張に対し，「中華人民共和国商標法」及び「特殊標識管理条例」に基づき調停をすることができる。

1996年の「特殊標識管理条例」17条によれば，「特殊標識の所有者又は使用者は当該特殊標識の所有権又は使用権が侵害されるとき，侵害者の所在地又は侵害行為の発生地の県レベル以上の工商行政管理に処理を求めることができる」，「工商行政管理機関は特殊標識侵害事件を受理した後，特殊標識の所有者の申立てによって，その損害賠償の請求について調停を主宰する。調停が不成立する場合，特殊標識の所有者は人民法院に訴えを提起することができる」とされる。

　また，2001年に改正された「中華人民共和国商標法」53条の中においても，「商標の専用使用権を侵害する紛争について，商標の登録者及び利害関係者は，工商行政管理部門の処理を求めることができる。工商行政管理機関は当事者の請求に基づき，商標専用使用権に侵害する事件の損害賠償額について調停を行い，調停が不成立する場合，当事者は人民法院に訴えを提起することができる。」と定めている。

　以上の条文によれば，工商行政管理機関が調停で処理しうる商標，特殊標識事件の範囲は，「商標専用使用権，特殊標識の所有権及び使用権に侵害する事件」の損害賠償の部分だけに限られる。

　工商行政管理機関による調停は，過去の「計画経済」の下での国営企業を中心とした経済構造下で，形成されたものと言える。現在，中国は既に「計画経済」から「市場経済」へ転換してきたのである。しかし，「市場経済」のルールに従った上で，国家が依然として経済に対しマクロな調整とコントロールを行っているので，工商行政管理機関による調停は大きな役割を果たす余地は依然として存在すると思われる。

(2) **公安機関による調停**

　中国の公安機関は，「違法・犯罪の予防，抑止，捜査」，「テロの防犯・攻撃」，「社会治安秩序の維持及び社会治安秩序に害する行為の制止」，「交通，消防，危険物の管理」，「戸籍，居民身分証，国籍，出入国事務，外国人の中国国内での居留・旅行事務の管理」，「国境地域の治安秩序の維持」，「特定人物，重要場所・施設の警衛」，「集会，パレード，示威活動の管理」，「公共情報ネットワークに関する安全監察事務の監督・管理」，「各機関，団体，組織の治安防犯事務の指導・監督」を職責とする国家行政機関である。[41] 国のレ

第5章　行政調停の位相とあり方

ベルでは公安部が設置されており，省，自治区では公安庁，直轄市では公安局が設置されている。また，各市（地，自治州，盟）では公安局（処），市轄区では公安分局，各県（市，旗）では公安局が設置されており，県（市，区，旗）公安局の下では公安派出所が設置されている。

　公安機関が治安管理及び交通管理を行うとき，調停で紛争を解決することができる。公安機関による調停には以下の種類がある。

(a)　治安調停
①　治安調停制度の創設

　公安機関が地域社会の治安秩序を維持するため，治安管理をすると同時に，治安秩序を害する不法行為に対して処罰をすることができる。しかし，単なる処罰は当事者の間の紛争を激化し拡大する可能性があるので，軽微な治安管理違反事件については，公安機関は調停の手法によって解決し，その目的とするところは当事者間の矛盾の緩和及び社会の安定を図ることにある。この治安調停制度は，1957年の「中華人民共和国治安管理処罰条例」の中の「教育を主にし，処罰を補にする」という原則に基づき，発足されたものであり[42]，1986年及び1994年の「中華人民共和国治安管理処罰条例」の改正に伴いその調停範囲はさらに明確にされ，2005年の「中華人民共和国治安管理処罰法」の公布により，その調停の実効性も十分な保障を得ることになった。[43]

②　治安調停の対象範囲

　治安調停の事件範囲に関して，「治安管理処罰法」9条は，「民間紛争で惹き起こした殴り合い，或いは他人の財物を損害させるなど治安管理に違反する行為に対しては，情状によって比較的に軽い程度に属する場合，公安機関は調停によって処理することができる。」と定めている。公安部が発布した「公安機関の行政案件取扱いの手続規定」の中で，調停し得る治安管理に違反する事件は3種類に分けられている。すなわち，「(イ)民間紛争で惹起された人に軽いけがを負わせる殴り合い事件，(ロ)民間紛争で他人財物の損壊を招き，ただし情状によって比較的に軽いと認める不法行為事件，(ハ)その他の民間紛争で惹起された治安管理に違反し，ただし情状によって比較的に軽い程度に属する事件」とする（規定145条）。

　この規定によれば，治安調停は以下の要件を満たさなければならない。す

なわち，㈤調停は公安機関の主宰の下で行うこと，㈹民間紛争で惹起された殴り合い，或いは他人の財物を壊すなど治安管理に違反する行為であること，㈺情状によって比較的に軽い程度に属すること，㈢調停合意は当事者の自由意思に基づき，強要してはならないこと，である。

　公安機関は社会の安定を維持するために，毎年大量の治安事件を処理しなければならない。調停を利用することは，紛争自体の円満な解決のみならず，人間関係の和睦および社会の安定にも大きな役割を果たしている。公安調停の新受件数に関する統計は見当たらないが，2006年に公安機関の治安事件の新受件数は7,197,200件であり，その中で他人を殴打する事件は1,851,419件，故意傷害事件は81,325件，殴り合いおよび言いがかりをつけて面倒を引起す事件は127,064件である。[44] これらの種類の事件は調停手法を多用する事件として，合計926万件に達したのである。

　③　治安調停組織

　治安事件の調査と処理は一般的に事件発生地の公安派出所で取り扱うが，複雑かつ重大な事件は県（市，区，旗）の公安機関によって管轄する。治安調停の対象は軽微な治安事件であるので，そのほとんどは公安派出所で取り扱うのである。調停の主宰者は当該治安事件を処理する公安派出所の人民警察である。

　前述のように，公安派出所は治安管理のほか，違法・犯罪の予防・抑止，戸籍の管理等さまざまな責務があるので，治安調停は公安派出所の専門業務ではない。そのうえ，部分地域の人民警察と人口の比率は1万分の1であるので，治安秩序を維持すると同時に治安調停をすることは人民警察に対して大変な負担になると思われる。[45] しかも，専門の調停員ではない人民警察の中には調停技法と経験を欠く者は少なくないため，治安調停による紛争解決の迅速性と実効性に対し大きな疑問を抱くのは当然なことになる。

　最近，治安調停の迅速性と実効性を図るために，公安機関の内部で専門の治安調停組織を設ける動きが各地方で相次いで出てきた。たとえば，天津市和平公安分局は専ら調停に携わる人民警察を配置し，かつ，2002年1月に治安紛争調停センターという専門調停組織が設置された。[46] 南京市は，各公安分局で治安紛争調停指導センターを設置し，各公安派出所で治安紛争調停オフィスを設置した。2003年11月までに南京市では，6つの治安紛争調停

指導センターが設置され，58 カ所の治安紛争調停オフィスが設置されてきた。47)

専門の治安調停組織のほか，治安調停と人民調停の連携組織も試されている。たとえば，2004 年に北京市西城区では，10 カ所の民間紛争と治安紛争の連合受付室が設立された。連合受付室では，2 名の人民調停委員会の人民調停員と 2 名の人民警察が設置されており，民間紛争と治安紛争の相談・調停を取り扱っている。2004 年 6 月から 10 月の間，10 カ所の連合受付室の人民警察は千件以上の治安紛争を処理し，その中で 230 件は治安調停協議に達したが，それに対し，人民調停員は 806 件の民間紛争を処理し，調停成立の事件は 182 件であった。その成果に鑑み，2004 年 12 月に北京市公安局と北京市司法局は連合会議を開き，西城区のやり方を北京市の城八区の範囲に広げることを決議した。48)

もっとも，専門の治安調停組織，及び治安調停と人民調停の連携組織はまだ模索の段階に止まっているので，全国範囲に広げることはまだ遠い道程がある。従来の公安派出所の治安調停の活性化，及び人民警察の調停に関する素質の向上こそ目下緊急の課題であると思われる。

④ 治安調停の手続

治安調停の手続に関しては「中華人民共和国治安管理処罰法」の中では詳しい規定を設けていないので，治安調停をするときは，2004 年から施行された「公安機関の行政案件取扱いの手続規定」に従う。

治安事件は不法行為発生地の公安機関の管轄に属する（規定 9 条）。公安機関は調停をするとき，原則的には「公開」で行う。ただし，個人のプライバシーと関連する場合，或いは加害者と被害者が共に「非公開」を求める場合は，公安機関が「非公開」で調停を行うことができる（規定 146 条）。調停は「合法」，「公正」，「意思自治」，「時機に適っている」という原則に基づいて行い，当事者への教育と矛盾の緩和を重視し，紛争の徹底的な解決を目指している。（規定 147 条）。

調停するとき，当事者の中に未成年者がいる場合，その未成年者の父母またはその他の後見人は同席するものとする（規定 148 条）。隣人紛争で惹起された事件を調停するとき，住民委員会，村民委員会の委員，及び当事者の状況をよく知っている者に要請して調停に参加させることができる（規定 149

条)。

　調停は一般的に1回の期日で事件を終結させる。必要であると認めるとき，また1回を増加することができる（規定150条）。すなわち，治安調停は2回以内で事件を終結させなければならない，とされている。2回の調停を経て，当事者の合意を得ない場合，公安機関は法律によって当事者に行政処罰を下す（治安管理処罰法9条，規定151条）。

　公安機関の調停を経て，当事者双方が協議に達した場合，公安機関は当該不法行為に処罰を行わない（治安管理処罰法9条，規定151条）。調停が成立した後，当事者双方は調停協議に署名し，調停協議の内容に基づき履行しなければならない（規定150条）。当事者が調停協議を履行しない場合，公安機関は治安管理に違反する不法行為者に処罰を下さなければならない（治安管理処罰法9条，規定151条）。なお，治安管理処罰の種類は「警告」，「罰金」，「行政留置」，「公安機関の許可証の取上げ」という4種類があるので，公安機関は不法行為の情状によって不法行為者に適当な処罰を行う（治安管理処罰法10条）。

　治安調停で達した調停協議は治安案件調停書と呼ばれる。公安機関の治安案件調停書の法律文書様式によれば，治安案件調停書の最後には通常，「本調停書は裁決書と同一の効力を有する」ということが記載される。[49] 法律条文の中に「治安案件調停書は裁決書と同一の効力を有する」という文言が見つからないが，実務上においては治安案件調停書が治安管理処罰裁決書と同一の法的効力を有することは認められているようである。

　(b) **道路交通事故調停**　日本においては，交通事故に関する調停には司法調停である民事調停と，民間調停である交通事故紛争処理センターによる調停，日弁連交通事故相談センターによる調停がある。日本と異なり，中国においては，訴訟と当事者自らの和解のほか，交通事故に関する調停は行政機関たる公安機関によって行う。

　2003年の「道路交通安全法」71条により，道路で起こした交通事故の処理は公安機関の交通管理部門の管轄に属する。交通事故の損害賠償に関する紛争は当事者が公安機関交通管理部門に調停を申立て，又は人民法院に訴えを提起することができる（道路交通安全法74条）。「道路交通安全法」が制定される前に，長期間，公安機関が交通事故について調停するとき，「道路交

通事故処理弁法」の規定によって行ったのである。
　① 「道路交通事故処理弁法」による調停手続
　1991年の「道路交通事故処理弁法」30条は「公安機関が交通事故を処理するとき，交通事故の原因を究明し，事故の責任を認定し，交通事故により生じた損失状況を確定した後，当事者と関係者を呼び出し，損害賠償について調停を行わなければならない。」と規定している。この条文から，交通事故の損害賠償に関する調停は公安機関の責務とされており，すなわち，当事者の申立のほかに，公安機関が職権で調停を開始させることも認められる。実務上においても，ほとんどの交通事故は当事者の申立ではなく，公安機関の職権によって調停が行われている。確かに，交通事故が起こるとき，事故について調査を行い，責任を認定し，責任者について処罰を下す同時に，事故の損害賠償についても，公安機関が一括的に調停で解決することは，交通事故紛争の迅速な解決に対して非常に有効である。しかし，この当事者の自由意思と主体性を無視する方法が調停の理念に違背するか否かは，検討の余地があると思われる。
　調停は具体的には交通警察の主宰の下で行い，交通警察は調停をするとき，交通事故の当事者のほかに，自動車の所有者，運転手が勤めている職場の責任者も同席させる。その理由は，「道路交通事故処理弁法」制定の当初，中国において自家用車がまだ少なく，事故を起こした自動車の多数が国家機関，企業，事業組織等の所有物であり，その場合，職場の責任者が調停に同席することが必要になることにある。そのほか，道路交通事故処理弁法31条は，「交通事故責任者が交通事故により惹起した損失に対し，賠償の責任を負うものとする。賠償責任を負うべき自動車の運転手に賠償能力がない場合，運転手の所属した職場又は自動車の所有者は立て替える責任を負う。しかし，自動車の運転手が職務を執行しているときに交通事故を起こし，かつ，事故の責任は運転手にある場合は，運転手の勤める職場又は自動車の所有者は賠償責任を負う。運転手の勤めた職場又は自動車の所有者は賠償した後，運転手に賠償金額の一部或いは全部を支払わせる」と規定している。運転手の勤めた職場又は自動車の所有者に交通事故の賠償に連帯責任を負わせるというこの規定は，調停書の履行に関する実効的な規定の不備という状況に一定の補完的役割を果たす。ただし，調停書の履行を確保するためには，自動車責

任保険制度の健全化こそが最良の方策であると思われる。特に，近年自家用車の普及に伴い，この規定の社会実情に適応しない一面がますます深刻化になったので，必然的に法改正の結果が生じることとなった。

② 「道路交通安全法実施条例」による調停手続

2004年に「道路交通安全法実施条例」が制定され，それと同時に，「道路交通事故処理弁法」が廃止された。「道路交通安全法実施条例」の中には，「道路交通事故処理弁法」に対する内容上の変更が3つある。

第1に，「道路交通事故処理弁法」の中で規定された「職権調停」は廃止された。調停は当事者の申立てによって開始され，公安機関は主動的に調停を行わないことになった。しかも，申立てによる調停について，厳格な要件を設定した。その要件は，①各当事者は共に公安機関交通管理部門に調停を申し立てなければならず，当事者の一方だけ提出した申立てについては公安機関はこれを受理しない，②交通事故認定書を受け取った日から10日以内に申し立てなければならず，この期限を過ぎれば，公安機関は受理しない，③調停は申立書の提出によって行わなければならない，とされている（条例94条）。

第2に，「道路交通事故処理弁法」の中における調停をするとき，自動車の所有者，運転手が勤めている職場の責任者に同席させるという規定，及び運転手の勤める職場又は自動車の所有者が交通事故の賠償に連帯責任を負うという規定は，新たな「道路交通安全法実施条例」の中で廃止された。

第3に，調停開始の最初の期日は，「道路交通安全法実施条例」94条2項によれば，交通事故致死の場合に葬儀完了の日以後，交通事故致傷の場合に治療終了又は障害確定の日以後，財産の損失を招く場合に損失確定の日以後，とされる。この規定は「道路交通事故処理弁法」32条の規定と全く同じである。しかし，調停期限については，「道路交通安全法実施条例」は「道路交通事故処理弁法」の中で規定された45日間を10日間に短縮させた（条例95条）。そのほか，「調停で協議に達した場合，調停書を作成しなければならない」，「調停書は当事者双方が署名した後，法的効力が生じる」，「調停不成立の場合，公安機関が調停終結書を作成し，当事者双方及び関係者に送達する」（同法同条）等規定は「弁法」とほぼ同じである。

2004年の道路交通事故調停に関する法改正においては，当事者の自由意

第5章　行政調停の位相とあり方

思と主体性が尊重されており，調停手続の迅速さもより重視されている。実務では，各地も地元に応じた迅速な調停方法を試みている。たとえば，広州市では，自動車及び財物だけの損害を招く場合は，調停の時間は15分以内に限定され，致傷又は致死の場合は，調停の時間は30分以内に限定されている。また，調停期日の前に，当事者に「道路交通事故損害賠償意見書」を提出させ，交通警察はこの意見書及び関係法律の規定に基づき，「道路交通事故損害賠償アドバイス書」を作り，当事者に発送する。調停の当日は争議の核心部分をめぐって当事者双方を合意に導く。[50]

　調停の迅速化を図るさまざまな方策は魅力的なものに見えるようであるが，申立要件の厳格化の方策は道路交通事故調停の新受件数を急に下げさせた。広東省賀州市の統計数字によれば，2003年に賀州市公安機関交通管理部門による調停で解決事件は116件，2004年5月に「道路交通安全法」及び「道路交通安全法実施条例」実施以来の5月〜12月，その数字は35になり，231％下がった。逆に，賀州市基層人民法院と中級人民法院の交通事故損害賠償事件を見れば，2003年の新受件数は93件であり，2004年にその数字は174件に上り，87.1％上がった。事件の処理結果から見て，2003年に終結した道路交通事故事件は64件であり，その中に判決で終結した事件が51件，法院調停で終結した事件が13件にある。2004年に終結した道路交通事故事件は171件であり，その中に判決で終結した事件が116件，法院調停で終結した事件が31件にある。法院調停で解決した事件は約2割を占める。[51] 以上の数字から見て，新たな道路交通安全法及びその実施条例によって大部分の交通事故に基づく損害賠償請求事件は公安機関交通管理部門から人民法院に移行したと言えよう。中国においては，自動車の増加に伴い，交通事故が増えつつある（最近10年間の交通事故の発生件数は表5の通りである）。現在の交通事故に基づく損害賠償請求事件が人民法院側へと移行する状況が持続すれば，もともと多忙な人民法院において，将来，その類型の事件は必ずや負担になると思われる。

　日本の場合は，昭和40年代（1965年〜1975年）から交通事故件数が激増した情勢の下で，交通事故による損害賠償請求事件の数も逐年増加を続けていた。1975年（昭和50年）に交通事故による損害賠償請求事件は民事一般調停事件から引き離され，交通調停という独立した類型になった。[52] そして，

1967年（昭和42年）の「日弁連交通事故相談センター」，1978年（昭和53年）の「交通事故紛争処理センター」という民間的なADR組織も発足し，交通事故による損害賠償請求事件はほとんど裁判外紛争処理方法によって解決されることになった。アメリカの場合は，1950年代から車社会に入り，交通事故が多発し，その当時自動車保険がまだ整備されていなかったため，事故の原因の究明から怪我の補償まで，全て裁判で解決されなければならなかったのである。[53] 1970年代になると，裁判の遅滞及び高コストを克服するため，裁判以外のさまざまな紛争の解決法が編み出され，交通事故に関する紛争はADRによって解決される場合が多くなった。しかし，中国の場合は，今回の法改正を見れば，交通事故の裁判外紛争処理に対して，積極的な促進ではなく，消極的な態度をとっているようである。この傾向は目下の国際潮流に逆行しているのであろうか。また，「道路交通事故処理弁法」94条1項が申立要件を厳格に定めていることによって国民は道路交通事故調停を利用しにくくなっており，法律の改悪ではないかと思われる。

　「道路交通安全法実施条例」の中で調停の法的効力は認められているが，調停書がいったいどのような効力を有しているかについて具体的な言及はない。「道路交通安全法」74条2項，「道路交通処理弁法」34条によれば，調停不成立，及び調停書の法的効力が生じた後当事者が履行しない場合には，当事者は人民法院に訴えを提起することができる，とされている。明らかに調停書は既定判決と同一の効力を持たない。かつ，当事者が調停書に基づき公安機関又は人民法院に執行を請求しうる法律規定がないため，調停書は行政決定の効力を持たないと解すべきである。このように解すれば，交通事故の調停書はただ民事上の契約の効力を持つに止まるのであろうか。「道路交通事故処理弁法」時期，調停合意の履行確保としての職場連帯責任制度はまだ存在したが，法改正以降，なお自動車責任保険が完備されていない状況では，調停書の履行をどのように確保するかは深刻な問題になる。この問題も交通事故による損害賠償請求事件が公安機関交通管理部門側から人民法院側へ移行した理由の1つである。したがって，自動車責任保険制度の完備・健全化は今後における最も緊要な問題と言えよう。

　なお，中国において，道路交通事故に関する行政調停のほかに，水域交通事故に関する行政調停もある。「漁港水域交通安全管理条例」25条により，

表5　交通事故の件数，死傷人数及び損失金額

区分　年別	交通事故件数（件）	死亡人数（人）	負傷人数（人）	損失金額（万元）
1997年	304,217	73,861	190,128	184,616
1998年	346,129	78,067	222,721	192,951
1999年	412,860	83,529	286,080	212,402
2000年	616,971	93,853	418,721	266,890
2001年	754,919	105,930	546,485	308,787
2002年	773,137	109,381	562,074	332,438
2003年	667,507	104,372	494,174	336,915
2004年	517,889	107,077	480,864	239,141
2005年	450,254	98,738	469,911	188,401
2006年	378,781	89,455	431,139	148,456

注：この表は『中国統計年鑑＜1998年＞』（中国統計出版社）785頁，『中国統計年鑑＜1999年＞』751頁，『中国統計年鑑＜2000年＞』753頁，『中国統計年鑑＜2001年＞』757頁，『中国統計年鑑＜2002年＞』797頁，『中国統計年鑑＜2003年＞』830頁，『中国統計年鑑＜2004年＞』882頁，『中国統計年鑑＜2005年＞』784頁，『中国統計年鑑＜2006年＞』895頁，『中国統計年鑑＜2007年＞』889頁のデータに基づき作成したものである。

漁港水域及びその他の沿海水域内の漁船で起こした交通事故は漁政監督管理機関によって調停することができる。「海上交通安全法」46条，「海上交通事故調査処理条例」20条により，船舶，施設の海上交通事故で引起した民事権利侵害賠償紛争は港務監督によって調停することができる。

(3) 環境保護行政管理機関による調停

中国において環境紛争に関する処理方法は，日本と同じように，訴訟のほかに，行政型ADRという処理方法もある。しかし，中国の環境紛争処理に関する行政型ADRのあり方は日本と大きな差異がある。日本と比べ，中国には日本の「公害紛争処理法」のような公害紛争処理に関する統一的な法律がなく，日本の公害審査委員会のような専門的な公害紛争処理機関もないのである。したがって，中国には環境紛争処理の行政型ADRがあるが，環境

紛争処理は完全に制度化されたとは言えない。中国の現在の行政型環境紛争処理体系は以下の通りである。

(a) **環境紛争処理に関する法律根拠**　前述のように、環境紛争の行政処理に関して中国には専門的な統一立法が存在しない。実務上、環境紛争の行政処理に関する主な法律根拠は「環境保護法」41条2項、「水汚染防治法」54条2項、「固体廃物汚染環境防治法」71条2項、「環境騒音汚染防治法」61条2項、「漁業水域汚染事故調査処理手続規定」などがある。そのほか、各省も地元の実情に応じて地方政府規則を制定している。その例としては、「安徽省環境汚染紛争処理手続」、「山東省環境紛争処理弁法」、「浙江省環境監理弁法」、「吉林省環境汚染紛争調停処理弁法」、「湖北省環境紛争調停処理弁法」等がある。

(b) **環境紛争の処理機関及び処理範囲**　環境保護法41条2項は、「賠償責任と賠償金額に関する紛争は、当事者の申立てに基づき、環境保護行政管理部門、又はほかの法定環境監督管理権を行使する部門によって処理される。当事者はその処理決定に対して不服の場合は、人民法院に訴えを提起することができる。当事者は直接に人民法院に訴えを提起することもできる。」と定めている。環境保護法及びほかの環境関係法律によれば、環境紛争の処理機関は環境保護行政主管部門、固体廃物汚染環境防治の監督管理部門、環境騒音汚染防治の監督管理部門等がある。環境保護行政主管部門とほかの関係部門の分業関係について法律上の規定はないため、当事者はどちらの管轄権のある部門に申し立ててもよい。実務上では、各関係部門が連携して処理する場合も少なくない。

現行法によれば、環境紛争の行政処理は固体廃物汚染、水域汚染、騒音等環境災害に係る被害についての損害賠償責任及び金額に関する紛争を対象としている。日本の公害紛争の対象範囲と比べ、中国の場合は対象範囲が狭いということは明らかである。たとえば、日本における7公害の1つである地盤沈下については、中国の環境関係法律の中に規定がない。現在、中国では石油、石炭の大量採取による石油産地、石炭産地の地盤沈下は大きな問題になっている。これらの地域の住民たちの権利を保護するためには、地盤沈下による被害を環境紛争の対象とする必要があるだろうか。

(c) **環境紛争の行政処理手法**　環境保護法及びほかの環境関係法律には、

環境紛争の具体的な行政処理方法について，明確な規定がない。環境保護主管部門の実務及び各省の地方政府規則によれば，環境紛争の行政処理は主に行政調停及び行政処理決定（行政裁決）という2つの方法がある。
① 調　停
　調停は環境保護行政管理部門の常用の環境紛争処理方法である上，多くの地域では唯一の処理方法でもある。大部分の環境汚染紛争処理に関する地方政府規則は調停という手法しか規定していないのである。このような規則は「安徽省環境紛争処理手続」，「浙江省環境監理弁法」，「青海省環境汚染損害紛争調停処理弁法」「吉林省環境紛争調停処理弁法」等が挙げられる。
　これらの規則の中の調停に関する規定をまとめれば，環境紛争調停は以下の特徴がある。①調停は当事者の申立てによって開始される。行政機関の職権によって調停を開始することはできない。②調停を行うとき，当事者の自由意思を遵守しなければならず，強要してはならない。③調停成立する場合，行政機関は調停書を作成する。調停書は法的執行力がない。当事者は調停書に基づき履行しない場合，相手方は人民法院に訴えを提起するしかない。[54]
② 　処理決定又は裁決
　環境紛争に関しては調停以外に処理決定或いは裁決という行政処理方法もある。たとえば，1991年「湖北省環境紛争調停処理弁法」20条，23条は「2回を経て調停が成立しない場合，環境保護行政主管部門は事実によって決定を下し，環境汚染紛争行政処理決定書を作成する。」「当事者は環境保護行政主管部門の処理決定に不服な場合，民事訴訟法で定めた手続に基づいて人民法院に訴えを提起することができる。」と定めている。1994年の「山東省環境汚染紛争処理弁法」20条，24条は「調停が成立しない場合，又は送達前に当事者が翻意した場合，環境保護行政主管部門は法律によって裁決を下さなければならない。」「当事者は裁決書を受け取った日から15日以内に，上級の環境保護行政主管部門の再議を申し立てることができる。当事者は再議決定に不服な場合は再議決定書を受け取った日から15日以内に人民法院に訴えを提起することができる。当事者は直接に人民法院に訴えを提起することもできる。期限を過ぎて再議を申し立てず，又は人民法院に訴えを提起せず，かつ裁決を履行しない場合は，環境保護行政主管部門は人民法院の強制執行を求めることができる。」と定める。

しかし，処理決定又は裁決を定める地方政府の規則は数が少ない。その理由の1つは，行政機関が行政訴訟の被告にならないようにする傾向が強いことにある。[55]「最高人民法院の行政訴訟法の適用に関する若干問題の意見（試行）」4条の規定によれば，個人，法人及び他の組織は行政機関の賠償について下した裁決に不服な場合，人民法院に行政訴訟を提起することができる。環境保護管理機関を行政訴訟の被告にさせないために，各地方政府規則はなるべく処理決定及び裁決の方式を定めない。定めたとしても，前述の「湖北省環境紛争調停処理弁法」23条のように「当事者は環境保護行政主管部門の処理決定に不服な場合，民事訴訟法で定めた手続に基づき人民法院に訴えを提起することができる」という規定もある。この行政機関が自ら処理決定の拘束力を否定する傾向は行政権利弱化論の影響を受けたのであろうか。

(d) **環境紛争処理の立法動向** 経済の発展に伴い，公害による被害が激増した情勢の下で，公害紛争件数も増加を続けていた。最近10年間の環境汚染事件数の種類別は表6の通りである。

公害紛争事件は専門的な事件なので，当事者にとって立証はかなり困難である。したがって，裁判による当事者救済だけでは十分でない。中国の公害紛争行政処理メカニズムが不完全であることも相俟って，中国の公害問題はより深刻化になっている。

最近，中国においても，日本のように「公害紛争処理法」を制定し，専門的な公害紛争処理機関を設置するようにとの要望が強くなっている。[56] 2006年の国家環境保護総局「[十一五]全国環境保護法規建設企画」は，国家が近いうちに環境保護の基本法—国家環境政策法を制定することを示している。[57] 国家環境政策法の立法動向から中国の環境問題に対する関心が強まっていることは見て取ることができるが，環境紛争解決メカニズムをどのように設計するかはまだ明確ではない。日本のような専門的公害紛争処理機構を設置するかどうかは，まだ検討すべき課題として残されている。

(4) **特許業務管理機関による調停**

中国においては，特許に関する紛争に対して行政型ADRは大きな役割を果たしている。特許法57条1項によって，「特許権者の許諾を得ずにその特許を実施し，すなわちその特許権を侵害して，紛争が生じたときには，当事

表6　環境汚染事件数の種類別

区分 年別	環境汚染 事件総数	水汚染事 件数	大気汚染 事件数	固体廃棄 物汚染事 件数	騒音と振 動事件数	その他
1997年	1,992	986	752	55	119	80
1998年	1,422	788	464	52	74	35
1999年	1,614	888	582	80	40	24
2000年	2,411	1,138	864	103	266	40
2001年	1,842	1,096	576	39	80	51
2002年	1,921	1,097	597	109	97	21
2003年	1,843	1,042	654	56	50	41
2004年	1,441	753	569	47	36	36
2005年	1,406	692	538	48	63	64
2006年	842	482	232	45	6	77

注：この表は『中国統計年鑑＜1998年＞』（中国統計出版社　1998年）813頁，『中国統計年鑑＜1999年＞』780頁，『中国統計年鑑＜2004年＞』423頁，『中国統計年鑑＜2007年＞』411頁のデータに基づき作成したものである。

者が協議して解決する。協議を望まないか，又は協議が調わないときには，特許権者又は利害関係人は，人民法院に提訴することができるほか，特許業務管理部門に処理を求めることもできる」。特許事件は専門性が高い事件なので，審理の際に特許知識を有している裁判官が必要になる。しかし，現在，中国ではいくつかの大都市を除き，人民法院内部には特許業務知識を有する裁判官が極めて少ない，或いは存在しない。甚だしきに至っては，人民法院は特許事件を審理できないことを理由として，当事者の訴えを却下するケースもある。[58] したがって，部分の地域では，当事者の自らの和解のほかに，行政型ADRは特許紛争を解決する唯一のルートになったのである。そして，近年，特許に関する紛争の増加に伴い，大都市でも，時間とコストがかかる裁判は当事者のニーズを完全に満足できなくなり，迅速と低廉を特徴とする行政的な解決方法はますます多用されている。2003年1月～11月の間，全国特許業務管理機関の新受件数は1,406件，終結件数は1,082件，終結率は

77％に達し，かなりよい実績はあげられている。[59]

(a) **特許紛争処理機関とその管轄** 中国においては，今のところ専門的な特許紛争処理機関がまだ設置されていないため，特許紛争を取り扱うのは特許業務を管理する行政機関である。特許法3条は，「国務院特許行政部門が全国の特許業務を管理し，統一して特許出願を受理及び審査し，法に従い特許権を付与する。省，自治区，直轄市の人民政府の特許業務管理部門は，当該行政区内の特許の管理を行う」と定める。ただし，特許紛争の処理及び調停を取り扱うのは，国務院特許行政部門ではなく，特許業務管理部門である（特許法57条1項）。特許業務管理部門とは，「各省，自治区，直轄市の人民政府，及び特許管理事務量が多く，かつ実務処理能力のある区を設ける市の人民政府が設立した特許業務管理部門」（特許法実施細則78条）を指す。特許業務管理部門による特許紛争の処理及び調停について，国務院特許行政部門は業務指導を行わなければならない（特許法実施細則80条）。

当事者が特許紛争の処理又は調停を申し立てる場合には，「被申立人の所在地又は権利侵害行為地の特許業務管理部門が管轄する」（特許法実施細則81条1項）。「2つ以上の特許業務管理部門がいずれも管轄権を有する特許紛争については，当事者は，そのうち1つの特許業務管理に請求を提出することができる。当事者が2つ以上の管轄権を有する特許業務管理部門に請求を提出した場合には，先に受理した特許業務管理部門が管轄する」（同条2項）。特許業務管理部門は，管轄権について争いが発生した場合には，「それらの共通の上級人民政府特許業務管理部門が管轄を指定する。共通の上級人民政府特許業務管理部門がない場合には，国務院特許行政部門が管轄を指定する」（同条3項）。

(b) **特許調停の対象となる紛争種類** 特許法実施細則79条の規定によれば，特許業務管理部門は，当事者の申立てに基づき，以下に掲げる特許紛争について調停を行うことができる。

① 特許出願権及び特許権の帰属に関する紛争
② 発明者，考案者の資格に関する紛争
③ 職務発明の発明者，考案者の奨励及び報酬に関する紛争
④ 発明特許出願公開後，特許権付与前における適切な費用の支払を伴わない発明の使用に関する紛争

前述の第4号に掲げる紛争について，特許権者が特許業務管理部門に調停を申し立てる場合，特許権が付与された後に提出しなければならない。

(c) **特許調停の手続**　特許法57条1項により，処理を行う特許業務管理部門は，当事者の申立てに基づき，特許権侵害の賠償額について調停することができる。1989年「特許管理機関の特許紛争処理弁法」3条によって，特許管理機関が特許紛争を処理するとき，事実を明白にし，責任をはっきりとさせた上で，事実と法律に基づき，調停に重点を置くものとする。不調の場合，速やかに相応な処理決定を下さなければならない。すなわち，特許紛争の行政解決は調停と処理決定という2つの方法があり，調停は処理決定より優先する。[60]

当事者は特許業務管理機関に特許紛争の調停及び処理を申し立てるとき，申立書正本一通及び被申立人の人数に応じて同数の副本を提出しなければならない（特許紛争処理弁法13条）。特許業務管理機関が申立書を受け取った後，審査を行い，受理条件と符合する場合には，7日以内に受理を決定する。受理条件と符合しない場合には，7日以内に当事者に不受理の決定を通知し，かつその理由を説明する（同弁法14条）。特許業務管理機関は特許紛争の調停及び処理を受理した後，10日以内に申立書の副本を被申立人に送付しなければならない。被申立人は申立書副本を受け取った後，1カ月以内に答弁書及び関連の証拠を提出しなければならない（同弁法15条）。

特許業務管理機関は専門的な調停処理組を設立し，調停及び処理を行う（同弁法16条）。調停及び処理の担当者は，当事者の申立書，答弁書及び関連の証拠を審査した上で，必要があるときに調査を通して事実を確かめることができる。特許業務管理機関が調査を行うとき，関係部門及び関係者は如実に情報を提供し，調査に協力しなければならない。かつ，必要がある場合には証明書を出さなければならない（同弁法28条）。特許権侵害の紛争が新製品の製造方法の発明特許に係わるときは，同様の製品を製造する組織又は個人は，その製品の製造方法が特許の方法と異なることの証明を提供しなければならない。実用新案特許に係わるときは，人民法院又は特許業務管理部門は，特許権者に対し，国務院特許行政部門が出した検索報告の提出を求めることができる（特許法57条2項）。

特許業務管理機関は特許紛争の調停及び処理をするとき，事実を明白にし，

是非をはっきりとした上で，関係法律の規定に基づき調停を行い，当事者双方の互譲と了承を促し，協議に導く（同弁法21条）。調停が成立するとき，特許業務管理機関は調停書を作成しなければならない。調停書には当事者が署名又は捺印し，調停担当者が署名し，かつ特許業務管理機関の印鑑を捺印する。調停書が当事者に送達した後，直ちに法的効力を生じる（同弁法22条）。

調停が不成立の場合には，特許業務管理機関は早速処理決定を下さなければならない（同弁法23条）。

なお，特許業務管理機関は特許紛争の調停及び処理をするとき，事件受理費と事件調停処理費を徴収することができる（同弁法26条）。

(d) **特許業務管理機関による処理**　前述の特許紛争処理弁法の規定によれば，特許業務管理部門が特許紛争を解決するとき，調停と処理は実際には同じ手続の中で行われる。調停不成立の場合には，必ず処理決定が行われる。

特許業務管理部門は，処理に際し，権利侵害行為の成立を認めたときには，権利侵害者に権利侵害行為の即時差止を命じることができる。当事者は不服がある場合は，処理の通知を受け取った日から15日以内に「行政訴訟法」によって，人民法院に提訴することができる。権利侵害者は期間が満了しても提訴せず，侵害行為も停止しない場合は，特許業務管理部門は，人民法院に強制執行を申し立てることができる（特許法57条1項）。

調停が不調の場合には，特許業務管理機関は処理決定を下さなければならない。当事者は不服がある場合，当該処理決定を受け取った日から3カ月以内に人民法院に提訴しなければならない。期間が満了して提訴しないと，当該処理決定は直ちに法的効力を生じ，当事者が当該処理決定を履行しない場合には，関係部門及び個人は人民法院に強制執行を申し立てることができる（特許紛争処理弁法24条1項）。

特許紛争は行政機関の処理手続を経て，必ず当事者の取下げ，調停成立，処理決定という3つの結果に導くことができる。いずれにしても，当該特許紛争は円満な解決を得て，手続は無駄にはならないと言えよう。特に，処理決定の場合は，当事者が3カ月以内に人民法院に提訴をしなければ，処理決定書は直ちに法的効力を生じ，当事者はそれに基づき人民法院の強制執行を申し立てることができる。この点から見て，処理決定は，日本の調停に代わる決定に似ていると言えようか。しかし，日本の調停に代わる決定の場合に，

異議の申立ては調停委員会宛てに提出し，当事者は異議を申し立てれば，調停に代わる決定は下すことができなくなる。言い換えれば，調停に代わる決定は当事者の潜在の合意に基づき形成したものである。それに対し，特許紛争の処理決定は単なる行政機関の判断だけであり，当事者は不服があれば，処理決定を下した後の3カ月以内に訴えを提起しなければならない。したがって，処理決定は不調後の決定であっても，当事者の合意に基づいていないので，日本の調停に代わる決定と本質が異なるものであり，同一視することはできない。

以上の検討から見て，中国において，知的財産権に関する紛争を処理する際に，行政型ADRは重要な役割を果たしていることは明らかである。なお，前述した工商行政管理機関の商標専用使用権紛争に対する調停，及び特許業務管理部門の特許紛争に対する調停・処理のほかに，著作権を管理する行政機関も著作権を侵害する紛争，著作権契約紛争に対して調停することができる（著作権法48条，49条）。

第4節　中国行政調停の性格と効力に関する検討

1　行政調停の性格に関する検討

中国において，行政調停の性格について，法学界では2つの学説が主張されている。その1つは「私法行為説」であり，いま1つは「行政行為説」である。

(1) 私法行為説

「私法行為説」を採る学者は，行政調停は行政機関が主宰する紛争解決活動であるにしても，「行政機関の一般的な行政行為と本質的相違を有し，行政行為に属すべきではなく，私法行為に属すべきである。すなわち，行政調停は行政機関が法律上の授権及び当事者の申立てによって，当事者間の紛争を解決する私法上の行為である」[61]とする。特に，環境法の分野でこの学説を採る学者は多い。[62]

(2) 行政行為説

「行政行為説」を採る学者は，「行政調停の主宰者は行政機関であるので，行政機関による紛争解決のための調停活動も行政機関が行う行政管理活動の一種である」，「行政調停は調停で紛争を解決する行政機関の行為である以上，行政行為に属すべきである」というような主張をする。[63]

以上の行政調停の性格に関する2つの学説から見れば，その争点は行政行為の範囲をどのように限定するかという問題にある。この問題を解決するには，われわれはまず行政行為の概念自体を考察しなければならない。行政行為の定義づけは広狭さまざまである。広義では，「行政機関のなす一切の行為」（事実行為も私法行為も含む）とされる。狭義では，「行政機関が国家の行政権を行使するために，法律に基づき行う一切の行政管理行為」となる。[64] 最狭義では，「行政機関が個々の具体的事実について，優越的な意思の発動として，何が法であるかを宣言する（法的規制），公権力の行使」とされる。[65] 広義上の定義はむしろ，行政行為というより行政作用を意味するものであり，狭義上の定義又は最も狭い定義のほうが合理的に見えるのであろう。狭義上の定義と最も狭い定義の区別は，狭義上の定義が具体的な行政行為のほかに，抽象的な行政行為をも行政行為の範囲に入れるという点にある。日本の場合は，最も狭い定義を通説として認めているが，中国の場合は狭義上の定義を認める学者が最も多いのである。[66]

もし「行政機関のなす一切の行為」という広義上の行政行為の立場に立てば，必ず「行政調停が行政行為に属する」という結論に導く。しかし，広義上の行政行為概念を認める者は極めて少ないので，その結論も説得力がないであろう。狭義上の定義の立場に立つ者は，行政調停が行政権の行使のための行政管理活動であるか否かによる解釈によって，2つの見解に分けている。「行政調停は行政権の行使のための行政管理活動である」と認める学者は「行政行為説」に賛成しており，「行政調停は行政権の行使のための行政管理活動ではない」と認める学者は「私法行為説」を主張している。もし最も狭い定義の立場に立てば，行政調停が優越的な意思の発動としての公権力の行使ではないので，必ず「私法行為説」の結論を採ることになる。

行政行為の概念を明確にすることの実益は，行政事件訴訟を提起した場合，

それが訴訟要件たりうるかどうかを判断する上で重要である，ということにある。この意義から言えば，最も狭い定義がより妥当であろう。行政機関が第三者として当事者間の紛争を解決する行政調停は，当事者間の合意に基づかなければならないので，「優越的な意思の発動としての公権力の行使」である行政行為と本質的な差異を有すると思われる。したがって，本書は最も狭い定義の立場に立って，「私法行為説」の主張に賛成する。

2 行政調停効力に関する検討

(1) 日本における調停の効力に関する考察

　日本の調停は，調停の組織面から，裁判所で行われる司法型調停，国家の行政機関ないしこれに準ずる機関が扱ういわゆる行政型調停，さらに民間団体の扱う民間型調停に分けられる。

　司法調停は，裁判所が設営する調停であり，裁判官および法的知識，専門的な知識ないし社会的な知識経験を有する人格識見の高い調停委員が，調停の主宰者となる。しかも，適正・妥当な合意の調達を図るために，調停手続が，民事調停法，民事調停規則，家事審判法，家事審判規則，特定調停法によって規整されている。したがって，調停の担い手の紛争処理能力の面からみて，司法調停が相当高いレベルに達しているのみならず，手続的法規整の面から見ても，その整備がかなり進んでいると言えよう。立法上では，調停調書が，裁判上の和解と同一の効力，すなわち確定判決と同一の効力を有すると定めている（民調法16条，家審法21条，民訴法203条）。こうした規定によれば，調停調書の条項における記載は，当事者間の法律関係を変動させ，新たな権利関係を発生させると共に，在来のそれが消滅する性質を持っているので，調停調書がいわゆる形成力を生じることについては争いがない。そのほか，調停調書の中で，当事者間に新たに生成された権利に基づき金銭の支払，物の引渡，登記義務の履行など具体的な給付義務が定められていれば，その調停調書の記載は，執行力ある債務名義としての効力を有することにも争いがない（民執法22条7号）。[67] しかし，調停調書が裁判上の和解と同一の効力，すなわち確定判決と同一の効力を有すると定められていることから，

裁判上の和解の場合と同様，確定判決と全く同様な既判力を有するか否かについて，学説，判例共に種々の見解が対立し，これに伴って調停に対する無効，取消の主張の許否に関する見解も多岐にわたっている。そのうちの主要な見解は，大別して(1)調停がその内容において不明・不定・不能・不法でない限り，全ての場合に調停無効の主張は既判力によって遮断されるとする既判力肯定説，(2)調停は実体法上有効なときに限り既判力を有し，意思の欠缺など実体法上の瑕疵が存するときは，これを理由とする調停無効の主張が許されるとする制限的既判力肯定説，(3)調停の既判力を全面的に否定する既判力否定説がある。[68] こうした学説の対立は法解釈と実務に係わる問題でもある。だが，こうした論争を考慮しなければ，調停が確定判決と同一の効力を有する規定自体は，調停の実効性の確保に対して重要な意義を有する。日本の司法調停は，行政調停，民間調停と比べ，抜群の実績を挙げており，ADR全般の中で突出した存在感を示している。その理由の１つは執行力の存在にあると考えられる。世界的には調停の執行力を認めるのはむしろ例外的なことである。日本は，こうした状況を乗り越え，司法調停の執行力を認めることで，調停の実効性の確保という問題において独自の道を切り開いたと言えよう。

　司法調停の盛況とは対照的に，民間型調停の利用は，低迷状態にあると言われる。その理由は，ADR機関及び担当者の中立性と信頼性に問題がある[69]，担当者に弁護士等の法律家の関与が十分ではない，裁判手続との連携が図られていない等いくつかが指摘されているが，民間調停の合意が執行力を有しないことと関連がないとは言えない。[70] 民間型ADRの拡充・活性化を図るために，司法改革審議会がADR基本法の制定を視野に入れ，ADR検討会を組織した。そのADR検討会の議論においては，執行力を認めるべきかどうかが中心的論点の１つとなった。執行力を付与すべきであるとする主張者は，執行力の付与は民間紛争解決手続のより一層の実効性の確保に対して意義があるということを理由として掲げたが，執行力を付与すべきではないとする主張者は，執行力の付与に相応しい適正な民間紛争解決手続の確保がまだ十分ではないとして，これに強く反対した。そこで，紛争解決手続の全過程を通じて弁護士が関与し，最終的には裁判所の執行決定を経る等の加重要件を課すという仕組みの下で導入できないかどうか検討を重ね

た。[71] 結局，ADR基本法では，ADR機関の信頼性や適確性を検証する認証制度が確立され，ADRを利用することによる時効中断効の法的効果を規定したが，執行力の付与について，「幅広い方面から①弊害が発生する恐れが十分に払拭されていない，②手続が重くなりすぎで，かえって利用しにくくなる，③紛争解決事業者の中での差別化に繋がるといった強い懸念が寄せられた」[72] ことから，時期尚早として今回法整備することを見送った。しかしながら，執行力の付与は，ADRの実効性の確保という点でその利用促進に資する面があると考えられることから，態度を保留して様子を見る学者により「ADR法施行から5年の期間経過後に予定されている見直しにおいては，認証ADR機関の利用の実情を踏まえつつ，また利用者の権利保護にも十分配慮しながら，その採用の是非を慎重に検討すべきであろう」と指摘された。[73]

　司法調停と比べ，行政調停は，調停に関する手続の法規整が極めて簡単であり，斡旋・相談に関するそれは概して皆無に等しいと指摘された。[74] そして，行政調停では，民間調停と同じように執行力が認められていない。ただし，民間調停と比べ，行政調停，特に行政委員会が行う調停は，公正な手続運営と質の高い担い手の確保という点でかなり優れている。なぜなら，行政委員会の委員は，人格の高潔で識見の高い者のうちから特別の手続によって任命され，行政委員会の調停手続は，公害紛争処理法，労働関係調整法など個別法によって規制されるためである。行政委員会は，準司法機関に近い存在として位置づけられ，その調停にも，司法調停と同じような高い評価を与えられている。そうすると，司法調停と同じように，行政調停に執行力を付与する余地があるのではないかという問題が出てくる。個別の学者は「司法調停や仲裁に確定判決と同様の執行力が付与されていることに鑑みれば，少なくとも行政委員会が行う調停については，執行力を認めても問題はない」[75] と指摘しているが，大多数の学者は，この問題についてあまり論議しないのである。[76] 実は，行政委員会が処理する紛争の加害者は大企業や公共的団体である場合が多く，行政委員会の社会的権威と企業のイメージ・アップを背景として，調停条項の誠実な履行が遵守されているのが実情である。そして，調停書の履行を確保するために，労働委員会および公害等調整委員会の調停委員会は，当事者に調停案の受諾勧告をすると同時に，理由を

付してその内容を公表することもできる。特に，公害調停においては，義務者が義務を履行しない場合に，家事調停と同様の履行勧告の制度を有するほか，調停成立後に調停条項の解釈，適用，履行の有無等をめぐって紛議の生じる恐れがある場合には，調整活動を行うなど，合意成立後のケアにも積極的に取組んでいる。77) したがって，日本では，行政調停の執行力が認められなくても，行政機関の権威及び履行確保の措置の完備に基づき，行政調停の実効性は十分に確保されているとも見える。

要するに，現在の日本は，ADRにおける解決結果を承認することはもちろん，各種の司法型・行政型・民間型ADRを整備してその利用を促し，また，一定のADRの解決結果については，合意の拘束力を超えた特別の効力を与えている段階に位置すると言えよう。78)

(2) 中国における行政調停の効力に関する立法，学説と実務の状況

中国において，行政調停に関する法律規定は，ほぼ行政調停の効力を認めている。たとえば，「民間紛争処理方法」16条の「調停で当事者が合意に達した場合は，調停書を作成する。調停書は当事者双方，司法補佐員が署名し，人民政府の印鑑を押印した後，当事者双方に送達する。調停書は送達された日から，法的効力を生じ，当事者は履行しなければならない」という規定，「道路交通安全法実施条例」95条の「調停で協議に達した場合，調停書を作成しなければならない。調停書は当事者双方が署名した後，法的効力が生じる」という規定，「特許紛争処理方法」22条の「調停が成立するとき，特許業務管理機関は調停書を作成しなければならない。調停書には当事者が署名又は捺印し，調停担当者が署名し，かつ特許業務管理機関の印鑑を捺印する。調停書が当事者に送達した後，直ちに法的効力を生じる」という規定などがある。他方，行政調停に関する規定を設けてはいるものの，その効力について明文を欠く法律もある。たとえば，「契約争議行政調停方法」，「商標法」53条などが挙げられる。ただし，この場合には，もともとの立法趣旨が行政調停の効力を否定しようとすることではなく，効力規定のない理由が立法技術上の手抜かりにあるという可能性が大きいと考えられる。したがって，中国では，行政調停が法的効力を認めることは，確定的なものである。

ところが，立法上行政調停の法的効力が付与されたにしても，この法的効

力がどのような効力を有するのかは，一義的には明らかではない。そして，行政調停に法的効力が含まれている意味については法律条文も司法解釈も規定を設けていない。したがって，行政調停の法的効力が何の効力を指すかについては，学説，実務ともに種々の見解が対立する。そのうちの主要な見解は，2つの学説に大別される。

(a) **行政処理効力説**　行政処理効力説は，行政調停が行政機関の行政行為として，行政機関の行政処理決定と同一の効力を有するべきであるとする。もし，行政調停の法的効力が行政処理決定と同一の効力を指せば，行政処理効力説の主張によって，行政調停は必ず2つの効力をもたらすことができる。1つは，行政処理遮断の効力である。すなわち，行政調停が成立した後，行政機関は当該事件に対して行政処理の決定を下すことはできなくなる。いま1つは強制執行の効力である。すなわち，行政調停が成立した後，当事者一方が調停書を履行しない場合には，行政機関又は相手方が人民法院に強制執行を申し立てることが許されることになる。[79]

(b) **私法契約効力説**　この学説の支持者は，行政調停が私法上の和解契約の効力しか持たないと主張する。その理由は，「行政調停を通じて達成した調停協議は行政機関の意思決定ではなく，当事者双方自らの意思決定である」こと，「その調停協議は行政機関の公権力の行使ではないので，当事者に対して強制の拘束力を有しない」ことにある。[80] 特に，裁判官の中でこの意見を述べる者は少なくない。[81] 私法契約効力説の主張によれば，行政調停の調停書が執行力を持たないので，調停結果の実現は義務者の任意履行によるしかないことになる。

学界における見解の分岐に伴い，実務上にも，行政調停の行政処理に相当する効力を認める考え方，と認めない考え方という2つの対立する立場がある。たとえば，前述した公安機関の治安調停書の中で「当該調停書は裁決書と同一の効力を有する」という文言が使われている。このような言葉使いはもちろん法的根拠がないが，実務上では治安事件調停書が治安管理処罰裁決書と同一の法的効力を有することは認められているようである。また，基層人民政府の調停書が，人民政府の処理決定と同一の効力を有するか否かについても，見解が多岐にわたっていた。明確な法解釈がないため，当事者からの基層人民政府調停書に基づいた強制執行の申立てに対し，各級の人民法院

の裁判官は，自身の法律条文に関する理解によって判断を下し，その結果，同じような執行申立に対し，受理と棄却という2つの異なる処理方法が出てくることになった。1993年に至って，最高人民法院がようやく基層人民政府の調停書に基づき人民法院の強制執行を求められないという通知を発布し，基層人民政府調停書の行政処理の効力は認められない趣旨を明示した。ところが，ほかの行政調停について，最高人民法院の明確な司法解釈がまだ見られないので，それらの行政調停が行政処理の効力を有するかどうかについては，依然として明らかにならないのである。したがって，このような実務上の混乱を防止するため，行政調停の効力に対して明確な法律規定或いは法律解釈を設けるのが，立法上の緊迫な課題になったと思われる。

(3) 私 見

本書の立場は，「私法契約効力説」を正当とするものである。そもそも，調停の本質は当事者間における私法上の合意にあり，「優越的な意思の発動としての公権力の行使」である行政行為と本質的な差異を有する。調停における行政機関の役割は，公権的審査を経てなされる処理の決定や裁決と異なり，調停手続の適法性や合意内容の妥当性に関する後見的なものにすぎない。したがって，「行政処理効力説」の行政調停が行政行為に属するという前提には，まず問題がある。

「中華人民共和国行政訴訟法」2条の規定によれば，当事者が行政機関の具体的な行政行為に対し不服な場合には，行政訴訟を提起することができる。もし，「行政処理効力説」の主張によって，行政調停が具体的な行政行為に属すれば，当事者が行政調停に対し不服な場合には，行政訴訟を提起することができるはずである。しかし，「最高人民法院の中華人民共和国行政訴訟法の施行に関する若干問題の解釈」1条3項は「公民，法人及びその他の組織が行政機関の調停行為に対して不服があり訴えを提起する場合は，人民法院の行政訴訟の受理範囲には属しない」と定めている。こうした条文によれば，当事者は行政調停に対して行政訴訟を提起することができない。すなわち，立法上では，行政調停が行政行為であることは認められないのである。したがって，「行政処理効力説」は法的根拠を欠くと言える。

行政調停が行政行為に属しないなら，行政調停は行政処理決定と同一の効

力を持たないことになる。行政処理決定や行政裁決は，強制性の特徴を有し，当事者が行政機関の当該処理決定及び裁決に服従しなければならない。行政調停は，当事者の合意に基づくものであるから，このような特徴を有しないことは明らかである。したがって，行政調停が行政処理決定と同一の効力を有することを主張した「行政処理効力説」は，妥当ではないと考える。

また，最高人民法院の「人民法院業務執行の若干問題に関する規定」によって，法的効力を生じる行政機関による処理の決定及び仲裁機関の裁定について，債務者側が履行しない場合，債権者側が人民法院に強制執行を申し立てることができる。行政調停が行政処理と同一の効力を有する法律の明文規定がない限り，行政調停が執行力を有しないのも当然のことであろう。したがって，本書は，「私法契約効力説」の立場に立ち，「行政処理効力説」を否定する態度を採る。

ところで，行政調停が行政処理決定と同一の効力を有するという解釈自体には問題があるものの，行政調停に執行力を付与するかどうかについては，検討の余地がないとは言えない。日本において，裁判所による調停には，法に基づく終局的な判断ではなくても，執行力が認められている。民間調停と行政調停には執行力が未だ認められていないが，執行力の付与も重要な課題として強く学者の関心を引いている。中国には日本の司法調停に類似する制度がない。それに代わって，行政調停は中立性，信頼性と権威性を持つADRとして，その存在感が強い。将来，中国の行政調停に裁判所と類似した組織要件，公正適格な手続要件などが整備されれば，仲裁ないし日本の司法調停の経験を参考にした上で執行力を認める可能性がないとは言えない。しかしながら，現時点の中国においては，行政機関に対し国民は劣位の地位に置かれた上，国民の主体性も十分重視されていない。さらに，行政調停の手続公正性および調停の担い手の紛争処理能力の確保の面では，未だ問題点が残る。こうした状況下で，もし行政調停の執行力を認めれば，当事者の権利の保護においては非常に不利ではないかという疑問を抱く。したがって，現状の中国に焦点を合わせた場合には，執行力を認めるのは，時期尚早であると考える。

確かに，行政調停の執行力を認めることで，調停においての終局的な紛争解決が確保されないという欠点を補完し，行政調停制度自体の価値と効率の

向上，調停書の履行確保に大いに役立つことができるが，他方で，執行力の付与に相応しい紛争解決手続としてその業務の一層の適正性を確保する必要がある。仮に行政調停の執行力を認めたとしても，調停に特有の簡便な執行手続を設けておかないと，調停の簡易・迅速の紛争解決手法としての制度趣旨も実現できないであろう。判決の場合と比べ，調停の場合は，任意履行が多いことが指摘されている。したがって，調停書の法的効力の明確な意味および調停書の執行という問題に配慮しすぎるよりは，むしろ任意履行を確保できるような合意の調達の保障こそが大切である。日本の行政調停も法的効力が認められていない。ところが，行政委員会による調停は，公正な手続運営と質の高い担い手の確保という点でかなり優れている上で，合意内容の公表，履行の勧告など合意成立後のケアにも積極的に取り込んでいるため，調停条項の誠実な履行が実質的に確保されている。日本のこうした公正な調停手続及び履行確保上の工夫は，中国においても参考に値する。

　要するに，中国では，立法上行政調停が法的効力を有することを明文で規定しているが，その法的効力がどのような効力を指すかは，明確ではない。こうした立法上の曖昧さが実務上の誤解および運用上の混乱を招いたため，法律条文の整合は，まずもってこの問題を解決する第一歩になる。法的効力について，学説上の見解は分かれるが，法理論および法解釈から推論すれば，その法的効力は，ただ私法上の契約の持つ効力に限るにすぎない。したがって，中国では立法上，行政調停の執行力は未だ認められていない。確かに，理論上において行政調停の執行力の付与については，将来の課題として議論の余地が十分残っているものの，現時点の中国においては，行政調停の実効性の確保こそが，緊急を要する課題である。

第5節　行政調停に関する日・中の比較

　アメリカの「大司法像」と比べ，日本と中国は小さな司法と言える。したがって，紛争解決の場面における行政機関の機能の発揮が期待されている。近年，日本においても中国においても，行政調停は著しい発展を遂げた。このような行政調停の繁盛の背後，両国の間に同じような要因が存在している

のではないかと思われる。日・中両国では，人間関係を重視し，コンセンサス・調和・統合といった原理が貫通し，「和の社会」が強調される。いわゆる「喧嘩両成敗」という観念は両国国民の意識の中に根強く定着し，訴訟を忌避する態度は，深く人々の心の奥底に沈着しているのである。「訴訟嫌い」という傾向の影響の下で，紛争が生じるとき，調停，和解，斡旋のほうが両国の国民に愛用され，しかも，調停制度がかなり発達している。しかしながら，日本と中国はまだ「国民の統治客体意識から統治主体意識への転換期」にあるため，まだ国民の主体意識が弱く，国民の「公的機関」に対する依存が依然として相当に強い。調停も，その影響を受け，「公的色彩」が非常に濃厚である。日本の場合は，戦前から現在に至るまで，裁判所の調停を中心とした制度となっており，行政機関の調停も戦後から発展し続けていたが，民間調停はまだ低迷の状態に置かれている。中国の場合は，法院調停，行政調停等の「公的機関」による調停がよく機能しているが，「大衆自治組織」による人民調停も司法行政機関の指導の下で重要な役割を果たしている。したがって，日・中両国の調停制度は，まだ「官中心」という段階に止まっているのである。ところが，最近日本では，「国民の期待に応える司法制度」，「司法制度を支える法曹の在り方」及び「国民的基盤の確立」を3本の柱とする司法改革が行われ，国民の司法へのアクセスを拡充するために，さまざまな工夫と努力がなされている。その最新の成果として，2004年（平成16年）の「裁判外紛争解決手続の利用の促進に関する法律」（いわゆるADR基本法），「総合法律支援法」の制定，2006年（平成18年）の「日本司法支援センター」の発足などが挙げられる。しかし，中国においてはこのような動きが全く見えず，「官から民へ」の転換にはまだ遠い道程がある。[82)]

上述の通り，行政調停が成立した背景から見て，両国は似通っているところがあるが，制度設計の角度から見れば，両国の行政調停は大きな相違点を持つ。すなわち，中国の行政調停は「政府機関型」というタイプを採用しており，これに対し，日本の行政調停は「専門委員会型」というタイプを採用する。そして，この2つのタイプの行政調停にはそれぞれの異なる特質がある。

まず，「専門委員会型」調停と「政府機関型」調停の最も大きな差異は，調停組織の面にある。「専門委員会型」調停では，独立した専門的な紛争処

理機関を設立する。これはある分野の紛争の拡大化に応じ，行政の専門性，柔軟性等を活かし，紛争を簡易，迅速かつ適正に解決するための調停組織である。日本の公害等調整委員会，労働委員会，建設工事紛争審査会などの紛争処理機関は，こうした調停組織の例であり，これらは環境，労働，建設などの領域における紛争の深刻化に応じて，それらの紛争を早期に解決するために設立された組織である。委員会の委員は，専門的知見または法的知見を有する者の中から特別の手続によって任命され，公正な手続運営と質の高い担い手の確保という点で特に優れる。

これに対し，「政府機関型」調停では，個別的な紛争を解決するために専門的な紛争処理組織を設立するのではなく，基層政府及び各行政機関は行政管理を行うと共に，当該行政機関の行政管理範囲内の紛争を解決する。たとえば，中国において，公安機関は治安管理をすると同時に，治安調停をも行う。工商行政管理機関は契約管理をすると同時に，契約調停も取り扱うのである。実は，日本においても普通の行政機関による調停は存在する。しかし，ケースが少ないため，主流となってはいない。また，「政府機関型」調停では，調停を担当する職員は，紛争解決のために特別に任命された者ではなく，普通の職員である。これらの職員たちは，普段は行政管理業務を行い，紛争が生じたときのみ紛争処理を行う。そのため，行政管理の専門家とは言えるが，紛争処理の専門家とは言い難い。この点から見れば，「政府機関型」調停は，手続運営の公正性および担い手の能力の確保の点で，「専門委員会型」調停には及ばないのではないかと思われる。

次に，紛争処理の面においても，2つのタイプの調停は異なる。「専門委員会型」調停では，紛争処理を行う専門的な委員会は，紛争に対して「パワー集中」して処理を行う。なぜなら，この委員会は，ある種の紛争自体の進展および社会に及ぼす影響が既に深刻化の程度に達したとき，対応策として設立されたものだからである。その対象も，公衆の関心が極めて高い紛争，及び解決が容易ではない紛争に限られる場合が多い。実際，日本の行政調停の対象は主に公害紛争，建築紛争，消費者被害に係る紛争，労働紛争であり，こうした紛争の大部分は集団的・公共的な性格を有している。したがって，日本の行政調停は実務の面では「公的」な紛争を解決する場面で大きな役割が期待されているのである。[83]

これに対し,「政府機関型」調停では,もともと存在する行政機関が紛争処理を行い,この処理は職責として法律によって規定されている。紛争処理を行う行政機関は紛争を処理する際には正当な名義によってその解決を図ることになる。行政機関が行う行政管理活動は広範囲にわたるため,必然的に行政機関の紛争解決の範囲も非常に幅広い。中国では,こうした紛争処理は各行政機関の行政職能の一部として位置づけられている。なぜなら,民事関係や経済関係を規律した法律のほとんどが,これらの法律関係について紛争が生じたときに,当事者が主管する行政部門の調停を求められると規定しているためである。さらに,各行政機関のこの紛争処理の職能は,社会のニーズに応じて追加され,又は削減される可能性もある。したがって,「専門委員会型」調停が公的な紛争を主に対象とすることで「重点性」,「集中性」という特徴を有するのに対し,「政府機関型」調停は,「広範性」「機動性」という特徴を有する。中国の場合,この行政調停の対象は,主に民間紛争,契約に係る紛争,消費者被害に係る紛争,民間紛争で惹起された治安管理に違反する軽微な事件,交通事故に係る紛争,知的財産権に係る紛争,公害紛争である。こうした紛争は大部分が「公的」な紛争ではなく,「私的」な紛争である。したがって,中国の行政調停の主流は「私的」な紛争に対する調停であり,「公的」な紛争に対する調停は傍流である。日本において主流である公害紛争,建築紛争に関する調停は,中国では制度としてまだ確立されておらず,かつ実務上でも活用されていないのである。逆に,中国の行政調停の主流としての基層人民政府による調停,工商機関による調停,公安機関による調停,知的財産権に関する調停は,日本ではあまり見られない。

　また,法規制の角度から考えても,「専門委員会型」調停と「政府機関型」調停の間には大きな差異がある。紛争を処理する専門的な委員会は立法権を有しないため,「専門委員型」調停は一般法,又は個別法で規制される。日本の場合,行政調停に関する一般法は存在しないので,その組織,権限,手続等は,公害紛争処理法,建設業法等の個別法によって規制される。反対に,中国の「政府機関型」調停の場合,国務院及び国務院直属の各部・各委員会が行政法規及び部門規則を制定する立法権を有している。行政調停の組織,権限,手続等は,「治安管理処罰法」,「道路交通安全法」など個別法によるものもあるが,多くの場合,「民間紛争処理方法」,「契約紛争行政調停

方法」,「特許管理機関の特許紛争処理方法」等,行政規則によって規制されている。[84]

　日本においては,行政調停は国レベルと地方レベル双方で行うことができる。国の ADR 機関には,公害等調整委員会,中央労働委員会,中央建設工事紛争審査会等がある。自治体の ADR 機関には,都道府県公害審査会,地方労働委員会,都道府県建設工事紛争審査会等がある。これに対し,中国の場合には国レベルの行政機関はほとんど調停を取り扱わない。なぜなら,国レベルの行政機関に負わされた責務は,全国範囲の行政管理,下級行政機関の活動に対する指導・監督,行政立法等であるためである。調停は主に地方レベルの省（自治区,直轄市),市（州),県（自治県,区),郷（鎮）等の行政機関によって行われている。したがって,行政調停は,個別法,行政規則によって規制されるほかにも,各省,自治区,直轄市の地方法規・規則によっても規制される。

　そのほか,日・中両国の行政調停は,上述の制度自体に存在した差異以外に,その活用状況及び行政型紛争処理システムにおける位置づけも異なる。

　日本の場合,最も活用されているのは司法調停である。2006 年度（平成 18 年度）で見ると,司法調停の新受件数は 43 万 3,739 件である。行政調停の新受件数は,司法調停と比べてかなり少ない。これに関する包括的な統計は見当たらないが,個別の例を挙げると,2006 年度では,公害紛争処理機関（公調委・公害審査会）30 件,建設工事紛争審査会 148 件,労働委員会 5 件に止まる。

　ただし,日本の行政機関による紛争解決メカニズムの中で最も活用されているのは調停ではなく,苦情相談である。日本には,労働委員会,公害等調整委員会等,正規の紛争解決機関のほかに,不正規の紛争解決機関も数多く存在する。行政管理庁の「行政相談」業務を基本として,地方出先機関としての7管区行政監察局行政相談課と各府県所在の地方行政監察局地方監察室がある。そのほかにも全国市町村では行政管理庁が民間人に委嘱した「行政相談員」がおり,特殊分野では人権擁護委員,消費生活相談員,家庭相談員など各種相談員がいる。さらに,各省庁の所要の部局にはそれぞれ苦情相談担当者が置かれ,所管事項の相談に応じており,他方,地方自治体には総合的な「県（市町村）民相談室」が置かれ,各部局の相談担当者が業務にあ

第5章　行政調停の位相とあり方

たっている例も多い。[85] 実際，斡旋や調停よりも簡易な行政上の苦情相談件数は，きわめて多い。たとえば，2006年度（平成18年度）の国民生活センター及び全国の消費生活センターにおける消費生活相談の新受件数は125万2,415件であり，地方公共団体の公害苦情相談窓口には，2006年度（平成18年度）では9万7,713件の相談が寄せられている。相談はADRそのものではないが，行政指導等により，紛争の解決に繋がる場合も少なくない。[86]

　これに対し，中国の場合は，行政機関による紛争解決メカニズムは苦情相談を中心にするものではなく，調停を中心にするものである。行政調停に関する包括的な統計は見当たらないが，たとえば，2006年に公安機関が処理した交通事故件数は約38万件，受理した治安事件件数は719万7千件，治安事件の中で殴打事件は約185万1千件，交通事故事件と殴打事件のほとんどは調停によって解決されている。行政調停はかなり活用されている。[87] また，調停を行う行政機関は前述の工商行政管理機関，公安機関，環境保護行政管理機関，特許業務管理機関のほかに，労働行政管理部門，婚姻登記管理機関，房地産（不動産）行政主管部門，民政（厚生）部門，科学技術管理部門，林業行政主管部門等，行政機関も，法律で定められた紛争について調停を行うことができる。そのほか，中国では，信訪機関という専門的な苦情相談及び苦情処理機関が国から地方までの各レベルで設置されている。[88] 信訪機関は主に相手方が行政機関ないし行政機関の職員である苦情を取り扱うほかに，その他の苦情相談も取り扱い，その上，取扱事件を調停で解決することもできる。[89] したがって，中国の行政調停は行政管理の範囲内で幅広く利用されていると言えよう。

　要するに，日・中両国の間で行政調停がどこに重点を置くかは，かなり異なる。そして，その制度自体の設計にも多くの差異が存在する。近年，中国では公害紛争，建築紛争の増加に伴い，これらの紛争に相応しい解決制度の設立が重要な課題となっている。日本の公害調停制度，建築調停制度は，中国がこうした制度を設立する際の参考になると思われる。

第6節 小　括

　本章においては，日本の行政調停である「専門委員会型」調停，中国の行政調停である「政府機関型」調停の現状，課題及び両者の比較を中心にして本格的な検討を行った。ちなみに，中国における行政調停の性格と効力に関する学説を考察した上で，本書の立場を明示しながら，分析と検討を行った。

　中国は「行政優位」という思想の影響の下で，行政機関による紛争解決は紛争解決システムの中で重要な役割を果たしている。特に，行政調停は中国においてかなり広い範囲で活用されており，かつ行政機関による紛争解決のメカニズムの体系中において核心の地位を占める。行政調停は「政府機関型」の組織方式を採用し，行政機関の職能の一部として機能している。それゆえ，社会の不安定を招く隠れた原因である紛争に対する解決は当然行政機関の職員の責務となったわけである。さらに，行政処理，行政裁決，行政処罰等手段をその実効確保の後ろ盾にすることを通じ，行政調停の紛争処理機能はより強化されている。たとえば，治安調停の場合は，公安機関の調停を経て，当事者双方が協議に達した場合，公安機関は当該不法行為に処罰を行わない。逆に，当事者が調停協議を履行しない場合，公安機関は治安管理に違反する不法行為者に処罰を下さなければならない（治安管理処罰法9条）。また，特許調停の場合は，調停が不成立するとき，特許業務管理機関は早速処理決定を下さなければならない（特許紛争処理弁法23条）。したがって，中国の行政調停のそのあり方は，中国政府の「大政府」の存立像に完全に合致しているものであると言えよう。

　中国に対し，日本は「小さな政府を作ろう」という政治改革の動きの下で，行政機関の広い範囲での紛争解決への関与という可能性は極めて少ない。ところが，日本の「専門委員会型」の行政調停は公正な手続運営と質の高い担い手の確保という点で特に優れており，また，行政苦情相談の実績も注目に値するのである。この2つの点は，中国の未来の行政型ADRの設計に対して大きな示唆を与え，参考になる。特に，中国の「環境政策法」を制定する際，環境紛争解決の分野で日本の「専門委員会型」調停を導入しようという議論は注目に値する。

第 5 章　行政調停の位相とあり方

1)　中国古代において，行政調停は，官府の役人が財産紛争，家事紛争を解決するとき，よく採用された紛争処理方法である。中国古代の調停について，第 1 編第 2 章第 2 節では詳しく検討していた。
2)　小島武司ほか編『アメリカの大司法システム（上）』（中央大学出版部　1992 年）3-36 頁参照。
3)　1980 年代の中期から，中国では「「権」と「法」の支配力はどちらが強いか」（権大还是法大）をめぐる議論は盛んになった。議論の結果，当時の中国では，政府の権威が法律より影響力を持っているという結論を得た。
4)　中国では，執政党としての中国共産党が国に対して政治的指導を行っているため，国家の行政管理活動にも党の路線，方針と政策が貫徹されなければならない。行政管理領域における党の政策を反映するものとして，党と行政が時々共同で発布する行政通達がある。このような行政通達は政策指導の役目を果たすだけではなく，規範効力をも有する。したがって，中国の行政法は行政法律規範と行政政策規範との混合体的な構成と言えよう（王家福＝加藤雅信『現代中国法入門』（勁草書房　1997 年）　62-63 頁）。
5)　濱野亮「日本型紛争管理システムと ADR 論議」（山田文＝早川吉尚＝濱野亮編著『ADR の基本的視座』（不磨書房　2004 年））　44-45 頁参照。
6)　日本も小さな司法である。戦後改革による司法研修所制度導入以来，司法試験合格者の数を人為的に制御するシステムが確立し，裁判官・検察官の定員数も相対的に低い水準でコントロールされ，結果として量的に小さな司法が維持された。行政の領域において，行政処理手法の包括性，法律相談の広範な制度化と非党派性は日本型紛争管理システムの重要な特徴である（濱野亮・前掲注（5）　43-48 頁参照）。
7)　大久保規子「行政機関による ADR」（『行政法の争点＜第 3 版＞〔ジュリスト増刊法律学の争点シリーズ 9〕』　有斐閣　2004 年）　101 頁。
8)　ADR の手法は，裁断型と調整型に大別される。裁断型とは，仲裁や裁定のように，第三者が示した判断を受諾することにより紛争の解決を図る手続である。調整型とは，斡旋や調停のように，第三者が解決案を示し，当事者の互譲と合意による解決を図る手続である（小島武司『調停と法――代替的紛争解決（ADR）の可能性』（中央大学出版部　1989 年）　79 頁，太田勝造『民事紛争解決手続論』（信山社　1990 年）　54 頁，小島武司『裁判外紛争処理と法の支配』（有斐閣　2000 年）82 頁，小宮正己「裁判外紛争処理機関――司法シンポの結果から」（東京弁護士会会報　71 号　1986 年）　27-28 頁参照）。
9)　たとえば，昭和 45 年から平成 18 年までの間，公調委と公害審査会の公害紛争の受付件数は合計 1912 件であり，その中で，斡旋・調停事件 1776 件，仲裁事件 5 件，裁定事件 76 件，義務履行勧告 16 件である。
10)　これらの紛争は，①被害者が多数であること，②被害が単に財産的なものに止まらず，人の生命健康に係わること，③加害者の特定が困難であること，④加害行為と

被害との因果関係の立証・被害の認定・被害額の算定が困難であることなどの特徴が有する（南博方＝西村淑子「公害紛争処理の現状と課題」（ジュリスト　1999年5月増刊）124頁）。
11)　座談会「公害紛争処理制度の充実と発展」（ジュリスト　1008号　1992年）10頁。
12)　岩田好二「環境紛争の調停手続」（ジュリスト　1015号　1993年）118頁。
13)　公害紛争処理機関の組織とその管轄について，小島武司＝伊藤眞『裁判外紛争処理法』（有斐閣　1998年）83頁，谷口隆司「公害等調整委員会の30年―回顧と今後の展望」（ジュリスト　1233号　2002年）41頁，南＝西村・前掲注（10）125頁参照。
14)　責任裁定のあった場合は，裁定書の正本が当事者に送達された日から30日以内に当該責任裁定に係る損害賠償に関する訴えが提起されないとき，又はその訴えが取下げられたときは，その損害賠償に関し，当事者間に責任裁定と同一の内容の合意が成立したものと見做される（処理法42条の20）。
15)　公害紛争処理手続に関しては，溝口喜久「公害紛争処理制度の理念と実践そして課題」（ジュリスト　1008号　1992年）33-34頁，菊池光興「公害紛争処理法と公害等調整委―その制度・機構と役割について―」（商事法務　614号　1972年）555-557頁，六車明「公害・環境紛争における裁判外紛争解決機関と関係行政機関との連携（上）」（判例時報　1647号　1998年）5-6頁，谷口・前掲注（13）40頁参照。
16)　公害調停の手続きに関しては，岩田・前掲注（12）120頁，南博方「二〇周年を迎えた公害等調整委員会―その実績と課題―」（ジュリスト　1008号　1992年）29-30頁，岩田好二「公害等調整委員会による公害調停の現在（下）―北陸新幹線公害調停の紹介を兼ねて―」（判例時報　1508号　1994年）11-13頁，南＝西村・前掲注（10）125-126頁参照。
17)　公害等調整委員会事務局ホームページによる。http://www.soumu.go.jp/kouchoi/
18)　公害等調整委員会事務局ホームページによる。http://www.soumu.go.jp/kouchoi/
19)　伊藤直「建設工事紛争審査会制度の成立経緯」（NBL　611号　1997年）20-23頁，石葉泰久「建設工事請負に関する紛争処理の実務―建設業法により設置された建設工事紛争審査会の手続について―」（東京弁護士会弁護士研修委員会『弁護士研修講座―平成二年度講義録』1991年）183頁参照。
20)　小島＝伊藤・前掲注（13）99頁，中村貴志「中央建設工事紛争審査会」（判例タイムズ　728号　1990年）107頁，「東京都建設工事紛争審査会」（判例タイムズ　728号　1990年）119頁，石葉・前掲注（19）187頁参照。
21)　小島＝伊藤・前掲注（13）96頁，伊藤直「建設工事紛争審査会の審理の特色について」（自由と正義　44巻6号　1993年）36頁参照。
22)　大隅乙郎「建設工事紛争審査会について」（東京弁護士会会報　71号　1986年）32-33頁，小島＝伊藤・前掲注（13）98-99頁参照。
23)　申請が単なる嫌がらせ，支払の遅延を目的としたものであること等が明白である

第 5 章　行政調停の位相とあり方

として調停委員会が調停をしない決定をする。
24)　調停の手続き流れに関しては，伊藤・前掲注（21）　35-36 頁，中村・前掲注（20）109 頁，石葉・前掲注（19）　190 頁，乾昭三「建設工事紛争をめぐって」（ジュリスト　859 号　1986 年）　117 頁，松葉佳文「調停の申請と時効中断──建設業法に基づき都道府県に設置されている建設工事紛争審査会に対する調停の申請が，債権の時効消滅を中断する効力を有するか」（判例地方自治　86 号　1991 年）　107 頁参照。
25)　表 3 は中央建設工事紛争審査会ホームページ，http://www.mlit.go.jp/sogoseisaku/const/funcho/funcho.htm で載せる数字によって作られている。
26)　羅豪才編，上杉信敬訳『中国行政法概論 I』（近代文藝社　1995 年）　96-97 頁参照。
27)　基層人民政府の民間紛争について行った調停のほかに，それ以外の各級の人民政府も所轄範囲以内の社会治安に関する紛争，及び土地，草原，森林の所有権と使用権に関する紛争について調停を行うことができる。したがって，行政調停を政府調停と部門調停に分けるという主張もある。（余世亮「構建政府調解平台化解重大社会糾紛──我国政府調解制度初探」http://www.codechina.net/resource/html/2004-08/17/8396.html，卞耀武編『中華人民共和国土地管理法釈義』（法律出版社　1998 年）　82 頁による）しかし，基層人民政府以外の調停はあまり活用されていないため，通説は大別して行政調停を基層人民政府による調停と各行政機関による調停に分けられる。本書は通説の見解を採る。
28)　中国では，司法行政業務は，特に司法行政機関および基層人民政府が行った法律宣伝，紛争の予防・解決，法律相談，法制監督等，法律に係わる業務ということを指す。
29)　司法所は 1980 年代の初期から創立されてきたが，2007 年まで中国全域で 4.1 万カ所の司法所が設立されていた（司法部基層工作指導司のホームページ http://www.legalinfo.gov.cn/joa/apparment/aptjcgz.htm の数字による）。1990 年代の末期，司法補佐員は司法行政機関の行政職員から人民政府の職員に編入する主張は司法行政機関の内部で議論されていたが，司法補佐員たちの反対の声が強かったため，結局今までの現状をそのまま維持することになった。
30)　たとえば，田中信行教授は「民間紛争処理弁法」が規定している調停は司法行政機関による調停と主張している（田中信行「中国における人民調停制度の改革」（中国研究月報　44 巻 9 号　1993 年）　23 頁）。
31)「最高人民法院の人民法院執行業務の若干問題に関する規定（試行）」（1998 年 6 月 11 日最高人民法院審判委員会第 992 回会議より採択，1998 年 7 月 18 日施行）による。
32)　中華人民共和国司法部のホームページ http://www.legalinfo.gov.cn/gb/jcgzzds/2003-05/28/content_19895.htm の情報による。
33)　許崇徳＝皮純協『新中国行政法学研究綜述』（法律出版社　1991 年）　442 頁によ

34) 国家工商行政管理総局の主な職責と業務範囲は国家工商行政管理総局のホームページ http://www.saic.gov.cn/zhzjg/zhin.html を参照。
35) 1979年工商行政管理総局「全国工商行政管理局長会議に関する報告」の中で，工商行政管理部門とほかの業務部門の管轄区分について，「工業部門と商業部門，商業部門と農業部門の間の契約紛争は工商行政管理部門によって解決する。工業，物質，商業部門の所管範囲以内の契約紛争は各業務部門によって解決する。各工業部門の間，工業部門と物質部門，工業部門と農業部門，及び工，農，商業と交通運輸部門の間の契約紛争は各級の経済委員会によって解決する。」と規定していた。1981年に「中華人民共和国経済契約法」が公布した後で，全ての経済契約紛争に関する調停は工商行政管理機関が管轄することとなった（王岷灿編『行政法概要』（法律出版社 1983年）147頁参照）。
36) 1981年の「中華人民共和国経済契約法」48条の規定以外，1984年「加工請負契約条例」24条，1993年の「建設工事施工契約管理弁法」（建建〔1993〕78号）23条，1986年の「水路貨物運輸契約実施細則」第32条，1986年「鉄道貨物運輸契約実施細則」24条，1986年の「道路貨物運輸契約実施細則」第22条，1986年の「航空貨物運輸契約実施細則」26条，1988年の「全民所有制小型工業企業貸出経営暫行条例」22条，1988年の「技術契約管理暫行規定」4項によれば，以上の加工請負契約，建設工事施工契約，水路・鉄道・道路・航空貨物運輸契約，全民所有制小型工業企業貸出経営契約，技術契約に関する紛争についても工商行政管理機関は調停することができる。1999年「中華人民共和国契約法」の制定に伴い，「中華人民共和国経済契約法」，「中華人民共和国渉外経済契約法」，「中華人民共和国技術契約法」は廃止された。「中華人民共和国契約法」128条第1項によれば，全ての契約に係わる紛争に対し，当事者は，調停によって解決することができる。
37) 「中華人民共和国消費者権益保護法」34条によって，消費者と経営者の間で生じる消費者権益争議は，以下のルートによって解決することができる。
　（一）経営者と相談し和解すること
　（二）消費者協会に調停を申し立てること
　（三）関係行政部門の苦情処理を求めること
　（四）経営者との間の仲裁合意に基づき，仲裁機構に仲裁を求めること
　（五）人民法院に訴えを提起すること。
38) 「中華人民共和国消費者権益保護法第50条（7）項により，事業者が，消費者からの修理，再制作，交換，返品，商品数量の補足，料金返還，或いは損失賠償に関する請求を，故意に引き延ばすか或いは理由なく拒絶する場合，工商行政管理部門は，事業者を是正させ，情状により単独或いは併合して警告，違法所得の没収，違法所得の1倍以上5倍以下の罰金に処する。違法所得がない場合，1万元以下の罰金に処する。情状により重罰の必要があると判定された場合，営業の停止を命ずるか又は事業者の

許可証を取り消す。
39) 伊幼平「調解消費争議応遵循的原則」(武漢工商 2002年8月16日) http://www.whhd.gov.cn/news/oldnews/103855468182517700.html 参照。
40) 「工商総局：八大問題成申訴熱点」(『江南時報』2002年4月26日第6面)。
41) 中国公安機関の責務と機構に関しては，中華人民共和国公安部ホームページ http://www.mps.gov.cn/webPage/showfagui.asp?ID=1146 参照。
42) 「中華人民共和国治安管理処罰条例」は1957年10月22日に第1回全国人民代表大会常務委員会で採択され，公布されたものであり，文化大革命以降，1982年2月に再び公布された（王珉灿編『行政法概要』(法律出版社 1983年) 205頁)。
43) 「中華人民共和国治安管理処罰法」は2005年8月28日に第10回全国人民代表大会常務委員会第17回会議で採択され，2006年3月1日から施行し始める。その施行と同時に，旧「中華人民共和国治安管理処罰条例」は廃止された。
44) 統計数字は『中国統計年鑑＜2007年＞』(中国統計出版社 2007年) 889頁による。
45) たとえば，浙江省温嶺市太平街道では，人民警察と人口の比率は1万分の1であり，人民警察の仕事が非常に忙しいので，治安事件の処理期間も長くなったのである（北京大学法律情報網：陳俊豪「民間紛争調解新模式」http://article.chinalawinfo.com/article/user/article_display.aps?ArticleID=24070 参照)。
46) 「做好調解大文章―天津市和平公安分局建立治安紛争調解長効機制紀実」(法制日報 2003年4月10日第2面)。
47) 「南京市公安機関創新治安紛争調解機制」(揚子晩報 2003年12月5日)。
48) 首都総治網：西城区総治委「西城区建立治安行政調解與人民調解銜接聯動的長効機制」http://www.sdzz.org/webnews/20050513/20050513132144531.html 参照。城八区は，東城，西城，宣武，崇文，朝陽，海淀，豊台，石景山という北京の中心部にある8つの区である。
49) 中国応用文網：「行政執法治安案件調停書及範文」(2005年3月10日) http://www.china86.org/y/fl/xzzf/2005310164241.htm 参照。
50) 「広州市道路交通事故損害賠償快速調解」(2004年3月3日) http://www.gdga.gov.cn/wmfw/jtyw/sgcl/t20040303_9565.htm 参照。
51) 莫耘紅「関與当前道路交通事故損害賠償案件若干問題的探析」http://www.fslawyer.net/Article_Show.asp?ArticleID=53 参照。
52) 最高裁判所事務総局民事局・家事局「最近における調停事件の概況について」(法曹時報 28巻11号 1976年) 60-62頁参照。
53) レビン小林久子『調停ガイドブック』(信山社 1999年) 6-8頁参照。
54) 王明遠「環境民事紛争的行政処理」(中国環境報 2000年8月12日 第3面)，林全玲「論環境民事紛争行政処理機制的完善」http://www.riel.whu.edu.cn/show.asp?ID=2276 参照。

55) 林全玲・前掲注（54）参照。
56) 周杰，楊娟等学者は日本の公害紛争処理制度を参考になると主張する。周杰「環境紛争 ADR 模式探討」（汚染防治技術　2003 年 4 期），楊娟「環境紛争行政性 ADR 機制的構建」（中国法学会環境資源研究年会論文集　2003 年）参照。
57) 中国法律信息網：「我国擬制定「国家環境政策法」作為環保基本法律」http://www.law-star.com/cac/9499htm 参照。
58) たとえば，2005 年 11 月に当事者張××はチベット式鉄製ボイラー意匠の特許紛争についてチベット自治区人民法院に訴えを提起した。人民法院は特許事件を審理できないという理由で，当事者張××の訴えを却下した。その後，張××は当該事件についてチベット自治区特許局に処理を求め，結局，チベット自治区特許局は調停で当該事件を解決した（李斌衛「成功調解一起専利糾紛案件引発的思考」http://www.my-ipr/suma/2005-11/6947.html）。
59) 統計数字は，李立「専利糾紛尋求行政途径解決」（法制日報　2003 年 12 月 24 日）参照。
60) 特に，立証困難な事件はほとんど調停で解決される。たとえば，前掲注（58）で言及したチベット式鉄製ボイラー意匠の特許紛争はそれに属する。
61) 解振華編『中国環境典型案件與執法提要』（中国環境科学出版社　1994 年）　184 頁。
62) 廖永安「我国訴訟内外糾紛解決機制的協調與整合」（中国民商法律網：http://www.civillaw.com.cn/weizhang/?id=19895）参照。
63) 高帆編『行政執法手冊』（中国法制出版社　1990 年）　143-145 頁。
64) 許崇徳＝皮純協・前掲注（33）　176-178 頁参照。
65) 和田英夫＝大里坦＝三好充＝仲地博共著『現代行政法概説』（三和書房　1982 年）91 頁。
66) 許崇徳＝皮純協・前掲注（33）　176 頁，和田ほか・前掲注（65）　91 頁。
67) 佐々木吉男「増補　民事調停の研究」（法律文化社　1974 年）　225-230 頁，石川明「民事調停の効力」（別冊判例タイムズ　4 号　1977 年）　66-68 頁，梶村太市＝深沢利一『和解・調停の実務』（新日本法規　1980 年）　671-678 頁，石原辰次郎『民事調停法実務総攬』（酒井書店　1984 年）　377-381 頁参照。
68) 石川明＝梶村太市『民事調停法』（青林書院　1985 年）　478 頁。
69) ところが，民間型 ADR の中には，交通事故紛争処理センター，弁護士会の仲裁センターのような中立的と考えられる ADR 機関もあるため，全ての民間 ADR 機関による調停の法的効力を同一視することは，必ずしも正しくない。したがって，民間型調停に司法調停と同様な法的効果を付与するか否かについては，「一定の要件を満たす民間型 ADR について，執行力を付与することも，当該 ADR の利用を促進するうえで有効であろう」という見解を持つ学者もいる（長谷部由起子「民間型 ADR の可能性」（山田文＝早川吉尚＝濱野亮編著『ADR の基本的視座』（不磨書房　2004 年））　153

第 5 章　行政調停の位相とあり方

頁参照）。
70)　中村芳郎「ADR 法立法論議と自律的紛争処理志向」（山田文＝早川吉尚＝濱野亮編著『ADR の基本的視座』（不磨書房　2004 年））245-265 頁。
71)　検討会各回の配布資料，議事概要および議事録は，推進本部のホームページ http://www.kantei.go.jp/jp/singi/sihou/ に掲載されている。
72)　小林徹「裁判外紛争解決手続の利用の促進に関する法律の概要」（JAC ジャーナル 52 巻 3 号　2005 年）24 頁。
73)　青山善充「ADR 法の成立と日本における ADR の今後の展望」（JAC ジャーナル 53 巻 3 号　2005 年）7 頁。
74)　萩原金美『民事司法・訴訟の現在課題』（判例タイムズ社　2000 年）293 頁。
75)　大久保・前掲注（7）101 頁。
76)　たとえば，公害等調整委員会や公害紛争処理制度に関する基本的な文献としては，菊池光興「公害紛争処理法と公害等調整委—その制度・機構と役割について—」（商事法務　614 号　1972 年)，岩田好二「環境紛争の調停手続」（ジュリスト　1015 号　1993 年)，谷口隆司「公害等調整委員会の 30 年—回顧と今後の展望」（ジュリスト　1233 号　2002 年)，溝口喜久「公害紛争処理制度の理念と実践そして課題」（ジュリスト　1008 号　1992 年)，南博方「二〇周年を迎えた公害等調整委員会—その実績と課題—」（ジュリスト　1008 号　1992 年)，岩田好二「公害等調整委員会による公害調停の現在（下）—北陸新幹線公害調停の紹介を兼ねて—」（判例時報　1508 号　1994 年）等があるが，調停の執行力についてはほとんど論及していない。
77)　南博芳「公害紛争の特色と処理の手法」（一橋論叢　107 巻 4 号　1992 年）528 頁，関哲夫「行政機関による民事紛争の処理」（南博芳他編『行政紛争処理の法理と課題』（法学書院　1993 年））33-42 頁，南博芳『紛争の行政解決手法』（有斐閣　1993 年）145 頁，小島＝伊藤・前掲注（13）88 頁参照。
78)　垣内秀介「国による ADR の促進」（山田文＝早川吉尚＝濱野亮編著『ADR の基本的視座』（不磨書房　2004 年））68 頁。
79)　羅豪才編／上杉信敬訳『中国行政法概論 II』（近代文藝社　1995 年）120 頁，許崇徳＝皮純協・前掲注（33）445 頁。
80)　蔡小雪『行政復議與行政訴訟的衝接』（中国法制出版社　2003 年）5 頁。
81)　たとえば，林万泉（四川省泸洲市納溪区人民法院）「論行政調解的法律効力」（中国法院網：http://www.chinacourt.org/public/detail.php?id=94145)）。
82)　日本の調停について，小島武司教授は「日本の調停などは非常に公的な色彩が強い」と指摘し，笠井正俊教授も「制度の設置主体という面で，民と官とを対比させると，わが国の ADR は官中心である。」との見解を示している。小島・前掲注（2）251 頁，笠井正俊「比較法的視点からみたわが国 ADR の特質—アメリカ法から」（ジュリスト　1207 号　2001 年）57 頁。
83)　もともと「公的」な紛争と「私的」な紛争を分類するのは難しいことである。エ

ドワーズは「公的」な紛争について次のように述べている。

「多くの紛争は、憲法や公法と関わりあいがないからといって、容易に「私的」な紛争であると分類することができないことは明らかである。……一見「私的」な紛争に属するように考えられる紛争にも、その背後には公法に関する複雑な問題が潜んでいる場合が多いことである。本論説は、公的紛争と私的紛争の定義に関する問題に何ら容易な解決策を提供しようとするものではない。しかし、公的紛争に属すると明確に判断することができる種類の紛争はいくつか存在し得るのである。」(Harry T. Edward, Alternative Dispute Resolution, Panacea or Anathema?, 99 HARV. L. REV. at 671. 大橋真由美『行政紛争解決の現代的構造』(弘文堂　2005年)　174頁)。

そして、エドワーズは、公的な紛争であると明確に判断することができる事例の種類として、①憲法関連の紛争、②既存の各種規制法が関係している紛争、③一般公衆の関心が極めて高い紛争、の3つを挙げる。エドワーズの分類によれば、公害紛争、消費者被害に係る紛争は「公的」な紛争に属するということができよう。

84)　行政型ADRの立法上の面において、アメリカは日本や中国に比べてかなり進んでいる。アメリカにおいて、行政機関によるADR利用推進の動きの頂点が、連邦行政機関に包括的なADR利用権限を付与し、その活用推進を謳った1990年行政紛争解決法、及びその恒久的授権法である1996年行政紛争処理法である（大橋真由美「米国連邦政府の行政機関によるADRの利用（上）——九九〇年行政紛争解決法と一九九六年行政紛争解決法」（自治研究　75巻12号　1999年）120頁，比山節男「ADRとしての米国一九九〇年行政紛争解決法」（大阪経済法科大学法学研究所紀要　23号　1996年）　14-19頁参照）。

85)　川上宏二郎「行政紛争の解決と裁判所—主として行政苦情処理機構との関連で—」（西南学院大学法学論集　16巻4号　1984年）　2-3頁。

86)　統計数字は、国民生活センターホームページ (http://datafile.kokusen.go.jp/jpl_menu_g.asp) 及び公害等調整委員会「平成18年度公害苦情調査結果報告」(http://www.soumu.go.jp/kouchoi) による。

87)　2004年に、公安機関の交通事故に対する職権調停は廃止された。その後、公安機関による交通調停の件数は急に減少した（推測によれば、公安機関による交通調停の件数は以前より半分以上減らした）。

88)　「信訪」は「来信」、「来訪」の意味である。信訪機関は苦情に関する「来信」、「来訪」を処理する機関である。

89)　張勇『中国行政法の生成と展開』（信山社　1996年）　92頁，高見澤磨『現代中国の紛争と法』（東京大学出版会　1998年）　51頁，木間正道『現代中国の法と民主主義』（勁草書房　1995年）　142-143頁参照。

第6章　仲裁調停の現状と課題

第1節　序

　仲裁は，調停と並んで，裁判外紛争処理方法の典型例である。調停は，「第三者（調停人）が当事者双方を仲介し，互譲により解決の合意を成立させる手続」であり，これに対し，仲裁は「当事者が一定の紛争について，予めその選定する私設の裁判官である第三者（仲裁人）の判断（仲裁判断）に服する旨を合意した場合に，この仲裁合意（仲裁契約）に基づいて行われる手続」である。[1] 調停も仲裁も，等しく自主的・任意的な紛争解決手法に属するが，本質が異なるであることから，それらの手続構造における相違も多い。[2] にもかかわらず，近年，仲裁と調停各々の欠点を克服し，それらの利点を生かすために，仲裁と調停を連係させる動きが世界的に広まっている。1996年，韓国・ソウルで開催された国際商事仲裁協議会の会議において，仲裁と調停の連係がテーマの1つとして取上げられ，「仲裁に調停やその他の紛争処理手続を組み合せることを好意的に受止めるという文化は拡大しているか（Is there an expanding culture that favours combining arbitration with conciliation or other dispute resolution procedure?）」と題するセッションを設けたが，これは，仲裁と調停を連係させる動向への関心の現れと言えよう。[3]

　中国において，仲裁と調停を連係させる方法は，かなり早い段階から利用され，仲裁制度の創設と同時に，この方法は既に実務の中で利用されてきた。[4] 儒教の「和」という精神を基礎とする「調停文化」が主導的な地位を占めた中国では，調停それ自体が広い範囲で利用されると共に，調停手法は他の紛争解決手続に浸透し，さらにそれらの紛争解決手法と結び付き，新たな態様を形成していったのである。こうした特殊性を有する紛争解決手続の総合体の一種として，法院調停の例が挙げられる。そのほか，仲裁の分野においても，このような総合的な紛争解決の動きが現れた。中国では，仲裁制度創設の当初から，仲裁と調停の連係はごく自然に導入され，かつ仲裁手続

の中で頻繁に利用されるようになった。しかも，この現象は調停手法が仲裁の分野に進出した成果と見做され，中国の社会に如何なる違和感も感じさせないのである。

仲裁手続中における調停手法の利用は，中国において「仲裁調停」と呼ばれ，調停の一種として位置づけられている。そもそも，仲裁調停は仲裁を基盤とするので，仲裁に属するものと解すべきである。ところが，法院調停における調停の種類区別の影響を受け，仲裁調停は調停の一種であるという見解が中国における一般的な見解である。[5] したがって，本書においても仲裁調停を中国調停システムの一部として考察を行う。

本章では世界各国の仲裁と調停を連係させる手続を概観した上で，主に中国における仲裁調停の創設とその後の展開および現状と課題等について検討していきたい。そして，最後で比較法の視点から，日・中両国における仲裁と調停を連係させる手続構造の異同についても検討を行いたい。

第2節　各国における仲裁と調停の連係

仲裁も調停も自律的な紛争解決方法であり，この両者をどのように組み合わせるかはそもそも制度設計の問題であるが，当事者による自由な制度選択の保障も重要的な要因であり，さまざまな仲裁と調停の連係の具体相を構想し試みることが肝要である。猪股孝史教授は，当事者が締結している紛争処理についての基本となる合意を基礎とし，仲裁と調停を連係させた手続を「仲裁合意である場合」と「調停合意である場合」という2つの類型に分ける。仲裁合意である場合の基本態様は，「仲裁手続に先行させて，まず調停を行う，或いは，仲裁手続を進行させつつ，その途中のある時点で調停を行う」というものであり，調停合意である場合の基本態様は，「まず，調停手続を行い，調停が成功して和解が成立すれば，和解合意に基づき仲裁判断を下し，或いは調停が失敗したときは，仲裁を開始する」というものである。[6]

仲裁と調停の連係はまず東アジア地域を中心に普及し，近時アメリカ等西洋の国においてもこの連係の動きがいくつか出てきている。[7] 以下では，現

時点における各国での仲裁と調停を連係させる手続の主要なものを挙げておきたい。

1　儒教文化圏における仲裁と調停の連係

　アジア諸国の場合，紛争処理を支える法文化は，「調停文化」である。「和」という儒家思想の影響を受け，「紛争解決にあたって対決的方法を嫌う」[8)]アジア諸国は，紛争が生じたときに調停手法を愛用することが当然のことになる。さらに，対決的方法である訴訟や仲裁を選んだとしても，必ずそれに調停の手法を加え，紛争の平和解決を図るのである。西洋の立場からは，「アジア諸国には，合意に基づく解決を求める，深遠で社会的かつ哲学的な選好が存在する」ということが不思議な慣行と考えられかねない。[9)]ところが，このような傾向こそ，儒教の文化に合致したものと言えよう。
　儒家思想の影響を受けた東アジア，東南アジア地域の諸国は，ほとんど「訴訟嫌い，調停好き」という伝統がある。[10)]しかも，こうした調停の伝統は仲裁の領域に広められ，さらに仲裁と調停を連係させる手法が新たに創造されるようになった。

(1)　日本の場合

　日本における民間仲裁組織としては，日本商事仲裁協会，日本海運集会所，日本知的財産仲裁センター，弁護士会仲裁センター等を挙げることができる。これらの組織は仲裁のほか，調停をも取り扱っている。そして，平成15年に新仲裁法が制定される以前より，実務においては仲裁と調停がある種混在するという特徴が認められた。[11)]早川吉尚教授は日本における調停と仲裁の混在という特徴を「①調停と仲裁の同一手続における混在，②調停人と仲裁人の同一人の兼任，③和解合意の仲裁判断への書換え」という3つの点にまとめ，かつ批判的な視点からそれぞれの問題点を指摘した。[12)]
　しかし，2004年（平成16年）に施行された新仲裁法の中で仲裁上の和解について規定が設けられ，実務上の仲裁と調停を連係させた慣行は法の中に取り込まれることになった。また，各仲裁組織もその仲裁規則及び調停規則の中で仲裁と調停を連係させる手続について，具体的な規定を設けていた。

これらの規定からすると，日本の仲裁と調停を連係させた手続は，2つの類型に分けることができる。1つの類型は仲裁手続中の和解であり，いま1つの類型は，調停から仲裁への移行である。

(a) **仲裁手続中の和解**　日本の仲裁法38条の規定によれば，当事者双方の承諾がある場合には，仲裁廷又はその選任した1人若しくは2人以上の仲裁人は，仲裁手続に付された民事上の紛争について，和解を試みることができる（38条4項）。ただ，仲裁法は仲裁人の和解勧告について，かなり厳しい前提を設定し，すなわち，和解の承諾又はその撤回は，当事者間に別段の合意がない限り，書面でしなければならない（同条5項）としている。こうした和解開始の要件が新仲裁法の特徴の1つとされ，その理由は「仲裁人が調停人のような役割において振る舞う場合には，当事者の明示の承諾を要するとするのが，世界的な傾向になっている」ことにあると言われている。[13]

ところが，仲裁法で定められたこの要件は各仲裁組織の仲裁規則の中で緩和され，口頭の承諾でも認められるようになった。たとえば，日本商事仲裁協会仲裁規則と日本知的財産仲裁センター仲裁手続規則では，口頭の方式が認められている。そのほか，この要件はさらに緩和され，当事者の承諾がなくても，仲裁廷は和解勧告をすることができることを認める仲裁規則さえもある。たとえば，日本海運集会所海事仲裁委員会仲裁規則32条2項は，「仲裁廷は，仲裁手続の進行の程度を問わず，当該紛争の全部又は一部について，和解を試みることができる」とする。なお，同規則8条1項，2項によれば，日本海運集会所の事務局は，仲裁申立を受理した後，当事者間における簡便，迅速，かつ円満な紛争の解決のため，調停を行うよう当事者双方に勧めることができ，当事者双方が調停を行うことに同意したときは，仲裁委員会は調停手続が終了するまで仲裁手続を中断する。

和解が成立した場合の対応には二通りのものがある。1つは，和解決定を下すことである。仲裁法38条によれば，仲裁廷は，仲裁手続の進行中において，仲裁手続に付された民事上の紛争について当事者間に和解が成立し，かつ，当事者双方の申立てがあるときは，当該和解における合意を内容とする決定をすることができ，その決定は仲裁判断としての効力を有する（38条1項，2項）。決定をするには，決定書を作成し，かつ，これに仲裁判断であることの表示をしなければならない（同条3項）。これについて，各仲裁委

員会の仲裁規則もほぼ同じような内容を規定している。和解が成立した後のいま1つの対応は，和解合意を仲裁判断へ書き換えることである。これについて，海運集会所の仲裁規則だけが規定を置いている。海運集会所海事仲裁委員会仲裁規則38条によれば，当事者が仲裁の手続に和解によって当該紛争の全部又は一部を解決したときは，仲裁廷は，当事者双方から要請があるときに限り，その和解の内容を仲裁判断の主文に記載することができる。

　和解の試みが不調に終わったときは，仲裁廷は，仲裁手続を続行する。ただし，和解を勧める際に知り得た情報を続行する仲裁手続の中で使えるかどうかは問題になる。仲裁法はこれについての規定を置いていない。海運集会所の場合には，「仲裁廷は，和解を勧める際に知り得た情報を仲裁判断の材料としてはならない」との定めがある（海運集会所仲裁規則32条3項）。

　(b)　**調停から仲裁への移行**　　日本海運集会所，日本知的財産仲裁センターによる調停は直接に仲裁へ移行することができる。第一東京弁護士会仲裁センター，第二東京弁護士会仲裁センターによる和解・斡旋も，仲裁へ移行することができる。

　①　日本海運集会所における移行手続

　日本海運集会所調停規則16条によれば，紛争について和解の合意に達した全当事者が紛争の解決を確実なものとするために，仲裁判断を作成することに同意する場合には，調停人は，直ちに調停手続を終了させる。この場合に，当事者は，別に規定する書式による仲裁契約に署名捺印し，調停人を仲裁人として選任しなければならない。仲裁人は，選任後直ちに仲裁手続を開始し，全当事者の和解の合意の内容に従い仲裁判断書を作成する。

　②　日本知的財産仲裁センターにおける移行手続

　日本知的財産仲裁センター調停手続規則22条によれば，調停手続において和解契約が成立し，当事者双方が仲裁合意書を提出してその和解の内容を主文とする仲裁判断を求めるときは，調停手続は仲裁手続に移行し，調停手続における調停人は，仲裁手続における仲裁人となる。また，調停手続において，当事者の間に仲裁合意のみが成立した場合は，仲裁合意書の作成をもって調停は終了し，この場合は，当事者双方の合意により，調停手続における調停人を仲裁人とする仲裁判断を求めることができる。仲裁手続への移行につき，申立人は改めて仲裁申立書の提出，仲裁申立手数料の納付をする

ことは要しない。

③　第一東京弁護士会仲裁センターにおける移行手続

当該弁護士会仲裁センター仲裁手続規則 43 条によれば，当事者は，和解手続中のいずれの時点においても，仲裁合意を行い，仲裁センターに対して仲裁手続への移行を求めることができる。和解の担当者も，和解手続中のいずれの時点においても，当事者に対して仲裁判断を求める意思があるか否かを確認し，これに基づく仲裁合意書の作成，提出要請等必要な措置を採ることができる。和解手続中に当事者間の仲裁合意書が仲裁センターへ提出された場合，和解手続は終了し，仲裁手続に移行する。当事者から特段の異議がない限り，和解の担当者が仲裁人となる。そして，当事者は，和解手続における主張及び証拠を，仲裁手続においても維持することができる。

④　第二東京弁護士会仲裁センターにおける移行手続

当該弁護士会の仲裁手続及び和解斡旋手続細則 28 条によれば，斡旋人は，和解斡旋手続の如何なる段階においても，当事者双方に対し，仲裁合意をして仲裁手続に移行する意思の有無について確認することができる。和解斡旋手続の進行中に当事者双方が仲裁合意をし，仲裁合意書を提出したときは，仲裁手続に移行する。この場合，和解斡旋手続を行っていた斡旋人は，仲裁手続における仲裁人となる。

(2)　華人を中心とする地域・国家の場合

華人社会は儒教思想を中心とする社会であると言える。したがって，中国大陸以外，香港，台湾，シンガポールの仲裁法の中においても仲裁と調停を連係させた手続が設けられている。[14]

まず，香港仲裁法二 B 条 1 項によれば，全ての当事者が書面をもって同意し，いずれの当事者もその同意を撤回しない限り，仲裁人，審判人 (umpire) は調停人として行動することができる。そして，同法二 C 条により，仲裁契約の当事者がその紛争について和解合意に至り，和解条件を含む書面による合意 (和解合意) を作成した場合には，和解合意の執行については，仲裁契約に基づく仲裁判断として取り扱われるものとし，裁判所またはその裁判官の許可を得て，同等の効力を持つ判断や命令と同等の方法で執行することができ，さらに，許可が与えられていれば，その合意条項に沿った判決

が下されるものとする。[15]

　また，台湾仲裁法44条，45条によれば，仲裁事件については，仲裁判断をなす前に和解をすることができる。和解が成立したときは，仲裁人が和解書を作成する。その和解は仲裁判断と同一の効力を有する。ただし，申立てにより裁判所が執行決定をなしたときに限り強制執行をすることができる。また，仲裁法の定めに基づく仲裁契約がないときは，仲裁機関は当事者の申立てにより，相手方の同意を得て，双方に調停人を選定させ，調停を行うことができる。調停が成立したときは，調停人は調停書を作成する。その調停書は仲裁判断と同一の効力を有する。ただし，申立てにより裁判所が執行決定をなしたときに限って強制執行をすることができる。調停が成立しない場合には，調停人は当事者双方の同意を得なければ，同一事件の仲裁人になってはならない。[16]

　そのほか，シンガポールの場合は，1994年の国際仲裁法及び2001年の仲裁法の中で，仲裁と調停を連係させた手続を設けている。国際仲裁法17条1項によれば，仲裁手続の当事者が書面をもって同意し，かつ，いずれの当事者も書面をもってその同意を撤回しない限り，仲裁人または審判人（umpire）は，調停人として行動することができる。18条は，「仲裁合意の当事者が，その紛争について和解する合意に達し，仲裁廷がUNCITRAL国際商事仲裁モデル法30条に従い，合意した条件に基づき仲裁判断の形式で和解条件を記載したときは，その仲裁判断は，仲裁合意に基づいてされた判断として扱われるものとし，高等法院（High Court）またはその裁判長（Judge）の許可を得て，判断または同じ効力を持つ命令と同じ方法で執行することができ，そのような許可がされたときは，判決を仲裁判断の文言で登録することができる」ということを規定している。[17] また，2001年の仲裁法の中では，「仲裁手続の全ての当事者が書面により同意し，いずれの同意者もその同意を書面により撤回しない間は，仲裁人は調停員として活動することができる」（63条1項）ということが規定されている。そして，調停手続で得た情報の運用について，「仲裁人が仲裁手続の当事者から調停手続の間に情報を得，その手続が当事者が紛争解決の合意に達したことによらずに終了した場合，仲裁人は，仲裁手続開始前に，仲裁手続の全ての当事者に，仲裁手続上の資料になると考える情報を開示しなければならない」（63条3項）と規定

している。[18]

(3) 韓国の場合

韓国の文化も「儒教圏文化」に属している。その影響を受け，韓国の法律も仲裁と調停を連係させた手続について規定を設けた。

韓国仲裁法31条によれば，仲裁手続の進行中に当事者間に和解が成立する場合には，仲裁判断部はその手続を終了する。この場合，仲裁判断部は当事者の要求に基づきその和解内容を仲裁判断の形式で記載することができる。和解内容を記載した仲裁判断は，第32条の一般仲裁判断に関する規定に従って作成されなければならず，かつ仲裁判断であることが明示されなければならない。和解仲裁判断は，当該事件の本案に関する仲裁判断と同一の効力を有する。[19]

そのほか，大韓商事仲裁院（KCAB）商事仲裁規則18条3項は，「調停が紛争を解決するのに成功したときは，調停人は，当事者の合意の下で選定された仲裁人と見做される。そして，調停の結果は，規則53条の規定のもとで和解による解決に基づいて与えられ，下された仲裁判断と同一のものとして扱われ，仲裁判断と同一の効力をもつ」ことを規定している。[20]

2　西洋社会における仲裁と調停の連係

西洋社会における仲裁と調停を連係させた発想は，東洋社会のような「調停文化」からのものではなく，「訴訟文化」を背景にしたものである。[21] 今日の圧倒的に訴訟化した仲裁は，決して迅速，かつ低コストなものではない。そして，仲裁は，「手続構造が訴訟と類似している上に，「法」に基づく仲裁過程では要件事実にそった主張・立証のため必然的に法律家の関与が求められる結果，訴訟での実務が仲裁に惰性的に持ち込まれ，敵対性が強まり，当事者の手から紛争処理のコントロールが奪われてしまう」という欠点もある。[22] こうした仲裁の欠点を回避し，かつ調停の「当事者の自己決定」，「自律性の尊重」，「人間関係の調和」などの利点を生かすため，仲裁と調停を組合せるという発想が生まれてきたのである。[23]

アメリカでは，仲裁と調停を組合せる手続はミーダブ（Med/Arb）とよば

れ，1990年代から労使団体交渉の解決という特殊な領域で始まったものであり，現在でもそうした領域を中心に利用されているのである。[24] ミーダブが採用されるとき，一般的には，仲裁の前に調停の前置を義務づけるような紛争解決条項が存在する。この紛争解決条項によって，まず調停を行い，調停が不調に終わった際に，かかる調停手続と切り離し，次のステップとしての仲裁手続を行う。[25]

　アメリカでは，仲裁手続は，当事者双方が対立した構造の下で中立公正な判断権者が判断を下すという訴訟と類似する手続として理解されている。これに対し，調停手続が，両当事者に和解に向けた話し合いをさせるための手続として，仲裁と異なる性質を有することは，認識されている。[26] したがって，アメリカのミーダブは，仲裁と調停をそれぞれ独立した手続として「組み合せる」ことがあっても，東アジア地域のように，2つの手続を1つの手続の中に「混ぜ合わせる」という運用ではないのである。[27]

　最近，仲裁と調停の連係は，ミーダブという特殊な手続以外に，通常の仲裁手続の場面においても利用されてきた。法律家国際協会（IBA）による国際仲裁人のための倫理規範8条前段によれば，「当事者双方がそのように申し立て，または，仲裁廷によるこうした効果についての示唆に同意していた場合には，仲裁廷の全体が（または適切なときは首席仲裁人が）当事者双方に同時に，むしろ望ましいのは各当事者の面前で，和解の提案をすることができる」。[28] そのほか，アメリカ仲裁協会アメリカ法律家協会（AAA・ABA）による商事紛争における仲裁人倫理規範4条H項は「仲裁人が事件の和解の可能性について話し合うときを，当事者に対して示唆することは不適切なことではない」と規定している。4条I項は「すべての当事者が，そうすることを求め，または，適用されるべき法律または規則によってそうすることが認められ，または求められているときに，仲裁人として選定されている者が，その紛争での調停人として行動することはできないとする意図は，この規範には一切ない」と規定している。しがしながら，仲裁人は，「全ての当事者がそうすることを求めるのではない限り，和解の話合いに出席し，または，関与すべきではない。仲裁人は，和解のため，当事者に圧力をかけてはならない」（4条H項），とされている。[29]

　アメリカ以外においても，ドイツ，カナダ及びオーストラリア等の西洋国

家には，仲裁と調停を連係させた手続に関する法律規定がある。まず，ドイツでは，1924年の民事訴訟法の改正の際，仲裁和解に関する規定が第1044条aとして創設された。第1044条aによれば，債務者が仲裁裁判官和解において，即時の強制執行に服したときは，その和解に基づく強制執行は，和解が執行力ある旨の宣言があるときは，許される（1項）。しかし，和解が，法律上の効力を欠き，又はその承認が，善良の風俗，公序に反するときは，執行力の宣言は拒否される（2項）。30) 次に，カナダ・アルバータ州では，仲裁法35条1項は，「仲裁廷の構成員は，当事者が合意するときは，紛争の対象について和解を勧める（encourage settlement）ため，仲裁において，調停またはその他これに類する技法（mediation, conciliation or similar techniques）を用いることができる」と定めている。31) そのほか，オーストラリア・ニュー・サウス・ウェールズ州商事仲裁法も，「仲裁合意をした当事者双方は，仲裁の手続開始の前後を問わず，そして，仲裁の手続進行中であると否とを問わず，(a) その紛争を調停またはその他これに類する方法によって解決することを求めることができる。または，(b) 仲裁人もしくは審判人（umpire）に，調停人（mediator, conciliator）もしくは非仲裁的な仲介者（intermediary）として行動する権限を与えることができる」（27条1項）という規定を置いている。32)

第3節　中国における仲裁調停の生成と発展

　中国において，仲裁過程中において調停を行い，仲裁と調停を連係させるという方法を生み出したのは，中国国際経済貿易仲裁委員会である。
　中華人民共和国が成立する前は，中国には商事紛争を解決する仲裁機構が存在していなかった。33) 1949年に成立した中華人民共和国は，1954年に最初の憲法を制定して国家機構を整備したが，国際商事仲裁のための常設機関を設置することは，既に憲法制定の直前に決定されていた。34) 1954年中央人民政府政務院の「中国国際貿易促進委員会の中に対外貿易仲裁委員会を設立することに関する決定」によって，1956年4月2日に中国国際貿易促進委員会対外貿易仲裁委員会が設立された。35) 対外貿易仲裁委員会の設立に伴い，

第6章　仲裁調停の現状と課題

中国国際貿易促進委員会は,「中国国際貿易促進委員会対外貿易仲裁委員会仲裁手続暫行規則」(以下,仲裁手続暫行規則と略称する)を制定し,これが中国初めての国際商事仲裁に関する仲裁規則であった。

　56年の「仲裁手続暫行規則」は,旧ソ連の対外貿易仲裁モデルを参考にしながら,中国の実情に即して制定された仲裁手続規則と言える。旧ソ連では対外貿易に関する仲裁手続規則の中に調停に関する規定がないため,「仲裁手続暫行規則」の中にも調停に関する規定は設けられていなかった。しかしながら,中国では調停伝統がもともと根強いものである。それに加え,当時の「馬錫五審判方式」を代表とする「審判と調停の連係」が既に民事裁判の中で広げられていったので,対外貿易仲裁委員会も人民法院の手法に倣い,その成立の当初から実務の中で「仲裁と調停を連係させる手続」を採用していたのである。当時の中国国際貿易促進委員会主席南漢宸は,仲裁手続中に調停手法の導入を積極的に働きかけ,それに,実務に携わった仲裁員自身も仲裁と調停を結び付ける手法を多用していたと言われる。36) 当時仲裁員を担当した唐厚志教授の追憶によれば,当時は,「仲裁員が仲裁手続の中で,できるだけ調停によって紛争を解決する。調停が成立した場合は,仲裁手続を終了させる」という状況であった。37)

　仲裁の中に調停を導入させる理由は,以下のいくつかの点にあると考えられる。①中国では,1949年に共産党政権が成立した後,全ての旧制度が廃止され,新制度が創設されてきた。50年代には旧ソ連の制度に倣い仲裁制度を創設したものの,実務経験が全くなかったので,仲裁の展開に困難を生じたのである。それに,その時期には中国の法曹人口が極めて少なく,裁判官の一部分さえも非法律専門家である者によって担当されていたため,全ての仲裁員の業務能力が仲裁判断を下せるレベルに達したとは言い難いのである。②中国には調停の伝統がある。調停という手法が大昔から人々に愛用されていたため,共産党政権もこの伝統を継承し,紛争を解決する際に調停手法の利用を非常に重視する。③共産党根拠地政権時期,「馬錫五審判方式」という審理と調停を連係させる方法は,紛争解決に大きな役割を果たした。1949年以降,「馬錫五審判方式」が革命伝統として提唱され,さらにそれに基づき訴訟過程中に調停手法を導入させた法院調停制度が創設された。法院調停は実務上に十分に機能したので,仲裁も人民法院の手法に倣い実務中に

261

調停の手法を導入した。

　中国国際貿易促進委員会対外貿易仲裁委員会が仲裁と調停を連係させる道を切り開いた後，取り扱った事件の大部分が調停の手法で解決された。60年代，対外貿易仲裁委員会が調停の手法で解決した事件は，フィンランド工商省が中国食料食用油輸出会社（粮谷油脂公司）に対しての大豆の品質による損害賠償請求事件[38]，ドイツのカラスン会社が中国天津茶葉土産貿易会社（茶叶土产进出口公司）に対しての黄麻の品質による損害賠償請求事件などの事件[39] が挙げられる。1970年代，中国国際貿易促進委員会対外貿易仲裁委員会がアメリカ仲裁協会と共同で「連係調停」の方式を作り出した。この連係調停の具体的な手順は次の通りである。中国側の当事者とアメリカ側の当事者が貿易の過程で生じた紛争についてはまず交渉ないし和解の方式によって解決する。交渉及び和解で解決できない場合には，中国側の当事者が対外貿易仲裁委員会に，アメリカ側の当事者がアメリカ仲裁協会に調停の申立を提出する。対外貿易仲裁委員会とアメリカ仲裁協会双方が相同人数の調停員を選出し，調停を行う。調停が不成立になる場合，当事者双方が仲裁合意に基づいて，仲裁を請求することができる。1977年に，中国国際貿易促進委員会対外貿易仲裁委員会とアメリカ仲裁協会は，中国紡織品貿易会社とアメリカパランス木綿協働組合の間の木綿納品遅延による損害賠償事件について，初めて「連係調停」という方式を利用し，当該紛争を円満に解決した。[40]

　1950年代から1980年代に至るまで，中国国際貿易促進委員会対外貿易仲裁委員会による調停で解決した事件数が，当該仲裁委員会の解決総件数の約9割を占めることになった。中国国際貿易促進委員会対外貿易仲裁委員会（北京総会）1956年～1984年の解決事件数は，表1のとおりである。

　表1によると，1956年から1984年までの間，対外貿易仲裁委員会の終結事件数は502件であり，その内，調停で解決した事件数は442件であり，逆に仲裁で解決した事件数はわずか60件であった。年度の推移から見ると，1975年～1979年の5年間は，調停により解決された事件数が年間平均約24件であり，1980年～1984年の5年間は，その事件数が年間平均約58件に達した。こうした調停で解決した事件数の増加は，「改革開放」以降中国の経済発展及び対外貿易の増加に伴い，経済及び貿易に関する紛争も年々増え

第6章　仲裁調停の現状と課題

表1　中国国際貿易促進委員会対外貿易仲裁委員会
（北京総会）1956～1984年終結事件数

年別	仲裁事件	調停事件	年別	仲裁事件	調停事件
1956年	0	2	1971年	1	0
1957年	0	2	1972年	0	2
1958年	0	0	1973年	0	5
1959年	0	8	1974年	1	11
1960年	6	13	1975年	3	11
1961年	6	5	1976年	2	21
1962年	3	1	1977年	2	26
1963年	4	1	1978年	2	29
1964年	1	3	1979年	1	32
1965年	0	7	1980年	2	42
1966年	0	1	1981年	9	70
1967年	0	2	1982年	6	66
1968年	0	0	1983年	6	34
1969年	0	3	1984年	5	44
1970年	0	1			

注：この表は王生長『仲裁與調解相結合的理論與実務』（法律出版社　2001年）119頁のデータに基づき作成したものである。

つつあるという背景を反映したものである。他方，実務上調停が仲裁判断より多用されるという現状も，仲裁過程中の調停に関する立法がこの時代の要請に適っていたものだったことを示している。

　こうした背景の下で，1988年には，中国国際貿易促進委員会が新たな仲裁規則（1989年1月1日から施行）を制定し，この仲裁規則の中で初めて調停に関する条項を設けた。本規則37条の規定によれば，仲裁委員会及び仲裁廷が扱った事件について調停を行うことができる。調停を経て当事者双方が合意に達した場合，仲裁廷が当該調停における合意を内容とする仲裁判断を下すことができる。こうした規定から，当時の中国の仲裁調停は2つの方

式を採用したことが分かっている。1つの方式は，仲裁廷が成立する前に，仲裁委員会が行った調停である。いま1つの方式は，仲裁廷が成立した後での仲裁廷による調停である。そして，調停における合意の内容は仲裁判断の基礎になれることも明瞭である。しかし，調停手続の開始が当事者の自由意思に基づくという制限がないため，仲裁委員会が取り扱った仲裁事件に対し当事者の意思を問わず，勝手に調停を行うケースは少なくなかった。したがって，89年の仲裁規則は，中国で初めて調停を規定した仲裁規則であり，まだ未成熟なものである。[41]

中国の立法機関は1992年から「仲裁法」を起草し始めた。この背景の下で，1994年3月に中国国際経済貿易仲裁委員会は現行の仲裁規則に対し重大な改正を行った。改正された仲裁規則は，仲裁過程中の調停について若干の重要な条文を増設し，すなわち規則の46条～51条が仲裁過程中の調停手続の要件，方式，終了及び当該調停における情報をその後行う仲裁手続の中で援用することの可否などについて詳しく規定を設けた。それによって，渉外仲裁の中の仲裁調停制度が着実に整備されてきた。

1994年8月に第8回全国人民代表大会常務委員会第9次会議で「中華人民共和国仲裁法」が採決された。仲裁法の中でも，仲裁過程中の調停について若干の規定を設けていた。仲裁法の中で規定された調停手続は，渉外仲裁の中の調停手続と多少異なる点があるものの，仲裁法の制定は，仲裁調停制度が法律上確立されたことをはっきりと表したものである。

50年代～80年代前期，前述の中国国際貿易促進委員会対外貿易仲裁委員会の調停で解決した事件が圧倒的に数多い理由の1つは，当時中国が未だニューヨーク条約に加盟しておらず，当該仲裁委員会の仲裁判断が外国で執行できなかったということにあると考えられる。中国は1987年にニューヨーク条約に加盟した後，国際経済貿易仲裁委員会（CIETAC）の調停によって終結した事件の割合にも大きな変化が現れた。1986年～2000年CIETAC（北京総会）の終結事件数は表2のとおりである。

和解判断事件数は当事者自らの和解及び仲裁廷の調停における合意を内容とする仲裁判断を下す事件数のことを指す。第2表によれば，1986年の和解判断事件数が終結総件数の57.1％を占めたが，ニューヨーク条約に加盟した1987年から，この比率が急に7％以下に下がった。1988年から1993

第6章　仲裁調停の現状と課題

**表2　中国国際経済貿易仲裁委員会（北京総会）
1986～2000年の終結事件数**

年別	終結事件総数 (A)	和解判断事件数 (B)	取下げ件数 (C)	B/A	B+C/A
1986年	7	4	3	57.1%	100%
1987年	49	3	11	6.1%	28.6%
1988年	117	1	41	0.9%	35.9%
1989年	183	4	57	2.2%	33.3%
1990年	186	4	46	2.2%	26.9%
1991年	211	1	48	0.5%	23.2%
1992年	203	5	48	2.5%	26.1%
1993年	389	11	30	2.8%	10.5%
1994年	600	32	86	5.3%	19.7%
1995年	660	43	73	6.5%	17.6%
1996年	543	27	85	5.0%	20.6%
1997年	490	28	78	5.7%	21.6%
1998年	451	27	73	6.0%	22.2%
1999年	427	27	71	6.3%	23.0%
2000年	410	38	74	9.3%	27.3%

注：この表は王生長『仲裁與調解相結合的理論與実務』（法律出版社　2001年）123頁のデータに基づき作成したものである。

年の間，この比率がさらに3％以下に下がり，和解判断事件数は低迷状態に落ち込んだ。1994年渉外仲裁規則の改正及び仲裁法の制定に伴い，この比率が回復の傾向を示したものの，それでも5％～10％の程度に止まっている。ところが，取下げ事件が当事者間のある意味の和解を暗示したものであるので，それを和解判断事件数と合わせて考えると，CIETACの取扱事件の中で，4分の1は調停ないし和解によって解決されたと言えよう。

第4節　仲裁調停の手続構造

　仲裁法が制定される前の中国の仲裁制度は，大きく国内仲裁と渉外仲裁の2つに分けられる。この2種類の仲裁制度は，性格上および体制上に大きな相違点があるので，仲裁調停の手続にも差異が存在する。

1　国内仲裁における仲裁と調停の連係

(1)　仲裁法が制定される前の国内仲裁及び仲裁と調停の連係

　仲裁法が制定される前の国内仲裁は実質的に行政仲裁であった。この行政機関による仲裁制度は，1950年政務院（現在の国務院の前身）財政経済委員会の「機関・国営企業・合作者契約締結暫定弁法」によって発足されたと言われている。1950年代，契約をめぐって生じる紛争の処理は，財政経済委員会の任務とされていた。対象となる全ての経済契約紛争は，仲裁に付さなければならず，直接人民法院に訴えることはできなかった。しかし，仲裁の結果に不服がある場合には，訴訟を提起しうるとされていた。[42]

　1981年に制定された経済契約法は，こうした経済仲裁を経済契約紛争についての強制的解決手段とする従来の原則を廃し，仲裁手続を経なくても，直接人民法院に提訴しうることとした。ところが，仲裁機関について経済契約法は，「国家の定める契約管理機関」（経済契約法48条）とのみ規定するに止まった。1983年国務院によって公布された「経済契約仲裁条例」は，この点を改め，統一的な仲裁機関を設置することによって，経済仲裁制度のより一層効率的な運用を図っている。同条例2条によれば，統一的仲裁機関は，国家工商行政管理局及び地方各級工商行政管理局が設置した経済契約仲裁委員会であると規定されたのである。同条例15条は，「委員会には専業の仲裁員だけでなく，一般の専門家・有識者を兼業仲裁員という形で参加させる」と規定していたが，実務上では，専業仲裁員が行政管理者によって担当され，兼業仲裁員の数が極めて少なかった。

　「経済契約仲裁条例」には，仲裁手続における調停の優先原則が次のよう

に規定されている。
　①　仲裁機関は，まず調停を試みなければならない（同条例第 25 条）。
　②　仲裁審理の終結後にも，再び調停の可能性を追求しなければならない（同条例第 31 条）。43)

　こうした調停の優先原則は，仲裁手続の全ての過程で調停の可能性が最大限追求される中国仲裁の特徴を反映している。しかし，本条例は具体的な調停手続を設けておらず，調停の効力も不明確であるので，実務運用上の不便をもたらした。特に，仲裁機関が当事者の自由意思を問わず調停手続を開始させられる規定は，当事者自由意思に違背し強制調停をすることの余地を残した。

(2) 仲裁法が制定された後の国内仲裁及び仲裁と調停の連係

　中国仲裁制度の全面的改革によってもたらされた最も顕著な成果は，行政仲裁を民間仲裁に改め，仲裁の本質的特徴を本来のものに戻したことにある。その成果の主要なものとしては，次のものがある。44)

　①　仲裁法の公布以前に，中国における仲裁関連規定は，14 の法律，128 の行政法規，190 の地方的法規の中に散見された。仲裁法の制定によって，仲裁に関する法規は一通り整備された。

　②　もともと行政機関に隷属していた各級契約仲裁委員会，技術契約仲裁委員会，不動産仲裁委員会が廃止され，直轄市，省・自治区政府所在地の市およびその他の重要都市で新たな仲裁委員会が設置された。仲裁委員会は，行政機関から独立し，行政機関と従属関係を有せず，仲裁委員会相互間も従属関係を有しない（仲裁法 14 条）。そして，行政管理者が仲裁員を担当する状況を改めるため，仲裁委員の資格認定制が確立され，仲裁委員会の委員及び仲裁委員は，専門知識と実務経験を有する法律専門家，技術専門家およびほかの有識者によって担当する。

　③　強制仲裁が廃止され，仲裁手続が当事者の自由意思と仲裁契約によって開始されることになった。

　④　当事者が仲裁に不服がある場合に人民法院に訴えを提起しうるいわゆる「一裁二審制」が廃止され，「仲裁終局制」が確立された。

　国内仲裁制度は，以上の改革を通し，新しいスタートラインから再出発し

表3　2004年・2005年新受件数全国順位10位以内の仲裁委員会

2004年			2005年		
順位	仲裁委員会名称	新受件数	順位	仲裁委員会名称	新受件数
1	武漢仲裁委員会	4,363	1	武漢仲裁委員会	5,013
2	広州仲裁委員会	3,125	2	広州仲裁委員会	3,448
3	北京仲裁委員会	1,796	3	重慶仲裁委員会	2,703
4	深圳仲裁委員会	1,751	4	深圳仲裁委員会	2,110
5	上海仲裁委員会	1,703	5	北京仲裁委員会	1,979
6	中国経貿仲裁委	850	6	上海仲裁委員会	1,592
7	杭州仲裁委員会	802	7	青島仲裁委員会	1,096
8	天津仲裁委員会	793	8	中国経貿仲裁委	979
9	青島仲裁委員会	713	9	長沙仲裁委員会	960
10	厦門仲裁委員会	666	10	済寧仲裁委員会	786

注：(1) 中国経貿仲裁委は中国国際経済貿易仲裁委員会の略称である。
　　(2) この表は中国仲裁網に掲載されたデータに基づき作成したものである。

た。1995年仲裁法実施以来，全国で185カ所の仲裁委員会が設置され，2006年までの11年間，各仲裁委員会が解決した民事・商事仲裁事件総数は，21万8千件に達した。[45] 全国185カ所の仲裁委員会の新受件数総数は，2003年には2万8,835件，2004年には3万7,304件，2005年には4万8,339件，2006年には6万844件である。こうした統計から見れば，中国の仲裁が仲裁法実施以来，非常によい成果をあげたと言える。2004年及び2005年の新受件数による全国順位10番以内の仲裁委員会は表3の通りである。[46]

以上の成果以外，1994年仲裁法のいま1つの貢献は，当事者自らの和解と仲裁廷による調停について具体的な規定を設けたことである。和解に関する規定は，次の通りである。

① 「当事者は，仲裁を申し立てた後，自ら和解することができる。和解の合意に達した場合には，和解合意に基づき判断書を作成することを仲裁廷に求めることができ，仲裁申立を取下げることもできる」（仲裁法49条）。

② 「当事者が和解の合意に達し，仲裁の申立を取り下げた後でその意思

を翻した場合には，仲裁合意に基づき仲裁を再び申し立てることができる」（同法 50 条）。

　仲裁法で定められた調停手続は次の通りである。

　①　仲裁法 51 条は「仲裁廷は，判断下す前に調停を行うことができる。当事者が調停を望む場合には，仲裁廷は，調停を行わなければならない。」と定めている。すなわち，調停手続は，当事者の申立てまたは仲裁廷の職権によって開始される。当事者が申し立てる場合は，書面の申立てまたは口頭での調停意思の表明のいずれの方式でもよいのである。当事者の申立てがない場合には，仲裁廷が調停で紛争を解決することが妥当であると認めるとき，職権で和解勧告を行うことができる。この点から見れば，今回の仲裁法は依然として従来の職権調停のモデルから脱却していない。それに加え，調停は，仲裁廷が成立した後から仲裁判断を下す前までのいずれの段階でも試みることができる。この点において仲裁法は，中国国際貿易促進委員会 1989 年仲裁規則の中で定められた仲裁廷が成立する前の仲裁委員会が行った調停の方式を認めていない。

　②　調停により合意に達した場合には，仲裁廷は，調停書を作成し，又は合意の結果に基づき判断書を作成しなければならない（同法 51 条）。調停書には，仲裁の請求及当事者の合意の結果を明記しなければならない。調停書は，仲裁人が署名し，仲裁委員会の印を捺印し，当事者双方に送達する（同法 52 条）。

　③　調停書は，当事者双方が受領署名した後，直ちに法律上の効力を生じる（同法 52 条）。判断書は，下された日から法律上の効力を生じる（同法 57 条）。調停書と判断書は，同一の法的効力を有する（同法 51 条）。すなわち，調停が成立した場合は，事件は 2 つの方式によって終結することができる。1 つは，調停書の形式であり，いま 1 つは判断書の形式である。この 2 つの方式が，実質的には事件を終結し，強制執行できるという同様の法的効力をもたらすことができる。したがって，中国では，仲裁調停の執行力を認めている。

　④　調停が成立しなかった場合，及調停書の受領署名前に当事者が翻意した場合には，仲裁廷は，遅滞なく判断を下さなければならない（同法 51 条，52 条）。

仲裁法が実施された後、各仲裁委員会も独自の仲裁規則の中で調停手続について規定を設けてきた。仲裁委員会の仲裁規則は、当事者のニーズ及び実務運用に応じるため、調停手続についてより厳密詳細な条項が設けられた。たとえば、北京仲裁委員会の仲裁規則は、「仲裁廷は当事者の申立てによって、または当事者の同意を得た後、適当と認める方式で調停を行うことができる」(38条1項)、「調停が成立しない場合は、いずれの当事者もその後の仲裁手続、司法手続及びその他の如何なる手続においても、相手方当事者又は仲裁廷が調停の過程においての陳述、意見、観点及び建議を援用してその申立て、答弁及び反訴の根拠としてはならない」(38条4項)と定めている。上海仲裁委員会の仲裁規則も、当事者自由意思の原則及び調停過程における発言等の援用の禁止条項を規定している。そのほか、上海仲裁委員会の仲裁規則は、「調停合意の内容が仲裁請求の範囲を超えることは許される」(50条2項)、「調停合意の内容は国家、団体及び第三者の利益に損害を与えてはならない」(50条3項)、「当事者一方が第三者の参加を要望する場合、相手方当事者の同意を求めた後、仲裁廷は第三者を調停に参加させることができる。第三者は承知の上で民事責任を負うことができる」(52条)、「仲裁廷は、当事者が調停過程における発表した意見を判断の根拠としてはならない」(53条3項)などの事項についても定めている。

2　渉外仲裁における仲裁と調停の連係

中国では、渉外仲裁を取り扱う仲裁委員会は、中国国際経済貿易仲裁委員会と中国海事仲裁委員会だけである。[47] 中国国際経済貿易仲裁委員会(CIETAC)は、中国最大の渉外仲裁を受理する仲裁委員会として、年間約9百件の紛争を取り扱っている。最近10年間のCIETACの新受件数と終結件数は表4の通りである。[48] 表4によれば、CIETACが受理した渉外仲裁の件数は年間約4,5百件であり、良好な実績を上げている。経済の発展及び対外貿易の増加に伴い、とりわけ中国がWTOに加盟した後、渉外的紛争を解決する際にCIETACが果たす役割は、ますます重要になると思われる。[49]

中国渉外仲裁の最も大きな特徴は、仲裁と調停の連係である。情理を重視する、いわゆる「理を尽くして諭し、情を尽くして訴える」という思想の影

第6章　仲裁調停の現状と課題

表4　中国国際経済貿易仲裁委員会 1997～2006年新受事件と終結事件

区分 年別	北京総会 新受件数	北京総会 終結件数	華南分会（原深圳分会）新受件数	華南分会（原深圳分会）終結件数	上海分会 新受件数	上海分会 終結件数	合計 新受件数	合計 終結件数
1997年	490	560	123	121	110	85	723	766
1998年	451	508	116	118	111	110	678	736
1999年	428	459	111	127	130	120	669	738
2000年	410	493	100	118	123	127	633	738
（渉外）	335		93		91		543	
（国内）	85		7		32		90	
2001年	420		138		173		731	712
（渉外）	335		110		117		562	
（国内）	85		28		56		169	
2002年	401	408	109	111	174	175	684	694
（渉外）	300		81		87		468	
（国内）	101		28		87		216	
2003年	373	390	131	108	205	206	709	704
（渉外）	254		82		82		422	
（国内）	119		49		119		287	
2004年	453	379	159	141	238	180	850	700
（渉外）	288		86		88		462	
（国内）	165		73		150		388	
2005年	462	448	213	209	304	301	979	958
（渉外）	247		85		94		427	
（国内）	215		128		210		552	
2006年	495	481	180	171	306	315	981	967
（渉外）	240		103		99		442	
（国内）	255		77		207		539	

注：この表は，「中国国際経済貿易仲裁委員会弁理案件状況」（中国国際経済貿易仲裁委員会ホームページ）および各年度の業務報告のデータに基づき作成したものである。

響を受ける調停手法の優越性は，渉外仲裁規則の条項から読み取ることができる。中国国際経済貿易仲裁委員会仲裁規則（2000年に改正された。以下，経貿仲裁規則と略称する）と中国海事仲裁委員会仲裁規則（以下，海事仲裁規則と略称する）によれば，中国渉外仲裁過程中の仲裁と調停の連係には，4つのタイプがある。

(1) 当事者自らの和解と仲裁の連係

仲裁事件について，当事者双方が仲裁廷の外で自ら和解に達した場合は，仲裁廷にその和解合意の内容に基づき判断書を作成して事件を終了するよう請求することができ，事件の取下げを申し立てることもできる（経貿仲裁規則44条1項，海事仲裁規則51条3項）。

仲裁廷が組織される前に事件の取下げが申し立てられた場合は，仲裁委員会秘書長が決定する。仲裁廷が組織された後で事件の取下げが申し立てられた場合は，仲裁廷が決定する（経貿仲裁規則44条2項，海事仲裁規則51条2項）。当事者が既に取り下げられた事件を再び提出し仲裁を申し立てた場合は，仲裁委員会主任が受理し，又は受理しない旨の決定をする（経貿仲裁規則44条3項，海事仲裁規則51条5項）。

(2) 仲裁委員会以外の第三者による調停と仲裁の連係

当事者は，仲裁委員会以外で調停により和解合意に達した場合，仲裁委員会の仲裁に付託するとの仲裁合意及び当事者双方の和解合意をもって，仲裁委員会に独任仲裁人1名を指定し，和解合意内容に基づき仲裁判断を下すよう請求することができる（経貿仲裁規則44条4項，海事仲裁規則51条3項）。

(3) 仲裁手続過程中の調停（仲裁調停）

渉外仲裁過程中の調停手続は，仲裁法で定められた調停手続と異なり，独自の特徴を有する。

① 渉外仲裁過程中の調停手続は，仲裁廷が職権で開始させることができず，当事者の口頭及び書面の申立てによって開始しなければならない。すなわち，当事者双方が調停を望み，又は当事者の一方が調停を望み，かつ仲裁廷が相手方当事者の同意を得た場合は，仲裁廷は，仲裁手続の過程において

当該仲裁廷が審理する事件について，適当であると認める方式に従って，調停することができる（経貿仲裁規則45条，46条，海事仲裁規則53条，54条）。

② 調停手続は当事者の申立て及び仲裁廷の職権によって終了することができる。経貿仲裁規則47条及び海事仲裁規則55条の規定によれば，仲裁廷は，調停をする過程において，当事者のいずれか一方が調停の終了を申し立て，又は仲裁廷が既に調停が成立する可能性がないと認める場合は，調停を停止しなければならない。

③ 調停が成立した場合は，当事者が別段の約定を有する場合を除き，調停書を作成することができず，判断書を作成しなければならない。経貿仲裁規則49条及び海事仲裁規則57条の規定によれば，仲裁廷の調停を経て和解に至った場合には，当事者双方は，書面による和解合意書を作成しなければならない。当事者が別段の約定を有する場合を除き，仲裁廷は，当事者の書面による和解合意書の内容に基づき，判断書を作成し，事件を終了させなければならない。

④ 渉外仲裁の場合は，調停過程における発言等の援用が禁止される。調停が成立しない場合は，いずれの当事者もその後の仲裁手続，司法手続およびその他の如何なる手続においても，相手方当事者又は仲裁廷が調停の過程において発表し，提出し，建議し，承認し及び受入を望み，又は否定したいかなる陳述，意見，観点又は提案を援用してその申立て，答弁及び反訴の根拠としてはならない（経貿仲裁規則50条，海事仲裁規則58条）とされる。

(4) 仲裁廷の調停過程における当事者自らの和解と仲裁の連係

仲裁廷が調停をする過程において，当事者双方が仲裁廷以外で和解に至った場合は，仲裁廷の調停の下において和解に達したものと見なさなければならない（経貿仲裁規則48条及び海事仲裁規則56条）。当事者が別段の約定を有する場合を除き，仲裁廷は，当事者の書面による和解合意書の内容に基づき，判断書を作成する。

なお，以上の4つの仲裁と調停の連係方式以外，前述した1970年代からアメリカ仲裁協会と共同に行った「連係調停」という方式は，依然として採用され，しかもいくつかの渉外紛争を円満に解決した実績がある。アメリカ以外，近年，フランス，イタリア，ガーナと締結した仲裁連係協議書の中に

も，連係調停によって紛争を解決する旨の規定が置かれている。50)

第5節　仲裁と調停の連係手続に関する日・中の比較

　中国においては，「儒教という伝統的な思想が色濃く，社会における調和を維持するために，紛争解決にあたっても，『法』に訴えて解決を求めれば強制力は得られるが，それでは相手方の体面をつぶすことになるから，文化的な倫理である『礼』に基づいて，合意をもって友好に和解すべきことが求められている」と指摘されている。51) このような傾向は日本においても，同様に存在する。紛争処理の法文化という観点からすれば，日・中両国とも「和」を中心とする「儒教圏文化」，すなわち「調停の文化」に属している。それゆえ，紛争を解決する際に和解及び調停を試みるという慣行は，仲裁実務の中でごく自然に採用され，当事者側も納得しうるようである。こうした慣行は，一方でアジアの紛争処理の法文化と親和的なものとは言え，他方，それに効率的な紛争解決に資するという面もある。

　こうした似通った背景の下で，日・中両国における仲裁と調停を連係させる手続構造にも類似性がある。まず，効率性の観点から，和解ないし調停の手続を務めた者が仲裁人を引き続き務めることは日・中両国共に認められ，調停人と仲裁人の同一人の兼任は，あまり違和感がない存在と見なされている。52) また，日本では，実務上の仲裁手続の中で調停や和解を渾然一体とした手続構造は，批判を受けたことがあるが，結局，新仲裁法の制定によって定着するに至っている。中国における仲裁と調停の連係も，主にこうした渾然一体の手続構造を採用し，しかも過去では仲裁手続の中で和解勧告をなすことは仲裁人の本来的な責務と考えられたのである。したがって，こうした仲裁手続の中で調停や和解を渾然一体とした手続構造は，日本と中国の仲裁と調停を連係させる手続における特に目立った特徴であり，日・中両国の仲裁と調停の連係手続の最も大きな共通点でもある。そのほか，日・中両国とも，仲裁手続の中で行った和解及び調停の執行力を認めているのである。

　ところが，日・中両国が類似する手続構造を採用したとしても，具体的な手続の面には，多くの相違点もある。その手続上の差異は次の3つの点が挙

げられる。

(1) 和解及び調停手続の開始

まず，法律の規定から見れば，日本では，当事者双方の承諾がある場合に，仲裁廷は和解を試みることができ，かつ，当事者間に別段の合意がない限り，その承諾は書面でしなければならない，とされている（日本仲裁法38条4項，5項）。これにより，日本が立法上では仲裁手続中の和解勧告の開始に厳しい要件を設けていると言える。相対に，中国では，仲裁法51条は「仲裁廷は，判断下す前に調停を行うことができる。当事者が調停を望む場合には，仲裁廷は，調停を行わければならない」と定めている。この条文によれば，中国では仲裁手続中の調停の開始が仲裁廷の職権，当事者の口頭での申立てまたは書面での申立てのいずれの方式によってもよいこととされている。

しかし，実務上の状況はまさしく反対である。日本では，仲裁法で定められた和解開始の要件は各仲裁組織の仲裁規則の中で緩和され，口頭の承諾でも認められるようになった。たとえば，日本商事仲裁協会仲裁規則47条，日本知的財産仲裁センター仲裁手続規則35条2項によれば，当事者全員の書面または口頭による承諾がある場合には，仲裁廷は，和解を試みることができる。また，こうした要件がさらに緩和され，当事者の承諾がなくても，仲裁廷は和解勧告をできるのを認める仲裁規則もある。たとえば，日本海運集会所海事仲裁委員会仲裁規則32条2項により，「仲裁廷は，仲裁手続の進行の程度を問わず，当該紛争の全部又は一部について，和解を試みることができる」。ところが，日本と反対に，中国の仲裁実務は法律の規定より厳しい要件を設けたのである。多くの仲裁委員会は，実際に当事者の承諾なしの調停試みを認めない態度を採る。たとえば，北京仲裁委員会，中国国際経済貿易仲裁委員会の仲裁規則によれば，仲裁廷は，当事者の口頭ないし書面での申立てによって，または当事者の同意を得た後，調停を試みることができる，とされている（北京仲裁委員会仲裁規則38条1項，経貿仲裁規則45条）。

立法上では，日本と中国における和解及び調停の開始の要件には違いが見えるものの，こうした実務状況から見れば，日・中両国は，実際にほぼ同じような原則，すなわち和解及び調停の開始が当事者の書面及び口頭の承諾によるということ，に従っていると言える。

(2) 和解及び調停が成立した後の結果

日本では，仲裁廷は，仲裁手続の進行中において，仲裁手続に付された民事上の紛争について当事者間に和解が成立し，かつ，当事者双方の申立てがあるときは，当該和解における合意を内容とする決定をすることができ，その決定は仲裁判断としての効力を有する（日本仲裁法38条1項，2項）。決定をするには，決定書を作成し，かつ，これに仲裁判断であることの表示をしなければならない（同条3項）。しかし，問題は，当事者双方の申立てがない場合，仲裁廷は和解合意を仲裁判断へ書き換えることができるかということにある。実務上では，和解合意を仲裁判断へ書き換えられるようであるが，仲裁法上では，明確な規定を設けていない。[53) 和解合意の仲裁判断への書換えについて，海運集会所の仲裁規則だけが規定を設けた。海運集会所海事仲裁委員会仲裁規則38条によれば，当事者が仲裁の手続に和解によって当該紛争の全部又は一部を解決したときは，仲裁廷は，当事者双方から要請があるときに限り，その和解の内容を仲裁判断の主文に記載することができる。すなわち，日本では，当事者の申立てがない限り，仲裁廷は，和解決定を下すことも，和解合意を仲裁判断へ書き換えることもできない。

中国では，仲裁手続に付された民事上の紛争について，調停により合意に達した場合には，仲裁廷は，調停書を作成し，又は合意の結果に基づき判断書を作成しなければならない（中国仲裁法51条）。調停書は，当事者双方が受領署名した後，判断書は，下された日から，直ちに法律上の効力を生じる（同法52条，57条）。調停書は判断書と同一の法的効力を有する（同法51条）。すなわち，中国では，仲裁手続中における調停が成立した場合，直接に調停書を作成し，又は合意の結果に基づき仲裁判断を下すことができる。そして，調停書及び判断書の作成は当事者の申立てに限らないのである。そのほか，当事者は，仲裁を申し立てた後，自ら和解の合意に達した場合には，和解合意に基づき判断書を作成することを仲裁廷に求めることができる（同法49条）。

ただし，中国渉外仲裁の場合，当事者が別段の約定を有する場合を除き，調停書を作成することができず，判断書を作成しなければならない（経貿仲裁規則49条，海事仲裁規則57条）。なぜなら，調停書は中国国内で仲裁判断

と同一の効力が認められるが,他国でこうした効力が認められず,強制執行ができないからである。そのほか,渉外仲裁の場合は,仲裁手続中の調停及び当事者自らの和解で合意に達した場合ばかりでなく,仲裁委員会以外の第三者による調停で和解合意に達した場合さえも,仲裁合意及び当事者双方の和解合意をもって,仲裁委員会に独任仲裁人1名を指定し,和解合意内容に基づいて仲裁判断を下すよう請求することができる(経貿仲裁規則44条4項,海事仲裁規則51条3項)。

(3) 和解及び調停手続中の情報の援用

UNCITRALの国際商事調停モデル法(同法10条)では,調停の過程で交換された意見や主張は,判断手続である訴訟や仲裁では,原則として証拠として用いてはならないというルールが定められている。

日本では,このルールがそのまま適用されるわけではない。なぜなら,調停の過程では,「譲歩の姿勢を見せたことによって,法的主張自体が弱いという心証を形成するのは危険であるということ,また,調停の過程で出たものは仲裁や裁判では使わないということにしないと,調停での自由な意見交換ができないことになる」という考え方が,一般論として認められるためである。[54] したがって,新仲裁法はこれについて具体的な規定を設けていない。ただし,実務上では,2つの対立する立場がある。例えば,海運集会所の場合は,「仲裁廷は,和解を勧める際に知り得た情報を仲裁判断の材料としてはならない」とされている(海運集会所仲裁規則32条3項)。逆に,第一東京弁護士仲裁センターの場合は,「当事者は,和解手続における主張及び証拠を,仲裁手続においても維持することができる」とされている(第一東京弁護士仲裁センター仲裁手続規則43条5項)。

日本と同じように,中国の仲裁法も,調停手続中の情報の援用について具体的な規定を設けていない。ところが,実務上では,調停手続中の情報の援用について否定の態度を採る。例えば,北京仲裁委員会,上海仲裁委員会,中国国際経済貿易仲裁委員会および中国海事仲裁委員会の仲裁規則は,全て「調停が成立しない場合は,いずれの当事者もその後の仲裁手続,司法手続及びその他の如何なる手続においても,相手方当事者又は仲裁廷が調停の過程において発表し,提出し,建議し,承認し及び受入を望み,又は否定した

いかなる陳述，意見，観点又は提案を援用してその申立，答弁及び反訴の根拠としてはならない」(北京仲裁委員会仲裁規則38条4項，上海仲裁委員会仲裁規則53条2項，経貿仲裁規則50条，海事仲裁規則58条) という禁止条項を設けている。

第6節 小 括

本章では，「仲裁と調停を連係させる」という世界的潮流を概観した上で，中国の場合に焦点を合わせて，仲裁と調停を連係させる手続の生成，発展，現状などを取上げて検討した。しかも，比較法の視点から，日・中両国の間における仲裁と調停を連係させる手続の異同を分析した。

「仲裁と調停を結合させることが中華の発想である」と楊栄馨教授が言うように，中国では，仲裁制度が創設された当初から，調停手法が仲裁手続の中でうまく活用されてきた。[55] そして，調停伝統の影響を受け，こうした仲裁手続中の調停手法は「仲裁調停」と称され，一般的に調停の一種と見なされているのである。このような名称の合理性について疑問を唱える学者がいるものの，仲裁手続中の調停それ自体については，当事者側，仲裁人側及び学界は異議なく受け入れ，しかも高い評価を与えた。特に，渉外仲裁では，中国がこのような手法を利用して多くの困難な事件を解決した上で，アメリカ，フランス等と互いに協力し，「連係調停」という手法を通じて紛争の友好的な解決を図っているのである。中国の仲裁と調停を連係させる経験は，自国で高い評価を受けただけでなく，世界の注目をも浴びてきた。たとえば，イギリスでは仲裁に際して調停を行うことがもともと認められていなかったが，中国の制度に倣い，調停を認めるように規定を改めたと言われている。[56]

裁断型ADRである仲裁が魅力的なのは，仲裁判断によって明確な紛争解決の終結点を示すことができるという点にある。これに対し，調停 (とりわけ民間調停の場合) は，紛争解決の終局性を持っておらず，調停で達した合意も強制力がないのである。仲裁と調停の連係は，両者の弱点を補完し，その長所を生かすことができる。こうした連係は，本格的な仲裁および本格的

な調停との乖離であると言われるものの，大胆な模索として，これこそがADR の妙味を示すものであると思われる。

　中国は，こうした先進的な試みを実践する1 つの国として，たくさんの経験を積み重ねてきたことは言うまでもない。しかし，中国の仲裁調停は，まだ完璧な制度とは言えず，具体的な手続の面ではまだいくつかの問題点が存在する。仲裁調停の問題点について，本書は第3 編の中で引き続き検討を行うつもりである。

　現在，ADR は新たな局面に入りつつある。従来の理論のように，「仲裁を単に裁断的紛争解決方式として捉える」だけでは不十分である。今後は，「それが合意による紛争解決方式の側面を有していることにも着目した理論」[57]であることを視座に据えつつ，再検討することが必要であると考える。

1) 小島武司『ADR・仲裁法教室』（有斐閣　2001 年）　27-28 頁。
2) 調停規則と仲裁規則に基づく具体的な手続構造の比較については，小島武司＝猪股孝史「仲裁手続と和解・調停」（松浦馨＝青山善充編『現代仲裁法の論点』（有斐閣　1998））296-298 頁参照。
3) ICCA 韓国会議（Seoul Conference 1996）は，1996 年10 月10 日から12 日まで開かれた（G. H. J. Crithchlow, The ICCA Conference, Seoul, October 1996, 63 Arbitration 56 (1997) 参照）。
4) 王生長『仲裁與調解相結合的理論與実務』（法律出版社　2001 年）　112-113 頁。
5) 仲裁調停は特別な紛争解決手段であり，調停の一種ではないとする見解もある（柴発邦『民事訴訟法学』（法律出版社　1987 年）　460 頁）。
6) 猪股孝史「仲裁と調停の連係許容性とその限界（二）」（桐蔭法学6 巻1 号　1999 年）　149-150 参照。
7) 猪股教授は，仲裁と調停の連係が中国で長い伝統に支えられたものと言え，アメリカでも，既に実践され，成功を収めているとの評価があると指摘する（猪股孝史「最近の立法動向にみる仲裁と調停の連係」（民事訴訟法雑誌　45 号　1999 年）239 頁）。
8) M. Scott Donahey, Seeking harmony: Is the Asian concept of the conciliator/arbitrator applicable in the West?, April-June 1995 Disputes Resolution Journal 74, 74, (1995).
9) Steven J. Burton, Combining Conciliation With Arbitration of International Commercial Disputes, 18 Hastins Int'l & Comp. L. Rev. 637-638, (1995).
10) 安田信之『アジアの法と社会』（三省堂　1987 年）　345-347 頁参照。
11) 日本では，伝統的仲裁は調停から未分化であったと考えられる。近代的仲裁はドイツ法継受によるものの，未成熟の仲裁実務で調停的手法はよく利用される。たとえ

ば,「弁護士会仲裁センター」は,「仲裁センター」という名称ではあるが,その事件のほとんどは斡旋,または調停によって解決される。そのほか,日本における国際仲裁において,仲裁人により実質的な調停が行われるという批判がある(佐藤安信「複合的紛争処理(調停と仲裁の連係)をめぐる仲裁法改正試案(1)」(JCAジャーナル48巻8号 2001年) 2-3頁)。

12) 早川吉尚「わが国のADRの問題点」(ジュリスト 1207号 2001年) 35-40頁。
13) 新仲裁法とモデル法と異なる点は,座談会「新仲裁法の制定について」〔三木浩一発言〕(判例タイムズ 1135号 2003年) 144頁以下参照。
14) シンガポールでは華人が総人口の約9割を占めている。
15) 訳文は,早川吉尚=陳一訳「台湾仲裁法」(仲裁法制研究会『世界の仲裁法規』別冊NBL 78号 2003年) 285頁参照。
16) 訳文は,道垣内正人訳「香港仲裁法」(仲裁法制研究会『世界の仲裁法規』別冊NBL 78号 2003年) 257頁参照。
17) 訳文は,柏木秀一「シンガポール国際仲裁法」(仲裁法制研究会『世界の仲裁法規』別冊NBL 78号 2003年) 344-345頁参照。
18) 訳文は,柏木秀一「2001年シンガポール仲裁法」(仲裁法制研究会『世界の仲裁法規』別冊NBL 78号 2003年) 339頁参照。
19) 訳文は,金祥洙訳「韓国仲裁法」(『仲裁法制に関する中間とりまとめと解説』別冊NBL 71号 2002年) 136頁参照。
20) 訳文は,猪股・前掲注(6) 171頁参照。
21) 猪股孝史「仲裁と調停」(小島武司編『ADRの実際と理論Ⅰ』(中央大学出版部 2003年) 103頁。
22) 猪股孝史「仲裁と調停の連係許容性とその限界(一)」(桐蔭法学5巻2号 1999年) 62頁,猪股・前掲注(6) 236頁。
23) レビン小林久子『ブルックリンの調停者』(日本貿易振興会 平成7年) 168-169頁。
24) 早川・前掲注(12) 36頁, See Comment, "Med-Arb as a Distinct Method of Dispute Resolution; History, Analysis, and Potential," 27 Willamete Law Rev. 661, 669-678.
25) ミーダブの具体例として,レビン小林久子『調停者ガイドブック』(信山社 1999年) 17-19頁参照。
26) 早川・前掲注(12) 36頁,早川吉尚「ニューヨーク仲裁最新事情(6)」(JCAジャーナル 46巻3号 1999年) 22頁のADR機関に関する調査を参照。
27) 早川吉尚「日本のADRの批判的考察―米国の視点から―」(立教法学 54号 2000年) 187頁参照。
28) 訳文は,猪股・前掲注(6) 157頁参照。
29) 訳文は,猪股・前掲注(6) 157頁, 161頁参照。
30) 訳文は,西村宏一「仲裁和解について」(民事法情報 123号 1996年) 3頁参照。

第 6 章　仲裁調停の現状と課題

31)　訳文は，猪股・前掲注 (6)　160 頁参照。
32)　訳文は，猪股・前掲注 (6)　161 頁参照。
33)　陶春明＝王生長編著『中国国際経済貿易仲裁―程序理論與実務』(人民出版社　1992 年)　1 頁。
34)　田中信行「中国の仲裁とその展望―国際商事仲裁制度を中心として―」(JCA ジャーナル　33 巻 7 号　1986 年)　2 頁。
35)　1980 年に中国国際貿易促進委員会対外貿易仲裁委員会は，中国国際貿易促進委員会対外経済貿易仲裁委員会と改称された。
36)　林連徳「貿促会的創始人―南老和冀老」(『中国対外経貿 40 年』　瀋陽出版社　1989 年)　204-207 頁参照。
37)　王生長・前掲注 (4)　293 頁。
38)　中国国際経済貿易仲裁委員会編『中国国際経済貿易仲裁裁決書選編 (1963-1988)』(中国人民大学出版社　1993 年)　1-2 頁。
39)　陶春明＝王生長編著『中国国際経済貿易仲裁―程序理論與実務』(人民中国出版社　1992 年)　3-4 頁。
40)　陶春明＝王生長・前掲注 (39)　6 頁。
41)　1988 年中国国際貿易促進委員会仲裁規則は，渉外仲裁の中で初めて調停を規定する仲裁規則である。国内仲裁の中で初めて調停に関する法律規定は，1983 年の「経済契約仲裁条例」である。ただし，当該条例は調停優先の原則だけ規定を設けていた。より具体的な調停手続は，1994 年仲裁法の中で初めて規定されていた。
42)　田中信行「中国の仲裁とその展望―国際商事仲裁制度を中心として―(1)」(JCA ジャーナル　33 巻 7 号　1986 年)　4 頁。
43)　経済契約仲裁条例の訳文は，田中・前掲注 (42)　6 頁参照。
44)　仲裁法による国内仲裁改革の成果は，文正邦「＜仲裁法＞と市場経済下の裁判制度改革」(立命館法学　246 号　1996 年)　235-240 頁，陳鋼「中国における仲裁制度の生成と課題」(小島武司編『ADR の実際と理論 I』　中央大学出版部　2003 年)　302 頁，王勝明・張青華「中国の仲裁立法について」(JCA ジャーナル　39 巻 11 号　1992 年) 3-5 頁参照。
45)　中国仲裁網：「国務院法制弁卢雲華同志在 2005 年全国仲裁工作年会上的致詞」による。http://www.china-arbitration.com/3a1.asp?id=1742&name＝仲裁
46)　2004，2005，2006 年の仲裁に関する統計数字は，以下のホームページを参照。http://www.china-arbitration.com/3a1.asp?id=1658&name＝仲裁, http://www.china-arbitration.com/3a1.asp?id=1772&name2=3 & cateid
47)　中国国際貿易促進委員会対外経済貿易仲裁委員会は 1988 年に中国国際経済貿易仲裁委員会と改称された。中国国際経済貿易仲裁委員会と中国海事仲裁委員会は，国際的又は渉外的紛争を取り扱うほかに，国内の紛争についても仲裁を行うことができる。
48)　中国国際経済貿易仲裁委員会ホームページの統計数字を参照した。

http://www.cietac.org.cn/jieshao.asp?type=js4
http://www.cietac.org.cn/AboutUS/AboutUS3Reaad.asp?ptype=9&ptitle
49) CIETAC は，世界最大の国際商事仲裁機関へと成長している。その仲裁新受件数が多い理由について，谷口安平教授は「第1に，裁判制度が整備していないから仲裁に向かわざるを得ないこと，第2に，中国と取引するときには事実上 CIETAC 仲裁条項を入れなければならないこと，第3に，中国側は国際取引に通じていないし，中国市場に進出した外国企業も中国の実務に不慣れであるため，紛争が多発していること」と指摘している（谷口安平「国際商事仲裁の訴訟化と国際化」（京都大学法学論叢　140巻5・6号　1997年）11頁）。
50) 大隈一武「中国の調停」（JCA ジャーナル　33巻3号　1986年）6頁。
51) Burton,supra note9, at638 footnote 1; 猪股・前掲注（22）63頁参照。
52) ところが，調停人と仲裁人の同一人の兼任の問題点は，多く学者に指摘されていた。たとえば，早川教授は，「調停人がそのまま仲裁人になるときには，調停において取得した不適切な情報が適正な手続を欠いたまま仲裁に流用される危険がある」と指摘した（早川・前掲注（12）38頁）。それ以外，小島＝猪股・前掲注（2）295頁，299頁，遠藤昭「全国に広がりゆく弁護士会仲裁センター」（自由と正義　46巻11号　1995年）88頁，猪股・前掲注（7）238頁も同旨。
53) 早川・前掲注（27）195頁，早川吉尚「再論・日本の ADR の批判的考察」（JCA ジャーナル　49巻12号　2002年）7-9頁参照。
54) 研究会「新仲裁法の理論と実務（第14回）」（ジュリスト　1283号　2005年）207頁。
55) 朱建林＝顧暁「中国の仲裁〜花盛り〜」（国際商事法務　29巻2号　2001年）202頁。
56) 楊栄馨「中国における仲裁の立法と実務」（シンポジウム「現代中国における仲裁と調停」九州大学法政研究　68巻2号　2001年）33頁。
57) 萩原金美「調停と仲裁〜弁護士会仲裁の手続法的考察を中心として〜」（青山善充＝小島武司編『現代社会における民事手続法の展開＜石川明先生古稀祝賀＞［下巻］』商事法務　2002年）351頁。

第7章　総　括

　本編では，司法調停，民間調停，行政調停，仲裁調停の4つの類型によって構成された中国の現行の調停システムについて本格的な検討を行い，それと同時に，中国調停の理論，実務状況及びそれに係わる重要な課題について，分析を行った。しかも，日本とアメリカの調停制度を参照物として考察の視野に引き入れ，一連の比較と分析を通じ，日・米・中三カ国の調停制度における類似点と差異点を解明した上で，世界的潮流の中における中国調停の姿はより明晰になったのである。

　中国の社会において，「官」と「民」の2つの要素が互動，矛盾，統合の過程を繰り返し，社会システム全体に大きな影響を与えてきたのである。こうした影響を受け，調停メカニズムも，「官」的調停と「民」的調停という二重構造の態様を呈している。機能分析の観点から見れば，中国の調停メカニズムは，紛争処理及び紛争予防の2つの機能を兼ね備え，社会の安定，人間関係の調和に対し重要な役割を果たしている。それに，大量の統計からも，調停が訴訟と比べ遥かに優勢を保っていることが，はっきりとしている。なお，潜在性，遍在性，多様性を有する大量の民事・民間紛争の存在，および血縁，地縁，業縁に基づいた人脈ネットワークの存在は，さらに調停の利用促進に最適な条件と，展開の契機を提供したのである。

　中国の民事裁判は，「審調結合型」（審理と調停が結び付いている類型）の裁判方式が採用されている。すなわち，民事訴訟手続追行中において，当事者の申立または裁判官の職権により，裁判官が調停を行うことができる。調停が成立した場合は，調停書が作成され，それが判決と同一の効力を有する。こうした制度は法院調停と呼ばれ，現在では，裁判と並ぶ重要な選択肢として実務上で頻繁に利用され，既に中国の訴訟の不可欠な部分になっているのである。法院調停は利用できる範囲が広く，民事事件以外，軽微な刑事事件および特定な行政事件においても利用でき，それに，第一審の手続だけでなく，第二審と再審の手続においても利用することができる。中国では，法院調停の本質について学説上，種々の見解が対立している。通常の調停におい

ては，その本質が当事者の合意であるのは間違いない。ところが，法院調停は通常の調停と異なり，その手続が民事訴訟に従属しており，その「合意」が「合法」の枠内にある限り，その判断基準が「条理」ではなく，事実と法律である。裁判官が当事者の「合意」を審査した上で，事実を明白にし，是非をはっきりとさせ，それを基礎にして調停書を作成する。第二審で調停が成立した場合は，第一審の判決が法的効力を生ぜず，再審の調停が成立した場合は，第一審，第二審の判決が取消される。その調停書の中には，終局性，権威性，公権的判断等，裁判の特質が隠れている。したがって，私見によれば，法院調停は裁判官が当事者の合意を認めた上で下した公権的判断であり，その本質は裁判とほぼ同じようなものであろう。そのほか，法院調停は裁判所による調停であるものの，日本の司法調停と全く違う制度であり，その反面，日本の訴訟上和解と類似する制度であると考えられている。

　法院調停と異なり，人民調停は「大衆的な組織」たる人民調停委員会による調停である。人民調停委員会の委員は，村民委員会委員，居民委員会委員，企業・事業組織の責任者，司法補佐員，及びその他の人柄正しく，地元状況を熟知し，調停活動に熱意を持ち，一定の法律知識と政策レベルを備えた一般人から，選挙及び招聘・任命の方式によって選出される。人民調停の対象となる紛争は，主に日常生活と生産の中での継続関係から生じた民間紛争である。それらの紛争の解決は，社会の安定，人間関係の調和に対し重要な意義を有している。団結・教育の方法で人民内部の矛盾に対処することを強調した毛沢東の「2つの矛盾」理論の影響を受け，人民調停は，紛争の解決を重視すると同時に，紛争の予防，紛争拡大の防止，法律・政策・社会公徳の教育などの面も重視する。それゆえ，当事者の申立てがなくても，調停委員が紛争の存在を確認した上で主動的に調停手続を開始させることができる。それに加え，調停の場所も，調停委員会に限らず，現地調停，当事者の自宅での調停も認められている。さらに，調停は費用を徴収せず，調停委員は政府から僅少な手当のみが支給される。こうした特徴をもつ人民調停は，魅力的な紛争処理方法として多用され，年間の紛争処理件数が741万件（1990年）であり，同期の人民法院一審民事・経済事件既済件数の3倍になったことで，「人民調停の神話」を創造した。しかも，国際的に法学界の関心を呼び起こし，西洋の学者に「東方の経験」と呼ばれている。ところが，行政調停の枠

内で誕生した人民調停は，行政と民間の狭間において長期間の模索と挫折を経て，司法行政機関と基層人民法院の二重指導の下に置かれる体系を形成してきた。司法行政機関は人民調停の業務を指導することだけでなく，司法行政機関の職員たる司法補佐員は人民調停委員会委員の身分によって直接人民調停に関与することもできる。そのほか，基層人民政府も人民調停に対する不服申立を受理する方式で人民調停の業務に関与している。したがって，人民調停は「大衆自治」を標榜したものの，日本とアメリカにおける単なる民間調停とは言い難く，「半行政」調停ないし「民間と行政の連係」調停と言えば，より適切であろう。

　「行政優位」という思想の影響を受け，司法の機能領域が狭い中国では，行政機関による紛争解決が，紛争解決システムの中で重要な役割を果たしている。行政機能の拡大に伴い，古来から既に存在した行政調停は，より広い行政管理分野で活用され，紛争解決と同時に，行政管理の円滑性，弾力性と円満性にも寄与している。中国の行政調停は，基層人民政府による調停と各行政機関による調停に分けられる。各行政機関による調停は，さらに工商行政管理機関による調停，公安機関による調停，環境保護行政機関による調停，特許業務管理機関による調停など，さまざまな類型が挙げられる。これらの調停では，独立した専門的な紛争処理機関を設置するのでなく，基層人民政府及び各行政機関が，行政管理を行うと共に，当該行政機関の行政管理範囲内の紛争を解決する。調停の担当者も，紛争解決するために特別に任命された者ではなく，普通の行政機関の職員である。したがって，日本の公害等調整委員会による調停，建設工事審査会による調停など「専門委員会型」調停と対照的であって，本書は，中国の行政調停を「政府機関型」調停と称する。「政府機関型」調停では，紛争解決が行政機関の機能の1つとして強調されており，そのあり方が中国政府の「大きな政府」の存立像に完全に合致しているものであると言えよう。日本のように集団的・公共的紛争を主に対象とする日本の「専門委員会型」調停と比べ，中国の「政府機関型」調停は，主に「私的」紛争を解決し，「公的」紛争を処理する実力が未だ不足している。今後，公害紛争，建設紛争の増加に伴い，これらの紛争に相応しい解決制度の設立が重要な課題になっている。日本の「専門委員会型」調停の利点と経験は，中国がこうした制度を創設する際の参考になると思われる。そのほか，

日本と同じように，中国においても行政調停の執行力は認められていない。執行力の付与は将来の課題として議論の余地が十分残っているものの，現時点では，行政調停の実効性の確保こそが緊急を要する課題である。

　「調停伝統」の影響を受け，中国の仲裁手続中においても，調停手法がよく利用されている。仲裁手続中における調停手法の運用は，最初1950年代の渉外仲裁実務から始まり，その後，中国国際貿易促進委員会対外貿易仲裁委員会1988年仲裁規則の中で規定され，さらに，1994年仲裁法の中で立法上正式に定められた。仲裁法によれば，仲裁手続過程中において，仲裁廷は，職権又は当事者の申立によって調停を行うことができる。調停が成立した場合は，調停書或いは合意を内容とする仲裁判断書を作成し，調停書が仲裁判断書と同じ効力を有する。調停が不成立になった場合は，遅延なく判断を下さなければならない，とされている（仲裁法51条）。こうした調停手法は，渉外仲裁の中で良好な実績をあげており，国際紛争の友好的で，円滑な解決に大きな役割を果たしていた。仲裁手続過程中の調停は，中国で「仲裁調停」と呼ばれ，調停の一種に位置づけられる。それが調停の範疇に属するか否かについては疑問が残っているものの，仲裁と調停を連係させる方式それ自体は，先進的な試みとしてADRの魅力の所在であると思われる。

　中国では，「和」を唱えた儒家思想の影響を受け，紛争の平和，円満な解決を図る意向が強い。それゆえ，調停は紛争処理システム全体の中で優勢を占めるばかりでなく，訴訟，仲裁の紛争解決方法においても，調停が取り入れている。ある意義から，紛争の至る所に必ず調停があると言っても過言ではないのであろう。したがって，本書は，アメリカの「訴訟社会」と対照に，中国の社会を「調停社会」と称する。

　しかしながら，中国の法院調停は訴訟手続の中で行われ，訴訟の一部として，訴訟手続に従属している。同様に，仲裁調停も仲裁の一部として，仲裁手続に従属している。よって，厳密に言えば，法院調停と仲裁調停は本格的な調停とは言えないのであろう。したがって，以上の4つの調停の中で，真正の調停と言えるのは，人民調停と行政調停だけである。行政調停は無論，人民調停は「大衆的な」組織による調停であるものの，行政機関の指導と監督を受けなければならず，未だ行政機関の関与から脱却していないので，多分に行政的な性格を有すると言える。したがって，中国の厳密な意味での調

停制度は，必ず行政とある程度の関連を持っていると言えよう。

　アメリカの調停は「訴訟社会」の調停と言え，中国の調停は「調停社会」の調停といえ，日本の調停は「東洋の伝統と西洋の法制を結び付ける社会」の調停と言える。この3種類の調停の生成背景，調停理念及び制度背後に潜んでいる調停観については，本書の第1編の中で検討した結果，この3種類の調停における態様，あり方及び特質は，本編の論述を通じて明らかになった。

　アメリカの調停の中で，最も注目されたのは，多彩に展開されてきた民間調停である。日本の調停の中では，実績を挙げたのが，裁判所による司法調停である。中国では，日本のような司法調停が存在していない。隣人調停，職場調停など単純の民間調停があるものの，未だ一定の組織と規模を形成するに至っていない。厳密な意味での調停と言えば，最も発達したのは，行政調停及び行政とある程度の関連を持つ人民調停である。したがって，日・米・中三カ国の調停の特質の中で最も興味深いことは，日本調停の司法性，アメリカ調停の民間性，と中国調停の行政性にあるのである。

　アメリカの社会は，自由と民主の法制社会であると言える。日本の社会は，自由と民主の程度が未だアメリカに及ばないが，完全な法制社会と言っても過言ではない。中国の社会は，行政権威を主導とする社会であり，自由と民主の社会とは言えず，完全な法制社会に到達するまでに一定の道程がある。[1] だからこそ，日・米・中三カ国の調停制度は，以上のような異なる特徴を呈しているのであると思われる。

　ところが，社会の発展と変革に伴い，中国社会の進展趨勢は，ますます自由，民主，法制に向かっている。それと同時に，調停の領域においても，新しい動向が現れている。最近，調停領域において日・米・中三カ国はどのような新動向があるか，将来，調停はどの方向に向かって発展していくか，それについて，本書は，第3編の中で引き続き考察と検討を行っていく。

---

1)　中国における司法体制の行政化，政策優位，裁判と政治の関連など問題点は，既に多くの学者に指摘された（熊達曇『現代中国の法制と法治』（明石書店　2004年）138頁，小口彦太郎『現代中国の裁判と法』（成文堂　2003年）77-79頁，季衛東『中国的裁判の構図』（有斐閣　2004年）228-230頁参照）。

第3編
法化社会における中国調停の再構築

第1章　序　説

　調停制度は，紛争を条理に従って解決するため，紛争解決基準をもっぱら法に求める民事訴訟よりも穏当な解決をもたらすことができる。民事訴訟による解決が敗訴者の不満と当事者間の感情的なしこりを残しがちであるのに対して，調停は当事者間の合意をその基礎とするので，円満な解決をもたらすことができる。また，調停の手続は簡易迅速であり，国民にとって利用しやすいものと言える。さらに，調停が現実に相当高い紛争解決機能を示していることから，多くの学者はこれを積極的に評価している。しかし，調停制度に対しては，消極的評価も存在する。この制度に対する批判点とは，調停人が紛争の解決に関与し，しかも，当事者の合意による解決を目的とする，という調停制度そのものに内在するものである。

　そもそも，中国の調停制度は，国民の自主性，自律性を生かしつつ紛争を解決することを目的とするものでなく，国民の権利意識を「和の精神」の強調により抑圧することにより，社会における紛争を抑止しようという政治的意図に基づき設けられたものである。したがって，中国調停の問題点はその制度自体に内在すると考えられる。最近，調停は，「紛争を解決することができるものの，その代価は当事者の権利を一部犠牲にしたことである。それは国民及び法人の合法的な権利が勝手に侵害されてはいけないという原則に違反する」と強く批判されている。[1]

　特に，1980年代後期，中国の社会には民主化要求が現れ，それを契機に，「権力と国家を同一する」，「権力と権利をお互いに平衡させる」，「権利と義務の対等」，「公平と効率の相互結合」，「公共権力機関と経済組織を分離させる」などの法律意識の樹立が唱えられるに至った。[2]　このように社会が民主化へ進展している背景の下で，訴訟がますます尊ばれ，逆に，調停の機能が次第に軽視されてきた。国家は，「人・物的資源を，裁判を中心とするフォーマルな法律制度の健全・整備に投入し，裁判外紛争解決には消極的な法政策を採っている」ということは多くの学者によって指摘されている。[3]　しかも，極端な法治思想の影響を受け，「調停の本質の中に，訴訟意識が弱く法治思

第3編　法化社会における中国調停の再構築

想が度外視されるということが潜んでいるため，調停の機能を多く強調することは，法制度の発展，法制観念の転換，法治建設に不利であるので，法的権威及び法への信仰を強調することこそ肝要である」という主張もなされるに至っている。[4] さらに，司法改革の推進に伴い，法院調停と人民調停の新受件数は減少の傾向を呈しており，調停の弱体化の動きが現れてきている。[5]

もっとも，調停に対する批判は，調停制度を全面的に否定しようというものではなく，むしろ，調停制度を改善する方向での問題提起と見てよいだろう。調停制度の問題点を克服するためには，改善策を講ずることが，まずその第一歩となる。調停制度の模索と改革は，その進展が緩慢であるものの，自律性，合理化の方向に向いて途切れず展開している。そして，近時の中国における急劇な社会変動と法的変動に伴い，調停の分野においてもいくつかの新しい動きが現れてきている。

したがって，本編では，まず，中国のそれぞれの調停制度の問題点について検討を行い，同時に，その改善策について私的提案をしてみたい。さらに，ADR・調停をめぐるアメリカ，日本，中国の最近動向を考察した上で，将来の調停制度がどのような方向性をもって展開していくかについて本格的な検討を行うつもりである。

1) 徐国棟『民法基本原理解釈―成文法局限性之克服』（中国政法大学出版社　1996年）123頁。
2) 西村幸次郎『現代中国の法と社会』（法律文化社　1995年）52-53頁，孫広華「社会主義法治国家について」（関東学園大学法学部中国法制研究会編『中国の法と社会』　松平記念経済文化研究所　2000年）17-20頁。
3) 範愉『非訴訟糾紛解決機制研究』（中国人民大学出版社　2000年）609頁。
4) 胡旭晟『法学：理想與批判』（湖南人民出版社　1999年）379頁。
5) 調停自体の問題点及び近年の「訴訟重視，調停軽視」という傾向以外，調停が弱体化された原因は，「住宅制度の改革により，人々の住居は分散し，隣人関係や同僚関係は動揺・変質する傾向が強く見られる。人口流動が頻繁に起こり，従来の緊密かつ固定的な人間関係が解体されつつある」ということにもあると指摘されている（郭美松「中国裁判外紛争解決制度の現状と課題」（日本法学　70巻4号　2004年）214頁）。ところが，住居形式の変化に伴い，旧調停組織形式が衰退したと同時にコミュニティ調停センターという新たな調停組織形式も出てきたのである。

第2章　中国の調停に対する批判と克服

　中国において，調停制度は，簡易な紛争解決制度として広く国民に親しまれ，紛争を解決する上で大きな役割を果たしてきた。しかし，調停制度については，法律以外の条理等に基づく処理という制度の本質的部分での非合理性を理由に，これに対して否定的態度をとる見解も根強く存在するのみならず，仮にその存在を認めるとしても，たとえば，調停における解決が余りに非法律的すぎるとか，調停では当事者の主張の根拠を度外視し，単に当事者双方の主張を足して二で割るといった形で当事者双方に互譲を促すことに重点が置かれがちであるといった批判が常に付きまとった。さらには，調停機関は調停が互譲と合意による紛争解決を目指す制度であることを盾に，当事者の主張，特に法的主張に耳を貸さず，安易にかつ無闇に妥協を迫り，その結果調停条項が，声の大きな者，初めに大きな要求を出した者，頑固で非協力的な者に有利なものになるという不満も表明されている。以上の調停制度における共通の問題点以外，それぞれの調停制度自体にも一定程度の問題点が存在している。本章では，各調停制度自体に存在した問題点を検討し，そして，その改善策について私的提案をするつもりである。

第1節　法院調停についての批判と克服

1　法院調停の問題点

　制度上及び実務上において法院調停は以下の問題点を有する。
　まず，裁判官の権威が強調され，当事者の主体性が軽視される。調停手続の中で裁判官が主導権を掌握し，調停を成立させるために，自身の権威を利用し，当事者を強要する場合は少なくない。なぜ裁判官は当事者に調停合意の達成を強要するか。その原因は，調停が判決に比べ裁判官にとって，以下の利点をもたらすからである。すなわち，①裁判官が同じ時間内でより多く

の案件を処理できる。②裁判官は法的事実が成立するか否か，法的行為が有効であるか否か等困難な法的判断を避けることができる。③調停が成立した後，当事者が当該事件について上訴を提起できず，再び起訴してもいけない。裁判官にとって最もリスクが低い案件終結の方式である。したがって，現実には裁判官が可能な限り当事者を説得し調停合意に導く。調停の成立が困難な場合にのみ判決を下す。このようなやり方では，民事裁判の中における調停の拡張と判決の萎縮という弊害が生じかねない。そして，多くの人民法院は調停による案件既済数を裁判官の業績を評価する基準にするため，裁判官が強制調停をするという弊害も生じた。[1]

次に，「事実を明白にし，是非をはっきりとさせ，その基礎に立って，調停を行わなければならない」という民事訴訟法 85 条の規定は，調停の適用範囲を狭くし調停を選択する当事者が判決と同じコストをかけなければならないことを余儀なくさせる。しかし，法院調停は当事者の自由意思を尊重した上で行うものである以上，当事者が自ら法律と事実の争点に対し妥協し，その妥協は国家利益，他人の利益を害せず，法律の強行規定に違反しないのであれば，是非をはっきりとさせる必要があるのかという疑問が生ずる。確かに事実を明白にし是非をはっきりとさせることは，当事者双方に公正な調停協議を可能にし，調停協議の履行を円滑・適正にすることに資する。しかし，事実を明白にし是非をはっきりとさせる以上，原則的には人民法院が判決で事件を終結すべきである。当事者による調停協議の可能性が少なくなり，相応に調停の適用範囲が狭くなる。したがって，当事者自由意思の原則と事実及び是非の明確化の原則を両立させることは極めて困難であると思われる。[2]

続いて，民訴法 89 条の規定は民法の規定と矛盾し，合理性がないと言える。民法の規定により民事法律行為は公民或いは法人が民事上の権利と義務を成立・変更・終了させる合法的な行為であり（民法 54 条），以下の条件を具備するべきである。すなわち①行為者が相応の民事行為能力を具えていること，②意思表示が真実であること，③法律或いは社会の公共利益に違反しないこと（民法 55 条）。調停書は当事者双方の真実の意思表示の上で成立し，民法 54 条，55 条の民事法律行為の要件を具備するので，調停書の成立過程は民事法律行為に属す。民法 57 条は「民事法律行為は成立の時から法的拘

束力を具える。行為者は法律の規定によらず或いは相手方の同意を得ることなく，勝手に変更或いは解除してはならない」と定めている。調停協議が一種の民事法律行為である以上，民法57条により，調停協議が成立した後，直ちに法的拘束力を有し当事者が一方的に翻意し，或いは送達時に署名受領の拒否をすることは許されないと考えられる。しかし，民事訴訟法89条は「調停書は裁判官，書記官が署名し，人民法院の印鑑を捺印し，当事者双方に送達する。調停書は当事者双方が署名受領後，直ちに法的効力を具える。」と規定している。この条文により，調停書が成立した段階ではまだ法的拘束力を具えておらず，送達により調停書の法的効力が発生することになる。したがって，調停書の成立から送達までの間は調停書の法的効力が発生しないので，当事者は法律の規定によらず又は相手方の同意を得ずに，一方的に変更，解除及び翻意をすることができ，署名受領の拒否もできると理解されている。これは明らかに民法57条の趣旨に矛盾するものと思われる。調停書は当事者双方が調停条項に受諾した後，人民法院が当事者の合意により作成した確定判決と同一の効力を有する法律文書である以上，裁判官，書記官が署名し，人民法院の印鑑を捺印することにより，直ちに法的効力を備えると解すべきである。そのほか，民訴法90条2項は「調停書の作成を必要としない合意に対しては記録に記入しなければならず，当事者双方・担当裁判官・書記官が署名或いは押印した後，直ちに法的効力が発生する。」と規定している。民訴法90条2項の規定と適合させるためにも，民訴法89条は調停書が成立するときに直ちに法的効力を具えると規定すべきである。

また，民事訴訟法89条により，調停書の送達前に当事者が翻意できる。これは翻意する側にとっては有利であるが，相手方の権利の保護においては十分なものとは言えないだろう。積極的に調停に参加する一方の権利は保護されず，一方的に翻意する側に対して制裁もなく，当事者双方の権利関係に不平等を招く恐れがある。さらに，調停書を送達する前に翻意をした場合，人民法院調停の効率は下がり，訴訟コストが増し，人民法院の権威性も失われるものと思われる。[3]

そのほかに，通常の民事事件では当事者が一審に不服の場合，上訴を提起することができる。しかし，調停は当事者の合意を基にするため上訴を提起することができない。したがって，調停に対しては，上訴による監督機能は

期待できないことから，第一審裁判の厳粛性がゆるめられてしまう恐れが高い。民事訴訟法180条の規定により，「当事者が既に法的効力を生じた調停書に対して，再審を請求することができる」，ただし「調停が自由意思の原則に違反し或いは調停合意の内容が法律に違反するとき」，かつ，「当事者が証拠を提出し証明できる」場合のみ再審を請求できる。現実には調停過程が非手続性，随意性を持つものであるため，当事者は裁判官が調停の過程で自由意思原則に違反することを立証することは困難である。したがって，再審が認められる可能性は少なく，再審の機能は十分に発揮されない。なお，通常の民事判決に対し検察院が抗訴を提起し人民法院に再審を申立てることができる。ただし，民事調停書に対し検察院は抗訴を提起することができない。したがって，調停に対し法院外部からの審判監督も機能を発揮することができない。

2　法院調停の改善策

(1)　法院調停改革に関する学説

近年，司法制度の改革と共に調停制度の改革も重要な課題となっている。法院調停制度の改革については，以下のような見解が表明されている。

(a)　**調停制限説**　長期にわたり法院調停は民事訴訟の1つの基本原則とされている。民事訴訟の基本原則は，民事訴訟の全過程或いは主要段階において指導的役割を果たし，人民法院，当事者，訴訟参与人に共通して遵守されるべき活動準則である。現代の民事訴訟の核心は審判制度なので，調停は基本原則の普遍性を有しない。また，法院調停を原則とする場合，裁判官が可能な限り調停によって事案を終結させようとし，「調停氾濫」，「強制調停」という弊害を招きやすい。したがって，調停制限説は法院調停を基本原則から1つの訴訟制度へと改めることを提唱し，同時に，調停の範囲，調停の公開，調停の効力，調停の救済等についての法改正を通じて調停を制限し，昨今の「調停過度」の局面を改善するべきと主張する。[4]

(b)　**審調分離説**　従来の法院調停は事件を審理する過程で調停を行うので，「審調合一」と呼ばれる。「調停を主にする」，「調停を重んじる」という

調停伝統の影響を受けるため，調停をする際に裁判官が過度に調停を重視し，「自由意思原則」，「合法原則」を軽視する傾向がある。この学説の論者は，調停と審判を分離すべきであり，中国もアメリカ，日本のように専門の調停組織を設立し専門の調停委員によって調停を行い，裁判官は審判に専念し，調停には参加しないと主張する。[5]

(c) **調停消滅説**　この説を唱える学者は「改革開放と市場経済の時期」に入った後，調停は「新民主主義革命時期」の立法価値を既に失い，期待される効果を得ることができず民事審判の公平正義の価値の実現に障害となるため，調停制度を廃除すべきであると主張する。同時に当事者を中心にする訴訟上の和解制度を強化し，現在の調停制度に代替させると主張している。[6]

調停制度は数千年の歴史を持ち中国の社会に根強く定着しており，様々な機能を発揮している。調停は当事者の合意を重視するので紛争を円満に解決することができ，なおかつ，手続は簡易・迅速であり現実には紛争解決機能が高いものと思われる。「審調分離説」，「調停消滅説」は，調停制度の欠点のみに注目し調停の積極的機能を軽視したと思われる。訴訟上の和解は，調停の全ての機能を発揮することができず調停の代替としては十分なものではない。そして目下のところ中国の法律人材，資金などはまだ不足しており，アメリカ，日本のような調停制度を創設するには，まだ時期尚早であると思われる。したがって，現時点で私は「調停制限説」に賛成する。以下「調停制限説」を基礎にし，法院調停制度の改革について提案してみる。

(2)　法院調停の改善策──私見

(a) **開廷前調停を強化する**　人民法院が事件を受理した後，開廷審理前に裁判官が積極的に調停を行い，調停できる事件は開廷前調停段階で解決し，調停できない事件は直ちに開廷審理段階に入り，開廷審理は「判決を主にし，調停を従にする」。大部分の紛争は開廷する前に調停で解決でき，残った少数の紛争は審判を通し解決する。手続のスタートの段階で法院調停と審判を分けることを通し，効率の最大化を実現する。そして，調停は，条理に従うので，開廷前における調停を行うときには，裁判官補佐が調停を主宰し或いは人民調停員を招請して調停に参加させ裁判官を審判に専念させる。また，

開廷前の調停には調停の期限を設定すべきである。合理的な期限としては15日が妥当である。[7]

(b) **調停協議は，成立後，直ちに法的拘束力を有する**　現行民事訴訟法89条の「調停書は当事者双方が署名受領後，直ちに法的効力を備える」という規定は，調停協議が成立した後から送達する前までの間を当事者が権利を濫用する余地を与えてしまう。2004年の「最高人民法院の人民法院民事調停活動における若干問題に関する規定」15条では，「調停条項に基づいた権利，義務を有しない当事者が調停書の領収を拒否する場合には，当該調停書の法的効力の発生に影響を及ぼさない」という条文を設けることによって，当事者の調停書領収拒否権に制限を与えたものの，当事者の受領を調停書の法的効力の発生要件とする民訴89条の趣旨は依然として変わっていない。したがって，民訴89条自体の改正は期待され，その改正の際に，台湾の民事訴訟法における「調停記録は当事者が署名後，直ちに法的拘束力を有する」との規定を参考にし，調停協議が成立した後（調停記録に署名後）直ちに法的拘束力を有するべきである。

(c) **調停事件の訴訟費用は減額して徴収する**　調停の手続は簡易，迅速であり人民法院に対し訴訟コストはさほどかからず，通常の判決事件と同じ費用を徴収することは，当事者に対し不公平であると思われる。したがって，調停事件の訴訟費用は減額して徴収すべきであり，このことが当事者により多く調停制度を利用させることにもなると思われる。

(d) **調停に対する審判監督機能を強化する**　当事者は法的効力がある調停書について上訴を提起することができない。したがって，再審は当事者の権利の保護に対し，極めて重要な意味があると思われる。下級審法院が再審を決めれば，人事関係の影響を受け，また当事者が立証しがたいことと相俟って再審は難しい。これに対し，上級法院が審判監督権に基づき再審を提起することは相対的に容易であり，当事者権利の保護に対し有効であると思われる。そして，調停に対する再審の提起の範囲を広げるべきである。たとえば，調停が法定手続に違反すること，調停協議の内容が関係法律規定に違反すること，当事者が詐欺，強迫，強制の下，調停協議が行われること，調停協議が重大な錯誤の下で或いは明らかに不公平な状況下で行われることなどを証明できる場合は，再審を提起することができると規定すべきである。[8]

第2節　人民調停についての批判と克服

1　人民調停の問題点

　まず，人民調停委員会の性格は人民大衆の自治的組織であり，基層人民政府と基層人民法院の指導の下で，調停を行う（調停条例2条）。現実には，基層人民政府が司法補佐員を通し，人民調停に対し指導する。人民調停の背後に人民政府と人民法院の指導があるため，一般国民に与えるイメージは人民調停が権威性を持ち，「準公的処理」を行うというものである。人民調停が「公的処理」の権威性を持ち，「公的処理」より柔軟性を持つため，よく利用され，極めて重要な紛争処理方法になった。しかし，調停条例が定めている人民政府の人民調停への指導は，2002年の「人民調停工作に関する若干規定」の中で，「司法補佐員は人民調停委員会委員を担当することができる」（調停規定13条）という条文を設けている。司法補佐員はもともと政府の職員であり，人民調停委員会委員を担当することになれば，「人民政府の人民調停への指導」は「人民政府の人民調停への介入」に変わり，人民調停に対する行政干渉は合法化される。さらに，司法補佐員が人民調停委員会委員となると，人民調停委員会は人民大衆の自治的組織としての機能を十分に発揮することができなくなり，調停条例に違反すると思われる。[9]

　次に，民間紛争の複雑化，国民法律意識の高まりと共に，調停員の素養，法律意識，能力が大きな問題になった。民間人である調停員は，条理を適切に把握できるが，事件を法的に把握することができず，事件の真相の解明のため事実調査や証拠調べをすることの必要性を認めなかったり，またそれを実行しない。調停員が「和の精神」を過度に強調し，当事者の法的主張を無視し，安易かつ無闇に妥協を迫り，しばしば「折半調停」を行うという不満が国民側から指摘されている。

　また，調停委員会の経費調達も，近年大きな問題になっている。もともと，人民調停委員会の経費は，基層人民政府及び部分の企業・事業団体によって提供されている。人民調停員の手当は人民調停委員会の経費から支給される。近年の経済発展に伴い，国民の収入は大幅に引き上げられたものの，人民調

停委員会は資金の面で余裕がないため，調停員の手当ては以前の水準に止まり，昇給していない。したがって，多くの調停員がこうした状況に不満を抱き，意欲がなくなってしまった。[10] そのほか，一部分の調停員が正規の報酬に加えて，調停を通して，宴会に出席したり，贈り物・謝礼を受け取ったりして，不正行為を行うことも問題とされている。[11]

そのほか，長期間，人民調停協議の法的拘束力が認められないとされてきた。この履行について調停条例9条は「当事者が履行するべきである」と定めており，このような中国の法律においてよく使われる曖昧な用語表現は，道義的な責任を問うに止まるものであり，強制力を有しない。したがって，現実には，人民調停協議の履行は主に当事者の任意履行に従うものとなる。当事者が履行しないなら，「人民調停業務に関する若干規定」37条により，人民調停委員会は履行について督促を行う。どのように督促するか，法律に規定はなく，実際には，当事者に説得，教育をすること以外に，有効な手段がない。したがって，人民調停協議の履行は人民調停における1つの問題になる。督促しても履行しない場合は，人民調停委員会は，当事者に基層人民政府の処理を請求し或いは調停協議の履行・変更・取り下げについて人民法院に訴えを提起できることを告知するべきである，とされている（調停規定37条）。当事者が政府の処理を請求しない或いは人民法院に起訴しないのであれば，調停協議はそのまま放置され，人民調停委員会は機能しないことになり，人民調停の実効性は保障されないことになる。2002年11月に制定された「最高人民法院が人民調停協議に関係する民事事件の審理に関する若干規定」1条は，「人民調停委員会の調停により達成し，民事上の権利義務内容を有し，当事者双方が署名或いは捺印する調停協議は，民事契約の性格を有する。当事者が約定により自分の義務を履行するべきで，一方的に調停協議を変更或いは解除してはならない」という条文を置いている。民事上の権利義務内容を有する調停協議が民事契約の拘束力を持つと認められ，民事上の権利義務内容を有しない調停協議については，如何なる拘束力を持つのか，まだ関係法律には規定が置かれていない。

第2章　中国の調停に対する批判と克服

2　人民調停の改善策

　近年，個々の調停制度を統一的な「調停法」として制定する立法動向がある。したがって，法曹界では調停制度についての議論も盛んである。人民調停が今後中国における紛争解決システムの中でうまく役割を果たすために，現行制度を眺めるとき，そこにはまだ多くの改善されるべき点が残っているように思われる。以下では，それらの点について若干の検討を行うことにする。

(1)　人民調停委員会の自治を強化する

　人民調停委員会は人民大衆の自治組織である以上，政府はできるだけ人民調停に対する干渉，介入を減少するべきである。数十年の政府の指導を受け，人民調停委員会の各機能が概ね健全になり，経済の発展及び民主化の進展に伴い，「政府を代表する調停委員会」を「人民を代表する調停委員会」に向けて改革するべきであり，真の人民調停委員会の自治を目指すべきである。

(2)　人民調停員の選挙と任命の透明度，厳粛性を確保する

　人民調停員の選挙及び任命について，統一的規則がないから，各地が地元の実情に従い選挙及び任命を行う。人民調停員の選挙及び任命が透明度，厳粛性を欠くという不満は国民側から指摘されている。人民調停員の選挙と任命の透明度，厳粛性を確保するには，国民の司法参加の拡大，国民の人民調停に対する監督の強化，人民調停員の招聘考課制度の充実などが，この問題を解決する重要な要素になると思われる。

(3)　人民調停員の素養，法律意識，能力を高める

　1954年の「人民調停委員会暫行組織通則」5条2項は，人民調停員について，「人民大衆の中で政治的な素性が明らかで，人柄が正しく，大衆との連係が緊密で，調停活動に熱心な者は調停委員会の委員に選出されることができる。」と規定していた。その際には，調停員の政治的な素性を非常に重視していた。1989年の「人民調停委員会組織条例」は，「人柄が正しく，大衆との連係が緊密で，調停活動に熱心で，一定の法律と政策の知識を身につけ

る者は人民調停委員会の委員に選出されることができる」と定め，調停員の法律意識と知識水準を重視し始めた。人民調停員の法律意識，能力の不足は人民調停事件が逐年下がる原因の1つである。したがって，人民調停員の素養，法律意識，能力を高めることは，人民調停が役割を十分に果たすための重要な課題である。人民調停員の調停事件を処理するに必要な基礎的知識の習得，資質の向上及び執務能力向上のための研修が充実強化されるものと期待される。

(4)　人民調停委員会への資金援助を図る

現在，人民調停委員会は資金の面で困難な状況に陥っている。基層人民政府及び人民調停委員会を設立する企業・事業団体は，人民調停委員会の運営経費を保障するべきである。しかも，物価変動および社会状況に応じて，人民調停員に適切な手当をすべきである。同時に，人民調停委員会は大衆的な自治組織である以上，社会各方面も，人民調停委員会に対する資金の援助に協力すべきである。

(5)　調停協議の履行を強化する

従来から，人民調停委員会は調停協議に基づいて，当事者に履行を督促することができる。督促とは，強制性がないから，当事者が履行しなくても，人民調停委員会はなす術がない。調停協議が履行されないと，人民調停は無駄，無意味になる。したがって，任意履行の確保は極めて重要な意味を持っている。立法上，調停協議の拘束力を認めなければ，実務上は，調停協議の履行に対し調停委員会は無能力になってしまう。そのため，立法論としては，調停協議の拘束力を明確に規定するものと期待されている。私は，解釈論として，調停協議は当事者の自由意思により成立し，契約の性格を持っており，法的拘束力を有すると考えており，ほかに，調停協議の履行を確保するには，社会各方面に任意履行への理解・協力を求めたほうがよいと思われる。

第2章 中国の調停に対する批判と克服

第3節　行政調停の問題点及びその克服

1　行政調停の問題点

　中国の行政調停は，「政府機関型」という方式を採用している。行政調停の問題点は，「政府機関型」調停それ自体に内在すると考えられる。
　まず，行政機関は，行政事務を行い，行政権の行使に携わる機関である。中国の行政機関は，行政管理を行うと同時に，当該行政管理領域の紛争をも処理することができる。行政機関が紛争を処理する際には，行政管理者と紛争処理者という2つの立場が併存する。しかも，処理される紛争が当該行政管理領域における紛争であることから，当事者も，行政管理における被管理者であり紛争の当事者であるという二重の身分を有する。行政管理の視点から見れば，当事者双方は当該行政機関の行政管理に服従しなければならない。それゆえ，行政調停を行うとき，行政機関が往々にして中立の第三者の立場ではなく，行政管理者の立場に立って調停を行う。行政調停における調停者の背後には行政権の支えがあるので，実際に当事者双方は行政機関の職員である調停者が提示した調停案に応じなければ，自身に不利益をもたらしかねないという不安に起因して，本意に反して，調停者の提示した調停案を受動的に受け入れる場合が少なくないのである。
　次は，基層政府による調停に携わった司法補佐員以外，行政調停の調停者は，特別な手続によって任命された紛争処理に携わる専門家ではなく，行政機関の通常の職員である。それらの職員は，普段は通常の行政事務に携わっており，紛争が生じたときに，紛争の処理を行うことになる。彼らは行政管理の専門家と言えるが，紛争処理の専門家とは言えない。そして，大部分の行政機関は，職員に対し行政管理能力の研修だけを行い，紛争処理能力に関する研修はほとんど行われていない。したがって，行政調停の担当者である行政機関の職員の調停能力には疑問がある。それに加え，行政機関では職員の転勤や部門内部の人員交替も常に行われているので，調停員になる者は安定性を欠いている。こうした場合，調停活動を通じ修得した調停技法と経験は，仕事内容の変動によって無駄になってしまい，人的資源の浪費になるの

である。

　また，行政調停の手続の面においても問題が存在する。中国では，行政調停に関する個別法がないため，行政調停に関する規定は，数十の法律の中に散らばっている。行政調停を規定した法律，規則が多いものの，その大部分が手続規則を設けておらず，単なる原則的な条項だけ設けていた。[12] こうした場合，実務運用上の不便をもたらすことは当然なことであり，そのうえ，手続規定がないので，行政調停の具体的な手順は，各行政機関の調停担当者の自由裁量に任せざるを得ない。そうなると，手続の中に潜む多くの任意性によって，手続の適正の維持は著しく困難となる。こうした状況は，当事者を不利な立場に追い込ませるばかりでなく，さらに行政権の濫用の危険も生み出す。

　そのほか，調停書の履行確保も行政調停における大きな問題である。第2編で述べたように，中国では行政調停の執行力が未だ認められておらず，調停書の持つ効力は私法上の契約の持つ効力にすぎない。したがって，調停書の履行を確保するために，調停機関がどのような措置を採るかは，行政調停の実効性の確保にとって重要な意義を有する。中国では，行政調停書の履行について，調停機関側は2つの方法を採っている。1つの方法は，当事者の任意履行に任せるだけで，調停書の履行に対し特別の措置を採らないことである。現在，大部分の行政機関はこのような方法を採っている。いま1つの仕方は，ある種の行政権力の行使を手段として，当事者の任意履行を督促するというものである。たとえば，公安機関の治安調停では，調停が成立した場合は，公安機関は当該事件の不法行為者に処罰を行わず，調停書が履行されない場合は，公安機関は当該不法行為者に処罰を下さなければならない，とされている（治安管理処罰法9条）。前者の弊害は，行政機関が行政調停書の履行確保に全く協力せず，相手方が調停条項を履行しない場合は，全ての調停成果が無駄になることにある。その場合，当事者の一方は人民法院に訴えを提起するしかない。この場合は，直接に人民法院に提訴することより時間とコストがかかり，当事者の負担を増加させ，紛争解決の遅延を招き，同時に，行政調停自体の実効性と信用が低下することになる。後者のほうは，一定の措置を採ったものの，行政処罰を後ろ盾とし，実質的には行政権力により当事者に圧力を加えることになる。したがって，この2つの方法はいず

れも極端であり，合理的なものとは言えない。

2　行政調停の改善に関する私的提案

上述した行政調停の問題点を改善するために，中国では日本の「専門委員会型」調停の利点を取り入れ，中国の「政府機関型」調停を改革していくことも必要であろう。中国の行政調停制度の整備と改善は，まず以下の面から着手すべきであると思われる。

(1)　調停の担い手

現在の中国の行政調停は，「政府機関型」組織形式を採用している。「専門委員会型」調停組織形式が調停の担い手の面で優れていると考えるが，中国現有の「政府機関型」調停組織を全部「専門委員型」に改めるのは不可能である。しかしながら，少なくとも典型的な紛争，集団的な紛争，大規模，多発的な紛争に対しては，専門的紛争解決組織を設置しても差し支えないであろう。近年，環境紛争の多発に伴い，多くの学者は，専門的環境紛争処理機構を設立すべきであると主張する。[13] しかも，環境紛争以外，消費者被害紛争，知的財産紛争に対しても，専門的な紛争処理機構を設置したほうがよいと思われる。そもそも，「政府機関型」調停は紛争処理の適時性，広範性などの面では優れている。したがって，「政府機関型」調停の利点を生かし，現有の「政府機関型」調停組織に適当な整備を行ったほうがより合理的である。たとえば，紛争取扱件数が多い行政機関は，紛争処理科などの部門を設置し，紛争取扱事件が少ない行政機関は，紛争処理の専任職員を設置することにより，行政管理と紛争処理を行政機関の内部で分けて行ったほうがよい。さらに，これらの専任職員の紛争処理能力を向上させるために，行政機関はさまざまな研修，経験交流活動に配慮する必要がある。

(2)　調停の手続

大部分の行政調停は手続規則が設けられていない。調停の手続基準がないということは，行政調停手続が適正性を欠く主な原因となる。こうした状況を改善するために，各種行政調停手続に関する立法の強化は，早急に必要な

ことになる。そして，現行法を改正し，行政調停に関する具体的な条項を設けることを通じ，調停手続の適正性を図ることが1つの改善策である。さらに，よりよい改善策は，各分散された行政紛争処理手続に関する規定を統合し，統一の「行政紛争処理法」を制定することである。ただし，この立法論の問題は，新法の制定や現行法の改正には，時間がかかり，迅速に効果が現れることは期待できないことである。したがって，長期的な目標として検討することになるだろう。目下，行政機関がいち早く各々の紛争処理手続規則を制定することこそ，より迅速・有効な措置であると思われる。

(3) 調停条項の履行確保

調停条項の誠実な履行は当事者利益の保障だけではなく，行政調停制度自体の信用，価値と効率の向上に対しても重要な意義を有する。調停の実効性を確保するために，調停の担い手の紛争処理能力の向上および手続の適正性はまずその前提となる。公正な手続と真実の意思の下で達成した調停合意は，その誠実な履行がほとんどなされている。仮に，義務者が義務を履行しない場合，行政機関は，不作為の手段或いは行政権の行使を後ろ盾とする手段を講ずるべきではなく，より合理的な方式を採用し，合意成立後のケアに積極的に取組むべきである。たとえば，日本における公害紛争処理の方法に倣い，履行勧告制度，公表制度を創設することは，1つのよい選択肢として検討されるべきである。それ以外，行政機関はマスコミと連携し，社会輿論の力を借りて当事者の任意履行を促すことも考えるべきである。[14]

第4節　仲裁調停の問題点及び改善策

1　仲裁調停に関する批判

仲裁調停の問題点は，仲裁と調停を連係させる手続自体にあると考えられる。とすれば，それは中国の仲裁調停固有の問題ではなく，仲裁と調停を連係させる手続を採る諸国が共通に直面すべき課題である。仲裁と調停を連係させる手続は，以下の面で強く批判されている。

(1) 仲裁と調停を連係させる手続自体に対する批判

　理念的には，仲裁手続と調停手続は，本質が決定的に異なっている紛争解決手続である。仲裁手続があくまで当事者双方対立構造の下で中立公正な判断権者が判断を下すという訴訟類似の手続であるのに対し，調停手続は当事者双方に和解に向けた話合いをさせるための手続である。仲裁手続と調停手続の混在について，早川吉尚教授は，「仲裁手続ではありながら現実には和解合意を成立せしめるための手続を行う，或いは，当該手続が仲裁なのか調停なのかを不分明なままに手続を進めることには，和解のための手続をあえて選択せずに透明性の高い手続を選択するようなことがおよそ不可能になってしまうという問題がある」と指摘しており，[15] そして，「自らには不利な事情をもさらけ出して心底から話合いをすることで解決を図ろうとする調停と，自らに有利な事情のみを主張立証することが求められる仲裁手続が同時にできるわけがない」と主張する。[16] 中国では，多くの学者が仲裁調停に高い評価を与えている。にもかかわらず，近年，仲裁調停自体は，「仲裁廷の知恵と心証によるものではなく，当事者の合意に基づき仲裁判断を下すものである。実質的には仲裁廷の印鑑を借り，調停の手続上の不足を補完するのである」と強く批判される。[17]

(2) 仲裁人と調停人の同一人による兼任に対する批判

　仲裁人と調停人の同一人による兼任の弊害は，まず，仲裁手続の中で調停を行う場合，「和解を積極的に勧めるのが，和解がまとまらなかった場合には終局性のある判断を下すことができる仲裁人ということになるため，自らの死命を決する権限を有するその者の心証を慮らざるを得ず，結果として不本意であってもその勧めを拒絶することが非常に難しくなる」といった問題がある。[18] また，調停と仲裁の手続構造には相当の差があることを考えると，調停人がそのまま仲裁人になるときには，調停において取得した不適切な情報が適正な手続を欠いたまま仲裁に流用される危険があり，仲裁過程における仲裁人の予断を招く恐れがある。[19] 他方，先行する調停手続にとっては，そのような流用や予断の危険がある以上，調停の場における当事者双方の和解に向け心を開いた自由な話合いといったものがおよそ期待できなくなると

いう問題を惹起させる。[20] こうした問題は，結局，調停で個別の会合（コーカス）が許されることに起因すると言える。コモン・ロー諸国では，もともとコーカスに反対する気風が根強く，現に全面廃止の方向にあるとの指摘もある。[21] しかし，中国では，コーカスを有益なことと認め，それを許す態度を採る。したがって，コーカスで取得した情報がその後の仲裁過程に流用されることは，防止し難い。

(3) 和解合意の仲裁判断への書換えに対する批判

仲裁手続の中で達成した和解合意は，当事者の互譲，妥協，及び私権に対する処分に基づいたものである。それは，仲裁廷が事実と法律に基づき下した仲裁判断と本質的に異なる。和解で終結したにもかかわらず，仲裁判断が下されたかのように仮装することは，手続と結果の不一致を招き，脱法的な色彩を否定できないという問題がある。[22] そして，仲裁手続の中の和解合意は，仲裁廷の全ての審理が終わっていない段階で達成したものが少なくない。こうした場合は，合意内容が合法であるかどうか，第三者の利益を侵害するかどうかを吟味せずに仲裁判断へ書き換えれば，当事者の違法の目的が合法の形式によって認められる危険性が存在する。特に，中国の渉外仲裁の場合は，当事者双方の仲裁廷の外での和解，ないし仲裁廷以外の第三者による調停で達成した和解合意も仲裁判断へ書換えることは認められているものの，仲裁廷がその和解合意を審査しなければならないという義務は規定されていない。こうした状況は，さらに上述の危険性を増大させたのである。そのほか，和解合意の仲裁判断への書換えには，「和解が所詮は当事者の自主的紛争解決にすぎず無効・取消事由が付着している可能性があるにもかかわらず，法律により取消原因が限定列挙されている仲裁判断の外形が作出されてしまった結果，本来主張可能な無効・取消事由の主張が事実上不可能になってしまう」という危険もある。[23]

2 仲裁調停における問題点への対処

仲裁と調停を連係させる手続自体は，多くの批判を受けていたものの，仲裁と調停の連係処理手法は，仲裁制度と調停制度のそれぞれの利点を生かし，

第2章　中国の調停に対する批判と克服

欠点を補完できる新たなる総合的なADR形式として，世界的な広がりを見せている。同一手続の中で仲裁と調停を渾然一体と行う手続は，本格的な仲裁と調停の峻別の角度から見れば，多分に違和感が存在しているものの，当該手続が持つ柔軟性，融通性，弾力性などの特徴から見て，まさしくADRの妙味をいかんなく発揮できるものとも言える。

　仲裁と調停を渾然一体とすると，当然，調停人と仲裁人の同一人による兼務が制度的に強制されることになる。したがって，調停人と仲裁人を同一人に兼務させることにより生じる問題点が，このシステムでは構造的に除去できないものと言える。[24] 仲裁人の予断という問題を克服するために，一部の国では，「調停手続中に内密に得た全ての情報は，その後の仲裁手続，訴訟手続，その他の手続において，仲裁判断や裁判の根拠として援用することはできない」といった禁止条項を設けた。[25] 中国でも，国際経済貿易仲裁委員会，海事仲裁委員会，北京仲裁委員会，上海仲裁委員会の仲裁規則の中でこうした禁止条項が設けられている。しかしながら，たとえ調停手続で得た情報がその後の仲裁手続での援用を禁止する旨の条項を置いたとしても，こうした情報がその後の判断で使われたか否かの検証は不可能に近く，仲裁人の予断という問題は依然として未解決の問題として残る。[26] それゆえ，早川教授は仲裁手続における手続保障という観点から，「調停人と仲裁人を同一人が兼任することそれ自体に，何らかの歯止めがかけられるべきではなかろうか」と強く主張している。[27] ところが，この問題が仲裁と調停を連係させるシステムの構造上の問題である以上，解決は決して容易なことではない。したがって，仲裁人と調停人の同一人による兼任の際に，当事者双方の同意が要件とされ，かつ，仲裁人と調停人の同一人による兼任から生じる調停資料・情報の仲裁手続での流用などの弊害についての説明が当事者に対してなされることは，1つの解決策として講ぜられるべきである。そうすることによって，仲裁人と調停人の同一人による兼任からの弊害を，多分に軽減することができると思われる。

　また，和解合意に基づく仲裁判断は，通常の仲裁判断と本質的に異なるので，和解合意を仲裁判断へ書換える際に，当該仲裁判断は，和解合意に基づき下したものであるということを仲裁判断書の中で明記するべきである。さらに，和解合意を仲裁判断へと書き換える際に，和解の任意性から生じる弊

害を防止するために,「合意における任意性の濃淡に相応する手続保障を用意するか,仲裁手続において合意に関する任意性の確認作業を行う」など対策が講ぜられるべきである。[28] たとえば,仲裁法の中で,「当事者の和解合意が国家,団体及びその他の第三者の合法権益を害してはならない」,「仲裁廷は,和解合意の適法性,妥当性に対して審査をしなければならない」というような制限条項を設ければよいと考える。

なお,小島武司教授は,正義への総合システムの構想に基づき,多元的な救済ルールの新回路の開発を主張し,かつ仲裁のあり方に調整を加え,異型仲裁のアイディアの導入を提唱している。[29] 仲裁調停はまさしくADR新回路の開発の成果と言えよう。したがって,仲裁調停手続自体の欠陥に対する克服を通じ,この新手法は仲裁の通常手続の一部として,世界の範囲で認められるようになると期待される。

1) 江偉編『中国民事訴訟法専論』(中国政法大学出版社 1998年) 405-408頁,傅蔚蔚=張旭良「論現行法院調解制度的弊端和改革」(http://www.chinaweblaw.com/news/n30115c52.html) 参照。
2) 何鳴編『人民法院調解理論與実務』(人民法院出版社 2002年) 16頁参照。
3) 何鳴・前掲注 (2) 17頁参照。
4) 何鳴・前掲注 (2) 22-23頁参照。
5) 王紅岩「民事訴訟中的審調分離論」(法学研究 1999年 第3期),朱建忠「試論我国民事訴訟中法院調解制度的缺陥與完善」(福建法学網絡版 2002年) (http://www.86148.com/fjlaw/shownews.asp?id=396) 参照。
6) 章武生=呉沢勇「法院調解制度之重塑」(田平安編『民事訴訟程序改革熱点問題研究』(中国検察出版社 2001年) 86-89頁,張晋紅「法院調解的立法価値研究」(法学研究 1998年第5期) 参照。
7) 中国において民事一審通常手続の審理期限は事件を受理した日から6ヶ月であり,簡易手続の審理期限は事件を受理した日から3ヶ月である。訴状の副本を被告に送達する期限は5日であり,被告が答弁状を提出する期限は15日であり,答弁状の副本を原告に送達する期限は5日である。以上の期限を考慮し,事件が正常の開廷審理に入るのを遅延しないよう,開廷前の調停は15日にするのが合理的であると思われる。
8) 何鳴・前掲注 (2) 20-21頁参照。
9) 強世功編『調停法制と現代性:中国調停制度研究』(中国法制出版社 2001年) 180-188頁。

10) 柴発邦＝李春霖「改革與完善人民調解制度」（政法論壇　1986年第1期）　52頁。
11) 司法部人民調解司編『人民調解委員応知会』（1988年）　17頁，季衛東『超近代の法』（ミネルヴァ書房　1999年）　290頁。
12) 金艶「行政調解的制度設計」（中国法律信息網：http:www.law-star.com/pshowtxt?dbn=lwk&fn=011-2005-2-78.txt）。
13) 最近，環境紛争の専門処理機構を設立すべきであるという見解を述べた論文は以下のいくつかがある。周杰「環境糾紛ADR模式探討」（『汚染防治技術』2003年第4期），楊娟「環境糾紛行政性ADR機制的構建」（『中国法学会環境資源法学研究会年会論文集』　2003年），林全玲「論環境民事糾紛行政処理機制的完善」（http://www.riel.whu.edu.cn/show.asp?ID=2276）。
14) たとえば，武漢市工商行政管理局が消費者紛争を調停するとき，マスコミとの連携を1つの原則として遵守している。マスコミの協力と社会興論の監督を利用するこうした仕方は，紛争の解決及び調停書の履行に大いに役割を果たしていた（伊幼平「調解消費争議応遵循的原則」（『武漢工商』　2002年8月16日）。
15) 早川吉尚「再論・日本のADRの批判的考察」（JCAジャーナル　49巻12号　2002年）　3頁。
16) 早川吉尚「わが国のADRの問題点」（ジュリスト　1207号　2001年）　37頁。
17) 董純鋼「論和解裁決──特別述及和解裁決的風険及其防範（上）」（『仲裁與法律』第100輯法律出版社　2006年）。
18) 早川・前掲注（15）　3頁。
19) 小島武司＝猪股孝史「仲裁手続と和解・調停」（松浦馨＝青山善充編『現代仲裁法の論点』（有斐閣　1998年））　304頁。松浦馨「香港仲裁法の特徴と問題点（二）」（民商法雑誌　115巻4・5号　1997年）　649頁，猪股孝史「仲裁と調停の連係許容性とその限界（三・完）」（桐蔭法学　6巻2号　2000年）　39頁，早川吉尚「日本のADRの批判的考察」（立教法学　54号　2000年）　192頁も同旨。
20) 早川・前掲注（19）　192頁。
21) 猪股孝史「最近の立法動向にみる仲裁と調停の連係」（民事訴訟法雑誌45号　1999年）　238頁，猪股・前掲注（19）　60頁。
22) 早川・前掲注（15）　3頁。
23) 早川・前掲注（15）　3頁。早川・前掲注（16）　40頁，高橋宏志「仲裁判断とその執行」（仲裁法研究会『仲裁法の立法論的研究』　1993年）　85頁，90頁も同旨。
24) 早川・前掲注（16）　37頁。
25) たとえば，シンガポール2001年仲裁法63条3項，インド仲裁・調停令81条は，調停手続で得た情報のその後の仲裁手続での援用禁止に関する規定を設けている。バーミューダ国際調停・仲裁法10条1項は，当事者の書面による別段の合意がない限り，調停資料をその後の仲裁手続で利用できないという旨を規定している。
26) 松浦・前掲注（19）　649頁，小島＝猪股・前掲注（19）　305頁，猪股・前掲注

第3編　法化社会における中国調停の再構築

　　(21)　238頁。
27)　早川・前掲注（16）　38頁。
28)　萩原金美「調停と仲裁～弁護士会仲裁の手続法的考察を中心として～」（青山善充＝小島武司編『現代社会における民事手続法の展開＜石川明先生古稀祝賀＞下巻』商事法務　2002年）　372頁。
29)　小島武司「紛争処理制度の全体構造」（『講座民事訴訟法Ⅰ　民事紛争と訴訟』　弘文堂　1984年）　375-378頁。

第3章
米国における ADR の理論及び実務動向

第1節　序

　アメリカにおいて，裁判外紛争処理に新たな関心が集まるようになったのは，30年前のADR運動を契機としてである。[1] ADR運動によって，アメリカでも古くから利用されてきた調停や仲裁手法が見直されたに止まらず，新たな裁判外紛争処理手法も創設され，かつ多面的な発展を遂げることとなった。現在に至るまで，裁判所をはじめ公的機関によるものや民間のものなど，様々な紛争処理機関が創設拡充され，ADR手法も裁判所内外の民事紛争解決手続，ビジネスの領域のみならず，刑事紛争（軽微な事件や少年事件の非司法的処理，被害者・加害者調停等）や行政紛争の領域においても広く用いられている。さらに，アメリカでは，弁護士の継続研修やロースクールのカリキュラムを通じADRに関する教育が行われ，ADR手続のルール化，手続主宰者のプロ化などADR基盤の整備が急ピッチで進められている。

　ADRの著名な学者サンダー教授によれば，アメリカにおけるADRの発展は3つの時期に分けられる。すなわち，1970年代半ばから1980年代頃までの「ADRの草創期」，その後1990年代までの「ADRの警戒期」と1990年代から現在までの「ADRの制度化期」である。[2] 早期のADR運動は，実験的要素が強かった。「司法制度の効率化」，「正義へのアクセス」，「紛争解決の質の重視」などADR推進理念の支柱の下で，1970年代半ばから，全米各地でADRプログラムが急速に普及されてきた。[3] ADRが政策的に推進される一方で，理論の面についても盛んに議論された。ADR推進論と反対に，1980年代，フィス教授による和解批判（裁判所の役割は，和解的紛争解決ではなく憲法上の価値の実現にある）を始め，ADR運動についての批判的見解が出現した。[4] 推進論と批判論の間での論争が激しく行われると同時に，実務上ではADRのあるべき姿を模索する試みも続けられた。1980年代後半には，立法

措置などでADRが公的な制度として明確に位置づけられるようになり，ADR制度化の新たな動きが出てきた。特に，1990年に民事司法改革法が制定されてから，この動きはさらに加速した。その後，1990年及び1996年の行政紛争解決法，1998年のADR法などが相次いで制定され，ADRに関する法整備がより一層進んでいった。

アメリカは理論的・実務的にADR先進国の地位を占めており，その理論及び実務経験は各国に大きな影響を与えている。本章では，アメリカにおけるADRの中で，とりわけ中国にとって参考に値するADRの多彩な展開方式，ADRの理論諸相，ADRの制度化などの課題に焦点を合わせて考察を行うものとする。

第2節　米国におけるADR手法の多彩な展開

アメリカでは，伝統的な手法である仲裁と調停以外に，多種多様なADR手法が考案されている。これらのADR手法は，その性質から，裁判所付設型（Court Annexed）又は裁判所スポンサー型（Court Sponsored）ADRと呼ばれるものと私的ADR（Private Options for Alternative Dispute Resolution）に分類することができる。[5] アメリカにおける主なADR手法は以下の通りである。

1　裁判所主導のADR

裁判所付設型又は裁判所スポンサー型ADRは，訴え提起によって裁判所に係属した事件に対して，トライアル前にトライアルを行わないで紛争を解決する方法を試行するための手続である。[6] 裁判所付設型又は裁判所スポンサー型ADRには，いろいろな種類の手続があり，同じ内容の手続でも地区によって名称が異なる場合もあるので，正確に何種類あるとは言い難い。主な裁判所主導のADRには以下のものがある。

① Court-Annexed Arbitration（裁判所付属の仲裁）

連邦地裁に提訴された事件のうち，15万ドルを超えない人身事故，財産損害，契約の事件は，強制的に仲裁手続に移行される。手続は答弁書の提出

後6カ月以内に通常開始され，経験ある弁護士など法律家によって主宰される。手続の過程中，連邦証拠規則に従い立証も行われる。[7] 審理が終わった後，仲裁判断が下される。ただし，当事者は仲裁判断に対し不服がある場合には，正式の事実審理を要求することが可能とされる。ところが，地裁によっては，仲裁判断よりも有利な判決が得られなかった場合には，当事者に一定の制裁を課すことで，裁定に従うインセンティヴを与えている。[8]

② Summary Jury Trial（略式陪審判断）

略式陪審判断は，通常のトライアルと最もよく似たADR手続である。この手続の目的は各当事者に簡略化された弁論による現実的で拘束力を持たない「実験的トライアル」を提供することであり，通常一日以内で終了するものとされている。[9] 正規のトライアルと異なるところは，トライアルで用いる予定の証拠そのものを使わないことである。すなわち，双方代理人が冒頭陳述をし，証拠の要旨を告げたり，宣誓供述書等の書証だけに絞ったりして，いわゆるフルサイズの証人尋問を避け，時間と費用の節約をする。[10] 裁判官と6人の陪審員がパネルを構成し，両当事者の主張立証を簡単に聞き，陪審員が一応の判断を下す。判断が下った後，当事者は判断に拘束されず，判断者に質問することが許される。判断が正規のトライアルへ進むか，和解するかの判断材料になる。[11]

③ Court-Sponsored Mediation（裁判所主導の調停）

裁判所が主導して調停を勧める手続である。調停役は地域の弁護士や特別補助裁判官が務める。[12]

④ Early-Neutral Evaluation（早期の中立的評価）

早期の中立的評価は，訴訟の極めて早い段階に当事者が第三者たる法律家（経験豊富な弁護士又は退官した裁判官）に事件の要旨を報告し，その評価を受けることにより，事件に対する見通しをつける手続である。契約，不法行為，雇用，知的所有権，独禁，証券等の事件は，自動的にこの手続に回される。この手続は訴え提起から150日以内に設けられる2時間程度の手続であり，そこでは，当事者双方の口頭による主張が展開され，中立的評価人の指揮の下に討論が行われ，合意に向けて交渉する機会が当事者に与えられ，そして合意に達しなかった場合は，中立者による拘束力のない判定が下される。[13]

⑤ Settlement Conference（和解協議）

裁判官又は補助裁判官が主宰し，和解のための交渉の場を設定し，和解を働きかける手続である。この手続は裁判官の決定又は当事者の申立てにより開始される。手続の開始時期に制限がなく，対象も限られない。[14] さらに，この手続のバリエーションとして，多くの州では年1回か2回，和解週間（Settlement Month）や和解月間（Settlement Week）が設定されている。その期間には弁護士和解人が裁判所で当事者及び代理人弁護士と交渉し，係属中の訴訟に対して和解による解決を促す。[15]

⑥ Mini Trial（ミニトライアル）

厳密に言えば，ミニトライアルはトライアルではない。当事者双方の和解決定権限を持つ者の面前で，双方の弁護士が簡易弁論（brief presentation）を行い，その上で和解交渉を行うものである。中立の第三者（third party neutral advisor）を参加させて意見を聞く場合もある。和解権限のある者が，双方の弁護士による主張，冒頭陳述，証拠の要旨を聞き，情勢を判断し，和解を行うものであるので，当事者に情勢判断能力や交渉能力がある場合に有効であり，大企業同士の紛争に向いている。[16] ミニトライアルは，しばしば，反トラスト法，特許，建設，環境及び大規模な不法行為事件において使用される。この手法はもともと民間組織及び政府機関によって運用されたADRであるが，現在この方式を裁判所スポンサー型ADRの1つとして取り入れている裁判所も少なくない。[17]

2 私的なADRシステム

私的なADRは，私的な機関により設置し運営したADRである。裁判所主導のADRに対し，私的ADRはより多彩である。近時のアメリカにおけるADRの動向の中で極めて特徴的なのは私的な紛争解決システムが急成長している点であろう。たとえば，AAA（American Arbitration Association），JAMS（Judicial Arbitration Mediation Services），CPR（Center for Public Resources）など民間型ADR組織の成長も非常に著しい。[18] アメリカの民間型ADRシステムは，主に以下の諸手法によって構成されている。

① Mediation（調停）

第3章　米国におけるADRの理論及び実務動向

調停は，アメリカにおいてあまり費用をかけずに紛争を解決する手段として注目を集めている。基本的には，公平な第三者が当事者間の自主的な問題解決を促進するために，解決案の提示をする等の助力をする紛争解決手法である。アメリカの民間型調停の具体像については，本書の第2編第4章第8節の中で既に詳しく検討を行った。

②　Arbitration（仲裁）

仲裁は，拘束力を持ったプロセスであり，中立の仲裁人が双方の主張を聞いた上で仲裁判断を下すという紛争解決手法である。仲裁判断は，最終的なものであり，かつ，当事者　　に対して拘束力を持つ。仲裁は，アメリカにおいてもADRの基本型であり，裁判に最も近い特質を備えている。

③　negotiation（交渉）

交渉は，当事者の代表者又は代理人である弁護士が，第三者の介入なしに紛争解決を試みることであり，当事者間で紛争を解決する最も基本的な方法である。交渉は様々な状況で起こりうる。たとえば，訴訟を背景とした交渉，団体交渉等があり，極端な場合にはテロリストの脅迫を伴う状況も考えられる。交渉は，ごく日常的な手法であるため，取り立ててADRとは認識されにくいが，ADRの1つとされる。[19]

④　Med-Arb（調仲）

調停と仲裁を連係させる手続である。当事者の同意の下で，調停者はまず調停で紛争の解決を試み，調停で解決されなかった場合は，当該調停者は仲裁人となり，仲裁手続で紛争を解決する（具体的な手続は本書第2編第6章第2節を参照）。最近，Med-Arbアプローチのバリエーションとして，Co-Med-Arb（合同調仲）手続，Med-Arb-Opt-Out（合意離脱可能な調仲）手続及びMediation Against the Box（箱に対する調停）手続も考案されている。Co-Med-Arb手続においては，2人の異なる人物が調停者と仲裁人の役割を分担している。こられ2名は，当事者間の情報交換期日には，共同して進行役を務めるが，その後，調停者は，仲裁人が欠席しているときに調停を行う。調停による解決ができなかった場合，事件或いは未解決の争点は，仲裁人による仲裁に付託される。Med-Arb-Opt-Outは，当初Med-Arb手続への参加に同意した一方当事者が，同一人を調停者と仲裁者の双方を兼任するとの最初の合意から離脱することができる手続である。このような離脱がされた場合，新たな仲裁

人が選任されるまで手続は延期される。Mediation Against the Box 手続は，調停者ないし仲裁人の支援により，当事者が合意に到達する努力を試みている間は，仲裁判断を封印しておくものである。何らかの解決案に達しなかった場合，仲裁判断は開封されて拘束力を持つ。[20]

⑤　Neutral Fact-Finding（中立的第三者による事実認定）

中立の第三者が紛争の原因を調べる事実調査で，事情聴取等の結果の勧告（recommendation）という形の報告書にまとめるものである。紛争の具体的な解決策をどの程度示すか否かは個々の事案によって異なる。[21]

⑥　Neutral Expert（中立的専門家）

法律問題であれ，事実問題であれ，当事者が定めた中立の専門家に判断を聞くものである。結果をどう生かすかは，前もって取り決めておく。[22]

⑦　Multi-Step ADR（段階的 ADR）

経済的・国際的な関係にある当事者間で，特定の問題が起こった後，または，事前の合意によって，複数の一連の紛争解決手段を段階的に利用することを言う。たとえば，紛争が生じたとき，まず当事者の交渉，次に調停，ミニトライアル，それでも解決できない場合，仲裁にするというように，手続を決めておく。[23]

⑧　Mini-Trial（ミニトライアル）

前述のように，ミニトライアルは大企業間における紛争を解決する場合に，しばしば用いられる。近年，この手続は非常に多様な紛争において利用されている。

⑨　Private Judging（私的裁判）

裁判所又は当事者が選定した中立の第三者が事案を審理し判断を下す手続である。この判断は当事者を拘束し，通常の裁判のように上訴が可能である。この手続の担当者は，通常退職した裁判官である。この手続のメリットは，審理の時刻・場所が自由に決められ，また双方の信頼する人に判断を委ねうることである。雇われ裁判官は，通常働いた時間に応じて報償を受け取る。[24]

第3節　米国における ADR の理論諸相

1　ADR 推進論

　ADR 運動の推進目的ないし理念によれば，ADR 推進論は，3つのグループに分けられる。すなわち，①裁判所の効率性の確保を志向する法曹エリート保守派，②「正義へのアクセス」を志向する正義へのアクセス促進派，③紛争解決の質を重視する紛争解決のフォリティ促進派である。[25] これらの3つのグループは，各自の立場から，独自の ADR 推進理論を提唱している。

(1)　法曹エリート保守派の ADR 推進理論

　バーガー（Burger）や ABA をはじめとする法曹エリート保守派の立場では，伝統的な裁判の質には問題はなく，むしろ裁判所の処理能力を超える量の事件，また必ずしも裁判所で扱うのに相応しくない事件が持ち込まれることで，裁判所の過重負担が生じ，訴訟遅延等の問題が生じるとの認識を持つ。そこで，本来裁判所の扱うべき事件以外の紛争は，裁判外紛争処理制度に回付し，手続の選択肢を増やすことを通じて裁判所の負担を軽減しようと，法曹エリート保守派は考える。この考え方は，法曹や専門家の間に普及し現在に至る大きな流れになっている。この考え方に基づく ADR の推進は，裁判官の積極的事件管理の一環ないし連邦司法政策としての訴訟手続ないし裁判所付置の ADR，司法省主導で設立された NJC,[26] さらに事件振分けシステムとしての Multi-Door-Courthouse として具体化している。[27]

(2)　正義へのアクセス促進派の推進理論

　この理論は，正義へのアクセス運動の「第3波」に依拠しており，社会的経済的弱者がコスト高や遅延などによって司法制度へのアクセスが十分にできていないことへの対応の1つとして，ADR を利用しようとするものである。この発想は，少額・多数人の権利などの実現され難い権利のために，「現実の利益」を提供し得るような制度への改革を志向する。具体的には，裁判所構造の改善，裁判所外の紛争解決フォーラムの創設，弁護人・裁判者として

の素人やパラリーガルの採用，紛争の回避またはその解決を容易化するような実体法システムの改革といったラディカルで超司法的（extrajudicial）なものである。[28] 主に，社会改革を推進する人々によって提唱されている。正義へのアクセス拡充のために現行の司法制度の改革を求めている一方，法システム自体の枠を大きく崩そうというものではない。[29]

(3) 紛争解決のフォリティ促進派の推進理論

法曹エリート保守派と正義へのアクセス促進派の立場は，主として裁判所の効率性ないしアクセスへの不満という制度運営上の視点からADRを推進しようとするものであるが，紛争解決のフォリティ促進派は，制度構築者の立場ではなく利用者の立場から手続の質を重視する。アドバーサリ（敵対的）な紛争解決ではなく，当事者の手続への自律的な関与による調和や合意を重視し，個人のニーズや具体的な細かい状況を考慮に入れることによって，将来志向的で創造的な，より質の高い解決案を提示し得ると主張する。[30] さらに，ADR利用の結果，両当事者が紛争解決能力を得て将来の関係性を自ら調整していくことも期待されている。「コミュニティ志向」と呼ばれるADRも，これに含まれる。[31]

法曹エリート保守派と正義へのアクセス促進派が「司法制度の効率化」や「アクセスの拡充」によってADRを制度の中に位置づけることで価値を見出そうとしているのに対し，紛争解決のフォリティ促進派が唱える「質の重視」の理念はそれらとは一線を画し，個々の紛争処理に重点を置くものである。効率化，正義へのアクセス，質の重視，地域コミュニティの再生などの推進論の擁護の下で，当事者のニーズに沿った解決，法・弁護士依存からの脱却，長期的関係の維持，影響を受ける非当事者の救済といった，紛争解決のフォリティ促進派が重視する観点に期待が寄せられ，各地でADRプログラムが始まるきっかけとなった。[32]

2 ADR批判論

紛争解決の民営化・自由競争化を基盤とするアメリカにおけるADRビジネスの隆盛には，多層的な一大産業として捕えられることもある。もっとも，

政策的にADRが推進されている一方で，理論面では，ADRの意義や司法制度との関係について議論が収束しているとは言えない。ADRについてよく議論されるのは，ADR手続を使っての紛争解決が，量的な側面への貢献，つまり事件の早期・多量の解決を導くことができても，質的な側面で正当性を維持することができるかという問題である。これは，ADR手続と伝統的な訴訟との関係をいかに捉えるかという問題と関係する大きな問題である。1980年代に入ると，ADR推進論に対する批判も目立つようになった。そのADR批判論には主に以下のようなものがある。[33]

(1) まず，従来の法制度の規範的役割を重視する立場からは，ADRは「正義」の実現を妨げるとの批判が起こった。代表的な論者であるフィス教授は，裁判所の役割が，和解的な紛争解決ではなく，憲法上の価値の実現にあると主張する。この主張によれば，裁判所が行う紛争解決手段は，国民の税金によって維持されているので，当事者が安価にこれを利用できることになる。それゆえ，紛争解決手続は，単に当事者だけの関心事に止まらず，手続及び結果は，いわば公共財産たる性質を有する。伝統的な訴訟は，単に個々の事件の処理を越え，実体法を適用した結果としての判断は，書かれた意見（written opinion）として先例としての価値を有し，第三者の行動指針にもなるとする。この観点からすると，手続主宰者が，紛争の解決に熱心となるあまり，実体法との整合性や真実との合致には無関心となる危険がある。さらに，ADRは当事者間の力の不均衡を無視しており，推進派が主張するような当事者の自律的決定は必ずしも可能ではなく，解決案の強制力に乏しく，私的な紛争に焦点をあてることで社会の根本問題から目をそらすことになる，などの問題点も指摘されている。[34]

(2) ADRは真実発見の手続としても不十分であるという批判がある。ADRは詳細なディスカバリー制度はない。また，ADRには交互尋問ないし宣誓の下での証言や証拠法則の適用等の通常訴訟に伴う手続を欠く。[35]それゆえ，このような手続では，事実の認定において，不可避なエラーが付きまとうと指摘されている。他方，管理的裁判が効率性を高めるという肯定論に対しては，それを実証するデータがないと懐疑的で，スピード重視が公平・公正な裁判を犠牲にしていると批判する。この立場は裁判官の司法積極主義を批判するものであるが，フィス教授らと同様に現行の法システムによった視点に

(3) ADRは，裁判制度自体が抱えている問題への関心をそらせ，現在の体制を擁護するものであると批判する。すなわち，ADRを推進することは司法改革を防げ，「つまらない事件（garbagecase）」をADRに押し付けるだけであるとする。また，ADRにおける合意や妥協の強調が少数者や弱者の権利主張を抑圧しているので，当事者間の社会的地位や力の不平等を反映した不公正な解決を生む恐れがある。[37]

(4) 裁判官はこれまで，公開の法廷で合理的な理由を示すことによって，裁判に対する信頼を勝ち得てきたが，ADRにはこの保障がない。したがって，ADRの多用は裁判を受ける権利を閉ざし，公的な価値判断の機会を失わせると指摘されている。[38]

(5) ADRは，公的利益の関連する訴訟の解決手段としては不適当であるという批判がある。ADRで得られる結果とは，当事者の必ずしも証拠に基づかない主張に大きく依存し，また，当事者の個人的な利益により左右されることになり，公益を客観的基準により維持するという，公的訴訟の目的を達成できないとする。[39]

以上のように，アメリカにおけるADR導入による司法の質に関する批判論が多く見られる。その視点は様々で必ずしも一様ではないものの，これらの批判は後のADR運動に大きな影響を与えることになった。その一方で，これらに対する推進派の再反論もなされており，当事者が真に対等の立場が確保されていないのは訴訟にも当てはまる，「合意」の形式を採ったほうが履行率は高く，強制力が乏しいとは言えないといったことが主張されている。[40] 現在でも，同様の批判は見られるが，全体としてはADRに対する支持は広がっているのである。

第4節　立法措置を中心としたADRの制度化

ADR運動の初期の段階では，ADRは一部のパイオニアやボランティアの手によって私的に行われることが多く，依然，実験的な要素が大きかった。しかし，ADRが普及し，公的機関でも盛んに利用されるようになるにつれて，

第3章 米国におけるADRの理論及び実務動向

また，ADR以外に救済を受ける手段を持たない当事者が多く現れるようになるにつれ，公的プロセスの「質」を保証するべきとの声が高まった。[41)] こうして，公的制度としてシステムを構築する必要性が認識され，少なくとも裁判所や公的機関から出資や事件の移送を受けるプログラムについては調停人らの資格・訓練・責任の範囲や手続での合意の効力或いは公的資金を受けるための条件など最低限の基準を設けるべきとして，規則の制定がされるようになった。結果として，1980年代後半には立法措置などでADRが公的な制度として明確に位置づけられるようになり，裁判官や行政の担当者にADRを利用する権限が与えられるようになった。特に，裁判所がADR運動に積極的に係わるようになったことは，ADRが制度化されるにいたったことを意味するとされ，そしてこの段階でADR運動は，新たな時代に入ったと言える。[42)] ADR制度化の進展には，以下のような過程がある。

(1) 1983年及び1993年連邦民事訴訟規則の改正

1983年，連邦民事訴訟規則 (Federal Rules of Civil Procedure) 16条が改正された。連邦地方裁判所において，集中弁論期日前で証拠開示手続後の弁論前準備期日の目的に，初めて裁判外の紛争解決手続 (extra-judicial procedures to resolve disputes) の利用の検討が加えられた。連邦民訴規則16条の改正は，司法政策へのADRの組込みという実務傾向を条文化したものと言える。[43)]

1993年，連邦民訴規則16条の再改正が行われた。今回の改正は，1983年の改正に加え，当事者の自主的な解決を援助するための手続，すなわちADRの利用を，弁論前準備期日で必ず考慮すべき事項の1つとして明示した。[44)]

(2) 1990年行政紛争解決法の制定及び1996年行政紛争解決法の改定

1990年，連邦議会において，連邦政府によるADR利用を促進させるための最初の法案が通過した。この行政紛争解決法 (Administrative Dispute Resolution Act) の成立は，ADRの利用を促進する環境の下で，連邦政府をADR支持の最前線へと押し出すことになった。行政紛争解決法の制定に多大な貢献をしたのは，合衆国行政会議である。それは，連邦議会及び行政機関両方のレベルでの手続的改善を模索することを目的として設置された独立行政機関

であり，1980年代初頭から行政ADR推進のための様々な勧告を行ってきた。行政会議は，連邦行政機関におけるADRプログラムの確立，ADR専門家ポストへの上級管理職の選任，同法執行上での行政機関間の連携に対して積極的な役割を果たした。[45]

同法は1995年10月1日に失効したが，クリントン大統領がその効力を恒久的に延長する法案に署名した。[46] この1996年改定行政紛争解決法の特徴は，次の通りである。①ADR手続中になされた文書の提供を情報自由法に基づく開示の適用除外とし，秘密保護を明確にした。②全ての連邦政府に対して効果的な仲裁（binding arbitration）を提供する。連邦政府が仲裁判断額の上限を明記し，司法省と協議の後，仲裁の適切な利用に関する指針を出す。③連邦政府内に行政会議が行ってきた調整・相談等の機能を担う本部を設置する。[47]

さらに，1998年5月には大統領令で司法長官をトップとする連邦省庁間ADRワーキンググループが設けられた。[48] ここでは，連邦政府内の職場・雇用部門，契約・調達部門，民間法令執行部門，政府への請求に関する部門のそれぞれで，ADRによる解決を促進するプログラムが作られ，司法省の主導により，政府機関内の紛争，民間企業との契約紛争などにADRを積極的に利用する体制が作られた。[49]

(3) 1990年民事司法改革法の制定

1990年，前記の行政紛争解決法と同時期に，司法改革法（Judicial Improvement Act of 1990）が成立した。その第1編が民事司法改革法（Civil Justice Reform Act of 1990）である。[50] これは，1970年代から1980年代にかけての全米における著しい民事訴訟事件数の増大に対しての連邦レベルでの対策として，連邦地裁での民事訴訟遅延の改善と訴訟費用の減少を目的として制定されたものである。民事訴訟の遅延解消のための方策の指針は，「民事事件を事件に応じて適正に処理し，証拠の開示を管理し，訴訟運営を改善し，もって，適正，迅速かつ廉価な民事紛争の解決を実現することにある」が，これを実現するために以下のような指導原理が法律で示されている。[51] ①事件類型別訴訟運営（DCM）の確立；②プリトライアル過程の制御；③証拠の開示のコントロールと争点整理；④ディスクロージャーの導入；⑤申立前の交渉義

務；⑥ADRの利用（28 U.S.C 471条，473条a項）。

同法は，94の連邦地方裁判所に対して，諮問委員会委員を任命し，諮問委員会をして管轄地区の民事訴訟運営に関連する問題点の調査ならびに改善のための具体的方策を検討させることを命じている。その後，主席裁判官に提出させた結果報告書に基づき，各地方裁判所に1993年12月1日までに民事裁判所の予算減少と裁判所の事件管理体制としての訴訟遅延防止プランを作成することを命じる。このプランの中で，ADRの利用による目的達成の検討が求められた。ここに，アメリカで初めて，連邦裁判所に正式な紛争解決制度としてのADR導入を求める立法が成立した。[52]

この連邦民事司法改革法の下で，一定の連邦地方裁判所が実験庁として各種ADR試行や事件種類別ケースマネージメントの方策の実施にあたると共に，他方で，連邦司法センター（Federal Judicial Center）や全米州裁判所センター（National Center for State Courts），州司法協会（State Justice Institute）が1993年頃に相次いで裁判官や弁護士会メンバーを対象にしたADR講習会を開催し，裁判所に付属するADRの利用について急速に発展する基礎を作り上げていった。[53]

(4) 1998年連邦ADR法の制定

各裁判所ADRプランの実験結果を踏まえ，裁判所付設ADRを設置・実施するための代替的紛争解決法（Alternative Dispute Resolution Act）が1998年10月30日に成立した。本法の特徴は，抽象的には全国レベルでの統一的なADR促進を目的としつつ，実務上重要で議論の分かれている点については，各地裁の裁判所規則に委ねるという二重構造を有していることである。本法は，全ての連邦地方裁判所に対し，その義務として全ての係属した民事訴訟事件について裁判所付属もしくは民間のADRの利用検討を要求し，民事訴訟の当事者に少なくとも一度はいずれかのADR手続の利用の機会を与えよう求めている。このため，1999年10月までに各連邦地方裁判所に適切なADR機構を付属するものとして設立させ，そのADRプログラムを実行・管理させるためにADR担当の専任司法職員（judicial officer）を設置し，ADRを主催する中立の手続主宰者を教育訓練するよう義務付けた。また，同法は，原則として，請求金額が15万ドル以下の全ての訴えによる事件は，憲法上

の権利もしくは公民権に基づく請求事件以外，ほかの ADR 手続の選択がなされない限り，全て仲裁手続へ移行することとなった。[54]

ところが，各地裁の ADR に対する取り組みの熱心さの程度の格差（実験庁があるか否か，個人的に ADR に熱心な裁判官がいるか否かなどに左右されるようである）や ADR を訴訟手続に組み込むことに批判的な裁判官が少なからずいること等を考慮すると，本法の実効性への悪影響，たとえば各地裁で ADR 手続に関する秘密保護の扱いが異なることによる混乱やフォーラム・ショッピングの危険，地裁間のさらなる ADR の格差の拡大等が懸念されている。そのほか，本法施行につき予算措置がほとんどなされていない問題点もある。さらに，裁判所職員は既存の職務で手一杯で，ADR 専任スタッフは新規雇用する必要があり，また手続主宰者のみならず職員に対しても ADR 教育が必須であること等を考えると，およそ現実性がないと批判されている。[55]

(5) 統一調停法の立法動向

ADR の中で，特に法的規制の困難なものが，調停手続である。アメリカにおいて，調停に関する法律の整備は徐々に進展しているが，現在においても未だ統一性を欠いている。2000 を超える州及び連邦の調停法及び裁判所規則が，実体規定及び手続規定の両方にまたがって散在する。不統一性に起因する問題点を明確にするために，統一州法委員会全国会議（the National Conference of Commissioners on Uniform State laws）及びアメリカ法律家協会紛争処理部会（the American Bar Association Section on Dispute Resolution）は，秘密保持や秘匿特権（Confidentiality and privilege）などの論点を取り扱う模範統一調停法（Uniform Mediation Act）草案を作成するために，合同委員会の委員を任命した。[56]

統一調停法草案を作成する作業が，この数年間続けられている。2001 年 2 月に公表された草案は，わずか 16 条の短いものである。[57] もっとも，当該草案は，訴訟上証拠として提出できる形式で調停合意が認められる手続，及び裁判所等政府機関により回付されたことが分かる手続全てを対象としており（労使紛争や裁判官による和解勧試等を除く），成立すれば大きな影響力を持つことが予測される。当該草案の立法趣旨は，調停手続内情報の秘密保護の

重要性を明らかとし，調停手続の正当性が当事者に十分な情報が与えられた上での自律的決定にあることを確認し，統一的法制度を促進することにある。その内容は，ADR手続内情報の開示可能性，証拠能力，調停者の守秘義務についての詳細な規律のほか，調停合意への簡易な執行力付与制度等を含む。58)

　調停については，調停者の資格，調停のスタイル，秘密情報のコントロール等課題がよく議論されているものの，連邦・州レベルでは規範化が遅れていた。今回の統一調停法草案は，継続的な検討と柔軟な改正が必要とされるものの，実務のサイドにおける成果を踏まえ，法規制の混沌状態を打破するものであると評価されている。

第5節　小　括

　以上，アメリカにおけるADR理論，実務状況及び最新の動向に関して検討してきた。そこからまず注目すべきなのは，アメリカにおけるADR手法の多様性ということである。小島武司教授は，「裁判外紛争解決は，それが本質的に当事者の意思に基づくシステムであることからして，本来的に形成の自由を内包している。この形成自在性からして，新たな紛争解決方法を考案し，または，従来の方法に改良を加えることが不断に行われることになる。このような形成自在性という利点を生かして多彩な刷新の工夫を生み出す，いわば実験の場として注目されるのが，アメリカ合衆国である」と指摘している。59)1970年代におけるADR運動では，伝統的な手法である仲裁，調停及び斡旋が見直され，これらに加え，新たな方法が次々と考案されており，今後も，さらなる展開があるものと予想される。そして，社会的試行を好むアメリカの風土の中で，ADRプログラムは，裁判所外のみならず，裁判所内をも巻き込んで展開されており，また，州と連邦の両レベルで広く行き渡っている。

　こうしたADRの多彩な展開の原動力は，ADR推進派による理論上の支持であると思われる。推進のモチーフとしては，大まかには，①裁判所の効率化・負担軽減を目的とし，手続多元主義に基づき紛争を振り分け，ADRに

適合的な紛争を判決手続外に流そうとする視点，②裁判所外で，行政的な方法によって迅速・簡易に紛争を解決し，より効率的な権利救済を図ろうとする視点，③裁判所外で，裁判規範からいったん離れ，両当事者のニーズに合わせた互酬的な紛争解決を図り，自律的な規範形成を目ざす視点，という3つの視点に分けられると指摘されている。[60] こうした推進論の視点に対しては批判論もあり，それは1980年代から目立ったようになった。その後，批判論に対し，推進派が再反論を行い，結局，推進派の理論は時代の主流になったのである。

1980年代から，アメリカにおいてADR制度化の動きが現れはじめ，1990年代に入ると，一連の立法を通し，ADRの「実験」から「制度化」への進展がさらに加速された。この段階では，裁判所がADR運動に積極的に係わるようになり，ADRが公的な制度として明確に位置づけられるようになった。したがって，この段階でADR運動は，新たな時代を迎えたと言える。

アメリカと比べ，中国におけるADR手法の数はかなり少なく，伝統的な仲裁，調停，斡旋以外，訴訟と調停を連係させる法院調停，仲裁と調停を連係させる仲裁調停しか挙げられないのである。しかも，この2つの手法は存在する必要があるか否かについても，多く議論がある。法院調停に対しては，人民法院が訴訟を中心として紛争を解決するべきであり，調停手法は事件を審理する過程で採用されるべきではないという法院調停消滅論がある。[61] 仲裁調停に対しては，この手法がただ仲裁の外装を利用し，調停の効力を補完するものにすぎないので，質的には疑問視されるべきであるという批判がある。[62] こられの批判の実質は，各手法の混合に反対し，紛争解決手法の純粋性を維持することを主張する。こうした批判に対し反論するとすれば，アメリカの多彩なADRプログラム実験の成果それ自体が，最も有力な論拠として挙げられると思われる。特に，中国において，近年の経済発展に伴い，各種の紛争は増加の趨勢があり，人民法院が扱う訴訟事件数も逐年増加しつつある。アメリカのように「訴訟大国」になる前，事前により多くの新たなADR手法を開発し，軽微な紛争をADRに係らしめる必要があると思われる。そのほか，中国はもともと人口や民族が多い国であり，国民の紛争解決のあり方に対するニーズも多様化している。国民の多様なニーズに応じて多種多様な手法を実験することで，紛争解決の選択肢を増加し，紛争のより迅速，

第3章　米国におけるADRの理論及び実務動向

円満な解決を図ることができる。

　現在のアメリカにおけるADRの隆盛とは対照的に，中国におけるADRへの関心度はそれほど高くない。とりわけ，過去盛んに利用された調停手法は，国民法意識の向上に伴い，その利用率が逐年減少しつつあり，調停全体の進展傾向は衰退している。さらに，国民の中でも，調停が昔の紛争解決手法として既に時代遅れである，調停が法を知らない人に利用されたレベル低い手法である，調停が法律から逃避する道具の1つである，と考える人が多くなってきた。現代の法制社会に直面しては，調停の理念上の支えとした昔の「和・礼・信・忍・譲」という儒家思想，及び近代の「2つの矛盾」に関する理論は，ますます無力化している。したがって，調停理論上の支えを強化し，調停衰退の局面を打開するために，現代の法哲学，法社会学から新たなエネルギーを補充し，ADRの推進理論を充実し更新することは，喫緊の課題であると言えよう。そのほか，ADR理論について研究する際には，アメリカの最新のADR理論は中国にとって最も参考に値するであろう。中国伝統的な儒家式調停理念を維持すると同時に，アメリカにおける現代のADR理論の長所を取り入れた上で，中国の実情に相応しいADR理論を構想することは，中国のADRの新たな課題になると思う。

　また，アメリカでのADR制度化の動きは，中国においても現れてきた。1982年の憲法と1982年の民事訴訟法をはじめに，1989年の人民調停委員会組織条例，1990年の民間紛争処理弁法，1994年の仲裁法，2002年の人民調停業務に関する若干規定により，中国におけるADR制度化もかなりの進展を遂げている。しかも，近年，統一調停法を制定する動きも現れてきた。ところが，中国のADR制度化の重点は調停と仲裁に偏り，ADR全体に関する立法動向は未だ現れていない。アメリカでは1998年にADR法が成立し，日本でも2004年にADR基本法が公布された。紛争の当事者が紛争解決を図るのに相応しい手続を選択することを容易にし，もって国民の権利利益の適切な実現に資するために，中国も日・米両国のように統一のADR法を制定すべきであると考える。

1) 裁判外の紛争処理に関しては，既に1960年代から関心が高まっていたが，特にその傾向が顕著になったのは1970年代に入ってからのことである。ADR運動は，「司

法運営に対する一般的な不満の諸原因についての会議」(The Pound Conference,1976) でのバーガー (W.Burger) 連邦最高裁長官やサンダー (F.Sander) 教授の問題提起を明確な端緒として発生したと言われている (National Conference on the Causes of Popular Dissatisfaction with the Administration of Justice, April7-9, 1976, 70 F.R.D 79 (1976) については，和田安弘「軽微紛争処理に関する理論的一考察」(東京都立大学法学会雑誌　26巻2号　1985年)　69頁，80-85頁に詳細な紹介がある。)　ただし，一説として，現在のADR運動の萌芽は，1930年代の family court, juvenile court の設立に見ることができるとする。(J. Auerbach, JUSTICE WITHOUT LAW (1983) chap. 5)。
2) Frank E.A. Sander, The Future of ADR, 2000 J. DISP. RESOL. 3, 4-5 (2000)．それ以外，1970年代において ADR プログラムが各地に生まれた時期は第1期 ADR となされ，そして，1980年代からの ADR が裁判システムの中に取り込まれ，制度化された時期は第2期 ADR となされる説もある (Edelman, Institutionalizing Dispute Resolution Alternative, 9 Just. Sys. J. 134 (1984)；小島武司『裁判外紛争処理と法の支配』(有斐閣　2000年)　132頁参照)。
3) 小島武司『裁判運営の理論』(有斐閣　1974年)　127頁，田中成明「民事司法改革とその射程(二)」(法曹時報　47巻6号　1995年)　17頁，和田仁孝『民事紛争処理論』(信山社　1994年)　130-135頁，宮永文雄「ADR の制度化に関する一考察—アメリカ合衆国における展開を中心として—」(九大法学　75号　1997年)　79頁，吉村徳重「裁判外紛争処理の動向とその分析」(法政研究　51巻3＝4号　1985年)　711頁。
4) 山田文「アメリカにおけるADRの実情(上)」(NBL　718号　2001頁)　40頁以下。
5) ADR の構造についてはさまざまな視点から分類することができる。合意の内容からして，ADR の手続構造は，解決案の具体的内容に対する合意を調達しようとする調整型と，予め第三者の審理・判断に従うという一般的合意の下に手続を開始させる裁断型に分けられる。解決結果の効力からして，確定判決と同一の効力を持つものと，それ以外に分類することができる。ADR の手続目標を想定し，そこから，ミニ裁判型，交渉過程組込型，非訟型，政策実現型，社会関係維持型，人権擁護型に類型化しようとする試みもある (小島武司『ADR・仲裁法教室』(有斐閣　2001年)　46-54頁，山田文「ADR 手続の正当化に関する予備的考察—ヒアリング調査の報告を兼ねて」(判例タイムズ825号　1993年)　55-56頁)。
6) 古閑裕二「アメリカ合衆国における民事司法改革— Civil Justice Reform Act of 1990 を中心として—」(『アメリカにおける民事訴訟の実情』(法曹会　1997年)　25頁。
7) 林田学「アメリカにおける ADR の現状—その序論的スケッチ—」(上智法学　35巻1・2号　1992年)　24頁。
8) 野沢浩「代替的紛争処理 (Alternative Dispute Resolution ＝ ADR) システムに至る道 (その5)」(労働科学　75巻12号　1999年)　473-474頁，樋口範雄「ADR (代替的紛争解決)」(法学セミナー　459号　1993年)　10頁。

9) E・シャーマン著／大村雅彦編訳『ADRと民事訴訟』（中央大学出版部 1997年）14頁。
10) 古閑・前掲注（6） 27頁。
11) 古閑・前掲注（6） 27頁，樋口・前掲注（8） 10頁，林田・前掲注（7） 25頁。
12) 樋口・前掲注（8） 10頁。
13) E・シャーマン／大村・前掲注（9） 11頁，男澤聡子＝岩崎光宏「米国の各種ADRの現状と労働審判制度に与える示唆」（判例タイムズ 1200号 2006年） 20頁，古閑・前掲注（6） 28頁，林田・前掲注（7） 24頁。
14) 林田・前掲注（7） 25頁，樋口・前掲注（8） 10頁。
15) 古閑・前掲注（6） 29頁，E・シャーマン／大村・前掲注（9） 10頁。
16) マリリン・J・バーガー／吉野正三郎・橋本聡訳「アメリカ合衆国における代替的紛争解決の最近の動向」（東海法学 第5号 1990年） 184-186頁，フランク・E・A・サンダー／宮永文雄訳「裁判所の内外における紛争解決」（法政研究 62巻2号 1995年） 95-96頁，レビン小林久子「アメリカの最新ADR事情（4）」（JCAジャーナル 42巻7号 1995年） 30-31参照。
17) リチャード・L・ブラット／田中誠一訳「ADR 米国における代替的紛争解決（第8回 代替的紛争解決のハイブリッド手法〜 Mini-Trials）」（国際商事法務 29巻1号 2001年） 26頁，Fine, The CPR Legal Program Mini-Trial Workbook（Center For Public Resources 1985）; Texas Alternative Dispute Resolution Act, Tex. Civ. Prac. & Rem. Code sec. 154.024参照。
18) 澤井啓「欧米のADR最新事情（7）」（JCAジャーナル 48巻12号 1999年） 24-28頁，澤井啓「欧米のADR最新事情（8）」（JCAジャーナル 48巻12号 1999年） 44-48頁，秋田量正「アメリカにおける代替的紛争解決制度（ADR）の基本構造とその展開」（企業法研究 4号 1992年） 56-57頁，山田文「アメリカにおけるADRの実情（下）」（NBL 720号 2001年） 71-73頁，野村明美「アメリカにおける裁判外の紛争処理」（北大法学論集 42巻4号 1992年） 111頁参照。このような機関としては，他に，Academy of Family Mediator（OR), Association of Family and Conciliation Courts（Wisconsin), Conservation Foundation Program on Environmental Dispute Resolution（D. C.), Council of Better Business Bureaus（V. A.), Federal Mediation and Conciliation Service（D. C.), National Institute for Dispute Resolution（D. C.), Society of Professionals in Dispute Resolution（D. C.), State Justice Institute（V. A.), World Arbitration & Mediation Report Bureau of National Affairs（D. C）等がある。
19) see, Eisenberg, Private Ordering Through Negotiation: Dispute-Settlement and Rulemaking, 89 Harv. L. Rev. 637（1976); Menkel-Meadow, Toward Another View of Legal Negotiation: The Structure of Problem Solving, 31 U. C. L. A.754（1984); Fiss, Against Settlement, 93 Yale L. J. 1073（1984）.
20) Kathleen M. Scanlon／東京地方裁判所ADR実務研究会訳『Mediator's Deskbook ―調

停者への道』(三協法規出版　2003年)　126-128頁.
21)　山口智「米国における建設工事紛争の裁判外解決」(JCAジャーナル　48巻3号　2001年)　19頁.
22)　樋口・前掲注 (8)　10頁.
23)　稲葉一人「アメリカ連邦裁判所におけるADRの現状と課題 (二)」(判例タイムズ 1526号　1995年)　19頁.
24)　吉川精一「アメリカにおける「訴訟に代わる紛争解決手段」― ADR ― の普及」(自由と正義　40巻11号　1989年)　125頁, ダニエル・M・コルキー「米国における代替紛争解決制度概観」(自由と正義　43巻1号　1992年)　118頁.
25)　McEwen, Differing Visions of Alternative Dispute Resolution and Formal Law, 12-2 Justice System J. 247 (1987); Johnson, Remarks at Panel II, 80 F. R. D. 167 (1979); 山田文「裁判外紛争解決制度における手続法的配慮の研究 (一)」(法学　58巻1号　1994年) 58頁, 田中・前掲注 (3)　17頁, 和田・前掲注 (3)　130-135頁, 宮永・前掲注 (3) 79頁.
26)　Hofrichter, Neighborhood Justice and the Social Control Problems of American Capitalism, in: R. Abel (ed.), 1 The Politics of Informal Justice 207 (1985), 235-43; Merry, Defining "Success" in the Neighborhood Justice Movement, in: Tomasic & Feeley (eds.), Neighborhood Justice 172 (1982), 182-91.
27)　1976年にミネソタ州セントポールで開かれたコスロー・パウンド会議で, ハーバード大学のフランク・サンダー教授が, Multi-Door-Courthouse (多様な入口を持つ裁判所) の考え方を提起し, 評価を得た.
28)　正義へのアクセスという観点から制度展開の歩みを眺めると, 第1の波は, 貧困というアクセス障害を除去するための法律扶助の発展であり, 第2の波は, 消費者被害や環境保全など拡散利益の除去するための団体訴訟やクラスアクションなどの登場であり, そして, 裁判とADRを対等な存在と位置づけ, それぞれの多様性によるニーズの充足を掲げ, 権利保護の普遍化を図ろうとするのが, 第3の波である (詳細は, M. カペレッティ & B. ガース著/小島武司訳『正義へのアクセス』(有斐閣　1981年) 27-60頁, M. カペレッティ編/小島武司・谷口安平訳『正義へのアクセスと福祉国家』(中央大学出版部　1987年)　35-308頁参照).
29)　See Mauro Cappelletti and Bryant Garth, Access to Justice: The Movement to Make Right Effective, A general Report, Access to Justice (1978).
30)　Cahn, What Price Justice, 41 Norte Dame L. Rev. 927 (1966), 923.
31)　山田・前掲注 (25)　59-62頁, 宮永・前掲注 (3)　80-81頁, 田中・前掲注 (3) 20頁参照.
32)　宮永・前掲注 (3)　81頁.
33)　稲葉一人「アメリカ連邦裁判所におけるADRの現状と課題 (一)」(判例タイムズ 1525号　1995年)　11頁, 宮永・前掲注 (3)　82-83頁, 山田・前掲注 (4)　40頁,

山田・前掲注（25）59-60頁，橋本聡「紛争処理の柔軟化と多様化（一）」（民商法雑誌 105巻3号 1991年）371頁。

34) See Owen Fiss, supra note 19, 1073.
35) 仲裁手続における証拠には証拠法則の適用を受ける場合もある。たとえば，ペンシルベニア州東部地区連邦裁判所の地方規則八（仲裁）の五一E。
36) See Judith Resnik, Managerial Judges, 96 HARV. L. REV. 374（1982）; Resnik, Failing Faith: Adjudicatory Procedure in decline, 53 U. CHI. L. REV. 494（1984）; Sander, Varieties of Dispute Processing, 70 F. R. D. 113（1976）; Silbey and Sarat, Dispute Processing in Law and Legal Scholarship, 66-3 Denver U.L. Rev. 448-449（1989）.
37) See David M. Trubek, Turing Away From Law? 82 MICH. L. REV. 826（1984）.
38) See Marc Galanter, A Settlement Judge, not a Trial Judge: Judicial mediation in the United States, 12 J. L. & Soc'y 1（1993）.
39) 稲葉・前掲注（33）11頁。
40) 宮永・前掲注（3）83頁。
41) See Nancy H. Rogers & Craig A. McEwen, MEDIATION 179（1989）.
42) See Peter B. Edelman, Institutionalizing Dispute Resolution Alternatives, 9 JUST. SYS. J. 134（1984）; 小島武司「調停適合事件の選別基準」（『紛争処理と正義―竜嵜喜助先生還暦記念』有斐閣出版サービス 1988年）388頁。
43) 柏木秀一「米国における裁判所ADRの導入と概要―連邦裁判所でのADRを中心にして―」（法の支配 117号 2000年）34頁。
44) Judith Resnik, Many Doors? Closing Doors? Alternative Dispute Resolution and Adjudication, 10 OHIO ST. J. ON DISP. RESOL. 211-230（1995）.
45) Senate Report No. 101-543, Cong. Record Vol. 136（1990）, Code Cong. And Adm. News, at 3931; 比山節男「ADRとしての米国1990年行政紛争解決法」（大阪経済法科大学法学研究所紀要 23号 1996年）14-18頁，大橋真由美「米国連邦政府の行政機関によるADRの利用（下）―1990年行政紛争解決法と1996年行政紛争解決法を中心に」（自治研究 76巻4号 2000年）96-106頁。
46) Robert G. Fryling & Edward J. Hoffman. Step by Step How the U. S. Government Adopted the ADR Idea, 5 Dispute Resolution Journal, 80（1998）.
47) 澤井啓「欧米におけるADR最新事情（6）」（JCAジャーナル 46巻11号 1999年）45頁，大橋・前掲注（45）112-113頁参照。
48) Office of the press Secretary, Memorandum from President Clinton to Heads of the Executive Departments and Agencies, Designation of Interagency Committees to Facilitate and Encourage Agency Use of Alternate Means of Dispute Resolution and Negotiated Rulemaking（May 1, 1998）, at the IADRWG internet homepage 〈http://www.financenet.gov/iadrwg. htm〉.
49) 大橋真由美「米国連邦政府行政機関によるADR利用の動向―行政機関横断的ADR

ワーキング・グループ―」(一橋論叢 124巻1号 2000年) 191-197頁参照。
50) 民事司法改革法について，以下の文献を参照した。Jeffery J. Peck, "Users United": The Civil Justice Reform Act of 1990, 54 LAW AND CONTEMPORARY PROBLEMS 105 (1991); 大村雅彦「米国における民事裁判の現状と改革の動向（上）」(国際商事法務 21巻5号 1993年) 517-519頁，大村雅彦「米国における民事裁判の現状と改革の動向（中）」(国際商事法務 21巻6号 1993年) 683-686頁，大村雅彦「米国における民事裁判の現状と改革の動向（下）」(国際商事法務 21巻7号 1993年) 833-840頁，三木浩一「アメリカ合衆国連邦地裁における訴訟付属型ADR」(石川明・三上威彦『比較裁判外紛争解決制度』慶應義塾大学出版会 1997年) 73-139頁，古閑・前掲注(6) 31-47頁，柏木・前掲注(43) 35頁，澤井・前掲注(47) 46頁，宮永・前掲注(3) 97-102頁参照。
51) 古閑・前掲注(6) 34-38頁参照。
52) 柏木・前掲注(43) 35頁，澤井・前掲注(47) 46頁参照。
53) 連邦地方裁判所で行う各種ADRの試行に関する最近の文献としては，林田学「米司法改革の最近動向―ADRを中心に」(NBL 527号 1993年) 34-36頁，稲葉一人「アメリカ連邦裁判所におけるADRの現状と課題（四・完）」(判例タイムズ 1530号 1995年) 10-14頁，小野寺真也「ニュー・ヨーク高位裁判所におけるADR手続の概要」(最高裁判所判例調査会編「海外司法ジャーナル」1999年5号) 86-89頁，アメリカ合衆国における民事訴訟の合理化・迅速化への施策（下）―ミンガン州の制度を中心として―」(判例時報 1332号 1990年) 16-20頁，鈴木正具「テキサス州裁判手続における調停手続（ADR）について～事例紹介を中心にして～」(国際商事法務 19巻10号 1991年) 1238-1242頁，園尾隆司「アメリカの州裁判所における民事訴訟の実情」(判例タイムズ985号 1998年) 16頁，瀬戸口壮夫「米国ワシントン州における代替的紛争解決手続」(判例タイムズ 838号 1994年) 17-21頁参照。
54) 伊関玄「1998年ADR法―合衆国裁判所改正―」(JCAジャーナル 46巻3号 1999年) 2-4頁，川嶋四朗「1998年のADR法・試訳」(九州大学法政研究 68巻4号 2002年) 150-156頁，柏木・前掲注(43) 36頁，澤井・前掲注(47) 46-47頁。
55) 山田・前掲注(4) 44-45頁，Wayne D. Brazil, ADR and the Courts, Now and in the Future, 17 ALTERNATIVES TO HIGH COST LITIGATION 85 (1999); Developments in the Law-The Paths of Civil Litigation, 113 HARV. L. REV. 1861-62 (2000).
56) Kathleen M. Scanlon 著 / 東京地方裁判所ADR実務研究会訳前掲注(20) 6頁, Mediation Law Project, http://www.stanford.edu/group/sccn/mediation 参照。
57) 草案は，http://www.pon.harvard.edu/guests/uma に掲載されている。
58) 山田・前掲注(18) 76頁。
59) 小島・前掲注(5) 30頁。
60) 田中成明『現代社会と裁判―民事訴訟の位置と役割』(弘文堂 1996年) 125頁,

山田・前掲注（4）　41頁参照。
61)　張晋紅「法院調解的立法価値研究」（法学研究　1998年5号）参照。
62)　董純鋼「論和解裁決─特別述及和解裁決的風険及其防範（上）」（『仲裁與法律』第100輯法律出版社　2006年1月）参照。

第4章　日本における調停及びADRの最新動向

第1節　序

　近時，日本では，事前規制・調整型社会から事後チェック・救済型社会への転換に伴い，司法の役割が増大する一方，社会の高度化，情報化，国際化等を背景として紛争解決のあり方についての国民のニーズも多様化している。そこで，司法に対する国民の期待やこれらのニーズに的確に応えるため，裁判機能を充実すると同時に，裁判外紛争解決手続の拡充活性化を図ることも重要な課題になっている。司法制度改革審議会意見書においては，裁判外紛争解決手続について，「厳格な裁判手続と異なり，利用者の自主性を生かした解決，プライバシーや秘密を保持した非公開での解決，簡易・迅速で廉価な解決，多様な分野の専門家の知見を生かしたきめ細かな解決，法律上の権利義務の存否に止まらない実情に沿った解決を図ることなど，柔軟な対応も可能である」との認識が示されている。[1] しかも，ADRの促進が世界的な潮流になった背景の下で，近年日本においても，ADRを振興するための積極的な取組みが出現している。

　まず，調停の領域では，バブル崩壊後の支払不能に陥る恐れのある債務者等の経済的再生を図るため，2000年（平成12年）に民事調停法の特例として特定調停法が施行された。特定調停法の施行に伴い，民事調停事件が統計上急増している。また，調停の処理結果に焦点を合わせると，調停に代わる決定の活用が最も注目される。過去大きな期待を寄せられることがなかった調停に代わる決定は，最近頻繁に利用され，2006年（平成18年）にはこれにより解決された事件が民事調停事件総数の約7割を占めるに至った。調停に代わる決定は債務関係調停事件の解決に大きな役割を果たしており，その活用状況が昨今の社会・経済情勢を反映するものであると言える。

　他方，ADRの領域では，2001年（平成13年）6月に内閣に提出された司法制度改革審議会意見は，ADRが裁判と並ぶ魅力的な選択肢となるよう，

その拡充活性化を図るべきであるとした上，ADRと関係機関等の連携を強化し，共通的な制度基盤を整備すべきであるとの提言を行った。この提言を受け，2002年（平成14年）3月に閣議決定がされた司法制度改革推進計画においても，ADRの拡充活性化についての検討が盛り込まれている。さらに，その検討の結果等を踏まえ，2004年（平成16年）には，裁判外紛争解決手続法の利用の促進に関する法律（以下，ADR基本法と略称する）が公布された。ADR基本法では，ADR一般の基本理念やその充実のための国の責務，また民間ADRの認証等最低限の枠組みが定められた。ADR基本法を通じ，ADRについての国民の理解を増進させ，さらにADRの利用の促進を図ることには，大きな期待が寄せられている。[2]

　本章では，日本のADR最新の動向である調停に代わる決定の活用，特定調停の展開，ADR基本法の制定などの課題について取上げ，検討していきたい。これらの制度ないし法律は，全て従来の中国にはないものであるので，これらに関する考察を通じ，中国将来のADR制度の進展に多く示唆を与えることができると考える。

第2節　調停に代わる決定の活用

1　調停に代わる決定とは

　日本の調停の中で第1に注目すべき点は，近年における調停に代わる決定の活用である。実際には，調停に代わる決定という制度は，調停制度が日本に採用された当初から既に存在した。[3] それは，調停が成立する見込みがない場合において，裁判所が相当と認めるときに，職権で当事者双方の申立ての趣旨に反しない限度で行う決定である（民調17条）。[4]

　その立法趣旨については，[5] 古くは，調停は和解勧告と異なり，調停者の意見を呈示して受諾を促し，頑強に和解を拒む者に調停委員会が適当な条項を示し，適正な条項が周辺にあるかを知らしめ，調停の成立を促進すると共に不成立の責任がいずれにあるかを明らかにするものであると説明されていた。[6] 最近では，「当事者が自主的に合意の内容を詰めることができないとい

うことは，合意が全くできないということとは異なる。第三者が調停条項を示せばそれに同意する，或いは異議を述べないという形で，意思の一致をみることがありうる」とか，7)「当事者間の合意が基本的事項においては一致するのだが，派生的ないし部分的事項について一致しない場合……将来の紛争を絶つためにも職権による決定が効果的である」などと説明されている。8)

　調停に代わる決定の要件は以下のごとくである。9) すなわち，①裁判所が職権で決定する。②決定は，調停が成立する見込みがない場合において相当であると認めるとき，調停委員の意見を聴いた上で行われる。③決定は，当事者双方の申立ての趣旨に反しない限度で，事件の解決のために必要な範囲で行われる。④この決定に対しては，当事者または利害関係人から2週間以内に異議の申立てをすることができる。異議の申立てがあったとき，決定は効力を失う。期間内に異議の申立てがないときは，決定は裁判上の和解と同一の効力を有する（民事調停法17条）。

　ここで，問題なのは，裁判所が相当と認める基準とはいったい何かということである。1991年（平成三年）に東京地方裁判所及び簡易裁判所が策定した民事調停事件処理要領案は，調停に代わる決定を考慮すべき場合を，次のとおり列挙している。10)

①　当事者が調停案を受諾しない理由が専ら感情的な対立に起因すると見られるとき。

②　当事者が大筋で合意に達していながら，わずかな意見の相違で合意が成立しないとき。

③　紛争の対象が主として法律解釈及び適用にあり，その判断が決定の形式で示されれば，紛争が解決される可能性があるとき。

④　当事者からの提出資料及び事実の調査または証拠調べによって，紛争の実情が充分に解明されているとき。

⑤　専門家委員の関与（民調規14条の意見聴取がされた場合を含む）或いは鑑定により，紛争解決の一応の基準が明らかになったとき。

⑥　当事者に対する利害の調整活動や説得が十分に行われ，このまま不成立にしたのでは，それまでの手続が徒労に帰すと思われるとき。

⑦　後に訴訟が予想される場合（付調停事件が成立する見込みがない場合を

含む）に，調停における結論及び理由を決定の形式で明確に示しておいたほうがよいと思われるとき。
⑧　貸金，立替金，求償金その他金銭請求事件で，相手方が調停期日に出頭しないが，書面で分割払い等の解決案を提示しているとき。
⑨　債務弁済協定事件で，相手方が調停期日に出頭しないとき。
　以上は，調停に代わる決定をすべき場合を網羅しているが，これらは，あくまでも一応の基準にすぎず，裁判所が個々の事件について，調停の経過，紛争の態様，その他諸般の事情を検討した上で，決定の可否を判断することになる。

2　調停に代わる決定の本質と意義

　調停に代わる決定の本質をめぐっては，調停の本質をどう捉えるかとも関連して，これを擬制された合意であると見るか，あくまでも裁判であると見るかで説が分かれる。合意説を主張する小山昇教授は，裁判所が示す最終的な調停解決案の提示である調停に代わる決定に対し，当事者が異議を述べなかったということは，そこに一種の合意の存在を擬制し，若しくは黙示的合意を推認してもよいとし，これを「事後的合意」と称する。[11]　梶村太市教授も，「調停に代わる決定の構造は，あくまでも調停における当事者の自由な意思を基調としてものであって，そこには強制の契機は存在しないか，あるとしてもそれは極めて微弱なものであって問題とするに足りないほどのものである」と主張する。[12]　これに対し，伊藤眞教授は「調停に代わる決定が裁判の形式を通じて，調停の対象たる紛争について裁判所の判断を示し，異議によって当事者が不服申し立てをしない限り，その判断が強行性を持つという点では，その実質も裁判であり，他方異議を提起しないことが実質的には合意を意味することに着目すれば，当事者に対する解決案の提示という性質を持つことも否定できない」という見解を主張する。[13]

　調停合意説に立脚すれば調停解決案の提示という面に重きを置くことになるのに対し，調停裁判説に立てば条理裁判という判断の面を強調することになると思われる。私見では，当事者の意思決定の自由に調停の本質を見出す調停合意説が妥当である。調停に代わる決定は形式的には決定（裁判）であ

るが，その実質は裁判所による最終的な調停案の提示であり，その手続は当事者が調停手続の中で最終的な解決に到達しうるための作業である。そして，調停手続における当事者の主体性と任意性を保ち，当事者の利益（訴権）を守るために，当事者の自由意思による理由を要しない異議申立の制度を設け，この異議申立があれば決定は失効することにしているのである。

調停に代わる決定制度は，迅速に調停が成立しない場合でも，不調になる前に積み重ねられた調停手続を活用するという紛争解決機能を持っている。では，調停も，判決も，当事者間において解決し得ない民事紛争を国家機関の公正な公権的判断に基づき解決することを目的とする国家的制度であることに変わりはなく，ただ，それぞれの公権力的判断の対象，主体，手続等に技術的な相違が認められるにすぎないのではなかろうか。そうだすると，調停委員会が法律による解決の上からも，実情に即しているという点からも極めて妥当と思われる提案をしているにもかかわらず，当事者が，いたずらな感情的対立や頑固な誤った「信念」が原因で，これに耳を傾けないといった事件においても，不調にすることなく，調停委員会としての最終的な公権的判断を示して調停手続を終了させるのが合理的である。調停に代わる決定は，「その当事者が，裁判所によって示された最終的な調停解決案に対し，異議を申し立てないという消極的な形であるにせよ，それを承服して紛争を終了させるか，それとも，それを拒否して訴訟提起などの方法をとるか，のいずれかの道を選択するための最後のチャンスを与えるための制度であり，これは，当事者の自由な意思決定を尊重する異議申立制度と結び付くことによって，当事者の微妙な心理を巧みに利用した優れた制度である」と評価されている。[14]

3　調停に代わる決定の運用実態

調停に代わる決定制度は，各種の旧調停法の当時は調停に代わる裁判の制度として存在したが，訴訟手続によらない紛争の強制的解決が問題とされ，新法ではそれに対する異議申立制度を創設して強制的要素を除いたのである。しかし，表1において明らかなように，民事調停における「調停に代わる決定」の制度については，制定当初から，あまり多くを期待されていなかった

表1　昭和34～51年の調停に代わる決定事件数

年度 区分	民事調停既済総件数 A	調停に代わる決定件数 B	百分比 B/A
昭和34年	71,205	12	0.02 %
35年	66,231	14	0.02 %
36年	58,664	11	0.02 %
37年	55,543	7	0.01 %
38年	52,539	11	0.02 %
39年	50,843	14	0.03 %
40年	52,127	8	0.02 %
41年	52,122	12	0.02 %
42年	50,064	18	0.04 %
43年	53,492	13	0.02 %
44年	52,600	21	0.04 %
45年	52,455	15	0.03 %
46年	52,501	4	0.01 %
47年	50,761	12	0.02 %
48年	46,558	25	0.05 %
49年	42,684	26	0.06 %
50年	45,627	56	0.12 %
51年	53,222	77	0.14 %

注：この表は『法曹時報』のデータに基づき作成したものである。

らしく，運用上も適用例は少なかったようである。1968年（昭和43年）から1976年（昭和51年）までの調停に代わる決定で処理した事件数は，毎年わずか十数件であり，民事調停既済総件数の中で占める比率は0.2％までも至らなかった。これは，当時の調停に代わる決定が，調停手続の運用上，ごく例外的にしか行われなかったことを示している。その原因については，「調停委員会が有能で，大概の事件は期日に調停が成立し，到底調停成立の見込のない事件だけが不成立になるので，係る不成立事件を，更に強制調停の手続にかけたとしても結局徒労であると観測される場合が多いからである

らしい」と言われている。

　しかし，1975年以降（昭和50年代から），事情が変わってきたのである。すなわち，1977年（昭和52年）からは，調停に代わる決定事件数は急に増加し，毎年100件以上に達し，1977～1979年（昭和52～54年）の件数はそれぞれ前年に比べほぼ2倍となった。1981～1985年（昭和56～60年）までの間，その事件数はさらに急増し，毎年1000件以上に上ったのである。調停に代わる決定は第1の隆盛期を迎えたのである。その時期中，1984年（昭和59年）の調停に代わる決定事件数は5千740件で，7年前の1977年（昭和52年）と比較すると実に約34倍となり，利用数はこの時期の頂点に達した。ところが，1985年（昭和60年）には1984年（昭和59年）に比べ半減し，1986年（昭和61年）には急増前の1979，1980年（昭和54，55年）の水準に戻り，また1,000件以下となった。このような状況は断続的に1990年（平成2年）まで続き，1991年（平成3年）から，その事件数は再度年間千件以上の状態に戻り，1993年（平成5年），その事件数が7千614件に達した。1977年～1993年（昭和52年～平成5年）の調停に代わる決定事件数は表2の通りである。このような調停に代わる決定件数の増減の主な原因は，これが主として貸金業関係調停事件において活用されてきたことによるものである。紛争の内容，当事者の争い方の態様によっては，この制度が積極的に活用されうる余地があると言えよう。

　1994年（平成6年）に，調停に代わる決定の事件数は初めて年間1万件を上回り，民事調停の既済総件数の1割を占めた。したがって，1994年（平成6年）から，調停に代わる決定は第2隆盛期に入ったと言える。この時期の調停に代わる決定の活用状況は表3の通りである。その事件数から見ると，1994年（平成6年）以降は毎年新受件数の最高記録を更新し，2003年（平成15年）には，36万7,267件で頂点に達した。特に，特定調停が施行された2000年（平成12年）以降の増加傾向が顕著である。ところが，2004年（平成16年）には，民事調停既済総件数の減少に伴い，調停に代わる決定数も前年度と比べて，減少の傾向にある。しかし，民事調停既済総件数の中で占めた比率から見れば，その比率が引き続き上昇の趨勢を保ち，2006年（平成18年）には，調停に代わる決定数が民事調停既済総件数の67.4％を占める。こうした状況は，調停に代わる決定制度が近年積極的に活用されてきた

第4章 日本における調停及びADRの最新動向

表2　昭和52～平成5年の調停に代わる決定事件数

年度 区分	民事調停既済総件数A	調停に代わる決定件数B	百分比 B/A
昭和52年	63,870	171	0.27%
53年	67,572	443	0.66%
54年	65,692	827	1.26%
55年	64,084	745	1.16%
56年	70,988	110	0.15%
57年	75,969	2,065	2.72%
58年	109,213	3,607	3.30%
59年	158,362	5740	3.62%
60年	108,263	2,314	2.14%
61年	72,047	850	1.18%
62年	59,985	380	0.63%
63年	55,921	325	0.58%
平成元年	55,852	340	0.61%
2年	59,683	735	1.23%
3年	70,693	1,781	2.52%
4年	93,828	4,090	4.36%
5年	113,170	7,614	6.72%

注：この表は，法曹時報のデータに基づき作成したものである。

ことを示す。

　そのほか，注目すべきことは，異議申立があると調停に代わる決定の効力は失われてしまうが，実際に異議が申し立てられる件数は少ない（2006年（平成18年）1,559件。決定件数の約0.8％）ということである。これによっても，この制度が債務の調整に関する紛争を解決するために有用であると言える。しかし，近年，調停成立率が逐次減少している傾向が表3から明らかとなる。このような状況の下では，調停に代わる決定の積極的活用という運営方針が徹底されていることから，当事者の合意による調停の成立ということは，制度運営上むしろ副次的な要素となっていると言えよう。

表3 民事調停既済事件数―終局区分別

区分 年度	総件数	成立	不成立	調停に代わる決定	取り下げ	その他
平成6年	118,950 100%	59,663 50.2%	18,357 15.4%	12,539 10.5%	24,956 21.0%	3,435 2.9%
平成7年	129,136 100%	64,459 49.9%	18,726 14.5%	16,425 12.7%	28,062 21.7%	1,464 1.1%
平成8年	159,350 100%	78,066 49.0%	20,598 12.9%	22,610 14.2%	35,839 22.5%	2,237 1.4%
平成9年	189,662 100%	90,635 47.8%	22,524 11.9%	31,046 16.4%	41,560 21.9%	3,897 2.1%
平成10年	243,090 100%	112,578 46.3%	25,561 10.5%	44,380 18.3%	56,222 23.1%	4,349 1.8%
平成11年	264,819 100%	116,218 43.9%	26,469 10.0%	55,989 21.1%	61,397 23.2%	4,746 1.8%
平成12年	298,549 100%	119,014 39.9%	27,161 9.1%	80,868 27.1%	65,229 21.8%	6,277 2.1%
平成13年	362,912 100%	120,651 33.2%	30,602 8.4%	123,952 34.2%	75,772 20.9%	11,935 3.3%
平成14年	467,681 100%	111,488 23.8%	29,433 6.3%	218,464 46.7%	92,017 19.7%	16,279 3.5%
平成15年	606,795 100%	81,459 13.4%	28,214 4.6%	367,267 60.5%	108,819 17.9%	21,036 3.5%
平成16年	485,948 100%	42,852 8.8%	23,708 4.9%	323,165 66.5%	80,837 16.6%	15,386 3.2%
平成17年	330,668 100%	29,684 9.0%	19,380 5.9%	216,076 65.3%	56,323 17.0%	9,205 2.8%
平成18年	303,570 100%	24,587 8.1%	16,847 5.5%	204,745 67.4%	50,892 16.8%	6,499 2.1%

注：1　各欄の下段は，総数に対する百分比を示したものである。
　　2　この表は『調停時報』159号27頁，『調停時報』168号25頁のデータに基づき作成したものである。

第3節　特定調停制度の創設と展開

　1990年代末期から，日本の社会，経済情勢においては，個人債務者について，いわゆるサラ金等による多重債務者の申し立てる民事調停事件や破産事件が急増しており，また，住宅ローン債務者の経済的破綻も懸念されているところであった。これに加えて，法人についても，企業倒産が増加しているほか，今後更に不良債権の実質的処理を促進する必要があるとの指摘や，いわゆる商工ローンの債務者となっている中小事業者についても，円滑な債務調整の手段が求められているとの指摘が見られた。[15)] このような状況を受けて，支払不能に陥る恐れのある債務者等が負っている金銭債務に係る利害関係の調整を，裁判所の民事調停手続で行うこととして，当該債務者等の経済的再生を図るために，2000年（平成12年）2月17日から，民事調停法の特例である「特定債務等の調整の促進のための特定調停に関する法律」及び特定調停手続規則が施行されていた。特定調停手続には，消費者の破産や事業者の倒産が急増する社会・経済情勢下において，簡易，迅速で柔軟な処理ができる調停手続の特色に着目し，再建型の倒産手続に類した取扱をしようという考慮があるので，[16)] この手続は，成立した後，積極的に利用され，その活用状況は近年の民事調停の中で，脚光をあびている。[17)]

1　特定調停制度の概要

(1)　特定調停とは

　特定調停は，特定調停法の定めに従い，特定債務者が申し立てる特定債務等の調停に係わる調停である。その要件は，(1) 特定債務者が申立人であること，(2) 申立人である特定債務者が申立時に，特定調停手続による調停を求める旨の申述をすること，(3) 調停の内容は，特定債務等の調整に係るものであること，とされている（特定調停法2条3項及び3条1項）。
　「特定債務者」とは，金銭債務を負っている者であり，経済的に破綻する恐れのある者を言う。具体的に言えば，(1) 支払不能，すなわち，弁済能力

が欠乏して，金銭調達の見込みがなく，債務を一般的かつ継続的に弁済することのできない状態に陥る恐れのある個人または法人，(2) 事業の継続に支障を来すことなく弁済期にある債務を弁済することが困難である事業を営む個人又は法人，(3) 債務超過，すなわち，負担する債務がその資産より上回る状態に陥る恐れのある法人，のことを指す（特定調停法2条2項）。金銭債権を有する者が複数である必要はなく，事業規模の大小も問わない。

「特定債務等の調整」とは，特定債務者の経済的再生に資することを目的とする元本の一部放棄・利息又は遅延損害金の減免・弁済期の変更などの金銭債務の内容の変更，担保権の一部放棄・担保不動産の差替えなどの担保関係の変更，担保不動産の処分およびその代金の分配に関する調整・保証人の保証債務に関する調整などの金銭債務の内容・担保関係の変更以外の金銭債務に係る利害関係の調整を言う（特定調停法2条2項）。

(2) 特定調停手続の特徴

特定調停法・同規則は，民事調停法及び民事調停規則によりながら，その特則となる規定を定めたものである。民事調停法・同規則により申し立てられた債務弁済協定調停と対比すると，特定調停には，次のような特徴がある。[18]

(a) 事件の一括処理の促進　　特定調停を申し立てる個人債務者のほとんどは多重債務者であり，また，特定調停を申し立てる個人又は法人の事業者も各種の金融機関に負債をかかえているのが通例である。債務者は1人であるから，解明すべき事実関係，さらに証拠資料も各債権者に共通するところが多い。また，債務者の弁済原資には限度があるため，各債権者との間に形成される合意の内容は相互に影響し合う関係があり，しかも，各合意の内容にできる限りの均衡を保つことが必要である。したがって，同一の特定債務者が複数の債権者に対して負担している債務に係る調整も，可能な限り一括して処理されることが望まれる。

一括処理を容易にするために，まず，特定調停法4条は，民事調停法4条1項但書の「特に必要がある」という要件を緩和し，裁判所は，事件を処理するために「適当である」と認めるときは，申立てを受けた土地管轄権のない事件を自ら処理し，又は事物管轄権はあるが土地管轄権のない裁判所へ移

送することができる，と規定する。また，特定調停法6条は，一括処理の見地から，同一の申立人に係る複数の特定調停事件が同一の裁判所に係属するときは，これらの事件の調停手続は，原則として，併合して進行させなければならないものと定めている。そのほか，相手方とされていない関係権利者（特定債務者に対して財産権上の請求権を有する債権者及び特定債務者の財産上に担保権を有する担保者）も，調停の結果に利害関係を持つ者として調停手続に参加することができる。この場合は，民事調停法11条1項によると，調停委員会の許可が必要とされているが，特定調停法9条は，調停委員会の許可を受けることを要しない旨の特則を定めている。

(b) **地方裁判所への裁量移送の導入**　地方裁判所において調停を進めるほうがより円滑で充実した進行を期待できる場合には，これを可能にするため，簡易裁判所は，事件を処理するために相当であると認めるときは，申立てにより又は職権で，事件をその所在地を管轄する地方裁判所に移送することができる（特定調停法5条）。

(c) **民事執行手続停止制度の拡充**　特定調停の中で，特定債務者の経済的再生に資する合意に向けた話合いを進めていくことが期待できる事案では，債権者の民事執行手続により，特定債務者の財産が処分され，その経済的基盤が損なわれることとなると，それだけで特定調停の成立が困難になってしまう。特定調停法は，特定債務者の経済的再生に資する合意の形成を図るため，特定債務者に対し，裁判所の命令により，民事執行手続を特定調停終了までの間停止することを求める申立てを認める（特定調停法7条）。しかも，次の3点，すなわち，①停止を命ずることができる場合としては，調停による解決が相当で，民事執行手続により調停の成立が不能ないし著しく困難となる恐れがある場合に加えて，「特定調停の円滑な進行を妨げる恐れがあるとき」にも，認めていること，②停止の対象となる民事執行手続については，民事調停規則6条では担保権や公正証書に基づくもの等に限っているのに対し，このような制限をなくし，判決書，和解調書，支払督促等「裁判及び調書その他裁判所において作成する書面の記載」に基づくものも除外されないこととしていること，③担保の提供の停止を認めていること，を通じて，民事執行停止の制度の拡充を図っている（同法同条）。

(d) **専門家調停委員の指定**　特定調停は，特定債務者の経済的再生に資

するとの観点から，公正かつ妥当で経済的合理性を有する内容の合意の形成を目差すものであり，調停委員は，その合意形成の仲介・助力をすることになるから，それにふさわしい知識経験が求められる。そこで，裁判所は，事案の性質に応じて必要な法律・税務・金融・企業財務・資産評価等に関する専門的な知識経験を有する者を調停委員に指定すべきものとされる（特定調停法8条）。

(e) **資料収集の実効性の確保**　特定調停における当事者は，調停委員会に対し，債権債務の発生原因及び内容，弁済等による債権債務の内容の変更，担保関係の変更等に関する事実を明らかにしなければならない。これは，特定調停手続を迅速・的確に進めるために当事者に課された責務である（特定調停法10条）。なお，この当事者の責任に関する規定は一般に訓示規定と解されている。ただし，調停委員会が特定調停のため特に必要があると認めるときは，職権をもって当事者及び参加人に対し文書等の提出を求めることができ（同法12条），正当な理由なく文書等を提出しない者に対しては10万円以下の過料を科することにしている（同法24条）。

(f) **調停条項の内容**　特定調停法は，調停条項の内容について，民事調停法1条に言う「条理にかない実情に即し」，相当であることに加え，特定債務者の経済的再生に資するとの観点から，公正かつ妥当で経済的合理性を有していなければならないものとしている（特定調停法15条）。

(g) **特定調停の成立を容易にするための措置**　特定調停法は，特定調停の成立を容易にするために，書面による調停条項案の受諾制度（遠隔地にいる当事者が出頭できない場合等）（特定調停法16条），調停委員会が調停条項定める制度（共同の申立てがある場合）（同法17条）を設けている。

2　特定調停事件の手続運営

実務上では，各簡裁は特定調停法の趣旨等を踏まえて特定調停事件の適正かつ効率的な解決を実現するために，できる限り適切な手続運営方策を講じている。たとえば，東京，大阪，福岡の各簡裁は，特定調停の手続運営において次のような工夫を凝らしている。[19]

まず，特定調停事件について，その契約締結の方法及び内容のほか，債務

調整の方法等が極めて類似していることに鑑み，リーズナブルな共通の処理基準を設定するのが事件の適正かつ効率的な処理に寄与すると共に，多数債権者間の公平にもかない相当であるという考えから，各調停担当裁判官や書記官等調停担当者で調停運営のあり方に関する基本的方針について一応の申合せを行っている。[20] その内容は，たとえば，利息，損害金とも約定率ではなく利息制限法所定の利率によって残債務額を確定すると共に，いわゆる将来利息は付加しないこととして債権者の理解と協力を求めていること等，調停条項案の策定に係わる部分では，以上の3つの簡裁とも概ね共通している。[21] もちろん，具体的な手続進行のあり方に関しては，やや異なっている点もあるようであるが，こうした相違点は，各庁がそれぞれ，特定調停事件或いは従来の債務弁済協定調停事件の調停運営の経験を蓄積していく中で形成されてきたものと考えられる。

また，いずれの裁判所でも受付段階における手続相談にかなり力を入れているようであるが，特に福岡では，地裁と簡裁との連携により，簡裁の受付相談係が消費者倒産関係をはじめ民事手続の総合的な受付相談窓口となっているとのことである。[22] 司法制度改革意見書では，ADRに関する関係機関等の連携強化について論じた部分で「手続，機関に関する情報をはじめとする各種情報をワン・ストップで国民に提供できるようにすべきである」との言及がなされているが，福岡における上述のような取組りは，このワン・ストップ・サービスの要請に応える面があるものと言えよう。

このほか，東京簡裁及び大阪簡裁では，申立人の希望に応じて，事件受理の当日に待機している調停委員によって事情聴取を行う即日調停を実施しているとのことであり，調停を効率的に進めて早期の紛争解決を実現する上で効果をあげているようである。[23]

なお，大阪の裁判所では，特定調停事件の効率的な運営を実現するため，2002年（平成14年）に簡易裁判所活性化民事委員会調停分科会が特定調停事件検討ワーキンググループを結成し，特定調停事件の適正，迅速な解決に資する基準となるべき運営要領を策定することになった。[24] さらに2004年（平成16年）に，調停10係を特定調停係として新設している。[25]

3　統計から見た特定調停の現状と課題

特定調停手続は，経済的に破綻する恐れのある債務者が負っている金銭債務に係る利害関係の調整を促進し，そのような債務者の経済的再生を図ることを目的として，民事調停手続の特例として定められたものであるが，施行以来利用者は増加の一途を辿っている。表4で示したように，その新受件数は，2000年（平成12年）には年度途中での施行であったにもかかわらず，21万件を超え，2001年（平成13年）には29万件，2002年（平成14年）には約42万件であった。さらに，2003年（平成15年）の新受件数は53万7,000件を超え，民事調停新受事件総数の87.3％を占めるに至っており，民事調停事件総数を押し上げる大きな要因となる。この数値から，特定調停は，実効性のある債務調停手段として国民の間に定着し，大きな役割を果たしていると言えよう。なお，このような特定調停事件の急増は，昨今の厳しい経済情勢を反映しているものと言える。

特定調停の処理状況を見てみると（表5），調停に代わる決定の比率が相当高く，不成立率が極めて低いのが特徴的である。特定調停事件においては，債務の弁済方法等に関し，当事者間での調整が整わない場合にも調停不成立とはせず，調停に代わる決定を行うことにより，積極的に裁判所が解決案を示している。このため，調停に代わる決定の割合は，2000年（平成12年）が23.6％，2001年（平成13年）が36.5％，2002年（平成14年）が50.2％，2003年（平成15年）が64.7％，2004年（平成16年）が73.5％，2005年（平成17年）が75.1％，2006年（平成18年）が77.5％というように，毎年増加の傾向を示している。他方，不成立の割合は極めて低く，2006年（平成18年）にはわずか1.2％でしかなかった。そのほか，調停成立の割合は2000年（平成12年）には39.7％であったものの，その後，徐々に減少し，2006年（平成17年）には2.2％まで下がった。おそらく調停に代わる決定が積極的に活用されていることから，これとの相関で割合が減ってきたと考えられる。2000年（平成12年）から2006年（平成18年）まで，調停成立の割合と調停に代わる決定の役割の合計は毎年既済件数の約8割を占め，事件の解決率から見れば，全体として良好な実績をあげていると言えよう。[26]

以上のように，特定調停制度は，全体として見れば，量的にも質的にも概

第4章　日本における調停及びADRの最新動向

表4　民事調停新受事件数—事件の種類別

(高・地・簡)

年度 \ 種別	総数	特定	一般	商事	宅地建物	その他
平成9年	194,761 100%	—	158,825 81.5%	20,255 10.4%	9,724 5.0%	5,957 3.1%
平成10年	248,833 100%	—	206,519 83.0%	27,302 11.0%	9,302 3.7%	5,710 2.3%
平成11年	263,507 100%	—	222,034 84.3%	27,478 10.4%	8,626 3.3%	5,369 2.0%
平成12年	317,986 100%	210,866 66.3%	79,830 25.1%	13,343 4.2%	8,459 2.7%	5,488 1.7%
平成13年	367,404 100%	294,485 80.2%	48,095 13.1%	11,350 3.1%	8,291 2.3%	5,183 1.3%
平成14年	489,955 100%	416,668 85.0%	48,545 9.9%	11,773 2.4%	7,960 1.6%	5,009 1.1%
平成15年	615,313 100%	537,071 87.3%	49,099 8.0%	16,598 2.7%	7,800 1.3%	4,745 0.7%
平成16年	440,724 100%	381,503 86.6%	39,286 8.9%	8,112 1.8%	7,383 1.7%	4,440 1.0%
平成17年	322,987 100%	274,794 85.1%	32,343 10.0%	4,855 1.5%	6,879 2.1%	4,116 1.2%
平成18年	304,049 100%	259,297 85.3%	30,003 9.9%	4,558 1.5%	6,325 2.1%	3,866 1.3%

注：1　各欄の下段は，総数に対する百分比を示したものである。
　　2　この表は，『調停時報』168号24頁のデータに基づき作成したものである。

ね順調に立ち上がったものということができる。その理由は，(1)特定調停法施行前の債務弁済協定調停事件に関する実務慣行を参考にして創設された特定調停法自体が，債務弁済に関する紛争を調整する制度として，当事者にも利用しやすい合理的なものであること，(2)特定調停においては，調停委員会

表5　特定調停既済事件数―終局区分別

（地・簡）

区分 年度	総数	成立	不成立	調停に代わる決定	取下げ	その他
平成12年	163,002 100 %	64,754 39.7 %	7,377 4.5 %	38,492 23.6 %	48,072 29.5 %	4,307 2.6 %
平成13年	288,012 100 %	93,953 32.6 %	13,451 4.7 %	105,127 36.5 %	64,391 22.4 %	11,090 3.9 %
平成14年	394,157 100 %	86,791 22.0 %	12,679 3.2 %	198,043 50.2 %	81,138 20.6 %	15,506 3.9 %
平成15年	527,762 100 %	57,637 10.9 %	11,079 2.1 %	341,507 64.7 %	97,294 18.4 %	20,245 3.8 %
平成16年	424,556 100 %	20,005 4.7 %	7,014 1.7 %	311,871 73.5 %	70,937 16.7 %	14,729 3.5 %
平成17年	281,814 100 %	8,949 3.2 %	4,708 1.7 %	211,660 75.1 %	47,856 17.0 %	8,641 3.1 %
平成18年	257,920 100 %	5,725 2.2 %	2,971 1.2 %	199,925 77.5 %	43,431 16.8 %	5,868 2.3 %

注：1　各欄の下段は，総数に対する百分比を示したものである。
　　2　この表は，『法曹時報』53巻11号132頁，『法曹時報』54巻11号140頁，『調停時報』156号28頁，『調停時報』159号27頁，『調停時報』162号25頁，『調停時報』165号42頁，『調停時報』168号25頁のデータに基づき作成したものである。

が公正な第三者として，特定債務者である申立人の資力等を調査した上，適正な支払原資月額を定め，かつ，債権者間の公平を考慮して支払原資月額を個々の相手方に割り振るという倒産処理的な配慮を行っていること，(3)相手方に対しては，利息制限法の定める率により利息および遅延損害金を計算し直した残額とした上，将来利息を付さないで分割支払するという内容での調停を求めることにより，公正かつ妥当で経済的合理性を有する調停案とするよう努力してきたこと，にあると考えられる。[27]

　ところが，2004年（平成16年）には，景気の持ち直しを示す政府の月例

経済報告，失業率の改善を示す総務省の労働力調査で示されたように，日本の経済は低迷期から脱したようである。[28] それに伴い，2004年（平成16年）の特定調停の新受件数も大幅に減少し，前年より15万件減少している。2006年（平成18年）になると，特定調停の新受件数はさらに2004年より16万件減少している（表5）。景気回復のほかに，最近，弁護士会，司法書士会など民間機関による紛争解決が増えており，特にADR基本法の制定によって民間型ADRの活用が期待されている。こうした状況は，特定調停件数の減少傾向と多分に関連があるのではないかと思われる。今後，経済の回復及び民間型ADRの発展に伴い，特定調停がさらに減少することが予想されている。結局のところ，特定調停は，債務調整を対象とする特異調停モデルとして理解されるべきことを再認識することとなり，調停制度の中での周辺的な存在として把握するのが妥当ではないかと思われる。

　特定調停の申立てが，取り下げられる割合も少なくない。2000年～2006年（平成12年～18年）の特定調停の既済件数に対する取り下げの割合は約2割に達している。弁済原資が全くないか，債務の額に比べて極めてわずかしかない者が破産手続における免責と同様の効果を期待したものなど，特定調停の運用の実情とかけ離れた内容の申立てであるため，成立が見込めないとして，取り下げられることが多いことがその大きな原因であると言われる。[29] そのほか，最近，無登録の貸金業者を相手方とする特定調停の申立が増えているが，これらの業者は，調停期日に出頭しないので，成立の見込みがないとして申立てが取り下げられることが多い。このような事案をどのように処理し，債務者の経済的再生に結び付けるか，特定調停についてあらゆる角度から一層の検討が必要である。

　なお，これまで見てきたように，特定調停は相当の成果を挙げているということができる。ところが，それだけで特定調停を評価することは十分ではなく，調停条項の履行も特定調停を評価する指標の1つにするべきである。債務者の経済的再生に携わる調停委員会または裁判所としては，その調停の履行状況について，関心があるところであるものの，事柄の性質上，裁判所でその履行状況を調査することはできない。たとえば，多数の特定調停を取り扱う債権者において，その履行状況について検証し，さらなる履行確保への問題点が明らかにされるならば，特定調停の運用はより改善されるはずで

あると指摘されている。[30]

第4節　ADR基本法を中心とする制度基盤の整備

1　ADR基本法制定の経緯

　近時，日本の事後規制社会への転換に伴い，司法の役割が増大する一方で，裁判のような強制力を伴った伝統的な紛争処理方式以外に，多様な紛争処理のあり方が求められている。しかし，日本における ADR の現状については，多くの裁判外紛争解決手続が存在しているものの，「一部の機関を除いて，必ずしも十分に機能しているとは言えない」という状況が指摘されていた。[31] ADR が十分に機能しているとは言えない理由として，① ADR の存在や意義についての国民の認識・理解が不十分であること，②民間 ADR についての情報が不足し，利用に際して不安感があること，③専門家の活用についての弁護士法上の制約や，民間事業者が行ういわゆる調停・斡旋の利用について時効中断効がないことなどの制度上の制約により利便性が乏しいこと，などが挙げられる。[32]

　司法制度改革審議会意見書は，「ADR が，国民にとって裁判と並ぶ魅力的な選択肢となるよう，その拡充，活性化を図っていくべきである」と述べ，そのための課題として，「総合的な ADR の制度基盤の整備」と「関係機関等の連携強化の促進」を挙げた。この意見書の提言及び司法制度改革推進計画に基づき，司法制度改革推進本部事務局に設けられた ADR 検討会において，2002 年（平成 14 年）2 月から約 2 年 10 カ月にわたり，38 回の検討会を開き，主に制度基盤の整備について検討が行われた。その検討の結果等を踏まえ，「裁判外紛争解決手続の利用の促進に関する法律」が立案され，2004 年（平成 16 年）11 月 19 日の第 161 回臨時国会において成立し，12 月 1 日に法律第 151 号として公布された。施行は，公布から 2 年 6 月内（2007 年（平成 19 年）5 月 31 日まで）の範囲で政令で定める日からである。[33]

　本法律は，ADR に関し，その基本理念及び国等の責務について定めると共に，認証制度の導入によって，①国民に紛争解決手続の選択の目安を提供

し，②弁護士でない専門家を，いわゆる調停人・斡旋人（手続実施者）としてより一層活用できるようにし，③時効中断などの法的効果を付与し，安心して民間紛争解決手続での和解交渉に専念できる環境を整えることにより，ADR の利用の促進を図ることとしている。[34]

2 ADR 基本法の概要

ADR 基本法は，紛争当事者がその解決手続を選択することを容易にするため，ADR の基本理念等を定めると共に，民間事業者が行ういわゆる調停・斡旋の業務に関し，法務大臣による認証の制度を設け，併せて時効の中断等に係る特例を定めてその利便の向上を図ることを内容とするものである。その主な内容は以下の通りである。[35]

(1) ADR の基本理念と国の責務

ADR の基本理念として，ADR は，紛争の当事者の自主的な紛争解決の努力を尊重しつつ，公正かつ適正に実施されるべきであり，かつ，専門的な知見を反映して紛争の実情に即した迅速な解決を図るものでなければならないとされているほか（ADR 基本法 3 条 1 項），ADR の実施機関は，相互に連携を図りながら協力するよう努めなければならないとされている（同条 2 項）。

また，ADR に関する国等の責務として，国と地方公共団体は，ADR の利用の促進を図るため，ADR に関する情報の提供等必要な措置を講じ，ADR についての国民の理解を増進するよう努めなければならない，とされている（ADR 基本法 4 条）。

なお，これらの規定は，ADR 全般を対象としており，裁判所の民事調停及び家事調停をも含むものである。

(2) 認証制度

ADR 基本法においては，民間 ADR 機関の業務の適正を確保するために必要な要件を設定した上で，国（法務大臣）において，当該 ADR 機関の業務がこれらの要件に適合することを認証し，その認証を受けた ADR 機関については，時効の中断，訴訟手続の停止，及び調停前置に関する特則という法的

効果を認めるという認証制度の仕組みが採用された。この制度は，国が民間ADR機関に認証を与えることによって，国民にその選択の目安を提供し，これによって民間型ADRの利用促進を図るものである。[36]

認証を受けるためには，当該ADR機関がADR業務を行うのに必要な知識及び能力を有すると共に，適切な手続実施者を選任するための方法，弁護士でない者が手続実施者となる場合に弁護士の助言を受ける措置及びADR業務に関して知り得た秘密を保持するための措置等について定めるなど，業務の適正を確保するために必要な基準が設けられている（ADR基本法6条）。具体的な基準は，たとえば，①専門的知見を活用して和解の仲介を行う紛争の範囲を定めること，②和解の仲介を行う手続実施者の選任権者，資格要件，確保の方法，選任の具体的手続を定めていること，③各種の通知について相当な方法を定めていること，④手続の開始から終了に至るまでの標準的な手続進行について定めていること，⑤資料の取扱方法を定めていること，⑥秘密を適切に保持するための取扱方法を定めていること，⑦報酬および費用の算定方法などが定められており，これが著しく不当でないこと，⑧苦情の取扱について定めていること，など多岐に渡っている。

また，暴力団員が関与している場合には認証を受けることはできず，その業務に暴力団員を関与させると認証の取消や罰則がある（ADR基本法7条，23条）。認証を受けた後も，ADR業務に関して報告義務が課せられるなど国（法務大臣）の監督を受けることになる（ADR基本法20，21条）。

なお，認証を受けるかどうかは，あくまでも各ADR機関の判断に委ねられ，認証を受けなくても，従来通りの業務を継続することも可能である。

(3) 認証ADRの利用に関する特則

裁判所の民事調停及び家事調停については，調停制度の実効性を確保し，調停の活用を図るという趣旨から，調停申立に時効中断効が認められているほか（民調法19条，家審法26条），訴訟が係属している場合でも調停手続が終了するまで訴訟手続を中止することができる，とされている（民調規則5条，家審規則130条）。同様の趣旨から，ADR基本法においても，認証を受けた民間ADR機関における手続については，一定の要件を満たした場合には，時効中断効や訴訟手続の中止を認める特則が設けられている（ADR基本法25，

26条)。また，地代借賃増減請求事件や家事調停のできる事件については，調停を経なければ訴訟を提起することはできないとする調停前置主義が採用されているものの（民調法24条の2，家審法18条），認証ADR機関の手続を経ている場合には，原則として，調停の前置を要しないとされている（ADR基本法27条前段）。もっとも，裁判所が適当と認めるときは職権で事件を調停に付することができるとされており（同条後段），裁判所の調停を試みることを防げるものではない。

(4) **法律専門職種の活用**

ADR基本法では，司法書士など各種法律専門職種などのADRにおける活用を図り，専門的な知見を手続に反映させようという専門家活用体制の充実が目指されている。これは具体的には，調停人など手続実施者に関する弁護士法72条の例外（ADR基本法6条5号）として規定されている。すなわち，これまでは弁護士以外の者が業として手続実施者になることを制限されていたが，これを緩和し，「法令の解釈適用に関し専門的知識を必要とするときに，弁護士の助言を受けることができるための措置を定めていること」で足りるとするものである。この立法を契機として，司法書士，社会保険労務士，土地家屋調査士，不動産鑑定士，行政書士などの各団体が，その業務を拡大するためのチャンスであるとの認識から，それぞれADR機関を立ち上げようとしている。

3　ADR基本法の残された課題

ADRの拡充・活性化のための施策は，ADR基本法が成立し，施行されることによって終了するものではない。ADR基本法においては，以下のいくつかの課題がまだ残されている。これらの課題について，今後のADRの総合的な基盤の整備に伴い，引き続き検討する必要があると思われる。

(1) **執行力の付与について**

民間紛争解決手続で成立した合意への執行力の付与については，民間紛争解決手続のより一層の実効性を確保するという意義があるが，他方で，執行

力の付与にふさわしい民間紛争解決手続としてその業務の一層の適正性を確保する必要がある。ADR検討会では，紛争解決手続の全過程を通じて弁護士が関与し，最終的には裁判所の執行決定を経る等の加重要件を課するという仕組みの下で導入すべきではないかという点について，検討を重ねてきたのである。しかし，これに対しては，幅広い方面から，①弊害が発生する恐れが十分に払拭されていない，②手続が重くなりすぎで，かえって利用しにくくなる，③紛争解決事業者の中での差別化に繋がるといった強い懸念が寄せられた，と強く批判されたので，ADR基本法において，執行力の付与については，時期尚早として今回は法整備することを見送った。[37]

もっとも，執行力の付与は，ADRの実効性の確保という点でその利用促進に資する面がある。したがって，ADR法施行から5年の期間経過後に予定されている見直しにおいては，認証ADR機関の利用の実情を踏まえつつ，また利用者の権利保護にも十分配慮しながら，その採用の是非を再び慎重に検討する必要があると指摘されている。[38]

(2) ADRに対する法律扶助について

ADR機関を利用することに対する法律扶助も，重要な課題の1つである。ADRの法律扶助については，現在でも，ADRにおける和解交渉が民事裁判等手続に先立つもので特に必要と認められるものであれば，法律扶助の対象となりうることから，ADR基本法においては，法律扶助に関する特段の規定を設けていない。

しかし，ADRを真に裁判と並ぶ紛争解決の選択肢として位置付けるのであれば，多様な紛争解決手段の中で最も適切な手段を選択できる権利を国民に対し実質的に保障する必要がある。そして，その紛争についての適切な解決方法がADRであるとすれば，それを資力の有無にかかわらず利用できるようにすることは国の責務である。[39] フランスやイギリスなども法律扶助の適用をADR活性化のための主要な方法と位置づけている。[40] したがって，将来的に法律扶助の予算の充実が図られた場合には，現行制度の範囲を超えて，たとえば，認証紛争解決手続の業務の一部を法律扶助の対象とすることについては，認証紛争解決手続の業務の運用実態等をも踏まえ，検討していくべきである。

(3) 認証制度について

ADR法の制定により，新たにADR機関に対する認証制度が導入されることとなった。ところが，ADRとはそもそも「国家」の制度に「代替する」ものであり，そうであるにもかかわらず「国家」がADR機関を「認証」という制度を通じて管理することは，根本的なADR運営方針と離れており，問題視されるべきであると指摘されている。[41]また，国家が認証制度によってADRを管理すれば，ADRに一定の枠を嵌めてしまい，多様で自由な発展が阻害される恐れがあるとの指摘もある。[42]

現段階では，どの程度の機関が認証を受けることとなるか予測することは未だ困難であるが，いずれにせよ認証ADR機関と非認証ADR機関とが存在することになる。認証ADR機関は，ADR法の認証の基準に基づいて運営がなされ，それに対する法務大臣による一定の監督を受けることとなり，その質の向上が図られることとなるが，他方で非認証機関も引き続き活動を行うことになる。こうした非認証ADR機関については，その質の向上はそれぞれの機関の自助努力に係ることとなるが，国民のADRに対する信頼の獲得も，それらの機関の自助努力いかんに係っていると言える。各ADR機関の自主性を尊重しつつ，どのように自助努力を促すかということも，今後の大きな課題である。[43]

なお，現在の認証制度は強制的なものではないが，認証ADR機関と非認証ADR機関の間に優劣の差があるという認識が一般に広まってしまうと，どのADR機関も認証を受けざるを得なくなり，結局のところ事実上の強制になってしまうとの懸念もある。[44]

(4) 付ADRについて

裁判所がADRに事件を移送することについては，一部の国でADRの利用推進策として採用されていることもあり，積極的に検討すべきという意見もある一方，裁判を受ける権利との関係や現在のADRに対する国民の認識状況からすれば慎重に考えるべきとする意見も強い。ADR基本法においては，こうした状況を踏まえ，付ADRの制度化は時期尚早として，その導入は見送られた。[45]

付ADR制度の導入はADR利用の促進に役立つはずである。ADR機関が健全に発展するためには，少なくともその当初においては，裁判所から事件を定期的に回付し，一定数の事件をそこで審理することで実績が挙がり，一般人の信頼を獲得していく機会を付与する必要がある。[46] 裁判手続との連携を図るため，当事者の同意を得て，期間を定めてADRに付する余地が十分に残っている。

(5) ADRの代理権の付与について

ADR検討会は，ADRの代理について，紛争の当事者本人の権利義務を直接処分するという性格を踏まえると，相当高度な法律的能力が必要であり，現状では，隣接法律専門職種等に限定して検討することが適当と考えた。そこで，ADR基本法の立案作業とは別に，個別の職種について，その職種の資格要件，業務内容，実績等を踏まえ，ある特定の分野・規模の紛争を代理人として公正・適格に解決していく上で，①その職務の業務を遂行するために備えている専門的知識・経験が有用であって，弁護士以外の代理人を必要とする社会的ニーズに応えうるものであるかどうか，②その職務の業務として紛争解決に関与してきた実績等を通じて，代理業務を公正・適格に遂行するに足りる法律的能力や倫理規律を備えていると言えるかどうか，といったことについて検討が行われ，その結果については，司法制度改革推進本部決定（平成16年11月16日）という形で取りまとめられた。[47]

具体的にADR代理をどの範囲で認めるかは，重要な課題として検討すべきである。現在，この決定の内容を踏まえ，それぞれの個別士業法を所管する関係府省を中心に，法改正等のための作業が行われている。各士業の基本的な業務には，対立当事者間の紛争解決という要素は弱く，双方代理的色彩が強いので，代理範囲について，慎重に配慮する必要があると指摘されている。[48]

(6) 調停手続規範について

ADR検討会は，いわゆる調停手続法的な一般手続規範を整備することについて，今回のADR基本法上の措置としては見送った。しかし，将来の課題として，各国の法整備の状況も見ながら，UNCITRAL国際商事調停モデル

法に則して，調停手続に関する一般的な規範に関する法整備の検討をする必要があろう。[49]

4　その他のADR及び司法へのアクセスの拡大の動向

　日本においては，ADR基本法以外，仲裁法の整備及び司法へのアクセスの拡大という動きも注目される。

　司法制度改革審議会は2001年（平成13）6月の意見書において，仲裁法について「国際的動向を見つつ，仲裁法制（国際商事仲裁を含む）を早期に整備すべきである」という提言を行った。これを受けて司法制度改革推進本部は，同年12月に「仲裁検討会」を設置した。「仲裁検討会」の1年の審議を経て，UNCITRAL国際商事仲裁モデル法を基準した仲裁法が2003年（平成15年）に成立し，2004年（平成16年）3月に施行された。新仲裁法の施行に伴い，各仲裁協会の仲裁規則も新仲裁法に応じて改正され，国内及び国際商事仲裁制度の環境も大幅に改善されている。[50]

　また，仲裁法・ADR法に関する理論や実務の発展に貢献することを目的として，2004年（平成16年）10月には，仲裁ADR法学会が創設された。[51] この学会を1つの中心として，仲裁やADRの学問的深化，国際動向の研究や実態調査などが行われていくことが期待される。さらに，ADRの拡充・活性化のために最も重要なことは，その担い手となる人材の育成である。この点に関連して，2003年（平成15年）10月設立された，仲裁人の養成を主たる目的とした「財団法人日本仲裁人協会」の今後の発展も期待される。[52]

　そのほか，一連の司法制度改革関連法案の中で，国民に身近で頼りがいのある司法の実現に直結する重要な法律である総合法律支援法が2004年（平成16年）6月に公布された。この法律に基づいて，日本司法支援センター（通称は「法テラス」）は，2006年（平成18年）4月に法人組織として設立され，同年10月2日から業務が開始された。相談者はまず都内のコールセンターに電話し，相談窓口となる弁護士会や自治体などの紹介を受ける。事案が複雑な場合は最寄りの法テラスが対応し，相談窓口への橋渡しをする。司法支援センターが業務を開始した2日，全国からの相談電話を引き受けるコールセンターには計2,368件の相談が寄せられた。[53]

司法支援センターの役割は，端的に言えば，司法におけるアクセス障害の解消にある。情報過疎，物理的過疎及び経済的理由による司法へのアクセス障害を解消すべく，情報提供業務，過疎地対応事務所の設置，民事法律扶助，国選弁護士業務を担うことによって，これらのアクセス障害をあらゆる面において解消しようというのが，司法支援センターが設立された趣旨である。司法支援センターの立上げ及び円滑な業務開始は，司法制度を国民に近づけ，より利用しやすくするものとして，司法制度全般を支える基盤となるものであり，それだけに，法曹界以外の分野からも多くの期待と注目を集めている。[54]

第5節　小　括

本章では，調停に代わる決定の活用，特定調停の創設，ADR基本法の制定を中心として，最近の日本の調停及びADRの最新動向について検討を行った。

調停に代わる決定は，調停制度成立の当初からあった制度であるものの，その活用が活発になったのは債務関係事件が急増してきた近時のことである。特に，特定調停が創設された以降，この制度の利用はさらに活発化し，特定調停事件を処理する際の，最も重要な解決方法になった。調停に代わる決定は，調停委員会が調停を重ね，一定の解決方向が見出されたにもかかわらず，当事者の一方がこれに応じない場合に，それまでの手続を無駄にしないために，裁判所が適当な解決案を決定の形で明確に示し，当事者に反省と熟慮の機会を与えることができるため，紛争の迅速，妥当な解決及び調停の実効性の確保に大きな役割を果たしている。

中国においては，調停に代わる決定と同様な制度が存在しない。ところが，行政調停の領域においては，調停に代わる決定と類似する手続が散見される。たとえば，基層人民政府による調停の場合，調停を経て，当事者双方が合意に達していない事件について，基層人民政府は処理の決定を下すことができる（民間紛争処理弁法17条）。その決定に対しては，当事者が異議を有する場合，15日以内に人民法院に訴えを提起しなければならない。当事者が15

日以内に起訴しない又は決定の内容を履行しない場合，相手方の当事者の申立てによって，基層人民政府は職権の範囲内で必要な措置を採ってその決定を執行する，とされている（民間紛争処理弁法21条）。基層人民政府以外では，このような手法は公安機関による調停の場合でも用いられている。

　概観すれば，中国のその手法は日本の調停に代わる決定と多分に類似性があるものの，本質的には，両者の間には大きな相違が存在する。もちろん問題の所在は，それが司法調停或いは行政調停の領域に用いられることにあるのではない。両者の最も大きな差異は，制度の本質と救済方法にある。まず，日本の調停に代わる決定は，当事者間の潜在合意に基づき，相当であると認めるときに，調停委員の意見を聴き，当事者双方のために衡平に考慮し，一切の事情を見て，当事者双方の申立ての趣旨に反しない限度で下した決定であり，その本質は「合意」である。これに対して，中国のそれは，当事者双方の潜在合意に基づくものではなく，行政機関が事件の事実状況と法律の規定に基づき下す当該紛争の処理の決定であり，その本質は「公権的判断」である。とりわけ，公安機関による治安調停の場合，調停成立の見込みがないとき，公安機関が事件に応じて加害者に行政処罰の決定を下すことができる（治安管理処罰法9条，公安機関の行政案件取扱の手続規定151条）。次に，日本の調停に代わる決定の場合は，当事者が決定に対して異議を申し立てることができ，異議の申立てがあったときは，その決定は効力を失う。これに対し，中国の場合は，当事者が異議を有するときには，人民法院に起訴することしかできない。すなわち，決定に対して不服がある場合，日本では調停手続内部で救済を行うのに対し，中国における救済は調停手続外で行われる。したがって，中国では日本と同様に，調停に代わる決定制度を有するとは言えないのである。

　もっとも，中国の調停に代わる決定の手法はいくつかの行政調停の領域だけで利用され，未だ統一の制度として形成されていない。そして，現在のこのような調停に代わる決定の手法は，行政上の処理決定と全く同じものと言える。将来，中国も調停制度の中で，調停に代わる決定制度を導入するとすれば，現有の行政処理決定のような調停に代わる決定モデルではなく，日本の調停に代わる決定のモデルを参考すべきである。そうしてこそ，調停に代わる決定は調停制度の一環と称するに値すると思われる。

また，本章では特定調停についても検討した。特定調停は，バブル崩壊後の日本の特殊な社会経済背景の下で創設された制度である。この制度は，特定債務者の経済的再生に資するために，特定債務等の調整を促進することを目的とし，債務関係事件の簡易，迅速，柔軟な解決に大きな役割を果たしてきたものである。中国では，いま厳しい経済状況に陥っているわけではないが，経済の発展に伴い，近年の債務関係事件が増加する傾向も見られる。それらの事件を調停する際に，特定調停における集団的処理，職権調査の強化等，いわゆる再建型の倒産手続に類した取扱は，中国にとって大変参考になると思われる。

さらに，本章ではADR基本法についても検討した。ADR基本法は，日本において，裁判外紛争解決手続一般について定める初めての法律であり，また，認証制度もかつてない制度である。将来に向けた国の施策の一環として，ADRの制度基盤を整備するために，ADR全般を射程に入れた法律を制定することには大きな意味があったと考えられる。ADR基本法は，ADR一般の基本理念やその充実のための国の責務，また，民間ADRの認証等最低限の枠組みを定めた。その内容については，賛否様々な意見があるものの，当該法律は，無から有を創り出すものとして，日本のADR基盤構築の充実のために重要の里程と言っても過言ではないであろう。

アメリカのADR法と日本のADR基本法を比較すれば，アメリカのADR法は司法型ADR利用の促進に重点を置くのに対し，日本のADR基本法は民間型ADR利用の促進に偏重するという現象がある。なぜなら，アメリカにおいては民間型ADRが多種多様に存在し，活発に利用されるのに対し，日本においては司法型調停が発達し，民間型ADRは十分に機能していないと指摘されるからである。[55] こうした事実状況は，日・米両国がADR法においてどこに重点を置くかを左右する要素であると考える。

前述の日・米両国におけるADR法の立法動向と比べ，中国のADRに関する立法の進展はかなり立ち遅れている。未だ中国にはADRに関する統一の法律がなく，現状においても立法の動向が全く見えない。中国にとっては，いつADR法の立法に着手するか，そして，ADR法の中でどこに重点を置くかは，これから直面する課題になるのであろう。前編で述べたように，アメリカにおける調停の民間性，日本における調停の司法性に対し，中国におけ

る調停は行政的な特徴が顕著である。ADRにおいても，ほぼ同じような特徴と考えられる。現状の中国では，司法型ADRや民間型ADRが発達しているとは言えない。したがって，将来，中国においてADR法を制定する際には，司法型ADRと民間型ADR双方の発展に力を注ぎ，その利用促進の方策を講ずるべきである。その際，日本におけるADR基本法のモデル，アメリカにおけるADR法のモデルともに中国にとって参考に値すると思われる。

1) この司法制度改革審議会意見書は，平成13年6月に内閣に提出されたものである。
2) ADR基本法の第1章の総則は，ADR全般，具体的には，司法型ADRも行政型ADRも民間型ADRも全て含めて対象としているものの，この法律の全体から見れば，認証制度による民間型ADRの利用の促進が，この法律における最も主な内容である。したがって，ADR基本法における最大の成果が期待できるのは民間型ADRへの促進であると思われる。
3) この制度は，沿革的には金銭債務臨時調停法7条1項が，「調停委員会ニ於テ調停成ラザル場合ニ裁判所相当ト認ムルトキハ職権ヲ以テ調停委員ノ意見ヲ聽キ，当事者双方ノ利益ヲ衡平ニ考慮シ其ノ資力，業務ノ性質，既ニ債務者ノ支払ヒタル利息手数料内入金ノ額其ノ他一切ノ事情ヲ斟酌シテ調停ニ代ヘ利息，期限其ノ他債務関係ノ変更ヲ命ズル裁判ヲ為スコトヲ得」と規定したことに由来する。この調停に代わる裁判に対しては，即時抗告をもって争えるだけであった（同法9条1項）。
4) 田中敦「調停に代わる決定（一）―調停に代わる決定の理論上の諸問題―」（判例タイムズ932号 1997年） 233頁。
5) 最高裁民事局の解説によれば，この制度の趣旨は，「当事者の一方の頑固な恣意により，またはわずかな意見の相違によって，調停が不成立に終わるならば，それまでの手続は徒労に帰し，調停制度の実効を収め得ないこととなる。このような場合に，裁判所が調停条項に代わるものとして事件の解決のために必要な裁判をなしうる制度は，旧法においても，鉱害調停を除く各種調停において採用されていたところであり，この裁判が抗告をもってのみ不服を申し立て得る強制解決の手段であるところから，いわゆる調停制度における『伝家の宝刀』として運用されていた。裁判所が従来の調停の経過に照らし，当事者双方のために衡平にかない，紛争解決のために適切妥当と考えるところをこのような裁判の形で明示することは，事実上当事者に反省の機会を与え，これを機縁として紛争が終局的に解決される場合も多いと考えられるので，本法においてもこの制度を維持することとなったのである。」とされている（最高裁民事局編・解説80頁，梶村太市＝深沢利一『和解・調停の実務』（新日本法規 1980年） 609頁）。
6) 三宅正太郎『新法学全集12巻・調停法』（日本評論社 1938年） 35頁。

7)　小山昇『法律学全集38・民事調停法新版』(有斐閣　1977年)　236頁。
8)　小林俊彦「調停に代わる決定」(『民事調停の諸問題』別冊判例タイムズ4号　1977年)　270頁。
9)　萩澤清彦「民事調停法17条「調停に代わる決定」の意義」(日本法律家協会編『民事調停の研究』　東京布井出版　1991年)　339頁。
10)　田中・前掲注(4)　234頁。
11)　小山昇「家事審判法二三条,二四条事件」『新実務民事訴訟法講座　八　非訟・家事・人事事件』(日本評論社　1981年)　246頁。
12)　梶村太市「調停に代わる決定における自由と強制―十七条決定構造」(日本法律家協会編『民事調停の研究』　東京布井出版　1991年)　349頁。
13)　伊藤眞「調停に代わる決定(民事調停法17条)の意義と機能」(『現代社会における民事手続法の展開＜下巻＞』商事法務　2002年)　244頁。
14)　梶村・前掲注(12)　351頁。
15)　菅野雅之「特定調停手続のイメージについて～調停委員のための運用上のチェックポイント」(調停時報　145号　2000年)　20頁。
16)　表久雄「特定調停の進め方と個人再生手続,個人破産の関係」(調停時報　153号　2002年)　34頁。
17)　特定調停法成立の経緯と背景は,小林由美「新法令紹介—特定債務等の調整の促進のための特定調停に関する法律」(自由と正義　51巻9号　2000年)　51-52頁,山本和彦「特定調停手続について—民事再生手続等とならぶ合意型倒産処理手続—」(銀行法務　575号　2000年)　44-45頁,相澤哲「特定債務等の調整の促進のための特定調停に関する法律の概要」(金融法務事情　1568号　2000年)　16頁,林道晴「いわゆる特定調停法・同規則の制定とその運用について」(調停時報　145号　2000年)　1-4頁参照。
18)　特定調停手続の内容及び特徴は,下町和雄「特定調停」(登記研究　659号　2002年)　97-102頁,小林由美「特定債務等の調整の促進のための特定調停に関する法律について」(ジュリスト　1172号　2000年)　53-54頁,特定調停法研究会編『一問一答特定調停法』(商事法務研究会　2000年),小林・前掲注(17)　121-123頁,山本・前掲注(17)　46-49頁,相澤・前掲注(17)　17-20頁,林・前掲注(17)　4-17頁,山﨑栄一郎「特定調停手続規則の概要」(調停時報　145号　2000年)　27-32頁,山﨑栄一郎「「特定調停手続規則」の概要」(NBL　683号　2000年)　17-23頁,山﨑栄一郎「特定調停手続規則の概要」(金融法務事情　1572号　2000年)　7-12頁参照。
19)　杉浦正樹「特定調停の「姿」―施行後一年を経過して」(NBL　721号　2001年)　15-16頁,座談会「東京・大阪における民事調停の現状」(判例タイムズ　1152号　2004年)　22-26頁参照。
20)　吉川久雄「大阪簡易裁判所における特定調停事件の現状と展望」(NBL　721号

2001年) 23頁。
21) 吉川・前掲注(20) 23頁,大阪簡易裁判所調停係「よりよい調停運営をめざして―大阪簡易裁判所における特定調停事件の実情―」(市民と法 34号 2005年) 23頁,岩谷憲一ほか「福岡簡易裁判所における特定調停」(NBL 721号 2001年) 32-33頁,岡久幸治「東京簡易裁判所における特定調停法の運用状況について」(民訴雑誌49号 2003年) 83頁,小林亘「東京簡裁における特定調停の動向と実施状況の検証(上)」(銀行法務 593号 2001年) 27頁。
22) 岩谷ほか・前掲注(21) 30頁。
23) 吉村庄次「大阪簡易裁判所における特定調停事件の運営改善について」(判例タイムズ 1130号 2003年) 9頁,大阪簡易裁判所調停係・前掲注(21) 20頁,岡久・前掲注(21) 81頁。
24) 吉村・前掲注(23) 9頁。
25) 吉野孝義=田中敦ほか「大阪簡易裁判所における特定調停事件の運用」(判例タイムズ 1175号 2005年) 32頁。
26) 久保田衛=永井英雄「統計数値から見た特定調停事件の最近の動向」(民事法情報 193号 2002年) 3頁,浦崎浩=作井薫「特定調停事件等の利用状況について―裁判統計を中心に―」(民事法情報 172号 2001年) 14-15頁,前田正之=菅原研二「統計データからみた特定調停手続の利用状況」(金融法務事情 1615号 2001年) 6-7頁,江口宏「東京簡裁における特定調停事件の概況(1)～特定調停手続の概要と事件の処理状況～」(金融法務事情 1615号 2001年) 14-17頁参照。
27) 岡久・前掲注(21) 86頁。
28) 久保田衛「平成十五年における特定調停事件の動向」(民事法情報 210号 2004年) 3頁。
29) 小林亘「東京簡裁における特定調停の動向と実施状況の検証(下)」(銀行法務 594号 2001年) 32頁。
30) 特定調停の課題と問題点について,小林・前掲注(29) 33頁,座談会「特定調停の実情と問題点について」(調停時報 155号 2003年) 33-48頁,吉元利行「特定調停法施行一年を経過しての実務上の課題・問題点」(金融法務事情 1615号 2001年) 36-37頁,下町和雄「東京簡裁における特定調停事件の概況(2)～特定調停手続の運用の実情と問題点～」(金融法務事情 1615号 2001年) 24-31頁参照。
31) 司法制度改革審議会意見書による。
32) 小林徹「裁判外紛争解決手続の利用の促進に関する法律」(ジュリスト 1285号 2005年) 26頁,青山善充「ADR法の成立と日本におけるADRの今後の課題」(JCAジャーナル 52巻3号 2005年) 2-3頁,内堀宏達「裁判外紛争解決手続の拡充・活性化のための法的基盤整備」(時の法令 1737号 2005年) 31頁。
33) 稲葉一人「裁判外紛争解決手続の利用の促進に関する法律の成立とその解決」(市民と法 31号 2005年) 2頁,内堀・前掲注(32) 30頁。

34) 小林徹「裁判外紛争解決手続の利用の促進に関する法律の概要」(JCA ジャーナル 52巻3号　2005年)　10頁，小林・前掲注 (32)　26-27頁。
35) 中村芳彦「ADR 法で民事紛争処理システムはどう変わるか」(法学セミナー　607号　2005年)　10-11頁，井出弘隆「改正民法及び ADR 基本法の概要」(調停時報 161号　2005年)　25-26頁，内堀宏達「裁判外紛争解決手続の利用の促進に関する法律の概要」(民事法情報　221号　2005年)　17-26頁，内堀宏達「裁判外紛争解決手続の利用の促進に関する法律の概要」(法律のひろば　2005年4月号)　4-14頁，小林・前掲注 (32)　27-32頁，内堀・前掲注 (32)　32-37頁，稲葉・前掲注 (33)　17-21頁，小林・前掲注 (34)　10-24頁。
36) ADR 検討会では，認証制度の採用の是非について，採用すべきであるとする多数意見とこれに強く反対する少数意見との間で鋭く意見が対立した。認証制度を非とする少数説の根拠は，①本来私的自治が支配すべき ADR に対して，認証という形で国が介入するのは不当である，②認証によって ADR 機関の格付けが行われることになる，③認証によって ADR の本来のあるべき多様性が阻害される恐れがある，等であった。これに対して，これを是とする多数説の根拠は，①認証を受けるのは法的効果を必要と考える ADR 機関であり，それを受けるか否かは ADR 機関の自由であるから，ADR の自主性を阻害するものではない，②認証を受けなくても，ADR 事業を行い得ることは従来と全く同じであり，この制度の導入によって ADR 機関に不利益を及ぼすものではない，③ ADR の拡充・活性化のために時効の中断や弁護士法 72 条の特例という強い法的効果を認めるためには，どんな ADR 機関でもよいとは言えず，その適正を確保する必要がある，④何よりも利用者にとっては，認証によって選択の目安が与えられ，一定の法的効果を伴うものとして安心して制度を利用することができる，⑤認証の基準を，業務の適正確保に必要な最小限のものに絞れば，国が ADR 機関に過度に介入したり，ADR 機関の格付けや画一化を招くといった弊害を避けることができる，というものであった。結局，関係各方面の意見の調整を通じ，認証制度を導入することについては，大方の意見が一致した (青山・前掲注 (32)　3-4頁，上野義治「NPO 活動の経験を踏まえ，ADR 基本法への提言」(週刊法律新聞　1595号　2004年)　2頁参照)。
37) 小林・前掲注 (32)　32頁，小林・前掲注 (34)　24頁。
38) 青山・前掲注 (32)　7頁，吉岡桂輔「ADR 法の評価―利用者の視点から―」(法律のひろば　2005年4月号)　33頁。
39) 山本和彦「裁判外紛争解決手続の利用の促進に関する法律の意義と今後の課題」(法律のひろば　2005年4月号)　23頁。
40) 山本和彦「民事法律扶助法について」(判例タイムズ　1039号　2000年)　27頁。
41) 早川吉尚「ADR をめぐる日本の言説空間」(仲裁と ADR　1号　2006年)　67頁。
42) 吉岡・前掲注 (38)　31頁，シンポジウム「ADR 法の評価と課題」(仲裁と ADR　1号　2006年) 92頁の守屋明の発言による。

43) 青山・前掲注（32） 7 頁。
44) 早川・前掲注（41） 67 頁。
45) 小林・前掲注（34） 25 頁。
46) 山本和彦「ADR 基本法に関する一試論―ADR の紛争解決機能の強化に向けて」（ジュリスト 1207 号 2001 年） 32 頁。
47) 小林・前掲注（34） 25 頁。
48) 笠松健一「ADR 法と ADR 代理，残される課題」（週刊法律新聞 1617 号 2005 年） 2 頁。
49) 山本・前掲注（39） 22 頁，青山・前掲注（32） 7 頁，山田文「ADR 法制定と理論的問題」（法律時報 77 巻 2 号 2005 年） 35 頁。
50) 青山善充「仲裁法の制定を振り返って」（JCA ジャーナル 50 巻 10 号 2003 年） 2-6 頁，近藤昌昭，片岡智美「仲裁法の概要」（JCA ジャーナル 50 巻 10 号 2003 年） 8-9 頁，高桑昭「新たな仲裁法と渉外的仲裁」（法曹時報 56 巻 7 号 2004 年） 1-3 頁，近藤昌昭「新仲裁法の要点とその解決」（JCA ジャーナル 51 巻 7 号 2004 年） 48-49 頁，座談会「新仲裁法の制定について」（判例タイムズ 1135 号 2004 年） 141-142 頁。
51) 青山善充「「仲裁 ADR 法学会」の設立に至るまで」（JCA ジャーナル 52 巻 1 号 2005 年） 63 頁。
52) 藤田耕三「司法制度改革と仲裁 ADR」（JCA ジャーナル 52 巻 1 号 2005 年） 70 頁，青山・前掲注（32） 7 頁，パネルディスカッション「新仲裁法の制定と今後の仲裁実務（下）」（JCA ジャーナル 51 巻 5 号 2004 年） 68-72 頁。
53) 「法テラス 初日の相談 2386 件 金銭トラブル最多」（読売新聞朝刊東京版 2006 年 10 月 3 日） 37 頁。
54) 司法支援センターの設立及び役割等については，山本和彦「総合法律支援の理念」（ジュリスト 1305 号 2006 年） 8-15 頁，大場亮太郎「法務省における日本司法支援センターの設立に向けた準備状況について」（ジュリスト 1305 号 2006 年） 16-22 頁，濱野亮「アクセス拡充における日本司法支援センターの役割」（ジュリスト 1305 号 2006 年） 29-37 頁，亀井時子「民事法律扶助と日本司法支援センター」（ジュリスト 1305 号 2006 年） 38-44 頁，番敦子「日本司法支援センターにおける犯罪被害者支援」（ジュリスト 1305 号 2006 年） 71-76 頁，金平輝子「法テラス（日本司法支援センター）のスタートにあたって」（自由と正義 57 巻 4 号 2006 年） 17-19 頁，松﨑誠「日本司法支援センターと日弁連の使命」（自由と正義 57 巻 4 号 2006 年） 20-22 頁，間部俊明「地域司法計画から見た日本司法支援センター」（自由と正義 57 巻 4 号 2006 年） 27-31 頁，武藤元「日本司法支援センターの登場で弁護士の業務はどう変わるか」（自由と正義 57 巻 4 号 2006 年） 32-34 頁，櫻井光政「法テラススタッフ弁護士の役割」（自由と正義 57 巻 4 号 2006 年） 35-37 頁，伯母治之「日本司法支援センターの情報提供機能（アクセスポイント）につ

いて」(自由と正義　57巻4号　2006年)　38-41頁, 亀井時子「日本司法支援センターにおける法律扶助事業」(自由と正義　57巻4号　2006年)　45-47頁, 石田武臣「司法過疎対策における日本司法支援センターの役割・ひまわり基金公設事務所との関係」(自由と正義　57巻4号　2006年)　48-50頁, 大場亮太郎「日本司法支援センターの設立準備状況について」(自由と正義　57巻4号　2006年)　51-54頁, 片山善博「司法制度改革と日本司法支援センターへの期待」(自由と正義　57巻4号　2006年)　55-57頁, 安岡崇志「テラス？ネット？問題は「名より実」」(自由と正義　57巻4号　2006年)　58-60頁参照。
55)　司法制度改革審議会意見書による。

第5章　中国における調停の最新動向

第1節　序

　中国がその歴史が始まって以来「人治の国」であったというのは，周知のことであり，ほとんどの王朝が，「徳治」ないし「礼治」を採用していた。「徳治」ないし「礼治」の核心は，「仁徳」のある統治者を求め，あらゆる人間を上下尊卑の等級から構成された社会的秩序に固定化させる「礼」をもって，社会的安定，繁栄を追及しようとすることである。したがって，中国の王朝交替の歴史は，「仁徳の君主」を求め続けた必然の結果と言えよう。[1] 長い間，「人治」は国家の存立の根本とされたので，「中国には法治の伝統がなく，人治の伝統だけ残っている」と主張する学者もいる。[2] だが，実際には，必ずしもそうとは言い切れない。春秋戦国時代の一部の諸侯及び秦代において「法治」を実行したことがあった。残念ながら，秦代では「厳刑峻法」，すなわち，厳酷な法律をもって国民を高圧的に弾圧することを行ったので，[3] その時代の「法治」が後世に与えた最も大きな影響は，国民がより法律を敬遠するようになったことである。したがって，「人治」は，中国社会の主流になってきたのである。

　中国の「人治」社会は毛沢東時代の終熄まで続けていた。1970年代末期から，中国は「人治」の歪みを反省し，法律の制定，法制の整備に力を注ぎ始めた。中国の「法治」の発展は，以下の5つの段階に分けられる。[4]

(1) 「法制国家」のスタート期（1978～1981年）

　文革時期における法制の破壊を反省し，法制の再建を行い始めた。この時期の方針は「民法，刑法，訴訟法など主要法律の立法を充実させることを通じ，……『依拠すべき法律があり，国民が法律を遵守しなければならず，法律の執行が厳格に行わなければならず，違法行為に対して追究しなければならない（有法可依，有法必依，执法必严，违法必究）』という目標を達する」と

371

いうことである。5) この時期に，国のレベルで39の法律が制定されたほか，各省，自治区，直轄市レベルでも多くの地方法規が制定された。

(2) 「法制国家」の進展期 (1982～1986年)

　1982年憲法の制定を契機にして，中国の「法制建設」は新たな段階に入った。この時期の国家の「法制建設」の方針は，「現代化国家として発展するには，2つの要素を強調しなければならない。1つは「建設」であり，いま1つは「法律」である（搞四个現代化一定要有両手，即一手抓建設，一手抓法制）」ということである。立法の面では，憲法のほかに，民法通則，義務教育法，継承法，渉外経済合同法，外資企業法など重要な法律も制定された。そのほか，国民の法律意識を強めるために，1985年に人民代表大会常務委員会が「国民に基本的な法律知識を普及させる決議」を発布した。

(3) 「法制国家」の持続発展期 (1987～1991年)

　1987年の中国共産党第13回全国代表大会では，「現在，中国は未だ社会主義の初期段階にある。『高度の民主』と『完備の法制』が中国民主政治建設の基本的な内容であり，国家安定を保障することに繋がる」ということが指摘され，「法制建設」の重要性がさらに強調された。この時期の最も大きな成果は，憲法が修正され，私営経済の存在が中国で認められるようになったことである。また，行政訴訟法，民事訴訟法，環境保護法，著作権法など80部の法律及び法律に関する決議が公布された。この時期の立法の特徴は，未成年者保護法，障害者保護法など一連の国民の基本的権利を保護する法律が制定されたことである。

(4) 「法制国家」の全面発展期 (1992～1996年)

　1992年の中国共産党第14回全国代表大会は，社会主義市場経済体制の確立を経済体制改革の目標とした。しかも，この目標を達成するために，国家が経済立法を強化しなければならないと指摘された。1992年から，中国では，立法が頻繁に行われた。この時期に採決された法律は111部であり，その中で市場経済に関する法律及び法律に係る決議は約7割を占める。

(5)　「法治国家」の建設期（1997年～現在）

　1997年の中国共産党第15回全国代表大会は，「法に依り国を治める（依法治国）」を打ち出し，それまでの「法制国家」の概念に取って代わった。それを契機にして，中国は全面的な「法治国家」の建設期に入ったのである。また，1999年の憲法修正案も「法治国家」という文言を条文に盛り込んだ。この時期においては，立法の面では，2010年に中国の社会主義特色を帯びる法律体系の確立を目標とし，立法活動をさらに強化すること，そして，司法の面では，裁判権，検察権を強化し，法曹人口を増加し，かつその素質を高めることが方針として掲げられた。全国各級の人民法院では裁判官評価委員会が設置され，しかも裁判官資格の取得が厳格な試験を経なければならないこととされた。[6] さらに，行政の面では，行政権の濫用を防止し，法によって行政活動を行うこととされ，監督の面では，党内監督，法律監督，国民監督，輿論監督を結び付ける総合的な監督体系を構築することになった。

　1978年からの「人治」から「法治」への変革以来，中国は法制建設の面ではかなりよい成果を遂げている。2003年の統計によれば，25年間全国人民代表大会及びその常務委員会が採択した法律及び法律問題に関する決定は430部，国務院が公布または承認した行政法規は900部以上，地方人民代表大会及びその常務委員会で可決された地方法規は9,000部以上に達している。[7]

　以上のように，中国は「人治」から脱皮し，法制国家としての体制を確立することで「法治国家」の建設へ歩み始めたのである。こうした「集権社会」，「人情社会」から「法化社会」への転換期において，「人治」社会の伝統的な紛争解決方法たる調停が，どのような運命を辿るかは，興味深い問題として，強くわれわれの関心事をなっている。本章では，中国が伝統から現代へ，「人治」から「法治」への重大な変革期に置かれている状況下で，調停の趨勢，動向などの課題について検討していこうと思う。

第 2 節　統計から見た法院調停と人民調停の最新動向

1　法院調停の趨勢

　長い間，中国の民事訴訟は，政策，法律の両面で人民法院の調停を極めて重視し，大いに奨励してきた。1980 年代，中国の民事訴訟では「調停を重んじる」という原則を採用した。当時の中国民事訴訟法学界においては，一般的にこの原則は次のように解されている。すなわち，「人民法院は民事，経済紛争事件を受理した後，調停に基づき解決しなければならず，調停により事件を終結することができるときは判決によってはならない。人民法院は民事，経済紛争事件の審理において，当事者の思想工作を重んじ，たとえ判決を必要とする事件であったとしても，可能な限り，調停を行わなければならない。なぜなら，調停自体が一種の教育活動であり，人民法院は，第一審通常手続の審理前の準備の段階，開廷審理の段階，第二審手続，そのどの段階であろうとも，調停を行い，調停の精神を実現しなければならない」。[8] このことから，当時の人民法院は主に調停によって民事，経済事件を処理し，万一やむを得ないときにのみ判決をもって事件を終結させていることが分かる。さらに，一部の人民法院は，調停による事件の終結率が 70 %〜90 %に達しなければならないことを裁判官の事件処理能力の判断基準としたのである。したがって，当時人民法院が処理した民事，経済事件の中で，6 割以上の事件が調停によって解決され，判決を下す事件がわずか総事件数の 2 割以下を占めるに止まった。一部の学者の指摘の通り，「調停を重んじる」原則により，「調停は強調され，偏重さえされ，理論面でも調停は判決に優先する地位におかれ，判決は補助的手段と見做されている」。[9]

　1991 年に民事訴訟法を改正するにあたり，立法機関は「調停を重んじる」原則を「自由意思と合法」の調停原則に改め，すなわち，「人民法院は民事事件の審理にあたって，自由意思と合法の原則に基づき調停を行わなければならない。調停が成立しないときは，速やかに判決を下さなければならない」とされている（民事訴訟法 9 条）。1991 年に判決で解決された事件数は前年より 15 万 892 件を増加し，終結総事件数の中で占める割合が 2 割台に

第5章　中国における調停の最新動向

表1　1989～1992年人民法院一審民事・経済事件の既済事件数

区分 年別	既済総件数 (A)	調停件数 (B)	B/A	判決件数 (C)	C/A
1989年	2,477,981	1,767,379	71.3%	368,139	14.9%
1990年	2,448,045	1,608,930	65.7%	422,236	17.2%
1991年	2,493,784	1,487,023	59.6%	573,128	23.0%
1992年	2,596,967	1,534,374	59.1%	596,134	23.0%

注：この表は江偉ほか『中国民事訴訟法の理論と実際』（成文堂　1997年）114頁のデータに基づき作成したものである。

まで上昇した。91年民事訴訟法改正前後の調停及び判決の利用状況は，表1の通りである。

　1991年以降，法院調停の民事訴訟の中で占める比率が降下の傾向を呈しているものの，民事訴訟においての調停偏重の状況は直ちに解消されてはいない。たとえば，1991年～1997年の間，全国民事事件の調停終結率は緩和降下の傾向を示しているものの，調停で解決された事件数は，依然として民事事件終結件数の半分以上を占めている（例えば，全国人民法院民事事件の調停終結率は，1991年59.1％，1992年58.3％，1993年58.5％，1994年58.4％，1995年56.8％，1996年54.1％，1997年50.4％である）。[10]

　1997年に，中国は，全面的に「法治国家」の建設期に入った。それ以来，法律の権威を確固たるものとし，裁判権を強化し，国民の法的意識を高めることが強調され，「法による支配」という理念は全社会的範囲で次第に広まってきた。また，過去の裁判官の多くが退役軍人によって担当されてきた状況を改善するため，国家は法学部出身の若い裁判官の育成及び現有裁判官の業務の能力の向上に大いに力を注いだ。これらの裁判官は，以後より多く事件の真実と法律に基づき判決を下しているようである。したがって，法院調停の利用率は，1997年以降大幅に減少する傾向を示している。1997年～2006年人民法院一審民事・経済事件の終局状況は，表2の通りである。

　表2によれば，調停で終結された事件の割合は逐年減少しており，9年間，1997年の50.5％から2006年の32.5％にまで落ち込んできた。調停で解決された事件数も，1997年の238万件から2006年の143万件となっており，

表2　1997〜2006年人民法院一審民事・経済事件
既済事件数—終局区分別

区分 年別	既済総数 (A)	判決 (B)	B/A	調停 (C)	C/A	取り下げ (D)	D/A
1997年	4,720,341	1,384,039	29.3%	2,384,749	50.5%	—	
1998年	4,816,275	1,613,005	33.5%	2,167,109	45.0%	911,423	18.9%
1999年	5,060,611	1,800,506	35.6%	2,132,161	42.1%	978,732	19.3%
2000年	4,733,886	1,853,438	39.2%	1,785,560	37.7%	943,071	19.9%
2001年	4,616,472	1,919,393	41.3%	1,622,332	35.1%	927,397	20.1%
2002年	4,393,306	1,909,284	43.5%	1,331,978	30.3%	877,424	19.9%
2003年	4,416,168	1,876,871	42.5%	1,322,220	29.9%	914,140	20.6%
2004年	4,303,744	1,754,045	40.8%	1,334,792	31.0%	997,732	23.2%
2005年	4,360,184	1,732,302	39.7%	1,399,772	32.1%	965,442	22.1%
2006年	4,382,407	1,744,092	39.8%	1,426,245	32.5%	986,780	22.6%

注：この表は、『中国統計年鑑＜1998年＞』（中国統計出版社　1998年）790，791頁，『中国統計年鑑＜1999年＞』758，759頁，『中国統計年鑑＜2000年＞』760，761頁，『中国統計年鑑＜2001年＞』764頁，『中国統計年鑑＜2002年＞』803頁，『中国統計年鑑＜2003年＞』835，836頁，『中国統計年鑑＜2004年＞』887，888頁，『中国統計年鑑＜2005年＞』789，790頁，『中国統計年鑑＜2006年＞』901，902頁，『中国統計年鑑＜2007年＞』895，896頁のデータに基づき作成したものである。

95万件減少した。他方，判決で終結された事件が占める割合は，1997年の29.3％から上昇を続け，2000年に初めて調停で終結された事件の割合を上回り39.2％に達し，2002年は43.5％にまで増加していた。ところが，2003年になると，その割合が再び減少することとなった。

法院調停の利用率が減少した原因は，以下にあると考えられる。第1に，審判方式の改革は，調停の余地を減少させた。たとえば，一部の法院は，開廷前準備の時間を縮減し，調停の試みを経ず，直接に開廷の段階に入るという措置を採った。[11]　こうした措置は，開廷審理の前に調停を行う機会を失わせた。第2は，調停批判論の影響である。1990年代から，中国の法学界は調停氾濫の弊害を反省し始め，調停を批判する主張が多くなってきた。たとえば，徐国棟教授は，「調停はその本質が当事者に部分的に自分の権利を放

棄させることにあるので，権利が国家の強制力によって保護されるべきであるということと矛盾している。調停の結果は紛争を解決したとしても，当事者の合法的な権益の犠牲をその代価とし，法制の一般的な趣旨に違背した」と批判した。[12] 胡旭晟教授も「多く調停を強調することは，法律制度の整備に不利になり，法的観念の転換に不利になり，さらに社会主義法治の健全な発展にも不利になる」と指摘した。[13] これらの調停批判論は，裁判官に大きな影響を与え，一部の裁判官は調停を試みる意欲がなくなった。第3は，当事者自身の法的意識が高まったことである。国家における法律普及の成果として，国民の法的意識は以前より高まった。多くの当事者は人民法院に調停ではなく，判決で紛争を解決することを求めている。

人民法院の優良伝統と言われる法院調停の衰退傾向に対し，実務上では2000年から，再び法院調停を強化すべきという主張が出現した。当時の最高人民法院副院長である王懐安は，ある人民法院を視察するとき，「現在，各地では判決事件，上訴事件，再審事件，強制執行事件が増加する現象が現れた。その原因は，判決だけを重視し，調停を軽視することにある。外観から見て事件が人民法院で解決されたとしても，実質には，当事者間の紛争は徹底的な解決を得ていない。したがって，再び調停の重要さを強調すべきである」との講話を発表した。[14] また，上海市第一中級人民法院は，「法院調停業務の強化に関する若干規定（关于加强法院调解工作的若干规定）」を作り，当該規定が2000年8月から施行された。そのほか，最高人民法院は2000年8月に「基層人民法院の建設の強化に関する若干意見（关于加强人民法院基层建设的若干规定）」を発布し，その中で基層人民法院における調停の強化に関する条項を設けた（第25条）。さらに，最近では，一部の人民法院では再び調停終結率を裁判官の業務能力の評定基準とすることになった。こうした再び調停を重視する措置は，2004年から効果が現れ，法院調停の利用率が再度上昇している。

なお，表2によれば，近年，民事・経済事件の総数で，約2割が取下げによって終了している。これらの事件のうち，実質的に話合いが成立したことによるものが相当数あると推測される。したがって，当事者自らの和解，及び弁護士などの斡旋によって達した当事者の和解も，紛争解決の過程で，重要な役割を果たしていると言える。

2　人民調停の趨勢

1950年代に制度化された人民調停制度は，文革期に，ほかの法制度と同様に崩壊してしまった。文革の終結後，法制度全体の再建が進められる中で，経済改革に付随して民事紛争が激増するに伴い，人民調停制度は再建というよりも，むしろ新たな発展というべき普及の段階に入ることになる。

1980年代は，人民調停制度の全面的な発展期と言える。この時期，国家の法政策としては，人民調停の発展を全面的に促進する方針を採っていた。1982年に，人民調停に関する条項は，「民事訴訟法」で定められた（82年民訴法14条）ほか，「憲法」の中にも盛り込まれた（82年憲法111条）。また，1987年の「村民委員会組織法」，1989年の「都市住民委員会組織法」も人民調停委員会に関する条項を定めていた（村民委員会組織法2条，14条，都市住民委員会組織法3条，13条）。その後，1989年に「人民調停委員会組織条例」が公布された。

以上に挙げた一連の立法措置によって，人民調停制度は法制度の中で明確な位置づけを得ることになった上，国家法政策の推進の下で，人民調停組織は全国的範囲で広がりを見せた。1984〜1989年人民調停の組織と事件の処理の状況は，表3の通りである。すなわち，1984年〜1989年の5年間，人民調停委員会の数は，94万箇所から100万6千箇所まで，6万6千箇所を増加した。同期間，調停員の人数は，1984年の457万6千人から1989年の593万7千人まで，136万人を増加し，人民調停活動を指導する司法補佐員の人数も，1984年の約3万6千人から1989年の4万5千人まで，約1万人増加した。

1980年代，「改革開放」と経済の高度発展に伴い，民事・民間紛争事件は急激に増加した一方，この時期が「法制国家」建設の初期であるので，人民法院の審判業務レベルと裁判官の業務能力がまだ高いものとは言えなかった。したがって，この時期では，人民調停が民事・民間紛争の解決に中心的な役割を果たしていた。1984年には，人民調停で処理した民間紛争の事件数は674万9千件であり，しかも増加の一途を辿っており，1989年には，この数字は734万1千件に達し，同年人民法院の民事・経済訴訟既済件数（247万8千件）の3倍であった。

表3　1984〜1989年人民調停の組織と事件の処理の状況

区分 年別	司法補佐員 （人）	人民調停委員会 （万箇所）	調停員 （万人）	調停既済事件数 （万件）
1984年	35,782	94.0	457.6	674.9
1985年	41,919	97.7	473.9	633.3
1986年	42,173	95.8	608.7	730.7
1987年	42,615	98.0	620.6	696.6
1988年	43,618	100.3	637.0	725.5
1989年	45,105	100.6	593.7	734.1

注：この表は，『中国統計年鑑＜1986年＞』（中国統計出版社　1986年）801頁，『中国統計年鑑＜1991年＞』785頁のデータに基づき作成したものである。

　ところが，中国の法化社会への進展に伴い，1990年代に入ると，人民調停は衰退期に入り始める。1990〜2006年人民調停の組織と事件の処理の状況は，表4の通りである。すなわち，1990年には，人民調停の既済件数は約741万件であり，過去最高記録件数を達した。その後，その事件数は減少する傾向を示している。2006年には，人民調停の既済件数は約463万件であり，1990年と比べ，約278万件減少した。他方，人民法院の民事と経済事件の既済件数（表2）は増加の一途を辿っており，2006年に約438万件に達し，人民調停に近い水準に至った。もっとも，人民調停は近年衰退の傾向を示したものの，その解決紛争件数は依然として第1位を保っており，紛争解決の重要な手段として機能している。

　人民調停の衰退の原因は，主に以下にあると考えられる。第1に，人民法院の権威の高まりと当事者の法的意識の向上を挙げることができる。近年，人民法院の裁判権の強化と裁判官の業務能力の向上によって人民法院の権威は引き上げられた。それに，当事者の法的意識も以前より高まった。そのため，紛争が生じた際，訴訟を選択し法的手段で解決を求める当事者は以前より多くなったようである。訴訟事件の増加の趨勢を人民法院一審民事・経済事件の新受件数から見ると，表5の通りである。これによれば，人民法院一審民事・経済事件の新受件数は，1999年までに逐年増加する傾向を示し，1999年以降は減少の傾向が現れた。いずれにしても，毎年人民法院の一審

表4　1990～2005年人民調停の組織と事件の処理の状況

区分 年別	司法補佐員 （人）	人民調停委員会 （万箇所）	調停員 （万人）	調停既済事件数 （万件）
1990年	47,399	102.1	625.6	740.9
1991年	52,534	104.0	991.4	712.6
1992年	51,122	101.1	1017.9	617.3
1993年	52,979	100.8	976.7	622.3
1994年	53,705	100.9	999.8	612.4
1995年	53,922	101.1	1025.9	602.8
1996年	56,173	100.2	1035.4	580.2
1997年	57,029	98.5	1027.4	554.3
1998年	52,875	98.4	917.5	526.7
1999年	54,987	97.4	880.3	518.9
2000年	54,638	96.4	844.5	503.1
2001年	48,682	92.3	779.3	486.1
2002年	47,173	89.1	716.2	463.6
2003年	46,088	87.8	669.2	449.2
2004年	63,438	85.3	514.4	441.4
2005年	61,666	84.7	509.7	448.7
2006年	62,573	84.3	498.2	462.8

注：この表は、『中国統計年鑑＜1993年＞』（中国統計出版社　1993年）812頁、『中国統計年鑑＜1995年＞』681頁、『中国統計年鑑＜1999年＞』745頁、『中国統計年鑑＜2004年＞』878頁、『中国統計年鑑＜2006年＞』891頁、『中国統計年鑑＜2007年＞』885頁のデータに基づき作成したものである。

民事・経済事件の新受件数は400万件以上を超えた。第2の原因としては、国家の法政策の影響がある。法制の建設と改革の際に、国家は建設と改革の重点を正式な法制度の健全の面に置き、大部分の資金と人材を裁判制度の発展と健全のために投入し、裁判外紛争解決に対してはそれほど重きを置かなかった。[15] 第3に、人民調停自体の欠陥を挙げることができよう。人民調停には執行力がないということは、調停の実効性を弱化させた。それに加え、

第5章 中国における調停の最新動向

表5 人民法院一審民事・経済事件新受件数

年別	件数	年別	件数
1991年	2,447,227	1999年	5,049,121
1992年	2,599,387	2000年	4,703,126
1993年	2,981,837	2001年	4,608,126
1994年	3,435,506	2002年	4,420,123
1995年	3,994,492	2003年	4,410,236
1996年	4,609,843	2004年	4,332,727
1997年	4,756,394	2005年	4,380,095
1998年	4,825,118	2006年	4,385,732

注：この表は，『中国統計年鑑＜2006年＞』（中国統計出版社 2006年）899頁のデータに基づき作成したものである。

今の人民調停には，調停手続の公正性の欠如，調停者の法的知識の欠乏など多くの問題点が存在しているので，調停自体の魅力は低減しているのである。

1997年から，中国は「法治国家」の建設期に入った。その一方，人民調停の紛争処理件数は減少し，それに加え，人民調停の組織数の面でも，縮小する傾向を示している。表4によれば，2006年は全国に人民調停委員会が84万3千箇所あり，1997年と比べ約14万ヶ所減少し，人民調停委員が498万2千人あり，1997年より半分減少した。こうした傾向から，国家の人民調停に対する重視の程度が過去と比べて低くなっていることが明らかとなる。

要するに，人民調停制度は，組織の面においても紛争処理結果の面においても，「低迷期」に落ち込んでいる。どのように人民調停の衰退傾向を逆転し，人民調停の過去の活力を再現するかは，今後中国が解決すべき重要な課題である。

第3節　経済紛争調停センターの試みと挫折

1　経済紛争調停センター創設と発展

　経済紛争調停センターは，経済体制改革を進める途上で，人民法院に殺到する経済紛争事件を迅速に効率よく解決するために，創設された新たな調停モデルである。これは，人民法院の内部で設立され，裁判官が調停によって経済紛争事件を処理する専門の調停機構である。

　経済紛争処理センターが創設された背景には，改革開放の進展に伴い，経済紛争事件についての訴訟がますます裁判所に持ち込まれるようになった一方，裁判所の当時の人的・物的資源によっては，それほど大量の事件を迅速には処理できなくなり，経済紛争の急激な増加と裁判所の事件処理の遅延という矛盾が次第に認識されることになった。改革開放の最前線にある深圳ではなおさらである。1987年，深圳市の市と区の両級人民法院の経済紛争事件新受件数は1,119件であり，当年の民事事件と刑事事件の総数にあたり，1983年の経済紛争新受件数の15倍であった。しかし，裁判官による経済紛争の処理効率は，急激に上昇した事件の数に全く適応できず，調停と審理の不分離，調停と審理の繰り返し，調停成立のために遅々として判決を下さないなどの理由により，深圳市裁判官の年間経済紛争の終結件数はわずか20件前後であった。[16]　経済紛争を迅速・簡便に解決するために，1988年7月13日に，中国初めての経済紛争処理センターが深圳市中級人民法院において設立された。

　深圳市経済紛争処理センターは，速やかに立案し，速やかに当事者を呼出し，速やかに調停により事件を終結するといった迅速な手続による事件処理方式を採り，簡易手続によって経済紛争事件を処理していた。当該センターが1991年までの3年間で，1,800件の経済紛争事件を処理し，調停期間は平均16日であった。その中で，わずか1時間程度で解決されたケースもある。[17]

　深圳に続いて，いくつかの人民法院に経済紛争調停センターが設立されたが，大規模な設立は，当時の最高人民法院の任建新院長がこの新たな手法を

第5章　中国における調停の最新動向

肯定してからとなる。任建新院長は，第16回全国法院業務会議において，「裁判活動をさらに全面的に強化し，改革開放と現代化建設により一層奉仕しよう」と題した報告を行った。彼は報告の中で，「一部の法院に設立された経済紛争調停センターは，立案，事件終結，執行が速く，効果は良好であるので，いままでの経験に基づき引き続き完備させなければならない」とした。その後，全国の多くの中級人民法院と基層人民法院に経済紛争調停センターが設立されることとなった。[18] そのほか，一部分の人民法院では婚姻家庭紛争調停センターも設立された。[19]

　各地の調停センターは，その事件処理方式と手続において必ずしも一致を見ないが，いずれも迅速さをその特色とした。迅速で高い効率の調停という目的の実現のために，センターは通常，簡易な手続により紛争を調停する。たとえば，当事者の申立と調停センターの紛争受理手続の簡便さ，当事者，証人の呼出方式の簡便さ，大部分の紛争は一名の裁判官が単独で調停の任にあたり，調停の方式は弾力的で簡便であるなどがある。調停センターの調停は法院調停の一種と認められ，調停が成立した場合は調停書が作成され，それが判決と同じ効力を有するとされている。

2　経済紛争調停センターの問題点とそのルール化の失敗

　調停センターは，大量の経済紛争を速やかに，適時に解決し，相当な成果を収めたものの，また一方で，センターは統一的なルールと制度を欠いた中で設立された上に，各裁判所のセンターの性質，調停の具体的な手続等に対する認識が異なったので，実務において多くの問題点が存在していた。その問題点は以下のいくつかがあると考えられている。[20]

　(1)　まず，管轄権の問題がある。一部の調停センターの裁判官は，センターは「事件受理にあたって土地管轄の制限を受けず，同じ地域であろうと，異なる地域であろうと，当事者一方が調停センターに申し立てさえすれば，調停センターは裁判官を組織し直ちに処理に乗り出すことができる」と考えた。[21] そのため，同じような事件について，受理と不受理という2つの矛盾の結果が出てきた。しかも，事件の管轄権について，各人民法院の間の矛盾も激化した。

(2) 違法調停の増加を挙げることができる。一部の人民法院は，当事者が望むかどうかにかかわらず，紛争があればセンターの調停へと駆り立てる。また，財産保全の措置をとることにより非申立人が調停を受けることに同意するよう強要するケースも，速やかに事件を終結するという目的の達成のため，ひたすら権利者に譲歩を勧めるケースも少なくない。[22]

(3) 調停と判決とが分離せず，判決をもって調停を押し付けることである。調停センターは本来人民法院内部の調停の職能を専門に司る機構であるにもかかわらず，一部の人民法院はセンターに裁判権を賦与した。これはセンター設立の初志に違背する上，調停における自由意思の原則にも反して判決をもって調停を押し付けるといったことが増加した。

(4) センターの訴え前の調停を訴訟の前置手続としたことである。一部の裁判所はより多くの事件をセンターに受け持たせるため，経済紛争事件は，まずセンターに調停を申し立てなければならず，調停が成立しないときに限って裁判所に訴えを提起できるとした。これは，当事者の訴権と処分権を侵害し，当事者の大きな不満を招いた。

(5) 調停以外，有償の法的サービスをしたことである。一部の経済紛争処理センターは，裁判官の法的知識と裁判経験を利用し，企業に有償の法的サービスを提供し，サービスで得た収入を業務経費，事件処理経費，建設運営経費の不足に充てている。これは実際には裁判官と弁護士の職能を混同するものである。

以上のように問題点が多く，ルールがない調停センターの大規模の設立は，裁判実務に以前から存在した「実体重視，手続軽視」の手法を再現させ，正規の道を歩み始めて間もない民事訴訟制度は，非手続化への危機に直面することとなった。1993年7月，最高人民法院は，上述の問題を解決するために，調停センターを法制のルートに乗せ，センターによる経済紛争の解決は法的手続に合致しなければならないことを提起した。[23]

ルール化の基本方針は，次のようなものである。まず，調停センターの調停を訴訟中の開廷審理前の調停と規定し，訴訟外または訴訟前の調停ではないとした。それゆえ，調停センターの活動はやはり民事訴訟手続の制約を受ける。次に，調停センターを調停専門の機構とし，説得，教育といった非強制的方法のみをとることができるとした。

こうした最高人民法院の経済紛争調停センターのルール化の方策は，調停センターの上述の問題点を根本的に改善させることができなかったので，学界と当事者の調停センターに対する批判は，ますます強まった。また，最高院の方策は，調停と裁判の分離を実現しておらず，実質的には調停センターの調停を法院調停の一部として見るものである。こうして，当初，中国の裁判所による新たな調停モデルになると期待された経済紛争調停センターは，最高人民法院のルール化の方策によって，再び訴訟手続の枠内に限定されることになった。[24] 人民法院の開廷前の調停は従来より存在しているので，調停センターが次第にその存立の意味を失い，1990年代の後半，全国でほとんどの経済紛争処理センターは人民法院組織法上の根拠がないことを理由として廃止された。[25]

第4節　調停の多様化と国際化

1　調停の多様化

改革開放の進展と経済の発展に伴い，中国の貧富格差，地域格差が拡大しつつあり，社会矛盾も以前より厳しい状況に陥った。それにつれて，紛争の態様も多様化，複雑化の傾向を呈している。国民の紛争解決手段に対するニーズも多様になったことで，単なる伝統的な紛争解決手段により，現在の大量，複雑，多様な紛争を迅速，有効に解決することは難しくなった。こうした社会情勢の下で，一方，仲裁手法が以前より多く利用され，よい成果をあげたが，他方，調停の領域においても，新たな調停形式が相次いで創設され，多様化の傾向が現れてきた。最近の注目された新たな調停形式は，主に以下のようなものある。

(1) 郷鎮・街道司法調停センター

1999年に，山東省陵県の人民政府は，地元の農村集団性紛争の増加と社会矛盾の激化という問題を解決するために，全国で初めての郷鎮・街道司法調停センターを創設した。郷鎮・街道司法調停センターは，郷鎮・街道とい

う行政区域レベルで設立され，各関係部門の紛争処理職能を連係させた総合的な調停機構である。郷鎮・街道司法調停センターの主任は，郷鎮・街道人民政府の紛争管理を担当するリーダーが兼任し，その副主任は，総合治安管理センターの副主任と司法所の所長が兼任する。信訪部門，人民法廷，公安派出所，武装部，民政部門，経済管理部門，土地管理部門，工商管理部門，税務部門などの紛争解決担当者は，郷鎮・街道司法調停センターの委員を担当する。[26]

郷鎮・街道司法調停センターの処理した紛争は，主に重大，複雑な集団的な紛争，及び人民委員会の処理できない紛争である。これらの紛争は，私人間の紛争だけでなく，社会的な紛争，及び個人・集団と行政部門の間の紛争も含まれている。また，当該センターは，人民調停と行政調停の連係，及び各紛争解決の関係部門の協力を重視した上で，特に調停協議の履行確保に力を注ぎ，紛争の終局的な解決を重視する。したがって，センターの成立以来，かなりよい成果をあげた。1999 年，山東省陵県の 20 箇所の郷鎮・街道司法調停センターは，1,546 件の紛争を解決し，調停成立率が 96 ％に達したため，山東省政府はその手法に関心を寄せた。[27]

2000 年の陵県郷鎮・街道司法調停センターの成果は，国家司法部の重視をも受け，その経験がさらに全国の範囲に広げられていった。統計によれば，2000 年の年末までで，全国で 3 万 546 箇所の郷鎮・街道司法調停センターが設立され，受理した紛争件数が 34 万 3 千件であり，調停成立率が 87.5 ％であった。[28]

とりわけ山東省は，陵県の成果を踏まえ，2004 年に「平安の山東」を目指した地域づくりの活動を進めていった。[29] 全国の最安全，最安定の地域になるという目標を達成するために，山東省人民政府は，治安管理，紛争解決を重要視し，2004 年 12 月に「より一層郷鎮・街道調停センターの建設を強化することに関する意見」を発布した。この意見の中で，全省の範囲で郷鎮・街道司法調停センターを中心とする「大調停ネット」を設立するよう呼びかけた。「大調停ネット」は，三段階のネットワーク構造によって形成された紛争解決ネットワークである。最上級には郷鎮・街道司法調停センターがあり，中級には各人民調停委員会があり，基層には調停員，調停組（グループ）がある。こうした三段階の調停ネットによって，地域の全ての紛争

を解決し，地域安定を維持されることが，期待されている。

　山東省以外，近年河北，湖南などの省も，郷鎮・街道司法調停センターを中心とする「大調停ネット」を設立した。ところが，基層の調停員，調停組の設置について，各省は異なっている。たとえば，山東省の「十戸三員」（10世帯ずつ紛争調停員1人，紛争情報員1人，法制宣伝員1人を設置し，この10世帯の家族に係わる紛争を解決する）という形式に対して，30)湖南省と河北省は，「十戸一員，二十戸一組」（10世帯ずつ1人の調停員を設置し，20世帯ずつ1つの調停組を設置する）という形式を採った。31)

　以上の組織構造から見れば，「大調停ネット」は，実質的には，人民調停と行政調停の連係と言える。目下，こうした「大調停ネット」の設立はいくつかの省で試みられており，顕著な成果をあげることができれば，将来全国的な広がりを見せる可能性がある。

(2)　業界調停センター

　業界調停センターは，ある業種に係わる紛争を処理するために，各業界の協会が設立したまたは各業界の協会とほかの組織とが共同で設立した専門性の高い紛争処理機構である。その名称は，全国で必ずしも一致するものではなく，その組織と調停手続も地方と業界によって異なっている。ところが，専門的な知識を有する当該業界の専門家と法律の専門家が共に調停を行うことは，各業界の調停センターが持つ共通の特徴である。以下，業界調停センターの組織と調停手続について，2つの例を挙げて説明する。

(a)　**中国国際貿易促進協会調停センターの紡織専門委員会**　近年，中国の紡織服装事業の発展に伴い，各企業間，中国紡織服装企業と外国の貿易会社の間の紛争が多くなった。中国の紡織服装企業の大部分が中小企業であるので，これらの企業は，法的意識が低く，国際慣行も知らず，紛争が生じた際に法的な手段によって自身の権益を守る力が足りないのである。紡織業に係わる紛争を迅速，円滑に処理するために，2006年2月に，中国国際貿易促進協会調停センター紡織専門委員会が北京で設立された。

　当該委員会は，紡織業の専門家15名と法律専門家15名によって組織される。15名の紡織業の専門家は，それぞれ綿糸紡績，羊毛紡績，麻紡績，化学繊維，捺染，服装，紡織機械，紡織品の展覧など紡織業に関わる専門知識

に精通し，15名の法律専門家は全て商事法律事務の経験を有する専門家である。紛争が生じた際，当事者の一方である紡織服装企業が中国国際貿易促進協会調停中心紡織専門委員会の秘書処に調停の申立てをすることができる。当該委員会が調停の申立てを受理した後，当事者は調停名簿から1名の紡織業の専門家と1名の法律専門家を選び，当該紛争の調停者とする。調停は中国国際貿易促進委員会調停中心の調停規則に従って行われ，成立した場合，当該委員会が調停書を作成し，当事者双方が調停書の内容に基づき調停条項を履行する。そのほか，当事者の一方が調停書を持って中国国際経済貿易仲裁委員会に仲裁を求めることもできる。中国国際経済貿易仲裁委員会は当該調停書の内容に基づき仲裁判断を下すことができる。[32]

(b) **医療紛争調停センター** 医療紛争調停センターは，通例，医学に係わる協会と保険会社が共同で設立した医療事故紛争を解決する組織である。たとえば，北京衛生局法学会と中国人寿保険会社北京分社が共同で設立した北京人保医療紛争調停センター，北京医学教育協会と中国太平洋保険会社北京分社が共同で設立した北京太平医療紛争調停センターなどが挙げられる。[33] また，医学に係わる協会と保険会社が共同で設立したもの以外，独立法人資格を有するNPO組織としての調停センターもある。たとえば，2006年8月1日に蘇州で成立した和協医療紛争調停センターが，独立法人資格を有する非営利組織に属する。[34]

医療紛争調停センターは，医師，弁護士等医学専門家，法律専門家及び普通のスタッフで組織される。現在では，北京の大部分の医療機構が医療事故責任保険に加入したので，紛争が生じた際，医療機構がまず保険会社に通報し，その後，保険会社が通報記録を医療紛争調停センターに回付し，医療紛争調停センターが調停を始める。また，調停は患者の申立によって開始することもできる。申立ての方式は書面，口頭のほか，電話による申立ても認められる。北京の医療紛争調停センターは，24時間対応可能な諮問電話を設置している。[35]

調停は調停センターで行うことができ，事故現場でも行うことができる。調停センターの調停員は，事実調査を行い，障害の等級を判定し，各当事者の意見を聞き，それに基づき賠償金額を算定し，調停合意案を提出する。患者が調停員の障害に関する等級判定に異議がある場合，調停センターは，5

名の専門家によって，無料で専門的な障害等級鑑定を行うことができる。

上述の調停合意案について，保険会社，医療機構と患者の三方が認めれば，調停が成立する。調停が成立した場合，医療機構はまず合意の金額を患者に賠償し，その後保険会社から保険金を受け取ることができる。その調停合意案について患者の方が認めない場合，調停は不成立となり，患者が人民法院に訴えを提出することができる。36)

(3) 特定区域または特定種類の紛争の調停センター

最近，各地では，地元の実情とニーズに応じ，多種多様な特定区域の紛争及び特定種類の紛争を対象とする調停センターが，相次いで設立された。これらの調停センターには，人民法院，行政機関等国家機関によって設立されたものがあり，社会団体，組織が設立したもの，及び，いくつかの機関・組織が共同で設立したものもある。

特定区域紛争調停センターは，ある区域の紛争を解決するために設立された調停センターである。たとえば，2004年に青島で設立された「敦化路家具・建築材料市場消費紛争調停センター」は，この種の調停センターである。敦化路という1,000メートルぐらいの街道の両側に，多くの家具・建築材料を経営する店が並んでいるので，この区域は敦化路家具・建築材料市場と呼ばれている。この区域にある店舗の経営者と消費者の間で生じた紛争を解決するために，市北区消費者協会，敦化路工商所と当該区域の店舗の経営者は，共同で「敦化路家具・建築材料市場消費紛争調停センター」を設立した。当該調停センターは「調停通報」制度を採用し，調停の結果を公表することによって，当事者の任意履行を促す。また，消費者の利益を害した信用のない経営者の名称は，区域範囲内で公表することができる。37)

特定種類の紛争を対象とする調停センターは，ある種類の紛争を解決するために，設立されたものであり，センターの調停員は通常当該紛争の処理に豊富な経験を有する者である。このような調停センターとしては，たとえば，重慶消費仲裁調停センターなどが挙げられる。重慶消費仲裁調停センターは，20万元以下の消費者紛争のみを対象とする仲裁，調停を行う紛争処理センターである。38) また，2005年4月に北京の牛街で設立された非正規職業紛争調停センターもある。これは，宣武区人民法院によって設立され，非正規

職業者（パート，アルバイト）を当事者の一方とする労働紛争を解決する調停センターである。調停が成立した場合，調停センターが調停書を作成する。当該調停書が人民法院の審査を経て，関係法律の規定に反しなければ，人民法院は当該調停書に基づき執行力を有する民事調停書を下すことができる。[39] そのほか，2005年9月に済南市工商局が設立した済南契約紛争調停センターも，特定種類紛争の調停センターの一種に属する。当該契約紛争調停センターの特徴は，調停の費用を徴収せず，当事者のプライバシー，商業秘密を保護するために非公開の方式で契約紛争について調停を行うということにある。[40]

2　調停の国際化

中国の国際貿易の発展に伴い，中国の企業と外国の企業との間で，投資，貿易，知的財産権に係わる紛争が，近年増加する傾向にある。国際的な紛争を解決する際に，訴訟，仲裁以外，最近調停も重要な役割を果たしている。

2004年1月に，中国国際貿易促進委員会調停センターとアメリカのCPR（Center for Public Resources Institute for Dispute Resolution）は，共同で中米商事調停センターを設立した。調停センターは，共同主席制と共同秘書長制を採用し，米・中双方各々が1名の主席と1名の秘書長を選任する。また，北京とニューヨーク2カ所で秘書処という日常の事務機構を設置し，日常の事件受理などの事務を行う。調停センターは，米・中商業文化の特徴に相応しい調停規則を制定し，両国の有名な商事，貿易，投資，知的財産権の専門家及び法律専門家を招聘し，センターの調停委員を担当させる。調停センターの主要な目的は，米・中両国の企業に，訴訟と仲裁以外の迅速，簡便，柔軟，低コストの紛争解決手段を提供することである。したがって，調停手段以外，早期の中立的評価（Early-Neutral Evaluation），中立的専門家（Neutral Expert）等新たなADR手段も利用される。[41]

中米商事調停センターのほかに，中国国際貿易促進委員会，中国国際商会は，イタリア，韓国，カナダの紛争解決機構と共に，中伊商事調停センター，中韓商事争議解決センター，中加聯合調停センターをも設立した。これらの国際的な聯合調停組織の仕組みは，中米商事調停センターとほぼ同じである。

国際的な聯合調停組織の設立は，国際商事紛争の友好的な解決に役立つのみならず，中国の良好な貿易，投資，法律の環境の形成にも一定の影響を与える。さらに，中国の国際貿易の発展と調停の国際化をも推し進めたのである。

第5節　弁護士の調停への関与

司法制度の全面的な発展につれて，中国の弁護士制度も絶えず発展し完備されつつある。とりわけ，1997年の「中華人民共和国弁護士法」は，中国の弁護士法制建設を新たな段階へと発展させ，中国の弁護士実務に，より科学的で，より詳細な遵守すべき規則をもたらした。[42] 弁護士法25条によれば，弁護士は，「民事事件及び行政事件の当事者の依頼を受け，代理人となって訴訟に参加する」（25条2項）ほかに，「当事者の依頼を受け，調停及び仲裁活動に参加する」こと（同条5項），「訴訟以外の法律事務の当事者の委託を受け，法的サービスを提供する」（同条6項）こともできる。近年の弁護士人数の増加と弁護士業務の拡大に伴い，訴訟の領域にのみならず，訴訟以外の法律事務及び調停の領域においても弁護士の役割が拡大している。[43]

中国の調停の領域における弁護士の関与については，主に以下の3つの形式がある。

(1) 弁護士が調停に参加する

まず，弁護士は訴訟の過程で当事者の代理人として法院調停に参加することができる。法院調停に参加する際に，弁護士は委任を受けた権限内で，依頼人の合法的な権益を保護しなければならず，当事者の商業秘密とプライバシーを漏らしてはならない。また，訴訟係属中，弁護士は，法廷以外で当事者を和解に導くために，斡旋活動を行うこともできる。弁護士は，判決の結果を予測できる法律専門家なので，当事者双方の弁護士の斡旋を経れば，当事者双方が法廷以外で自ら和解の成立に至る可能性が大きくなるのである。[44] 最近，人民法院の一審民事，経済事件の中で，約2割の事件が取り下げで終結された。取り下げの事件の中で，弁護士の斡旋を経て和解に達成し

たケースが少なくない。[45]

　法院調停以外，弁護士は，当事者の依頼を受け，行政調停，人民調停及び仲裁調停にも参加することができる。その中で，人民調停に参加するケースはあまり見られないものの，行政調停，仲裁調停に参加するケースが最近少なくない。当事者の一方が大企業，大きな会社である場合は，弁護士が大抵調停に参加し，特に，近年企業間の連鎖債務関係事件を解決する際に，弁護士が大きな役割を果たしていた。また，中国の企業と外国の企業の間に生じた紛争が仲裁機関による調停で解決される場合も，弁護士は大抵調停に参加するのである。[46]

　調停に参加するに当たり，弁護士は当該当事者の代理人として，次の原則を遵守することが期待される。[47] 第1に，調査及び事実確定の履践である。弁護士は，証拠を広く収集してこれを正しく使用し，調停において，当事者の権益を守るために充分な理由と証拠を持つことができるようにすべきである。第2に，紛争両当事者間の協力関係の確立である。紛争の当事者双方及びその弁護士が，紛争の公正，合理的な解決を図ることに同一の目的を有するので，弁護士は依頼人の合法的な利益を保護するという基礎の上で，和解の成立を促し，当事者相互間の協力関係を維持させるべきである。第3に，紛争の迅速，円満な解決のため，調停機関の調停の合意条項の作成を援助すべきである。

(2) **弁護士が調停を主宰する**

　弁護士のいま1つの調停への関与の形態は，当事者双方の委任により，当事者間の紛争を調停することである。財産，婚姻，軽微な損害及び傷害の賠償に関わる紛争では，面子を考慮して公的機関による解決を望まず，法的知識，紛争処理能力を有する公正な第三者主宰の調停によって当該紛争を解決してほしいという当事者が多数存在している。これらの当事者にとって，弁護士は法的知識に精通し，紛争処理の経験を有する権威のある法律専門家であるので，調停者になる最も適当な人材と言える。したがって，弁護士が当事者の依頼を受け調停を行うことは，当然なことである。

　最近，中国では，弁護士が調停を行う場合，多種多様な態様が出てきた。当事者が弁護士事務所に行って紛争の処理を求める通常の形式以外，以下の

新たな形式もある。

(a) **調停委員としての調停**　すなわち，弁護士がその他の調停機構の調停委員として調停を行うという形態である。たとえば，前節で述べた中国国際貿易促進協会調停センター紡織専門委員会，医療紛争調停センターには，弁護士の調停委員を置いている。さらに，最近，外国の弁護士が中国の調停機構の調停委員を担当する場合も見受けられる。たとえば，江蘇外商投資経済紛争調停センターでは，アメリカの弁護士2名が調停委員を担当している。[48]

(b) **弁護士ネットワークによる調停**　ある領域の法的サービスを提供するために，弁護士ネットワークを作成し，それを媒介として当事者に調停のサービスを提供するという形態である。たとえば，婚姻弁護士ネットワーク（婚姻律師網）という法的サービスのネットワークがある。このネットワークのホームページでは，当該ネットワークの調停業務の内容，調停の実績，調停の費用基準，調停を担当する弁護士の名簿，受付の方式などの情報が載せられている。紛争の当事者はこれらの情報によって，当該ネットワークの調停を利用するかどうかを判断し，利用するとすれば，インターネットに載せた申立方式によって調停を申し立てる。調停が受理された後，当該ネットワークのメンバーである弁護士が調停を開始する。[49] また，婚姻弁護士ネットワーク以外，保険弁護士支援ネットワーク（保険律師支援網）もある。婚姻弁護士ネットワークは婚姻関係調停を受理するのに対し，保険弁護士支援ネットワークは保険関係紛争調停のみを受理する。[50]

(c) **訴訟係属中の弁護士和解制度**　2004年に最高人民法院は法院調停について，「最高人民法院の人民法院民事調停活動における若干問題に関する規定」という新しい規定を制定した。当該規定の3条2項によれば，人民法院は当事者双方の同意の下，法律知識，関係する実務経験または事件に係る専門知識を有する組織や個人に調停を委託することができる。合意が成立したときは，人民法院が法律に反するかどうかを審査し，違法事由がなければ，当該調停に裁判官主宰の調停と同一の効力を付与する，とされる。

北京市朝陽区人民法院の3項民事調停制度は，上述の規定に基づき創設したものである。朝陽区人民法院が毎年約5万5千件の訴訟事件を受理し，北京市で新受件数の最も多い基層人民法院である。しかし，当該人民法院には，

裁判官は 70 名余しかないので，近年，大量の案件に直面し，現在の人的資源では対応できない状況となりつつある。紛争が迅速に処理されることができず，訴訟の遅延をもたらした。こうした状況を改善するために，2005 年 9 月に北京市朝陽区人民法院は，裁判官補佐調停，特別招請調停員調停，弁護士和解という 3 項民事和解制度を創設した。

まず，裁判官補佐調停は，民事事件を受理した後，開廷審理の前の段階で，裁判官補佐が当事者双方の同意を経て，簡便な方式で調停活動を行う，というものである。調停が成立した場合，人民法院が民事調停書を作成し，当該調停書は判決と同一の効力を有する。

次に，特別招請調停員調停は，農村及び都市と農村の周辺地域で生じた紛争について，人民法院は地元で名望を持ち特定の専門知識と社会経験を有する者を特別招請調停員として招請し，人民法院の調停に協力させるというものである。また特別招請調停員は人民法院の委託を受け，独立で調停を行うこともできる。調停は通常，人民法院の調停室で行われ，当事者双方の同意があれば，その他の場所でも認められる。特別招請調停員の調停を経て当事者双方が合意に達した場合，人民法院は，その合意の内容を審査した上で，執行力を有する民事調停書を下すことができる。

また，弁護士和解制度は，民事訴訟の係属中，弁護士が主宰者として当事者間の紛争を調停する制度である。訴訟係属中の弁護士和解は，当事者の申立によって，かつ担当裁判官の審査を経て，開始される。ただし，弁護士和解を利用し，訴訟の遅延を招く恐れがある事件，または当事者主張の争点が多く，調停成立の見込みが少ない事件は，弁護士和解制度の適用除外となる。調停は，人民法院の調停室，及び当事者の認めたほかの場所で行われる。また，調停の進展状況によって，担当裁判官は，調停延長または調停中止の決定を下すことができる。さらに，調停が成立した場合，当事者間の合意の内容及び合法性について厳格な審査をした上で，人民法院は，民事調停書を下し，調停の効力を認める。

裁判官補佐による調停，特別招請調停員による調停で終結された事件は，訴訟費用を半額で徴収し，弁護士による調停で終結された事件は，50 元の訴訟費用を徴収する。なお，調停の過程で実績をあげた弁護士に対しては，人民法院が弁護士協会及び司法局に奨励と表彰の司法建議を出すことができ，

調停の過程で弁護士法違反の行為をなした弁護士に対しては，人民法院が弁護士協会及び司法局に処罰の司法建議を出すことができる。

こうした3項民事調停制度が施行された8月21日から9月9日までの間だけで，朝陽区人民法院において，裁判官補佐による調停で成立した事件が481件，特別招請調停員による調停で成立した事件が3件，弁護士による調停で成立した事件が78件であり，かなりよい成果をあげた。よって，目前，この制度は，北京市朝陽区人民法院のみで試みて施行されているが，よい成果があれば，ほかの人民法院に普及させることはあり得る。[51]

(d) **裁判官，弁護士，人民警察，司法補佐員の連携調停** 2006年，北京市東城区では，「三所一廷」の連係調停ネットが設立された。すなわち，司法所，公安派出所，弁護士事務所と人民法廷が連携し困難，複雑な紛争を調停する。

まず，司法所と公安派出所は東城区でいくつかの聯合調停室を設立する。次に，1つの聯合調停室が1つの弁護士事務所，1つの区人民法院民事審判廷の合議廷と連携し，統一の調停体系を形成する。普段は，聯合調停室の調停員たる人民警察と司法補佐員は，日常の事務と通常の調停活動を行う。重大，複雑であって，聯合調停室の調停員が処理できない民事紛争があれば，，弁護士事務所は弁護士を派遣し聯合調停室の調停員と共同で調停を行い，民事審判廷は裁判官を派遣し調停活動を指導する。[52]

(e) **弁護士の公益調停** 公益調停は，弁護士の法律扶助業務の一種と見做すことができる。それは，公益弁護士が無料で提供する法的サービスである。

たとえば，2006年6月に，北京市西城区徳勝街道弁事処（事務所）と当該区域の弁護士事務所とが協定を結び，当該区域の弁護士事務所が5名の弁護士を派遣し，それぞれ徳勝街道の5つのコミュニティの公益弁護士を担当させた。公益弁護士は，この5つのコミュニティの住民に，無料の法律相談，無料の調停，民事事件代理費用の減額徴収などの法的サービスを提供する。烈士の遺族，身体障害者および経済困難者が当事者である場合，公益弁護士の民事事件の代理費用は，免除することができる。また，毎月10日に，公益弁護士は，コミュニティの住民委員会で現場での法律相談，調停活動を行う。[53]

(3) 弁護士が当事者として調停を受ける

厳密に言えば，これは，弁護士が調停に関与するわけではなく，むしろ弁護士を当事者の一方とする調停のことである。当該調停の対象は，弁護士費用及び弁護士業務執行に関わる紛争のみである。

弁護士が業務を執行する際に，当該法律業務の委任者或いはほかの弁護士との間に紛争が生じた場合，紛争の各当事者は，弁護士協会に調停を求めることができる。たとえば，「上海市弁護士協会弁護士業務執行紛争調停規則」によれば，上海市弁護士協会は，業務執行紛争調停委員会を設置し，当該協会会員である弁護士と依頼人の間，及び会員弁護士相互間の業務執行に係わる紛争について，調停を行う（規則2条，5条）。当事者双方は，事前にまたは紛争が生じた後の調停に求める合意に基づき，上海市弁護士協会に調停を申し立てることができる（規則3条，10条）。調停の費用は，通常当事者双方が協議して分担する。当事者が費用の分担の合意に達しない場合，調停廷は事件の情況によって当事者双方の分担割合を決める（規則23条）。また，調停が成立した場合，調停廷は和解協議書を作成し，当事者双方は当該和解協議書の条項に従って各自の義務を履行すべきである（規則21条）。なお，会員弁護士の原因で当該和解協議書が履行されない場合，調停委員会は履行催告をすることができ，履行催告を経て，会員弁護士が依然として履行しない場合，上海市弁護士協会は，当該会員弁護士に処罰の決定を下すことができる（規則22条）。[54]

そのほか，弁護士が業務を執行する際に，当事者との間で費用について紛争が生じた場合については，まもなく，当事者は当該弁護士所属の弁護士協会に調停を申し立てることができるようになる。2006年8月8日に，中華全国弁護士協会は，「弁護士協会弁護士サービス費用徴収争議調停規則（律師協会律師服務収費争議調解規則）（草案）」を公表し，社会各方面の意見，建議を求め，集めている。[55] 当該草案によれば，全国各地の直轄市，地区級の市の弁護士協会は，弁護士費用徴収争議調停委員会を設立し，当該調停員会が弁護士の代理費用及び法的サービス料金に係わる紛争について，調停を行う（草案4条）。調停委員会は，弁護士，弁護士協会の職員，司法行政機関の職員，およびその他の関係機関の職員によって組織される（草案5条）。

また，調停員名簿は社会に公表する（草案7条）。当事者および法的サービス依頼人と弁護士の間に弁護士費用について紛争が生じた場合，一年以内に当事者または依頼人が，当該弁護士所属の弁護士協会に，書面または口頭で調停を申し立てることができる（草案14条，18条）。当該調停は費用を徴収せず，かつ2ヶ月以内で終結しなければならない（草案15条，27条）。調停が成立した場合，調停委員会が調停協議書を作成する。この調停協議書は私法上の契約の効力を有する（草案24条，25条）。弁護士が調停の過程で負うべき義務を履行しない，又は調停協議書の条項を履行しない場合，弁護士協会は，弁護士職業道徳の基本規則によって弁護士所属の事務所に処分を下すことができる（草案26条）。

以上が，中国における弁護士の調停への関与の最新動向である。上述したさまざまな弁護士の調停への関与態様のうち，大部分のものは試行段階に止っており，未だ十分なものとは言えない。しかしながら，これらの態様は，大胆な模索として，必ず中国弁護士の法的サービス業務の拡大，及び調停の発展と活性化に有益な経験となると思われる。

第6節　小　括

本章では，中国調停の最新動向について本格的な考察と検討を行った。現在，経済の発展と社会の変革に伴い，中国の国家建設は，法治によって進展してつつあり，また，法の支配も，国家の管理，市場の運営，紛争の解決など各領域でますます重要な役割を果たしている。ただ，法治発展の一方で，互譲，妥協を強調する調停手法は，「法からの乖離」と見做され，次第に人々の冷遇を受けはじめた。国家法政策の裁判への偏重，国民の法的意識の向上，学界の調停への非難などの影響を受け，伝統的な調停としての法院調停，人民調停は，衰退の傾向を呈しており，しかも，この傾向は，既に近年の統計数字の中でも明らかにされた。

調停の衰退傾向と対照的に，国家の法化社会への進展につれて，紛争が生じた際に訴訟による解決を求める当事者が増えつつあり，人民法院の訴訟件数も年々増加の一途を辿っている。ところが，審判権の強化，人民法院への

人的・物的資源の投入は，経済の発展に起因する「訴訟爆発」の状況を打開できず，訴訟の遅延，訴訟コストの増加などマイナス面が，ますます深刻になってきた。この問題を解決するために，新たな紛争解決方法の開発が，人民法院の内部で試みられ始め，1980年代末期の経済紛争調停センターの創設が，その模索の第一歩と言える。経済紛争調停センターが裁判所による専門的な調停を可能にする組織という初志を持って創設された組織であるものの，当該センターについての立法による保障がないため，一部の人民法院は，随意にそれを裁判と調停，又は調停と法的サービスの混合体に発展させた。また，理念上及び実務運用上の偏差によりセンターの調停が濫用されるケースが多く出てきて，結局，経済紛争調停センターの試みは失敗に終わった。

もっとも，つい最近，社会紛争の増加と紛争当事者のニーズの多様化に伴い，新たな調停態様が，全社会の範囲で相次いで作り出され，調停の領域では，多様化と国際化の趨勢が現れはじめた。また，弁護士業務の拡大につれて，近時弁護士の調停への活発な関与も見られ，調停の担い手の確保に多大な貢献をすることになった。

こうした調停の新動向の影響で，中国の伝統的な調停手法が衰退してきたものの，新生の調停手法が絶えず創設され，調停は依然として中国の紛争解決における最も重要な手法として機能している。それと同時に，調停の近年の発展からも，われわれは中国調停の再興の力を感じることができる。

1) 熊達曇『現代中国の法制と法治』（明石書店　2004年）　5頁。
2) 銭鴻猷「西方法治精神和中国法治之路」（黄之英編『中国法治之路』　北京大学出版社　2000年）　77頁。
3) 張晋藩著/何天貴＝後藤武秀訳『中国法制史（上）』（中央大学出版部　1993年）190-193頁。
4) 陸徳生＝紀栄栄「二十年来法治進程的回顧與前瞻」（黄之英編『中国法治之路』　北京大学出版社　2000年）　37-43頁。
5) 鄧小平『鄧小平文選（第二巻）』（人民出版社　1994年）　146-147頁。
6) 劉海年「依法治国：中国社会主義法制建設新的里程碑」（法学研究　18巻3期）。
7) 熊達曇・前掲注（1）　7頁。
8) 柴発邦編『民事訴訟法学』（法律出版社　1987年）　85頁。
9) 曽昭度＝趙鋼「対着重調解原則的若干思考」（法学評論　1988年　第5期）。

10) 劉敏『当代中国的民事司法改革』（中国法制出版社　2001年）　205頁注2参照。
11) 劉敏・前掲注（10）　205頁。
12) 徐国棟『民法基本原理解釈―成文法局限性之克服』（中国政法大学出版社　1996年）　123-124頁。
13) 胡旭晟『法学：理想と批判』（湖南人民出版社　1999年）　392頁。
14) 王懐安「対審判方式改革和審判長選任的幾点思考―王懐安同志在江蘇法院考察期間的講話摘要」（人民司法　10号　2000年）。
15) 範瑜『非訴訟糾紛解決機制研究』（中国人民大学出版社　2000年）　609頁。
16) 赴永庫「走調解専職化之路，提高経済訴訟効率」（現代法学　1989年　第6期）。
17) 王雅「一小時解決一宗案件」（深圳晩報　2005年8月4日）
http://news.sina.com.cn/c/2005‐08‐04/16106612783s.shtml.
于新年＝呉秀軍「来自調解中心的報告」（人民司法　1993年　第9期）。
19) 王紅岩「民事訴訟中的審調分離論」（法学研究　1999年　第3期）。
20) 江偉＝李浩＝王強義『中国民事訴訟の理論と実際』（成文堂　1997年）　117-118頁参照。
21) 姚文「法院設立経済紛争調解中心的探討」（経済興法　1993年　第9期）。
22) 江偉＝薩仁「1994年民事訴訟法学研究的回顧与展望」
（中国民商法律網：http//www.civillaw.con.cn/weizhang/?id=11499）。
23) 江偉ほか・前掲注（20）　118頁。
24) 一部の学者は，経済紛争調停センターが調停と審判の分離によい経験を提供したと考える。たとえば，馬莉莉「浅談経済糾紛調解中心」（『法学前沿的争鳴』　武漢出版社　1995年）　396-406頁。
25) 範瑜・前掲注（15）　669頁。
26) 山東省司法庁「高新亭同志在全省加強郷鎮街道調解中心建設現場会上的講話（2004年9月27日）。http://www.sd148.com/htm/rmtj/20041115/205730.htm.
27) 魯陵「調解中心找"説法"」（人民日報　2000年5月24日11面）。
28) 司法部基層工作指導司ホームページ：http://www.chinalawnet.com/judiciary/jiceng.asp.
29) 袁成「斉魯大地平安頌―2004年"平安山東"建設総述」（法制日報　2004年12月8日）。
30) 2004年12月30日山東省人民政府の「より一層郷鎮・街道調停センターの建設を強化することに関する意見」（魯弁発［2004］26号）による。
31) 王永華「湖南衡陽："郷鎮矛盾調解中心"保平安」（人民日報　2002年9月4日10面），「平山8600多名人員従事調解，調解成功率達96％以上」（河北日報　2006年4日4日）。
http://www.xinhua.org/chinanews/2006-04/04/content_6642589.htm.
32) 「我国紡織行業調解工作正式啓動」http://www.ce.cn/fashion/fzhy/200602/19/

t20060219_6130673.shtml.
33) 中国風険管理網：「関于北京医療責任保険発展情況的報告」www.chinarm.cn/Risk/ShowArticle.asp?ArticleID=7747.
34) 戴潔「江蘇首家医療糾紛調解中心在蘇州成立」（江南時報　2006年8月2日）。
35) 「北京：医療糾紛患者可24時投訴　附設投訴電話」（北京晨報　2006年2月18日）。
36) 医療律師網：「北京医責険強制推行之惑」http://www.se.cn/cjzq/cjbx/sdfx/200502/21/t20050221_3121775.shtml.
37) 青島新聞網：「買売家具遇糾紛，調解中心来処理」http://www.qingdaonews.com/content/2004-04/23/content_3043642.htm.
38) 李光徳＝王宏偉「消費仲裁調解中心掛牌」（重慶商報　2004年11月6日）。
39) 李欣悦＝李鳳新「北京設立就業糾紛調解中心　民工遇欠薪可投訴」（新京報　2005年4月9日）。
40) 劉研波「済南合同争議調解中心成立　合同有争議可免費調解」（済南時報　2005年9月7日）。
41) 「中米創弁商事調解中心」（南方日報　2004年1月31日），「中米商事調解中心在紐約成立」(http://www.nyconsulate.prchina.org/chn/xw/t61183.htm)。
42) 射手矢好雄「中国における弁護士法の制定」（国際商事法務　24巻7号　1996年）703-704頁。
43) 2006年の統計によれば，中国の弁護士人数が約16万5千人であり，弁護士事務所の数が約1万3千ヶ所である。また，2006年，弁護士の民事・経済訴訟の代理件数が約140万5千件，訴訟以外の法律事務の処理件数が約91万5千件，法律相談件数が約520万1千件である（『中国統計年鑑＜2007年＞』（中国統計出版社　2007年）885頁参照）。
44) 張亜新教授は，中国の弁護士は訴訟の中で，法的専門家としての役とブローカーとしての役を同時に演じると指摘している（張亜新「中国の民事訴訟における弁護士の役割（一）」（民商法雑誌　190巻4・5号　1994年）707-715頁参照）。
45) たとえば，2004年に深圳市で発生した土地の転貸に関わる紛争は，当事者三方の弁護士の斡旋によって，和解が達成し，訴えが取り下げた。（「場地転租引発連環官司，律師調解各方当事人達成和解」　特区晩報　2004年11月22日）
46) 呉明徳＝白川好晴「中国の調停および調停への弁護士の関与についての簡単な紹介」自由と正義43巻7号　1992年　161頁。
47) 呉明徳＝白川好晴前掲注（46）　161頁。
48) 陸峰＝邵生余「外籍律師加盟我省調解機構」（新華日報　2004年1月6日）。
49) 北京婚姻律師網：「婚姻律師網訴前主持離婚調解簡介」http://www.91lihun.com/00rdzz/zndt/20040303212037.htm.
50) 保険律師支援網：「調解保険糾紛」http://www.insurancelawyer.cn/all.asp?id=207&parentid=7.

51) 中国法院網：姚輝＝劉瀟瀟＝趙瑜＝陳新「北京法院"訴訟爆炸"催生多元化糾紛解決機制」http://www.hicourt.gov.cn/news/news_detail.asp?newsid=2005-9-22-9-13-17
52) 王嵐＝陳東亜「法官律師調解員聯手調解複雑糾紛」（北京晩報　2006年6月15日）。
53) 京報網：「首批社区公益律師徳勝街道上崗」http://www.ben.com.cn/bjxw/sqms/200606/t20060628_39339.htm.
54) 上海市律師協会「上海市律師協会律師執業紛争調解規則」http://www.lawyers.com.cn/jsp/newsInfo.jsp?newsID=2000020899.
55) 中華全国律師協会「律師協会律師服務収費争議調解規則（送審稿）」http://www.acla.org.cn/program/article.jsp?CID=605850858&ID=35913.

第6章　総　括

　本編では，中国の現行調停制度の問題点と改善策について検討した上で，アメリカ，日本，中国の近時における ADR ないし調停の動向について考察を行った。さらに，アメリカ，日本における最近の動向からして，中国はどのような示唆を得るかについて検討を行った。

　中国調停システムにおける4つの調停類型には，それぞれに特有の問題があり，これらの問題に対する解決策もそれぞれ異なったものとなる。これらの問題の中には，調停制度自体に内在する問題もあり，実務運用上の問題もある。いずれにせよ，これらの問題の存在は，調停の持続的な発展と活性化を阻害した。本書の中では，調停がかかえる問題を改善するために，様々な改善策を私的提案の形で提示した。差し当たって，調停手続の公正性の確保，調停の担い手の確保および調停の実効性の確保という3つの面は，核心的な要素として，各種の調停が共通して解決すべき課題となる。また，調停のより一層の発展と調停の質の向上を図るためには，理論・実務の両面からの努力と工夫も必要となると考える。

　理論の面で ADR に関する研究が最も進んでいるのはアメリカである。アメリカにおける ADR 推進論にしても，ADR 批判論にしても，その理論根拠の合理的なところは，中国の学界においても参考に値すると思われる。それに加え，理論面以外においても，アメリカの様々な ADR 新方式の創設，及び ADR の制度化の進展も，中国の ADR の発展に大きな示唆を与えるものである。

　アメリカと同様に，日本の ADR，とりわけ調停についての最新の動向は，中国にとって最も参考に値する。日本の調停に代わる決定，及び特定調停が債務関係事件を処理する際に果たした役割と得た経験は，中国経済発展の過程でもたらされた債務関係紛争の増加という問題の解決に，大変参考になる。また，アメリカ，日本において，ADR 法が次々と制定されたこととの対比から，中国 ADR における立法化進展の緩慢さという点も明らかになった。

　実際には，1980年代末期に創設された経済紛争調停センターの失敗は，

第6章 総 括

その原因の1つが立法上の保障がないということにあった。ところで，近時，中国では，伝統的な法院調停と人民調停が衰退する一方，様々な新たな調停態様が再び創設されている。これらの新生の調停態様は中国調停の現代化と多様化に活力を与えたものの，その大部分が，未だ制度上及び立法上の保障を得ていない。これらの状況を改善しなければ，これら新生の調停態様は，経済紛争調停センターと同様の運命を辿る恐れがあるのであろうか。したがって，調停制度の発展と同時に，中国にとっては，調停のルール化，制度化，立法化の発展も，喫緊の課題であると考える。

終章　要旨と結論

第1節　はじめに

　中国において，調停は紛争処理システムの中で最も重要な手法として位置づけられている。調停の手法は，極めて古い歴史を持ち，今から約3千年前の西周時代において，既に，紛争処理の過程で頻繁に利用された。しかも，調停制度が発展していく中でそこに儒家思想が取り込まれていったことから，中国の独自の儒教式調停文化も次第に形成されていった。

　現代の調停制度は，古来からの調停伝統に加えて，いわゆる社会主義的な要素を融合した上で創設されたものである。ただ，その創設は，司法制度の発達と国民の法的意識の向上によってもたらされた訴訟過剰という背景に基づいたものでなく，法制の不備と国民の法的意識の欠乏を原因として形成された産物であった。したがって，残念なことであるが，中国における調停は未発達な訴訟制度の代替物と言える。従来からの調停伝統の存在，並びに現行の司法制度の未発達，このような原因に基づき，調停が紛争解決の万能薬と見做されたのである。90年代以前の調停の盛況を説明するなら，紛争の存在したところに必ず調停の姿が見えるというような状況であった。そういう意味では，当時の中国社会は，1つの「調停社会」と称することができよう。

　現代中国社会における調停は，それ自体独自の発展を遂げると共に，他の紛争解決手法にも浸透し，訴訟過程中の法院調停，仲裁過程中の仲裁調停という混合した態様が創設されるに至っている。訴訟，仲裁過程中における調停手法の採用は，当然に国家の政策の指向と関連があり，比較的に純粋な調停態様たる人民調停，行政調停でさえも国家の指導と関与から脱却するものではない。そのため，法院調停，人民調停，行政調停と仲裁調停によって構成された中国の調停メカニズムは，国家の全面的なコントロールの下で機能する体系であると言えよう。しかも，国家権威の強調及び行政権優位の影響

で，調停自体は公的色彩が強く，調停の運営においても行政的な要素が取り入れている。こうした「官的な調停」，「調停の行政性」という中国調停の最も顕著な特徴は，本書での現行調停制度に関する検討の過程の中で，明らかにされたものと考える。

ところが，一定の背景の下で生成された調停制度は，社会情勢の変遷に伴い，新たな発展を見せている。中国調停システムの両輪と言われた法院調停，人民調停は，その勢いを失いつつあり，他方，様々な新しい調停手法が，相次いで創設されている。世界的なADRの潮流に合わせて，中国の調停は，多様化，国際化の方向へ発展しつつあると言える。ただ，中国の調停制度はなお完備された制度とは言えず，また，中国が伝統社会から現代社会への転換期にあることに伴う不確定な要素に影響され，調停発展の趨勢も流動的である。したがって，差し当たり中国調停制度の発展と活性化を図るためには，現行の調停制度に存在する問題を克服し，改善した上で，新たな調停形式に立法上の根拠を与えることが必要である。

本書で目指したことは，歴史の流れと世界的な潮流の中で，調停の起源を遡り，調停の現状を考察し，それに基づき調停の未来を展望することである。このことをより明確なものとするために，調停制度の基盤としての社会背景，経済基礎，人々の調停観について，または，その精神，意識レベルの高い次元，いわゆる調停の理念というものについて，検討を行った。さらに，中国の調停を世界的なADR潮流の中に置き，日本法，アメリカ法との比較的な視点から，中国調停の起源，現状，展望，及び特徴，長短などの課題についても全面的な考察と検討を行った。このような検討を通じて得られた結果を三次元的に構成することで，中国における調停の全貌を把握することができるはずである。こうした三次元的な立体構図は，本書の結構設計における最も大きな特徴である。

第2節　各部の整理

本書は，3編によって構成される。第1編「中国における調停の形成と変容」は，4章によって構成され，第2編「中国における調停の現状と課題」

終章　要旨と結論

は，7章によって構成され，第3編「法化社会における調停の再構築」は，6章によって構成され，また終章を加えて，本書は合計で18章によって構成される。本書の各部分は，それぞれの独立性を持ち，また相互間の関連性をも持っている。多少重複する部分はあるものの，本書の主な内容は次のようにまとめることができる。

　(1)　第1編「中国における調停の形成と変容」は，中国における調停の歴史を遡ることを通じ，調停制度の沿革と発展，調停が生成された社会背景，調停観・調停理念の変遷，今昔における調停の特徴等の側面から，中国調停の生成及び変容を探求したものである。ここでは，中国の儒教式調停の発展を中心とし，日・米法との比較の視点から，日・中，米・中両国における調停の生成・発展過程の類似点と相違点を検討すると同時に，日・米・中三国の調停観と調停理念における異同についても考察を行った。

　中国調停の歴史が儒家思想と融合した上で発展したという経緯があることから，本編の第1章「序」の部分では，儒教式調停という概念を取り上げることにした。すなわち，昔の中国の調停は，儒家思想の影響を受け，「和」という理念の下で独自の発達した調停理論を形成し，調停の過程においても，「和」，「礼」，「信」，「忍」，「譲」など儒家の道徳を従うべき規準としたからである。そもそも，調停と儒教との密接な関係は，中国古代の調停における最も顕著な特色だと言える。

　第2章では，中国における調停制度の形成，発展とその要因を論じた。中国の調停は，奴隷社会の西周時代に遡ることができる。周代の官制の中では，既に「調人の職」，すなわち調停を担当する係官が設置されていた。春秋時代に調停が儒家思想という理論上の支持を得てから，後世の統治者は「無訟」という理想的な社会を追求するために，強く調停を普及させていた。唐代には，調停で解決する紛争は「細故」と呼ばれ，宋代には，官府による調停を「和対」と称し，元代には，法典「元典章」の中で調停の効力が認められ，明代に至って，郷里で「申明亭」という専門的な調停機構が設置された。中国古代の調停は，このような歴史の流れの中で次第に発展し，成熟していった。

　こうした調停制度が形成された要因は，1つが農業社会の自然経済と宗法

家族制度の存在にあり，いま1つが儒家思想影響にあると考えられる。農業社会における自給自足の自然経済と宗法家族制度の下で，人々の個体性が非常に弱く，逆に土地および家族に対する依存性が強かったのである。したがって，紛争が生じたとき，人々は既存の地縁関係と血縁関係を維持するために，できる限り「一刀両断」の裁判を回避することになった。その上，儒家が倫理上において「仁」，「愛」，「礼譲」，「親和」などの思想を提唱することに加え，柔軟な手法としての調停は必然的に当時の最善の選択になったのである。

「調停」という用語が，もともと十八史略の宋史に起源を有し，明治時代の漢学の素養の深かった日本の司法省係官が，当時台湾，関東州，朝鮮など日本の殖民地における和解解決の手段にこの用語を初めて用いたのである。中国の儒教における「和」という精神が日本人的原理でもあり，古来聖徳太子の17条の憲法からして，調停文化における日・中両国の表見的類似性を発見することができる。ところが，近代に至って，両国が異なる道を選び，日本における調停がヨーロッパからの「法移植」の成果の一部であるのに対し，中国の調停は「本土化」の基盤の上で形成された調停伝統と社会主義法制の統合体となっている。日本と比してみたときに，アメリカの調停文化は中国と全く違うものである。しかし，調停発展の流れから見て，「興起」～「衰退」～「再興」というアメリカの調停発展過程は，中国調停の運命を暗示しており，中国調停の将来を解明するために有用な視点を提供してくれる。

第3章では，まず，日・米・中三国における国民の調停観を論じた。「理性社会」と言われたアメリカの国民はもともと「法による解決」を偏重しており，そこで調停が利用された理由は「訴訟ブーム」という危機の下での受動的な選択にあったと考えられる。これに対し，日・中両国の情況は全く異なる。いわゆる「情理社会」，「和の社会」である日本と中国では，「喧嘩両成敗」という思想が人々の意識の中に深く根を下ろしていたので，国民が面子と持続的な人脈関係を維持するために，紛争が生じたときに訴訟より調停，交渉，和解などの手段を選択する傾向が強い。また，「個人主義」の国たるアメリカでは，「当事者をエンパワーする」ことが調停の第1の目標とされるため，「集団精神」を強調した日本，「権威」を尊重した中国と比べ，アメリカのほうは，当事者の主体性，自律性がより強調され，実務上でも評価型

の調停方式より促進型の調停方式が多用されている。[1] 次に，中国調停理念の形成と変容について検討した。中国の儒教式調停の最高理念は「和」である。それ以外，時代の変遷により，「礼の支配」，「理の支配」，「天理・人情・国法」など副次的な調停理念も出現した。近現代に至って，調停の理念は「適法・合理」，「自由意思・平等」に収斂されたものの，政治体制の制約を受けていることから，それは日・米における「私的自治」，「正義へのアクセス」などの調停理念との間には未だ一定の距離があり，高い次元の調停理念とは言えない。さらに，第3章の最後では，中国古代の儒教式調停及び現代調停の特徴について検討を行った。

第4章では，第1編の内容について総括した上で，他国との比較を通じ自国の調停伝統に対する歴史的な反省の重要性を指摘した。また，本編の検討及び日・米法との比較からして，中国の調停が「官」と「民」，「情」と「理」，「権」と「法」の衝突と妥協の漸進の変動過程において生成し変容したものである，という結論を導いた。

(2) 第2編「中国における調停の現状と課題」では，中国調停メカニズムを概観した上で，法院調停，人民調停，行政調停及び仲裁調停を中心にして，中国現行の調停制度，理論，実務状況及びそれに係わる重要な課題について考察し分析した。さらに，日本，アメリカの調停制度を参照物として考察の視野に引き入れ，日・米・中三国の調停制度における類似点と相違点を比較した上で，より一層中国調停のあり方と特徴を解明し，中国現行調停制度におけてなお足らざる点，及び日・米両国から倣うべき点を指摘した。

まず，第1章の「序章」では，「洋務運動」以来，中国の法整備が模索と挫折の繰り返しの中で進展した過程を説明し，調停が法化社会への発展過程におけるフォーマルなルールとインフォーマルなルールの均衡関係の中で演じた重要な役割を指摘した。

第2章では，中国調停制度の全体像を概観した。中国の調停メカニズムは，司法調停，民間調停，行政調停および仲裁調停によって構成され，「官」と「民」の2つの要素が矛盾，統合の過程を繰り返して形成されてきた国家的プロセデューと社会的プロセデューという二重構造の体系である。こうした調停メカニズムは，紛争解決機能と社会予防機能の相互作用を通じ，社会保

障体系の中で重要な役割を果たしている。また，近年，ADRの隆盛に伴い，調停の活発な利用が既に世界的な潮流になっており，日本とアメリカにおいても調停の活性化がうかがわれる。もっとも，日・米両国と比べ，中国の方が調停の利用頻度が高く，ほかの紛争処理方法と比べ，調停が紛争処理システムの中で優勢を占めている。しかも，民事・民間紛争の潜在性，偏在性，多様性という紛争様相，及び関係ネットワークの存在が，調停の隆盛に深く係わったため，中国の社会はまるで「調停偏在の社会」のように，どの紛争処理制度の中にも調停の姿が見えてくるのである。

第3章では，中国の訴訟に不可欠な部分としての法院調停について検討を行った。しかも，中国の裁判所による調停である法院調停と，日本の裁判所による調停である民事調停・家事調停との比較を通し，両者の主体，客体，手続等各方面における特徴が明らかになり，そのうえ，対比と批判の視点から，中国における法院調停の本質，原則，制度現状，無効の救済等相関の課題についての分析と考察を行った。法院調停は，訴訟の過程中に裁判官の主宰の下で，説得の手法を通じ当事者を合意に達させ案件を終結する方法である。法院調停は，民事事件だけでなく，軽微な刑事事件及び特定の行政事件にも適用され，民事事件の一審，二審及び再審のいずれの手続過程中，および事件を受理した後から判決を下す前までのいずれの段階でも採用することができる。また，裁判官は調停を主宰し，事実と法律の基準に従い，当事者の合意の合法性及びそれが自由意思に基づいたかどうかについての審査をした上で，調停書を作成する。当該調停書は判決と同一の効力を有し，また，二審，再審の調停書は原審の判決を取り消す効力を有する。したがって，法院調停は通常の調停と異なり，その本質が単純な合意ではなく，裁判官が公権によって当事者の合意に対してなす判断である。そのほか，法院調停が司法調停と呼ばれるものの，日本の司法調停とは全く異なり，むしろ日本の訴訟上の和解と似ている。さらに，法院調停では裁判所の権威が過分に強調され，当事者に対する救済が不十分であることも，日本法との比較から明らかになった。したがって，調停の過程中，どのように当事者間における真実の合意の達成を保障するかは，今後法院調停において検討すべき課題といえる。

第4章では，人民調停について検討を行った。人民調停は人民調停委員会の委員が調停で民間紛争を解決する方式である。人民調停委員会は，住民委

員会，村民委員会及び企業，事業組織の下で設置された「大衆的な自治組織」であり，その委員は村民委員会委員，住民委員会委員，企業・事業組織の責任者，司法補佐員，及びその他の人柄がよく，地元状況を熟知し，調停活動に熱意を持ち，一定の法律知識と政策レベルを備えた一般人から，選挙及び招聘・任命によって選出される。団結・教育の方法で人民内部の矛盾に対処することを強調した毛沢東の「2つ矛盾」理論の影響を受け，人民調停は，紛争の解決を重視すると同時に，紛争の予防，紛争拡大の防止，法律・政策・社会公徳の教育などの面も重視する。また，人民調停の場合は，調停の場所に拘らず，費用を徴収せず，また，紛争の存在を確認した上で調停委員が主動的に調停手続を開始することができる。このような特徴を持つ人民調停は，魅力的な紛争処理方法として多用され，年間の紛争処理件数が人民法院一審民事・経済事件既済件数の3倍であったことから（1990年に人民調停既済件数741万件，人民法院一審民事・経済事件既済事件数245万件），「人民調停の神話」となった。しかも，国際的に法学界の関心を呼び起こし，西方の学者に「東方の経験」と呼ばれている。ところが，行政調停の枠内で誕生した人民調停は，行政と民間の狭間において長期間の模索と挫折を経て，次第に司法行政機関と基層人民法院（最下級の人民法院）の二重指導の下に置かれる体系を形成してきた。こうした二重指導の下で，「大衆自治」を目標とする人民調停は，行政の指導と関与から完全に脱却できず，日本とアメリカにおける純粋な民間調停と比べ，「行政的」な民間調停ないし「民間と行政の連携」調停に止まるものである。

　第5章では，行政調停の位相とあり方について検討した。「行政優位」という思想の影響を受け，司法の機能領域が狭い中国では，行政機関による紛争解決は，紛争解決システムの中で重要な役割を果たしている。中国の行政調停は，基層人民政府（最下級の人民政府）による調停と各行政機関による調停に分けられる。各行政機関による調停は，さらに工商行政管理機関による調停，公安機関による調停，環境保護行政機関による調停，特許業務管理機関による調停など，さまざまな類型が挙げられる。日本の公害等調整委員会による調停，建設工事審査会による調停など「専門委員会型」調停と比べ，中国の行政調停は，「政府機関型」調停と称することができる。「政府機関型」調停では，まず紛争解決が行政機関の機能の1つとして強調されており，

そのため，独立した専門的な紛争処理機関を設置するのでなく，基層人民政府及び各行政機関が行政管理を行うと共に，当該行政機関の行政管理範囲内の紛争を解決する。また，調停の担当者も，紛争解決するために特別に任命された者ではなく，通常の行政機関の職員である。こうしたあり方が中国政府の「大政府」の存立像に完全に合致しているので，今後，行政機能の拡大に伴い，行政調停は，より広い行政管理分野で活用され，紛争解決と同時に，行政管理の円滑性，弾力性と円満性にも寄与することになるだろう。最近，公害紛争，建設紛争の増加に伴い，これらの紛争に相応しい解決制度の創設が重要な課題になっている。中国がこうした制度を創設する際に，日本の「専門委員会型」調停の利点と経験は参考に値する。そのほか，日本と同じように，中国においても行政調停には執行力は認められていない。執行力の付与は将来の課題として議論の余地が十分残っているものの，現時点では，行政調停の実効性の確保こそが緊急を要する課題である。

　第6章では，仲裁調停の現状と課題を検討した。仲裁と調停を連係させる手続は，新たなADRの形式として既に多くの国で採用されてきた。ただ，仲裁調停という特別な名称は，中国のみで使用されている。それが，単なる仲裁と調停を連係させる手続ではなく，仲裁過程中で調停を試みることを指し，すなわち，仲裁の過程で仲裁廷が調停の手法で当事者を説得し，互譲により解決の合意を成立させる手続である。合意が成立した場合，仲裁廷が合意の内容に基づき仲裁判断を下し，または，仲裁判断と同一の効力を有する調停書を下すことができる。こうした手法は，もともと仲裁制度の成立の当初，仲裁における経験及び人的資源の不足を補完するために，法院調停における訴訟と調停の連係手法に倣った上で創設されたものである。長期間にわたって，この手法が実務の中でよい成果をあげたため，仲裁制度の発展に伴い，仲裁調停は廃止されないのみならず，かえってより重視され，中国の国内仲裁と渉外仲裁の中で頻繁に利用されるようになった。仲裁と調停の連係は，裁断型ADRと調整型ADRの弱点を補完し，その長所を生かせるため，いわゆる基本型の仲裁および基本型の調停との乖離であると言われるものの，大胆な模索として，これこそがADRの妙味であると思われる。

　第7章では，第2編の内容をまとめた上で，日・米・中三国の調停の最も顕著な特徴を分析した。中国調停メカニズムにおける4つの調停類型の中で，

法院調停，仲裁調停が混合式調停であるので，厳密に言えば，純粋，真正の調停と言えるのは，人民調停と行政調停だけである。行政調停は無論，人民調停も「行政的」な色彩があるので，中国の厳密な意味での調停制度は，必ず行政とある程度の関連を持っていると言えよう。したがって，アメリカ調停の民間性，日本調停の司法性に対し，中国調停の最も顕著な特徴はその行政性にあると考えられる。

(3) 第3編「法化社会における中国調停の再構築」は，中国調停の問題点を指摘し，その解決策を検討し，さらに今後の調停の発展の方向性を明示したものである。しかも，ADR，調停をめぐる日・米・中三国の最近動向を考察し，かつ比較法の視点から，日・米両国の最新動向から得た示唆，および今後中国調停が直面する課題を指摘した。

第1章の「序章」では，国民の法的意識の向上および学界の極端法治思想の影響の下で，最近中国では，潜在的な調停軽視の傾向，および実務上における調停弱体化の動向が現れたと指摘し，さらに，調停に対する批判は，調停制度を改善する方向での問題提起と見てよいと指摘した。

第2章では，中国のそれぞれ調停制度の問題点について検討を行い，その改善策について私的提案をした。まず，法院調停に対しては，①裁判権の濫用，強制調停の存在，②当事者自由意思の原則と事実及び是非の明確化の原則の間の矛盾，③民訴85条と民法54条の矛盾，④当事者の翻意を認めることの弊害，⑤調停に対する救済力の不足などの問題点を指摘し，そして，①開廷前調停の強化，②調停協議が成立後直ちに法的効力を生じること，③調停費用の減額徴収，④審判監督機能の強化など改善策を提案した。次に，人民調停に対しては，①性格の曖昧性，②一部の調停員の法的意識，能力の欠乏，③経費調達の困難，④調停に執行力がないなどの問題点を指摘し，そして，①人民調停委員会の自治の強化，②人民調停員の選挙と任命の透明度・厳粛性の確保，③人民調停員の能力の向上，④人民調停への資金援助，⑤調停の履行確保などの改善策を提案した。また，行政調停については，①調停の中立性という問題，②調停員の行政職員による兼任という問題及び彼らの調停能力の問題，③調停の手続の面における問題，④調停の履行確保における問題を指摘し，しかも，調停の担い手の能力の向上，調停手続の公正性，

及び調停条項の履行確保を図るための措置を検討した。さらに，仲裁調停については，仲裁と調停を連係させる手続自体，仲裁人と調停人の同一人による兼任，および和解合意の仲裁判断への書換えに存在した問題点を指摘し，こうした問題点を改善するために，情報援用禁止条項，仲裁人と調停人の同一人による兼任の際の説明義務，和解合意の仲裁判断への書換え時の制限の強化などの措置の必要性について分析した。

第3章では，アメリカにおけるADR理論，実務状況及び最新の動向について検討した。1970年代におけるADR運動では，伝統的な手法である仲裁，調停及び斡旋が見直され，これらに加え，新たな方法が次々と考案され，ADRプログラムは，裁判所外のみならず，裁判所内をも巻き込んで展開されている。こうしたADRの多彩な展開は，ADR推進論の支持と密接な関係を有する。ADR推進論は，主に裁判の効率性の確保，正義へのアクセス，手続の質の重視という3つの視点からADRの展開に理論的根拠を提供した。当然その反面でADRに対する批判論も存在する。しかし，推進論と比べ，それは副次的なものと言える。そのほか，80年代から，アメリカにおいてADR制度化の動きが現れはじめ，90年代に入ると，一連の立法を通し，ADRの「実験」から「制度化」への進展がさらに加速してきた。以上のようなアメリカの理論及び実務から中国が得たものは，(1)調停の発展過程では米・中両国に共通点があるため，中国は，アメリカのように「訴訟大国」になる前，事前により多くの新たなADR手法を開発し，紛争解決の選択肢を増加する必要があること，(2)調停衰退の局面を打開するために，中国において伝統的な儒家式調停理念を維持すると同時に，アメリカにおける現代のADR理論の長所を取り入れた上で，中国の実情に相応しいADR理論を構築する必要があること，(3)紛争の当事者が紛争解決を図るのに相応しい手続を選択することを容易にし，もって国民の権利利益の適切な実現に資するために，日・米両国のように統一的なADR基本法を制定する必要があることである。

第4章では，最近の日本の調停及びADRの最新動向について検討を行った。まず，調停に代わる決定の活用について検討した。調停に代わる決定は，調停制度成立の当初からあった制度であるものの，その活用は債務関係事件が急激に増加してきた近時のことである。特に，特定調停が創設されて以来，

この制度はさらに活用され，特定調停事件を処理する際の最も重要な解決方法になったようである。実は，中国においても調停に代わる決定という手法はある。しかし，日本のそれと比較し，全く異なる特徴を持ち，また，中国の調停に代わる決定という手法はいくつかの行政調停の領域だけで利用され，未だ統一的な制度として形成されていない。将来，中国は調停制度の中で，調停に代わる決定制度を導入するとすれば，日本の調停に代わる決定は，参考モデルの1つになりうる。次に，特定調停について検討した。特定調停は，バブル崩壊後の日本の特殊な社会経済背景の下で，特定債務者の経済的再生に資するために創設された制度であり，それが債務関係事件の簡易，迅速，柔軟な解決に大きな役割を果たしてきたものである。日本と比べ，中国は未だ厳しい経済状況に陥ってはいないものの，経済の発展に伴い，近年債務関係事件が増加傾向にある。それらの事件を調停する際に，特定調停における集団的処理，職権調査の強化等，いわゆる再建型の倒産手続に類した取扱いは，中国にとって大変参考になると思われる。最後に，ADR基本法についても検討した。ADR基本法は，日本において，裁判外紛争解決手続一般について定める初めての法律であり，また，認証制度もかつてないものである。将来に向けた国の施策の一環として，ADRの制度基盤を整備するために，ADR全般を射程に入れた法律を制定することには大きな意味があると考えられる。なお，中国にとっては，アメリカのADR法と同様に，日本のADR基本法も1つのモデルとして，中国のADR法の立法の際に，参考に値すると思われる。

　第5章では，中国における調停の最新動向について検討した。国家法政策の裁判への偏重，国民の法的意識の向上，学界の調停への非難などの要素の影響を受け，伝統的な調停としての法院調停，人民調停は，衰退の傾向を呈しており，しかも，この傾向は，既に近年の統計数字の中で示された。その反面，国家の法化社会への進展につれて，紛争が生じたときに訴訟による解決を求める当事者が増えつつあり，人民法院の訴訟件数も年々増加の一途を辿っている。ところが，審判権の強化，人民法院への人的・物的資源の投入は，経済の発展でもたらした「訴訟爆発」の局面を緩和しておらず，訴訟の遅延，訴訟コストの増加などマイナス面は，ますます深刻になってきた。こういう問題を解決するために，新たな紛争解決方法の開発が，人民法院の内

部で試みられ始めた。しかし，その模索の第一歩としての経済紛争調停センターは，裁判所による専門的な調停組織という初志を持って創設され，結局，理念上及び実務運用上の偏差で失敗を招いた。最近，社会紛争の増加と紛争当事者のニーズの多様化に伴い，新たな調停態様が，全社会の範囲で相次いで作り出され，調停の領域では，多様化と国際化の趨勢が現れた。また，弁護士業務の拡大につれて，近時弁護士の調停への活発な参与も，調停の担い手の確保に有力な保障を提供した。こうした調停の新動向を受け，中国の伝統的な調停手法が衰退してきたものの，新生の調停手法が絶えず創設され，調停は依然として紛争解決システムの中で重要な役割を果たしている。

第6章では，第3編の内容についてまとめた。中国調停の欠陥は，制度自体における問題もあり，実務運用上における問題もある。本章では，調停手続の公正性の確保，調停の担い手の確保および調停の実効性の確保という3つの課題が，各種類の調停の共に直面している課題であると指摘し，さらに，日・米両国における経験を倣った上で，目下の中国にとって，調停のルール化，制度化，立法化の発展こそ，緊要すべき課題であるとも指摘した。

第3節　本書の中国調停に関する研究における位置づけ

昔から，中国の法律体系の中では「重刑軽民」（刑事法を重視し，民事法を軽視する），「重実体軽程序」（実体法を重視し，手続法を軽視する）という傾向が存在していた。こういう傾向の影響の下で，民事訴訟制度が長期にわたって未発達の状態に置かれ，さらに民事紛争を解決する際に，法による解決である訴訟手段が軽視されていた。しかし，法的な手段ではない調停は，人間関係を調和させ社会矛盾を修復させる機能を有するので，民事紛争を解決する際に頻繁に利用され，中国の紛争解決システムの中で最も重要な手法になってきた。したがって，調停制度をうまく把握できなければ，中国の紛争解決制度自体を十分理解できず，裁判制度との相関現象も解明できないのである。

ところが，今までになされた中国の調停制度に関する研究は，網羅的なも

終章　要旨と結論

のとは言えない。当該分野の研究に係わる論文は、主に人民調停と法院調停の分野に集中し、さらに、人民調停と法院調停に関する研究は、主に制度上の研究に止まっている。これらの先行研究から、中国調停制度の1つの側面だけを窺え、中国調停の全体像を把握することができない。また、調停の歴史沿革、調停の最新動向、行政調停、仲裁調停、および調停と国家の法政策、国民の法観念などの関連に関する系統化の研究もなされていない。以上のような先行研究における不足に鑑み、本書は、中国調停の発展過程に沿って中国調停メカニズムの全体像を考察するという視点から、中国調停に関する最も全面的な、系統化の検討を目指して、今までの研究成果を踏まえた上で補足的な研究を行った。

今までの研究と比べ、本書は、①研究の全面性、系統化、②儒教式調停概念の主張及びその特徴の解明、③中国調停メカニズム構造の分析、④4つの調停類型に関する制度上及び性格上の分析、⑤調停の最新動向の把握、などの面で独自の特色を有すると思われる。ちなみに、本書は、中国調停制度の研究に対し学術上の価値を有するのみならず、中国の紛争解決制度、裁判制度における相関現象の解明に対し、さらに、中国の法文化、中国人の法的観念、国家の法政策の理解にも有益な視座を提供したのである。

また、本書のいま1つの特色は、初めて日本、アメリカ、中国の調停制度について比較的な研究を行ったことにある。なぜ、この3つの国を選んで比較研究を行ったか。その原因は、日・米・中三国の調停制度が世界的な代表性を有するということにある。中国の調停制度は、最も古い歴史を有する東洋の調停制度であり、アメリカの調停制度は、世界で最新の理論を根拠とした西洋の最新式の調停制度の代表であり、日本の調停制度は、東洋の調停伝統と西洋の調停制度を結合した調停制度である。それに、調停伝統と調停観念の面から見れば、日本と中国とは、類似性を持っており、調停の発展過程から見れば、アメリカと中国とは、類似性を持っており、調停制度自体から見れば、「訴訟社会」であるアメリカの調停、「調停社会」である中国の調停、及びその両者の中間にある日本の調停がそれぞれ共通点と相違点を持っている。そのほか、三国の調停の特質の中で最も興味深いことは、アメリカ調停の民間性、日本調停の司法性と中国調停の行政性にある。そして、こうした異なる特質の存在の原因は、アメリカは高度な自由と民主の社会状況にあり、

終章　要旨と結論

日本は法律が発達した一方，国民の自主性が十分に発揮されない社会状況にあり，中国は行政の権威を主導とする社会状況にあるということにあると考えられる。

したがって，日本，アメリカの調停制度との比較を通じ，われわれは，中国調停のあり方と特徴をより正確に把握する上で，日本，アメリカの調停制度から，中国調停における問題と足らざる所をも抽出し，しかも，中国調停の発展にとって参考に値する有益な示唆を得ることもできる。さらに，こうした代表性を持つ日・米・中三国の調停制度に関する研究を通じ，その一端から全体を窺える効果を収め，それぞれの異なる文化背景，社会制度下の調停制度から，世界的な調停の全体像をも把握できるようになった。

第4節　おわりに

本書は，中国における調停制度の歴史，現在，未来について焦点をしぼって，日・米法との比較の視点から考察したものである。現在の調停制度について，筆者が最も重要であると考えている法院調停，人民調停，行政調停，仲裁調停という4つの類型を取上げ，労働紛争を解決する際に利用された労働調停については，中国で労働争議解決制度の一部として独自の体系性を持っている点を踏まえ，本書の中には取り込まなかった。残された課題として，今後中国の労働争議解決制度を研究する際に検討したい。また，調停技法に関する三国の比較は，本書の着眼点と異なり実務上の問題に属するので，それも今後の課題としたい。

本書での中国調停に関する検討，及び日本，アメリカとの比較を通じて，中国調停の全体像が既に明らかになったのである。本書を閉じるにあたって，法化社会における中国調停の未来像について展望を一言述べておきたい。

現段階，中国が全面的な法化社会に移行する過程において，新しい法の支配システムを構築するための法制整備は最大の課題である。この作業の最も重要なこととして，裁判手続と調停手続の区分・再調整も一定の範囲で必要とされている。過去の調停偏重を是正するには，訴訟による権利実現の利点を強調し，フォーマルな法資源の動員を促すような政策を講じることも当然

であるが，しかし，たとえ純粋な近代的法治主義の立場を取ったとしても，国家的法の社会への浸透・拡張は，やはり調停などを媒介メカニズムとする必要がある。中国共産党の第16回全国代表大会では，既に「調和が取れている社会」の構築を国家発展の1つの目標とされた。こうした政策が維持される限り，中国古代の儒教式調停の発達した理論，および長期間にわたって形成した人々の調停の観念は，今後も中国調停の発展に重大な影響を与え，特に経済発展でもたらした社会矛盾の激化を防止するために，調停は依然として紛争解決の最も魅力的な選択肢になる。

中国の政治体制が変わらなければ，現在の国家と社会，「官」と「民」の相互制御による調停メカニズムの二重構造は，引き続き維持されるはずである。こうしたメカニズム内部の具体的調停制度も，これから絶えず模索と改革の過程を経ることで，より健全な方向に向かって発展していくはずである。ただし，法院調停，人民調停の衰退傾向は，既に不可逆的な歴史発展の必然的な結果となり，調停メカニズムにおける4つの調停によって独占する局面も，次第に打破されていくのである。調停の多様化・国際化，弁護士の調停への関与など最新の動向からして，未来の中国調停メカニズムは，さまざまな調停形式によって構成された多様化，多次元の構造体系であると考えられる。

社会の高度化，情報化，国際化に伴い，西洋の法律思想が次第に人々の心に浸透しはじめた。ただし，「和」という儒教式の調停理念は，社会に深く根を下ろし，容易に放棄されることはないので，中国は西洋の調停理念の全てを取り入れる可能性が低く，伝統理念の補足として取り入れ，将来，中国と西洋の融合式の理念を形成していく可能性がある。また，制度の面では，近年公害紛争の増加に伴い，日本のような公害紛争処理制度の導入が，既に検討の過程にあり，その他の日本，アメリカにおける調停制度の優れたところも，中国にとって参考のモデルになる。さらに，司法改革の進展につれて，調停制度の改革，充実，強化は重要な課題になり，現代中国社会に適合したより合理的な調停制度の確立，ならびに，時代に即応した新たな発展が，社会各方面に期待されている。

1) 最近アメリカの調停実務では，調停の技法を，evaluative（評価力のある），facilitative（助成力のある），transformative（変容力のある）の3つに整理し，調停の技法の相違に基づき，調停を評価的調停，促進的調停，変容的調停という3つのスタイルに分けられる。アメリカにおいて調停を行う際に，評価・判断を下さず，両当事者の交渉を巧みに援助することによって，規範との適合性というよりも当事者の利益の最大化を目指すので，アメリカの調停は大抵促進的調停である（調停のスタイルについては，Robert A. Baruch Bush & Joseph P. Folger ,The Promise of Mediation, Jossey-Bass, 84 (1994)，和田仁孝『民事紛争交渉過程論』（信山社　1991年）66-67頁，山田文「調停における私的自治の理念と調停者の役割」（民訴雑誌　47巻　2001年）230-231頁，廣田尚久『紛争解決学』（信山社　2002年）303-304頁参照）。

付　録

I 法院調停に関する法律規定

1. 中華人民共和国民事訴訟法（抄）

(1991年4月9日第7回全国人民代表大会第4次会議で成立，1991年4月9日中華人民共和国主席令第44号により公布)

第9条　人民法院が民事事件を審理する場合には，自由意思及び合法という原則に基づき調停を行わなければならない。調停が成立しなかった場合には，速やかに判決をしなければならない。

第16条　人民調停委員会は，基層人員政府及び基層人民法院の指導の下で，民間紛争を調停する大衆組織である。

　人民調停委員会は，法律の規定により，自由意思の原則に基づき，調停を行う。当事者は，調停により成立した合意を履行しなければならない。調停を望まず，調停が成立せず，又は調停内容を翻意した場合には，人民法院に対して訴えを提起することができる。

　人民調停委員会が民間紛争を調停する場合に，法律に違反したときは，人民法院は，これを是正しなければならない。

第51条　当事者双方は，自ら和解することができる。

第85条　人民法院が民事事件を審理する場合には，当事者の自由意思の原則に基づき，事実を明らかにした上で，是非を見きわめ，調停を行う。

第86条　人民法院が調停を行うにあっては，裁判官1名が主宰することができ，又は合議廷が主宰することができ，かつできる限り現地において行うこととする。

　人民法院が調停を行うにあっては，簡便な方式で当事者，証人に出廷すべきことを通知することができる。

第87条　人民法院が調停を行う場合には，関係組織及び個人の協力を要請することができる。要請された組織及び個人は，人民法院が調査を行うのに協力しなければならない。

第88条　調停により成立した合意は，双方の自由意思によるものでなければならず，強制してはならない。調停合意の内容は，法律の規定に違反し

付　録

てはならない。

第89条　調停により合意に達したときは，人民法院は，調停書を作成しなければならない。調停書には，訴訟上の請求，事件に係わる事実及び調停結果を明記しなければならない。

調停書は裁判官及び書記官が署名し，人民法院の印鑑を捺印し，当事者双方に送達する。

調停書は，当事者双方が受取署名した後，直ちに法的効力を有する。

第90条　次の各号に掲げる事件の調停が合意に達した場合には，人民法院は，調停書を作成しないことができる。

1　調停で和睦した離婚事件。
2　調停で継続が認められた養子縁組関係事件。
3　即時履行できる事件。
4　その他の調停書の作成を必要としない事件。

調停書を作成する必要のない合意については，審理記録に記入しなければならない。当事者双方，裁判官と書記官が署名又は捺印した後，直ちに法的効力を生ずる。

第91条　調停において合意に達せず，又は調停書送達前に当事者の一方が翻意した場合には，人民法院は，速やかに判決しなければならない。

第128条　法廷の弁論が終了した後，法律によって判決を下す。判決を下す前に調停が可能である場合，調停を行うことができる。調停が不成立の場合，速やかに判決を下さなければならない。

第155条　第二審人民法院は，上訴事件を審理する場合に，調停を行うことができる。調停により合意に達した場合には，調停書を作成しなければならず，裁判官，書記官が署名し，人民法院の印鑑を捺印する。調停書が送達された後，原審の人民法院の判決は，取消されたものと見做す。

第180条　当事者は，既に法的効力を生じた調停書について，証拠を提出して調停が自由意思の原則に違反し，又は調停合意の内容が法律に違反することを証明した場合には，再審を申し立てることができる。人民法院が審査した結果，事実があった場合には，再審しなければならない。

第215条　人民法院が作成する調停書の執行については，本編の規定を適用する。

2. 最高人民法院の「民事訴訟法」の適用に関する若干問題についての意見（抄）

(最高人民法院关于适用《中华人民共和国民事诉讼法》若干问题的意见)
(最高人民法院審判委員会第528次会議で成立，1992年7月14日発布)

84. 調停書は，当事者本人に直接に送達しなければならず，差置送達を適用しない。当事者本人が何からの原因により署名・受領できない場合には，その指定した代理受取人が署名・受領する。

91. 人民法院が事件を受理した後，審査によって法律上の関係が明確で事実が明白であると認められる場合には，当事者双方の同意を得た後，直接調停を行うことができる。

92. 人民法院が民事事件を審理する場合には，自由意思及び合法的な原則に基づき調停を行わなければならない。当事者の一方又は双方が一貫して調停を望まない場合，人民法院は適時判決しなければならない。

　人民法院が離婚事件を審理する場合，調停を行わなければならない。但し，長期間調停を続け，判決を下さないようにすべきではない。

93. 人民法院が訴訟事件の調停を行う場合で，当事者が出廷できないときには，特別な授権によって，その委託代理人が調停に参加することができる。成立した調停合意については，委託代理人が署名することができる。

　離婚事件の当事者が特別な状況により出廷して調停に参加することができない場合で，本人による意思表示が不可能なとき以外は，書面による意見を提出しなければならない。

94. 民事行為無能力者の離婚事件においては，その法定代理人が訴訟を行う。法定代理人が相手方と合意に達し判決書の発行を要求する場合には，合意の内容に基づき判決書を作成することができる。

95. 当事者の一方が調停書の受取りを拒絶する場合には，調停書は法的効力を発生せず，人民法院は適時相手方当事者に通知しなければならない。

96. 調停書が当廷で当事者双方に送達することができない場合，後に調停書を受領した当事者が署名の上，受け取った期日を調停書の発効期日としなければならない。

97. 独立請求権のない第三者が参加する訴訟事件で，人民法院が調停に際し，

付　録

独立請求権のない第三者により義務を引き受けることを確定する必要がある場合には，第三者の同意を経て，調停書を同時に第三者に送達しなければならない。第三者が調停書が送達される前にそれを撤回した場合には，人民法院は速やかに判決しなければならない。

182．当事者が第一審において既に提出した訴訟請求について，第一審人民法院が審理，判決を下さなかった場合には，第二審人民法院は当事者の自由意思によるという原則に基づき調停を行うことができる。調停が不成立の場合には，第一審に差戻し，改めて審理させる。

183．訴訟に参加しなければならない当事者が，第一審において参加しなかった場合には，第二審人民法院は当事者の自由意思によるという原則に基づき調停を行うことができる。調停が不成立の場合には，第一審に差戻し，改めて審理させる。差し戻して改めて審理の裁定書には追加しなければならない当事者は列記されない。

184．第二審手続において，第一審の原告が独立の訴訟請求を追加する，又は第一審の被告が反訴を提起する場合には，第二審人民法院は当事者の自由意思によるという原則に基づき新たに追加された訴訟請求又は反訴について調停を行うことができる。調停が不成立の場合には，当事者に別途提訴するよう告知する。

185．第一審により離婚禁止となった事件で，上訴後，第二審人民法院が離婚判決を下さなければならないと認める場合，当事者の自由意思によるという原則に基づき，子女の扶養，財産などの問題と併せて調停を行うことができる。調停が不成立の場合には，第一審に差戻し，改めて審理させる。

191．第二審において当事者間の和解協議が成立する場合には，人民法院は当事者の請求に基づき，双方により達成した和解協議を審査し，調停書を作成し，当事者に送達することができる。和解による訴訟取下を申し立てる場合に，審査により訴訟取下の要件を満たすときは，人民法院はこれを許可しなければならない。

201．裁判監督手続により，再審，又は（最高人民法院又は上級人民法院が）自ら再審を行うことを決定した事件については，再審，又は（最高人民法院又は上級人民法院が）自ら再審を行う人民法院は新たな判決，裁定を下す中で，破棄，変更，又は原判決，裁定を維持するか否かを確定しなけれ

ばならない。調停合意が成立した場合には，調停書送達後に，原判決，裁定は，直ちに破棄されたものと見做す。
204. 当事者が既に法的効力が発生している調停書に対して，再審を申し立てる場合には，民事訴訟法第182条の規定が適用される。当該調停書が法的効力を発生した後，2年以内に提出しなければならない。
211. 裁判監督手続に基づいて再審を行う事件で，人民法院が第一審，第二審の訴訟の当事者となるべき者に遺漏があることを発見した場合には，当事者の自由意思によるという原則に基づき調停をなすことができる。調停が不成立の場合には，第一審，第二審の判決を破棄し，原審人民法院に差戻し，改めて審理させる裁定を下す。
310. 渉外民事訴訟において，調停を経て，双方が協議による合意を達成した場合には，調停書を作成，発行しなければならない。当事者が判決書の発行を求める場合には，協議の内容に従って，判決書を作成し，当事者に送達することができる。

3. 中華人民共和国行政訴訟法（抄）

(1989年4月4日第7回全国人民代表大会第2次会議で成立，1989年4月4日中華人民共和国主席令第26号により公布，1990年10月1日施行)

第50条 人民法院が行政事件を審理する場合には，調停を行わない。

第67条 公民，法人又は，その他の組織の適法な権利が行政機関又は行政機関職員の具体的な行政行為により侵害を受け損害を生じた場合には，賠償請求をする権利を有する。

　公民，法人又はその他の組織が損害賠償について単独で請求を提出する場合には，まず行政機関が処理しなければならない。行政機関の処理に不服のある場合には，人民法院に訴えを提起することができる。

　賠償に係る訴訟においては，調停を行うことができる。

4. 最高人民法院の行政賠償事件の審理における若干問題に関する規定

(最高人民法院关于审理行政赔偿事件若干問題的規定)

付　録

(1997年4月29日発布)

第30条　人民法院は，行政賠償事件を審理するとき，合法，意思自治の原則の下で，賠償範囲，賠償方式及び賠償金額について調停を行うことができる。調停が成立した場合には，行政賠償調停書を作成する。

第35条　人民法院が単独で提起された行政賠償事件に対し判決を下す場合には，その法律文書は行政賠償判決書，行政賠償裁定書ないし行政賠償調停書と称する。

5. 最高人民法院の「行政訴訟法」の執行における若干問題に関する解釈（抄）

(最高人民法院关于执行《中华人民共和国行政诉讼法》若干问题的解释)
(1991年5月29日最高人民法院審判委員会第499次会議で成立)

第71条　原判決に訴訟に参加しなければならない当事者の遺漏又は訴訟の請求の遺漏がある場合には，第二審人民法院は，原判決を取り消す裁定をし，事件を原審の人民法院に差戻す。

　原判決に行政賠償請求の遺漏がある場合に，第二審人民法院が審査を経て法律により賠償の必要がないと認めたときは，行政賠償請求を棄却する。また，第二審人民法院が審査を経て法律により賠償の必要があると認めたときは，提訴された具体的な行政行為が違法であると確認した上で，行政賠償の請求について調停を行うことができる。調停が不成立の場合には，行政賠償請求に関する部分を原審人民法院に差戻し，再審理をさせる。

　当事者が第二審の審理中に行政賠償請求を主張する場合には，第二審人民法院は調停を行うことができる。調停が不成立の場合には，当事者にその請求を改めて提訴すべきことを告知する。

第83条　法的効力を生じた行政判決書，行政裁定書，行政賠償判決書及び行政賠償調停書については，義務を負った当事者の一方がその履行を拒絶した場合には，相手方の当事者は法律により人民法院の強制執行を申し立てることができる。

第85条　法的効力を生じた行政判決書，行政裁定書，行政賠償判決書及び行政賠償調停書の執行は，通常，第一審人民法院によって行う。

ただし，第一審人民法院が，情況が特殊であり第二審人民法院が執行するほうがより妥当であると認めたときは，第二審人民法院による執行を請求することができる。第二審人民法院は，本法院によって執行する，又は第一審の人民法院によって執行することを決定することができる。

6. 中華人民共和国刑事訴訟法（抄）

(1979 年 7 月 1 日第 5 回全国人民代表大会第 2 次会議で成立，1996 年 3 月 17 日第 8 回全国人民代表大会第 4 次会議の「中華人民共和国刑事訴訟法改正に関する決定」(中華人民共和国主席令第 64 号) により改正)

第 170 条　自訴事件は，次に掲げる事件とする。
1　被害者提訴がなければ処理できない事件
2　被害者が証拠を有し証明できる軽微な刑事事件
3　被害者が，被告人の被害者に対する人身又は財産的権利を侵害した行為について，法によって刑事責任を追及すべきことを証明する証拠を有するにもかかわらず，公安機関又は人民検察院が被告人の刑事責任を追及しなかった事件

第 172 条　人民法院は，自訴事件について，調停を行うことができる。自訴人は，判決を言い渡すまでは，被告人と自ら和解し，又は自訴を撤回することができる。第 170 条第 3 号に規定する事件については，調停を行わない。

7. 最高人民法院の「中華人民共和国刑事訴訟法」の執行における若干問題に関する解釈（抄）

(最高人民法院关于执行《中华人民共和国刑事诉讼法》若干问题的解释)

(1998 年 6 月 29 日最高人民法院審判委員会第 989 次会議で成立，1998 年 9 月 2 日発布，1998 年 9 月 8 日施行)

第 96 条　附帯民事訴訟事件を審理するとき，人民検察院が公訴を提起した事件以外について，調停を行うことができる。調停は，自由意思と合法の原則に基づき行われる。調停を経て合意に達した場合には，裁判官は速や

かに調停書を作成する。調停書は当事者双方が署名受領した後直ちに法的効力を生じる。

　調停が成立しかつ調停合意が法廷で履行された場合には，調停書を作成しなくてもよい。ただし，その合意の内容を審理記録に記入し，当該記録は当事者，裁判官，書記官署名又は捺印した後，直ちに法的効力を生じる。

第97条　当事者が調停を経て成立した協議又は調停書を署名受領する前に翻意した場合には，附帯民事訴訟については刑事事件と合わせて判決を下す。

第101条　人民法院は，公訴事件の被告人の行為が犯罪を構成しないと認める場合に，提訴された附帯民事訴訟について調停によって当事者合意に達することができないときは，合わせて刑事附帯民事判決を下す。

第197条　人民法院は，被害者提訴がなければ処理できない事件及び被害者が証拠を有し証明できる軽微な刑事事件については，事実が明確にされ，是非がはっきりとした基礎の上で調停を行うことができる。自訴人は，判決を言い渡すまでは，被告人と自ら和解し，又は自訴を取り下げることができる。

第200条　調停は，意思自治，合法，及び国家，団体と第三者の利益が害されない範囲で行わなければならない。調停が成立した場合には，人民法院は刑事自訴事件調停書を作成し，裁判官，書記官は当該調停書に署名し，かつ人民法院の印鑑を捺印する。調停書は，当事者双方が署名受領した後直ちに法的効力を生じる。調停が不成立の場合，又は調停書を署名受領する前に当事者が翻意した場合には，人民法院は判決を下す。

第203条　刑事訴訟法第170条第3号に規定する事件については，調停の規定を適用しない。

第205条　自訴事件を審理する場合には，刑事訴訟法第162条及び本解釈第76条の相関規定によって判決を下すことができる。無罪を宣告した事件の附帯民事訴訟の部分については，法律によって調停を行い，又は刑事の部分と合わせて判決を下すことができる。

第263条　第二審の自訴事件については，必要があるとき，調停を行うことができる。当事者は，自ら和解することもできる。調停によって事件を終結する場合には，調停書を作成しなければならない。この場合，第一審の

判決，裁定は取り消されたものと見做す。
第264条　第二審人民法院は，調停又は当事者自らの和解で終結された自訴事件について，被告人に対し強制措置を採っていた場合には，直ちにその措置を解除しなければならない。
第266条　第二審で附帯民事訴訟の部分について審理をする過程で，第一審の民事被告人が独立の訴訟の請求を追加する場合，又は民事被告人が反訴を提起する場合には，第二審人民法院は当事者の自由意思の原則に基づき，追加された訴訟の請求又は反訴について調停を行うことができる。調停が不成立の場合，当事者に改めて提訴すべきことを告知する。
第310条　審判監督手続によって再審をする刑事自訴事件については，法律によって判決，裁定を下さなければならない。ただし，その附帯民事訴訟の部分について調停によって事件を終結することができる。

II　人民調停に関する法律規定

1．人民調停委員会組織条例

(1989年5月5日中華人民共和国国務院第40次常務会議で成立，1989年6月17日国務院令第37号により公布)

第1条　人民調停委員会の建設を強化し，民間紛争を速やかに解決し，人民の団結を増進し，社会の安定を維持し，社会主義の現代化の建設を促すため，この条例を定める。
第2条　人民調停委員会は，村民委員会と住民委員会の下に設立された，民間紛争を調停する大衆的な組織で，基層人民政府と基層人民法院の指導の下で，調停を行う。
　　　基層人民政府及びその出先機関は，人民調停委員会の日常事務を指導し，司法補佐員がこの仕事に携わる。
第3条　人民調停委員会は，委員3名から9名の間で構成され，主任委員1名を置き，必要があれば，副主任委員を置くことができる。
　　　人民調停委員会は，村民委員会委員或いは住民委員会委員が兼任するほ

か，大衆の選挙によって選ばれる。選挙は3年に1回行われ，再選再任されることができる。

多民族の居住地域の人民調停委員会には，人数の特に少ない民族の成員が含まれているものとする。

人民調停委員会委員が職に任ずるべきでないとき，原選挙組織は補選できる。

人民調停委員会委員が法律に違反し，職責を尽くしてないか或はその職務に適さない場合には，原選挙組織はこれを更迭し改選することができる。

第4条　人柄が正しく，大衆との連係が緊密で，調停活動に熱心で，一定の法律と政策の知識を身につける者は，人民調停委員会委員に選出されることができる。

第5条　人民調停の任務は，民間紛争を調停し，かつ調停を通して，法律，法規，規章及び政策を宣伝し，公民に法律を遵守させ社会公徳を尊重させる教育を行う。

人民調停委員会は，村民委員会或は住民委員会に民間紛争と調停活動の状況を報告するものとする。

第6条　人民調停委員会の調停活動においては，以下の原則を遵守しなければならない。

(1) 法律，法規，規章及び政策に従って調停を行い，法律，法規，規章及び政策の中に明確な規定がない場合，社会公徳に従って調停する。

(2) 調停は，当事者双方の自己の意思に基づくものとし，平等にこれを行う。

(3) 当事者の訴権を尊重し，調停を経なかった，或は調停が成立しなかった等を理由として，当事者が人民法院に訴えを提起することを阻止することができない。

第7条　人民調停委員会は，当事者の申し立てによって速やかに紛争を調停する。当事者が申し立てないときにも，自ら調停することができる。

人民調停委員会が紛争を調停するとき，委員2名又は数名に調停させることができる。地域又は部門を超える紛争は，関係各方面の調停組織が共同で調停することができる。

人民調停委員会が紛争を調停するときは，関係部門と関係者に要請して

調停に参加させることができる。要請に応じて参加する部門と個人は，当委員会に協力するよう努める。

第8条　人民調停委員会が紛争を調停するにあたり，事件の真実を調査して，是非を明らかにした上，穏やかな態度で道理を説く方法により，当事者間の隔たりを解消し，調停の合意を得させる。

　紛争を調停するときは，調書に記録するものとする。必要がある場合，又は当事者が申し立てる場合には，調停合意書を作成することができる。調停合意書には，当事者と調停委員が署名し，人民調停委員会の印鑑を押印するものとする。

第9条　人民調停委員会の主宰の下で達した調停合意は，当事者がこれを履行するものとする。

　調停を通じ，合意が成立しなかった場合，または合意が成立した後翻意した場合は，当事者は基層人民政府に解決のための処理を請い，或いは人民法院に訴えを提起することができる。

第10条　基層人民政府は，人民調停委員会の主宰の下で達した調停合意が，法律，法規，規章及び政策にかなう場合はこれを支持しなければならない。法律，法規，規章及び政策に違反する場合には，これを是正しなければならない。

第11条　人民調停委員会が民間紛争を調停する場合，費用は無償とする。

第12条　人民調停委員会委員は，以下の規律を遵守しなければならない。

(1)　私情のために不正を働くことを禁止すること

(2)　当事者に対する如何なる制止や報復も禁止すること

(3)　当事者に対する侮辱或は処罰を禁止すること

(4)　当事者の秘密を漏らすことを禁止すること

(5)　汚職し収賄することを禁止すること

第13条　各級の人民政府は，顕著な成績をあげた人民調停委員会及び調停委員を表彰し，奨励するものとする。

第14条　人民調停委員会は，状況に応じ，委員に手当てを支給することができる。

　人民調停委員会の活動費用の支出と調停委員の手当ての支給は，村民委員会或は住民委員会の負担とする。

付　録

第15条　企業，事業部門が必要に応じて人民調停委員会を設立するときは，この条例に従う。

第16条　この条例は，公布の日から施行する。1954年3月22日中央政府政務院が公布した「人民調停委員会暫行組織通則」は，これを廃止する。

2. 人民調停業務に関する若干規定

（人民调解工作若干规定）

(2002年9月11日司法部部長事務会議で成立)

第1章　総　則

第1条　人民調停業務を規整し，人民調停組織を健全化し，人民調停の質の向上を図るため，「中華人民共和国憲法」，「中華人民共和国民事訴訟法」および「人民調停委員会組織条例」等の法律，法規の規定により，かつ人民調停実務を参考し，本規定を定める。

第2条　人民調停委員会は，民間紛争を調停する大衆的な組織である。人民調停員は大衆の選挙を経て，或いは任命を受け，人民調停委員会の指導の下で，人民調停業務に携わる者である。

　人民調停委員会委員，調停員のことを総称として人民調停員と称する。

第3条　人民調停委員会の任務は，以下の通りである。
(1) 民間紛争を調停し，かつその激化を防止すること
(2) 調停業務を通じ，法律，法規，規則と政策を普及させ，国民に紀律，法律を遵守し，社会公共道徳を尊重することを教育し，民間紛争の発生を予防すること
(3) 村民委員会，住民委員会，所属の勤務先及び基層人民政府に民間紛争と調停業務の状況を報告すること

第4条　人民調停委員会が民間紛争を調停する際には，以下の原則を遵守しなければならない。
(1) 法律，法規，規則と政策によって調停を行うこと。法律，法規，規則と政策に明確な規定がない場合には，社会主義道徳によって調停を行うこと

(2) 当事者双方の自由意思と平等を基礎にして調停を行うこと
  (3) 当事者の提訴の権利を尊重し，調停を経ていない，または調停が不成立であることを理由にして当事者の人民法院への提訴を妨げてはならないこと
第5条　「最高人民法院の人民調停協議に係わる民事事件の審理に関する若干規定」によって，人民調停委員会の調停で成立した，民事権利義務を内容とする，当事者によって署名し又は捺印した調停協議は，民事契約の性格を有する。当事者は合意の内容に基づき本人の義務を履行しなければならず，一方的に調停協議を変更し，又は解除してはならない。
第6条　人民調停を行う過程では，紛争の当事者は以下の権利を有する。
  (1) 調停を受ける，調停を受けない，調停を終了させるということについて，自ら決めること
  (2) 関係がある調停員の忌避を要求すること
  (3) 抑圧，強迫に屈せず，真意と願望を表明し，合理的な要求を提出すること
  (4) 自由意思によって調停協議を達成すること
第7条　人民調停を行う過程では，紛争の当事者は以下の義務を負う。
  (1) 如実に紛争の事実を陳述しなければならず，虚偽の証明の資料を提供してはならないこと
  (2) 調停規則を遵守しなければならないこと
  (3) 紛争を悪化させ，矛盾を激化させてはならないこと
  (4) 主動的に人民調停協議を履行すること
第8条　人民調停委員会は，民間紛争を調停する際に費用を徴収しない。
第9条　司法行政機関は，本規定に基づき人民調停業務を指導し，管理する。
　　人民調停委員会の指導と管理に関する日常の事務については，郷・鎮，街道司法科（所）がその責任を負う。

第2章　人民調停委員会と人民調停員

第10条　人民調停委員会は，以下の形式によって設立される。
  (1) 農村の村民委員会，都市（コミュニティ）の住民委員会が設立した人民調停委員会

付　録

(2)　郷・鎮，街道が設立した人民調停委員会
(3)　企業，事業組織が必要である場合設立した人民調停委員会
(4)　必要であるときに設立された区域型，業界型の人民調停委員会

　　人民調停委員会の設立及びその構成人員については，当該人民調停委員会の所在地の郷・鎮，街道司法所（科）へ報告してその記録に記載する。郷・鎮，街道人民調停委員会の設立及びその構成人員については，県レベルの司法行政機関へ報告してその記録に記載する。

第11条　人民調停委員会は3人以上の委員によって構成され，主任委員1名を置き，必要があれば，副主任委員を置くことができる。

　　多民族の居住地域の人民調停委員会には，人口の特に少ない民族の成員が含まれていなければならない。

　　人民調停委員会には，女性の委員が含まれていなければならない。

第12条　村民委員会，住民委員会および企業・事業組織の人民調停委員会は，必要がある場合，自然村，団地，生産現場を単位とし，調停組を設置し，調停員を招聘し任命することができる。

第13条　郷・鎮，街道の人民調停委員会の委員は，以下の者が担当する。
(1)　当該郷・鎮，街道の管轄区域内に設立された村民委員会，住民委員会，企業・事業組織の人民調停委員会主任
(2)　当該郷・鎮，街道の司法補佐員
(3)　当該郷・鎮，街道の管轄区域内に居住した法律知識を有し，専門的知識を有し，人民調停活動に熱心である社会のボランティア

第14条　人民調停員を担任するには，以下の条件を満たさなければならない。

　　人柄が正しく，大衆との連係が緊密で，調停活動に熱心で，一定の法律，政策，および文化の知識を身につけていること。

　　郷・鎮，街道の人民調停委員会の委員は，その文化知識が高校レベル以上の程度に達していること。

第15条　人民調停委員は，村民委員会委員，住民委員会委員，又は企業・事業組織の人民調停に関する責任者が兼任するほか，一般的には，当該村民委員会，住民委員会の管轄区，又は当該企業・事業組織の大衆選挙を通じて選出され，又は村民委員会，住民委員会或いは企業・事業組織によっ

て招聘され任命される。

　郷・鎮，街道の人民調停委員会の委員は，郷・鎮，街道の司法所（科）によって招聘され任命される。

　区域型，業界型の人民調停委員会の委員は，当該人民調停委員会を設立した組織によって招聘され，任命される。

第16条　人民調停員の任期は3年とする。選挙及び招聘・任命は3年に1回行われ，再選再任され，又は引き続き招聘されるができる。

　人民調停員が職務を遂行できない場合，原選挙又は招聘・任命の組織は，補充選挙又は補充招聘をすることができる。

　人民調停員が重大な失職行為をなし，或いは法律を犯し，紀律を乱す行為をする場合，原選挙又は招聘・任命の組織は，当該調停員を免職させ，新しい調停員に交代することができる。

第17条　人民調停員が紛争を調停する際は，以下の規律を遵守しなければならない。

(1)　私情のために不正を働かないこと
(2)　当事者に対して如何なる制止や報復も行わないこと
(3)　当事者に対して侮辱又は処罰をしないこと
(4)　当事者の秘密を漏らさないこと
(5)　汚職し収賄しないこと

第18条　人民調停員が法律に従ってその職務を遂行するに際しては，違法な干渉，攻撃と報復を受けた場合，司法行政機関と関係部門に保護を請うことができる。

　人民調停員が職務を遂行する際に，原則に基づき行動し，業務を忠実に行い，熱意を持って奉仕し，誠実で信用を守り，礼儀正しい挙止を持ち，廉潔で自ら私腹を肥やす行為を制約し，学習を重要視し，絶えず法律，道徳の素養及び調停の能力を向上させるものとする。

第19条　人民調停委員会は，職場の責任制，及び例会，学習，考査・評定，業務の登記，統計と書類の保存などに係わる規則と制度を設け，かつそれらの規則と制度を健全な方向に発展させ，絶えず組織，人員，業務の質の向上を図らなければならない。

付　録

第3章　民間紛争の受理

第20条　人民調停委員会が調停できる民間紛争には，個人と個人の間，個人と法人及びほかの社会組織の間で生じた民事権利義務の紛争に係わる各種の紛争を含むものとする。

第21条　民間紛争は，紛争当事者の所在地（または所属の職場）の人民調停委員会，又は紛争の発生地の人民調停委員会によって受理され，調停される。

　村民委員会，住民委員会又は企業・事業組織の人民調停委員会の解決できない，困難，複雑な民間紛争及び地域，職場を越えた民間紛争については，郷・鎮，街道の人民調停委員会が受理し調停を行い，又は関係人民調停委員会が共同で調停を行う。

第22条　人民調停委員会は，以下の紛争を受理してはならない。
(1)　法律，法規の規定によって専門的な機関の管轄と処理の範囲に属する紛争，又は法律，法規の規定によって民間調停の方式を採用してはならない紛争
(2)　人民法院，公安機関又は他の行政機関が既に受理し，若しくは解決した紛争

第23条　人民調停委員会は，当事者の申立てによって，紛争を受理し，調停を行う。当事者の申立てがない場合には，職権で調停をすることができる。ただし，当事者がそれに異議を表明する場合を除く。

　当事者は，調停を申し立てる際に，書面の方式で申し立てることができ，口頭の方式で申し立てることもできる。

　調停を受理する場合には，登記をするものとする。

第24条　当事者が調停を申し立て，かつ受理の要件を満たす場合には，人民調停委員会は速やかに受理しなければならない。

　受理の要件を満たさない場合には，当事者に法律，法規の規定によって関係機関の処理を求め，又は人民法院に提訴することを告知する。紛争の激化の可能性がある場合には，必要な緩和措置を採った後，可及的速やかに関係機関に移送しなければならない。

第4章　民間紛争の調停

第25条　人民調停委員会は紛争について調停をする場合には，1名の調停員を調停の主宰者に指定するものとする。必要であるときは，数名の人民調停員を調停に参加させることができる。

　　当事者が調停の主宰者に対して忌避の請求を申し立てる場合には，人民調停委員会は当該調停主宰者を交代しなければならない。

第26条　人民調停委員会は，紛争を調停するにあたり，まず当事者双方に紛争の事実と情況を尋問し，当事者双方の請求及びその理由を把握し，状況によって関係者に調査を行い，事実を確かめ，かつ調停前の準備をしなければならない。

第27条　人民調停員会は，紛争を調停するにあたり，必要があるときは，関係組織及び個人に要請し調停に参加させることができる。要請を受けた組織と個人は，調停に協力しなければならない。

　　地域と職場を越えた紛争を調停する場合には，関係人民調停委員会は，協力して共に調停の活動を順調に進めなければならない。

第28条　人民調停委員会は，紛争を調停するにあたり，一般的には専ら設置された場所で調停を行い，必要であるときは，当事者に便利であるその他の場所で行うことができる。

第29条　人民調停委員会は，紛争を調停するにあたり，必要があるときは，公開で調停を行うことができ，当事者の親類，隣人と地元（又は所属の職場）の一般人の傍聴を許すことができる。ただし，当事者のプライバシー，営業の秘密に係わる事件，又は当事者が公開に反対する場合を除く。

第30条　人民調停委員会は，紛争を調停するあたり，調停を行う前に口頭又は書面の方式で当事者に人民調停の性格，原則，効力，及び当事者の人民調停活動における権利と義務を告知しなければならない。

第31条　人民調停委員会は紛争を調停するにあたり，事件の真実を調査して，責任の所在を明確にした上で，当事者の特徴及び紛争の性質，難易の程度，発展変化の状況によって，柔軟な多様な方式を採用する。また，穏やかな態度で道理を説く方法により，当事者間の隔たりを解消し，その互譲を促し，調停の合意を得させる。

付 録

第32条　人民調停委員会は，紛争を調停するにあたり，紛争を激化させる兆候に十分注意し，調停の活動を通じて紛争の激化を防止しなければならない。

第33条　人民調停委員会は紛争を調停するにあたり，通常は1カ月以内に事件を終結させなければならない。

第5章　人民調停協議及びその履行

第34条　人民調停委員会による調停で成立した合意の内容が民事権利と義務に係わる場合，又は当事者が書面の調停協議を作成することを求める場合には，人民調停委員会は書面の調停協議を作成する。

第35条　調停協議には，以下の事項を明確に記載しなければならない。
(1) 当事者双方の基本的な情報
(2) 紛争の簡単な事実，当事者の主張及びその責任
(3) 当事者双方の権利と義務
(4) 当該協議を履行する方式，場所，期限
(5) 当事者の署名，調停の主宰者の署名，人民調停委員会の捺印

　調停協議については，紛争の当事者双方が各自1通を持ち，人民調停委員会が1通を保存する。

第36条　当事者は主体的に調停協議を履行しなければならない。

　人民調停委員会は，当事者の調停協議の履行状況について適時に調査を行い，その履行状況を記録に記入しなければならない。

第37条　当事者が調停協議を履行しない場合，又は調停協議が成立した後に，当事者が翻意した場合には，人民調停委員会は，以下によって処理する。
(1) 当事者が正当な理由を有せず協議を履行しない場合には，当事者を説得し，その履行を督促する。
(2) 当事者が協議の内容が不当であるとの異議を主張する場合，又は人民調停委員会が協議の内容が不当であると発見する場合には，人民調停委員会は，当事者双方の同意を経て，再び調停を行い，原調停協議の内容を変更させ，又は，原協議を取り消し，当事者に新たな調停協議を成立させる。

(3) 人民調停委員会の督促を受けてもなお当事者が人民調停協議を履行しない場合には，基層人民政府の処理を請うことができ，調停協議の履行，変更，取消について人民法院に訴えを提起することもできるということを，当事者に告知する。

第38条　当事者の相手方が履行せず，又は協議が成立した後に翻意することを原因として，人民法院に訴えが提起された民事事件については，当該紛争を調停した人民調停委員会は，人民法院の当該紛争に対する審理に協力しなければならない。

第6章　人民調停業務に対する指導

第39条　各級の司法行政機関は，適切な措置を取り，その指導を強化することによって，当該地域における人民調停委員会の組織の健全，委員会整体の向上，業務の向上と制度の健全を促し，人民調停活動を規範化させ，人民調停業務の質を高めなければならない。

　　各級の司法行政機関は，その指導活動を行う過程中，人民法院との協調と連携を重視しなければならない。

第40条　各級の司法行政機関は，多種多様な方式を通じ，人民調停員の研修活動を行い，人民調停員全体の素質を向上させなければならない。

第41条　各級の司法行政機関は，業績が顕著であり，貢献が多大な人民調停委員会及び人民調停員に対し定期又は適時の表彰と奨励を与えるものとする。

第42条　各級の司法行政機関は，同級の人民政府の支持を獲得するために努力し，人民調停活動の指導及び表彰するために経費を保障するものとする。また，人民調停委員会の運営費用と人民調停員の手当てを確実にするため，村民委員会，住民委員会及び企業，事業組織を斡旋し，当該経費の支出を督促する。

第43条　郷・鎮，街道の司法所（科），司法補佐員は，人民調停委員会の業務に対する指導と監督を強化し，人民調停委員会又は当事者からの人民調停活動の相関問題に係わる伺い，諮問，苦情については回答し処理する。人民調停委員会の要請に応じ，又は必要であると認めるときは，紛争を調停する具体的な活動に参加し，協力する。また，人民調停委員会の主宰の

付　録

下で成立された調停協議について審査を行い，法律，法規，規則及び政策に違反するものを，是正しなければならない。さらに，人民調停活動の経験を総括し交流を行い，民間紛争の特徴と規律について調査研究を行い，人民調停委員会の業務の改善に対し指導を行う。

第7章　附　則

第44条　司法部は，人民調停委員会の業務に係わる文書の書式について，統一の書式見本を作成する。

第45条　本規定は，2002年11月1日から施行する。本規定が発布される前の司法部の制定した関係規則，規範性を持つ公文書が本規定と抵触する場合には，本規定が適用される。

Ⅲ　行政調停に関する法律規定

1．民間紛争処理弁法

(民间纠纷处理办法)

(1990年4月9日司法部発布)

第1章　総　則

第1条　民間紛争を妥当に処理し，国民の人身の権利，財産に関する権利とその他の権利を保障し，社会の安定を維持するために，「人民調停委員会組織条例」第9条第2項，第2条第2項と第10条の規定に基づき本弁法を制定する。

第2条　司法補佐員は，基層人民政府の司法行政業務に携わった者であり，民間紛争を処理する具体的な業務に責任を負う。

第3条　基層人民政府によって処理できる民間紛争は，「人民調停委員会組織条例」で定められた民間紛争であり，すなわち，国民の間に人身，財産の権益に係わる紛争，及びその他の日常生活の中で生じた紛争である。

第4条　民間紛争を処理する際には，事実をその基礎とし，法律，法規，規

則と政策をその根拠とする。法律を適用するには，当事者は一律に平等である。

第5条 基層人民政府は民間紛争を処理する際に，責任のある当事者一方に「中華人民共和国民法通則」第134条第1項で列挙された方式によって民事責任を負わせる決定を下すことができる。ただし，当事者に人身と財産の処罰を下してはならない。

第6条 基層人民政府は民間紛争を処理する際に，当事者の訴権の行使を制限してはならない。

第2章 受 理

第7条 当事者が処理を求めた民間紛争は，当事者の戸籍の所在地又は住所地の基層人民政府によって，受理する。地域を超えた民間紛争については，当事者双方の戸籍の所在地又は住所地の基層人民政府は，協議によりその受理を決める。

第8条 民間紛争の受理は，当事者一方又は当事者双方の申立てに基づかなければならない。申し立てる際に，口頭又は書面の方式を採用することができ，かつ明確な相手方，主張と事実根拠を有しなければならない。

第9条 当事者の一方が既に人民法院に訴えを提起した紛争，及び基層人民政府が既に処理し，当事者が新たな事実と理由を提出できない紛争については，基層人民政府は受理してはならない。

第10条 人民調停委員会の調停を経ていない紛争については，当事者に先に人民調停委員会の調停を申し立てることを勧告しなければならない。

第11条 法律，法規，規則と政策の明確な規定によって，当該紛争が特定の部門によって処理すべきとされる場合には，当事者に当該部門に処理を申し立てることを告知しなければならない。

第12条 具体的な紛争処理を担当する司法補佐員が以下の情況を有する場合には，自ら回避をしなければならない。当事者も，口頭及び書面の方式で当該司法補佐員の忌避を申し立てる権利を有する。
(1) 当該紛争の当事者又は当事者の近親である場合
(2) 当該紛争の当事者と利害関係を有する場合
(3) 当該紛争の当事者と他の関係を有し，公正な処理に対し影響を及ぼす

付　録

場合
　基層人民政府の責任者は司法補佐員の忌避を決定し，かつ別途にほかの者を指定し，当該紛争の処理を担当させる。

第3章　処　理

第13条　民間紛争を処理する際に，当事者双方の陳述を十分に聞き取り，当事者の事件の争点についての弁論を認め，必要がある場合，紛争の事実について調査を行わなければならない。

第14条　紛争を処理する際に，必要がある場合には，関係のある組織及び個人の参加を要請することができる。要請された組織と個人は，紛争の処理に協力しなければならない。

第15条　基層人民政府が民間紛争を処理するときは，まず調停をしなければならない。調停を行うとき，事実を明白にし，是非をはっきりとさせ，その基礎に基づき当事者双方が互いに了承し譲り合うように促し，また，当事者の自由意思に基づき，当事者を合意に導く。

第16条　調停で当事者が合意に達した場合は，調停書を作成しなければならない。調停書は当事者双方，司法補佐員が署名し，人民政府の印鑑を捺印した後，当事者双方に送達する。調停書は送達された日から，法的効力を生じ，当事者はそれを履行しなければならない。

第17条　調停によって合意が得られない場合には，基層人民政府は処理の決定を下すことができる。

第18条　人民調停委員会の調停を経た紛争については，処理する際にまず原調停協議書を審査し，その後以下の情況によって相応な処理を行う。
　(1)　原調停協議書の内容が法律，法規，規則と政策の規定に符合する場合には，原協議を維持する決定を下すこと
　(2)　原調停協議書の内容が法律，法規，規則と政策の規定に違反する場合には，原協議を取り消し，新たに処理決定を下すこと
　(3)　原調停協議書の一部に錯誤がある場合には，一部変更の処理決定を下すこと

第19条　処理決定を下すときには，書面の方式で当事者に出頭すべきことを通知する。2回の通知を経て，当事者が正当な理由なくその出頭を拒否

する場合には，処理決定を下すことに影響を及ぼさない。

第20条 処理決定をするときには，処理決定書を作成しなければならない。当該処理決定書は，基層人民政府の責任者が審査・確定した後，司法補佐員がそれに署名し，基層人民政府の印鑑を捺印する。

第21条 基層人民政府が下した処理決定については，当事者は履行しなければならない。処理決定について異議を有する場合には，当事者は処理決定が下された後，当該紛争について人民法院に訴えを提起することができる。処理決定を下した後15日以内に，当事者が訴えを提起せず決定を履行しない場合には，基層人民政府は，当事者の一方からの申立てに基づきその職権の範囲内で必要な措置を取り執行することができる。

第22条 民間紛争を処理する際に，受理後2カ月以内に事件を終結しなければならない。特に複雑，困難な事件の場合には，これを1カ月延長することができる。

第23条 紛争を処理する過程において，当事者双方が自ら和解に達し，申立人が事件を取り下げた場合，又は当事者の一方が人民法院に訴えを提起した場合には，基層人民政府は紛争の処理を終了する。

第4章　附　則

第24条 各省，自治区，直轄市司法庁（局）は，本弁法に基づき実施細則を制定することができる。

第25条 本弁法は発布の日から施行する。

2．中華人民共和国契約法（抄）

（中华人民共和国合同法）

（1999年3月15日第9回人民代表大会第2次会議で成立，中華人民共和国主席令第15号により公布）

第128条 当事者は，和解又は調停によって契約紛争を解決することができる。

　当事者が和解，調停を望まない場合，又は和解，調停が成立しない場合には，仲裁合意に基づき仲裁機構に仲裁を申し立てることができる。渉外

付　録

契約の当事者は，仲裁合意に基づき中国の仲裁機構又はその他の仲裁機構に仲裁を申し立てることができる。当事者の間に仲裁合意がなく，又は仲裁合意が無効である場合には，当事者は人民法院に訴えを提起することができる。当事者は法的効力を生じた判決，仲裁判断，調停書を履行しなければならない。当事者の一方がその履行を拒絶する場合には，相手方は人民法院に強制執行を申し立てることができる。

3. 契約紛争行政調停弁法

(合同争议行政调解办法)

(1997年11月3日国家工商行政管理局局令第79号により発布，発布の日に施行)

第1条 契約紛争に関する調停活動を規整し，速やかに契約紛争を解決し，当事者の合法的な権益を保護し，社会の経済秩序を守るために，国家の各関係法律規定に基づき，本弁法を制定する。

第2条 工商行政管理機関が契約紛争を調停する場合に，本弁法を適用する。

第3条 契約紛争を調停する場合には，当事者双方の自由意思に基づくことをその原則をする。

第4条 調停は，法律及び行政法規の規定に適合しなければならず，公平，かつ合理的でなければならない。

第5条 当事者双方の請求によるほかは，調停は非公開で行う。

第6条 工商行政管理機関は，法人，個人の工商業組合，個人の工商業営業者，農村の請負経営者及びその他の経済組織の間に生じた一定の経済利益の実現を目的とする契約に係わる紛争を受理する。

第7条 契約紛争の調停を申し立てるには，以下の要件を満たさなければならない。

(1) 申立人は本件と直接の利益関係を有する当事者であること

(2) 確定な被申立人，具体的な請求とその請求の事実根拠を有すること

(3) 本弁法第6条の受理範囲以内に属すること

第8条 以下の場合には，調停の申立てを受理してはならない。

(1) 既に人民法院に訴えを提起した場合

(2) 既に仲裁機構に仲裁を申し立てた場合

(3) 当事者の一方が調停を申し立て，相手方がその調停を受諾しない場合

第9条 契約紛争の調停を申し立てる場合には，工商行政管理機関に書面の調停申立書と契約の副本を提出しなければならない。契約紛争の調停申立書には，申立人と被申立人の名称又は姓名，住所，法定の代表者の姓名，職務，申立ての理由と請求内容，申立ての日付を記入しなければならない。

第10条 工商行政管理機関は調停の申立てを受理した後，相関資料を十分に審査しなければならない。被申立人が調停を受諾し，申立てが要件を満たす場合には，5日以内に受理しなければならず，かつ，当事者双方に相関書証，法定の代表者の証明書，授権に関する委任状，及びその他の必要な証明資料を提出すべきことを通知する。被申立人が調停を受諾しない場合，又は申立てが立案の要件を満たさない場合には，5日以内に受理しない旨を当事者に通知し，かつその理由を説明しなければならない。

第11条 工商行政管理機関は，契約紛争の調停申立てを受理した後，調停員1ないし2名を指定し調停を行うものとする。簡易な契約紛争については，調停員を派遣し，現地で調停を行うことができる。

第12条 調停員が当該事件と利害関係を有する場合，又は公正に事件を処理できない事由がある場合には，当事者は口頭又は書面の方式で当該調停員の忌避を申し立てることができる。調停員は，当該事件を処理すべきないと判断するとき，自ら回避することができる。

　調停員が忌避した後，工商行政管理機関は，改めて他の調停員を指定する。

第13条 調停員は，事前に調停の期日，調停の場所を当事者に通知するものとする。

第14条 当事者は，自己の主張につき立証責任を負う。

第15条 調停員は，契約紛争について調停を行う際に，調停手続の進行計画を立て，当事者双方の意見を十分に聞き取り，如実に調停の記録を作成し，積極的に当事者相互間の諒承と譲歩を促し，調停の合意に導くものとする。

第16条 当事者の一方が正当な理由，或いは相手方が納得できる理由に基づき，調停に出頭しない或いは途中で調停から退出する場合には，調停期日を延期することができる。

付　録

第17条　当事者の一方が調停継続することを望まない場合，調停を終結しなければならない。

第18条　第三者が契約紛争に関係した場合には，第三者に調停に参加するべきことを通知するものとする。調停の合意が第三者の利益と関係がある場合には，第三者の同意を得なければならず，第三者の同意を得られないときには，調停を終結しなければならない。

第19条　調停が成立する場合には，当事者双方は調停協議書を作成し，又は新たな契約を締結するものとする。

　　調停協議又は新たな契約は3部を作成し，当事者双方が1部ずつ所持し，他の1部は工商行政管理機関で保存する。

第20条　調停が不調の場合，又は当事者が調停協議を履行しない場合には，工商行政管理機関は当事者に対し，仲裁合意に基づき仲裁機構に仲裁を申し立てるか，若しくは人民法院に訴えを提起することを告知しなければならない。

第21条　契約紛争については，受理の日から2カ月以内にその調停を終結しなければならない。特殊な事情により延長の必要があれば，適当に延長することができる。ただし，延長期間は1カ月を超えてはならない。

第22条　調停が終結した後，工商行政管理機関は，調停終結書を作成するものとする。

　　調停終結書には当事者の名称或いは姓名，住所，法定の代表者或いは代理人の姓名，職務，紛争の主要な事実，当事者の請求及び調停の結果を明確に記載するものとする。調停員は当該書面に署名し，契約紛争調停専用印を捺印する。

　　当事者が調停終結書を求める場合には，当事者に送達することができる。

第23条　本弁法については，国家工商行政管理局がその解釈の責任を負う。

4．中華人民共和国消費者権益保護法（抄）

(1993年10月31日第8回全国人民代表大会常務委員会第4次会議で成立，同日公布)

第34条　消費者と事業者の間に生じた消費者権益紛争は，以下の方法によって解決することができる。

(1) 経営者と示談し和解すること
(2) 消費者協会に調停を申し立てること
(3) 関係行政部門の苦情処理を求めること
(4) 経営者との間の仲裁合意に基づき，仲裁機構に仲裁を求めること
(5) 人民法院に訴えを提起すること

5. 国家工商行政管理局の工商行政管理機関消費者苦情受理の暫行弁法（抄）

(国家工商行政管理局工商行政管理机关受理消费者申诉暂行办法)

(1996年3月15日発布)

第7条 工商行政管理機関は，その職権範囲内で受理した消費者苦情事件が民事紛争に属する場合には，調停制度を採用する。

第25条 消費者は工商行政管理機関に苦情処理を申し立てた後，和解することができる。当事者が和解の合意に達した場合には，工商行政管理機関に和解合意を内容とする調停書を求めることができ，苦情処理の申立書を取り下げることもできる。

第26条 工商行政機関は調停を主宰する。当事者が合意に達した場合には，調停書を作成するものとする。

第27条 調停書は当事者の請求内容と合意の結果を記載するものとする。調停主宰者は当該書面に署名し，工商行政管理局の印鑑を捺印し，当事者双方に送達する。

第28条 工商行政管理機関の調停は，消費者苦情を受理した日から60日以内に終結しなければならない。調停が不成立の場合には，調停手続を終了する。

第29条 不調の場合，又は調停書が法的効力を生じた後履行されない場合には，消費者は法律，行政法規の規定に基づき，関係部門に仲裁を申し立て，又は人民法院に訴えを提起することができる。

6. 中華人民共和国商標法

(1982年8月23日第5回全国人民代表大会常務委員会第24次会議で成立，1993年2月

付　録

22 日第 7 回全国人民代表大会常務委員会第 30 次会議で第 1 回改正，2001 年 10 月 27 日第 9 回全国人民代表大会常務委員会第 24 次会議で第 2 回改正）

第 53 条　本法第 52 条で列挙した商標の専用使用権を侵害する行為によって紛争が生じた場合には，当事者は協議を通じて解決する。協議を望まない又は協議が成立しない場合には，商標の登記者若しくは利害関係者は人民法院に訴えを提起することができ，工商行政管理部門に処理を求めることもできる。工商行政管理部門が処理する際に，商標権を侵害する不法行為が成立すると認定された場合には，直ちに当該不法行為を停止することを命じ，偽造の商品，及び偽造のために使用された物を没収し，処分しなければならない。また，罰金に処することもできる。当事者は処理の決定に不服がある場合，処理の通知を受領した日から 15 日以内に，「中華人民共和国行政訴訟法」に基づき人民法院に訴えを提起することができる。不法行為者がその期限までに訴えを提起せず，又は履行しない場合には，工商行政管理部門は人民法院に対し強制執行を求めることができる。紛争を処理する工商行政管理部門は，当事者の請求に基づき，商標専用使用権を侵害する事件の損害賠償の金額について調停を行うことができる。調停が不成立の場合には，当事者は「中華人民共和国民事訴訟法」に基づき人民法院に訴えを提起することができる。

7. 特殊標識管理条例（抄）

（1996 年 7 月 13 日国務院発布）

第 17 条　特殊標識の所有者又は使用者は，当該特殊標識の所有権又は使用権が侵害された場合には，侵害者の所在地又は侵害行為の発生地の県レベル以上の人民政府工商行政管理部門に対し苦情処理を求めることができる。直ちに人民法院に訴えを提起することもできる。

　　工商行政管理部門は，特殊標識侵害事件を受理した後，特殊標識の所有者の申立てにより，その損害賠償の請求について調停を主宰する。調停が不成立の場合には，特殊標識の所有者は，人民法院に訴えを提起することができる。

8. 中華人民共和国治安管理処罰法（抄）

（2005年8月28日第10回全国人民代表大会常務委員会第17次会議で成立，2006年3月1日に施行）

第9条 民間紛争によって惹起された殴り合い，又は他人の財物を損壊するなどの治安管理に違反する行為については，情状によって比較的に軽い程度に属する場合，公安機関は調停によって処理することができる。公安機関の調停によって当事者が合意に達した場合には，処罰を下さない。調停が不成立になり，又は調停が成立した後当事者が合意の内容を履行しない場合には，公安機関は本法の規定により治安管理に違反した不法行為者を処罰し，当事者にその民事上の紛争について人民法院に民事訴訟を提起することを告知するものとする。

9. 公安機関の行政案件取扱の手続規定（抄）

（公安机关办理行政案件程序规定）

（2004年1月1日から施行）

第10章　調　停

第145条 公安機関は，以下の治安管理に違反する行政事件を，調停によって処理することができる。
（1）民間紛争によって惹起された人に軽いけがを負わせる事件
（2）民間紛争で他人の財物の損壊を招き，かつ情状によって比較的軽いと認められる不法行為事件
（3）その他の民間紛争で惹起された治安管理に違反し，かつ情状によって比較的に軽い程度に属する事件。
　治安管理に違反しない民間紛争については，当事者に人民法院又は基層人民調停組織に処理を求めることができることを告知する。

第146条 公安機関が行政事件について調停を行うには，以下の場合を除き，公開で行うものとする。
（1）個人のプライバシーと関連する場合

付　録

(2)　治安管理に違反する不法行為者と被害者が共に非公開を求める場合

第147条　公安機関は調停を行う際に,「合法」,「公正」,「自由意思」,「時機に適っている」という原則に基づき,当事者への教育と説得,紛争の終局的な解決を重視しなければならない。

第148条　調停を行う際に,当事者の中に未成年者がいる場合には,その未成年者の父母又はその他の後見人は同席するものとする。

第149条　隣人紛争を調停するとき,住民委員会,村民委員会の委員,及び当事者の状況を熟知している者に要請して調停に参加させることができる。

第150条　調停は,一般的に1回の期日で事件を終結させる。必要であると認めるときは,期日を1回追加することができる。調停が成立した後,当事者双方は調停協議に署名し,調停協議の内容に基づき履行するものとする。

第151条　公安機関の調停を経て,当事者の協議が調った場合には,公安機関は当該不法行為に処罰を行わない。調停が不調となる場合,又は当事者が調停協議を履行する前に翻意した場合には,公安機関は処罰すべき治安管理に違反する不法行為者に処罰を下さなければならない。かつ,不法行為によって惹起された損害賠償に係わる紛争については,当事者に人民法院に民事訴訟を提起することを告知しなければならない。

10. 中華人民共和国道路交通安全法（抄）

(2003年10月28日第10回全国人民代表大会で成立,中華人民共和国主席令8号により公布,2004年5月1日施行)

第74条　交通事故の損害賠償に関する紛争については,当事者が公安機関交通管理部門に調停を申し立て,又は直接に人民法院に訴えを提起することができる。

　　公安機関交通管理部門の調停を経て,不調になり,或いは調停が成立した後当事者が調停書の内容を履行しない場合には,当事者双方は人民法院に民事訴訟を提起することができる。

11. 中華人民共和国道路交通安全法実施条例（抄）

(2004年4月30日国務院令405号により発布，2004年5月1日施行)

第89条 公安機関交通管理部門又は交通警察は，交通事故通報を受けた場合には，直ちに事故現場に駆けつけなければならない。当事者が死傷を被らず，事実が明らかであり，かつ自動車が移動できる場合には，事故の情況を記録した後，当事者に現場から離れることを命じ，交通を回復させなければならない。当事者が現場から離れることを拒否する場合には，強制手段によって当事者を離れさせる。

　前項に規定した情況に属する道路交通事故については，交通警察は簡易手続によって処理し，その場で事故認定書を下すことができる。当事者が共に調停を申し立てる場合には，交通警察は現場で損害賠償に係わる紛争について調停を行うことができる。

　道路交通事故が人の死傷と財産の損失を被り，実地検証が必要である場合には，公安機関交通管理部門は実地検証を業務規範に従って行うものとする。実地検証が終了した後，事故現場を徹底的に整理し，交通を回復させるものとする。

第94条 当事者に交通事故の損害賠償について紛争が生じ，かつ各当事者が共に公安機関交通管理部門に調停を申し立てる場合には，交通事故認定書を受け取った日から10日以内に書面の調停申立書を提出しなければならない。

　死亡交通事故の場合には調停は葬儀終了の日から始まり，傷害交通事故の場合に調停は治療終了又は障害確定の日から始まり，財産の損失を被る場合には損失確定の日から始まる。

第95条 公安機関交通管理部門が交通事故損害賠償紛争について調停をする期限は，10日とする。調停で合意に達した場合には，公安機関交通管理部門は調停書を作成し，当事者に送達するものとする。調停書は各当事者が署名した後，直ちに法的効力を生じる。調停不成立の場合，公安機関交通管理部門は調停終結書を作成し，当事者双方及び関係者に送達する。

　交通事故賠償の項目と基準は，関係法律の規定に基づくものとする。

第96条 交通事故損害賠償の紛争については，当事者が人民法院に民事訴

付　録

訟を提起した場合には，公安機関交通管理部門はその調停の申立てを受理してはならない。

　調停手続の過程で，当事者が人民法院に民事訴訟を提起した場合には，公安機関交通管理部門は当該調停を終止する。

12. 中華人民共和国海上交通安全法（抄）

(1983年9月2日第6回全国人民代表大会常務委員会第2次会議より採択，同日中華人民共和国主席令第7号公布)

第46条　海上交通事故によって惹起された民事紛争については，当該交通事故の主管機関が調停により処理することができる。当事者が調停を望まず，又は調停が不成立になった場合には，当事者は人民法院に提訴することができる。渉外事件の場合に，当事者は書面の仲裁合意に基づき仲裁機構に仲裁の申立てをすることができる。

13. 中華人民共和国漁港水域交通安全管理条例（抄）

(1989年7月3日国務院発布)

第25条　漁港水域内で起こった交通事故又はその他の沿海水域で起こった漁船交通事故により惹起された民事紛争について，漁政監督管理機関は調停によって処理することができる。調停が不成立になり，又は調停を望まない場合には，当事者は人民法院に提訴することができる。

14. 中華人民共和国固体廃棄物汚染予防管理法（抄）

(中华人民共和国固体废物污染环境防治法)

(1995年10月30日第8回全国人民代表大会常務委員会第16次会議で成立，同日中華人民共和国主席令第58号により公布)

第71条　固体廃棄物汚染によって損害を受けた組織と個人は，これによって生じた損害の賠償を請求することができる。

　損害賠償の責任と金額に係わる紛争については，環境保護行政主管部門又

はその他の固体廃棄物汚染予防管理業務の監督管理部門は，当事者の申立てに基づき，調停によって処理する。調停が不成立になった場合には，当事者は人民法院に提訴することができる。ただし，当事者が直接に人民法院に提訴することを防げない。

15. 中華人民共和国環境騒音汚染予防管理法（抄）

（中华人民共和国环境噪声污染防治法）

（1996年10月29日第8回全国人民代表大会常務委員会第22次会議で成立，同日公布）

第61条 騒音汚染の危害を与えられた組織と個人は，加害者にその危害の排除を請求することができる。被害者が損害を受けた場合，加害者は法律によってその損害を賠償する責任を負う。

　損害賠償の責任と金額に係わる紛争については，環境保護行政主管部門又はその他の環境騒音汚染予防管理業務の監督管理部門・機構は，当事者の申立てに基づき，調停によって処理する。調停が不成立になった場合には，当事者は人民法院に提訴することができる。ただし，当事者が直接に人民法院に提訴することを防げない。

16. 漁業水域汚染事故調査処理手続規定（抄）

（1997年3月26日農業部令第13号発布）

第16条 漁業水域汚染事故によって惹起された賠償責任と賠償金額に係る紛争について，当事者は事故発生地の主管機構に調停又は処理を申し立て又は人民法院に訴えを提起することができる。

第17条 主管機構が当事者からの事故に関する調停又は処理の申立てを受理する際に，以下の条件を満たさなければならない。
(1) 当事者双方が調停又は処理を同意すること
(2) 申立人は当該紛争と直接な利害関係を有する組織及び個人であること
(3) 明確な被申立人と具体的な事実根拠及び主張を有すること
(4) 主管機関の受理範囲を超えないこと

第18条 当事者の一方が調停を申し立てる場合には，主管機構が相手方の

付　録

当事者に調停に出頭することを通知しなければならない。相手方は調停に出頭しない場合には，当事者は直接に人民法院に提訴することができる。

第19条　当事者は，主管機構に調停を申し立てる場合には，申立書を提出しなければならない。申立書には，以下の内容を明記しなければならない。

(1) 申立人と被申立人の姓名，性別，年齢，職業，住所，郵便番号等（機関・組織の名称，住所，法定代表者の姓名）
(2) 申立ての主張，事実と理由
(3) 事故，紛争と関連する証拠及びその他の資料
(4) 申立ての主張

申立書は一式で3部を作成し，1部は申立人が自ら保管し，2部は受理機構に提出する。

第20条　主管機構は汚染事故の賠償事件を受理した後，必要がある場合には，関係部門の係者を要請し，調停又は処理に参加させることができる。

調停又は処理を主宰する者，及び調停又は処理に参加する者が当事者と利害関係を有する場合には，自ら回避をするものとする。当事者もこれらの者の忌避を要求することができる。

第21条　主管機関は，申立てを受理する10日以内に申立書の副本を被申立人に送達する。被申立人は，申立書の副本を受け取った15日以内に答弁書と当該事件に係る証拠を提出しなければならない。被申立人が上述の期限以内に答弁書を提出しない場合には，調停又は処理を拒絶したものと見做し，主管機構は申立人に人民法院に提訴すべきであるということを告知する。

第22条　調停又は処理の過程において，調停者は当事者双方の合意の達成を促すものとする。当事者双方の合意によって，調停協議を達させる。

第23条　調停協議書は，当事者双方と主管機構が署名し，捺印した後，法的効力を生じる。

当事者が調停協議書に基づく履行をしない場合には，主管機構はその履行を催促することができる。この場合，当事者は人民法院に提訴することができる。

第24条　当事者は主管機構が下した汚染事故賠償紛争の処理決定について不服がある場合には，人民法院に訴えを提起することができる。

第 25 条 調停又は処理の過程において，当事者一方が人民法院に提訴した場合には，調停，処理は終了する。

17. 中華人民共和国特許法（抄）

(中华人民共和国专利法)

(1984 年 3 月 12 日第 6 回全国人民代表大会常務委員会第 4 次会議で成立，同日公布，1985 年 4 月 1 日施行。1992 年 9 月 4 日第 7 回全国人民代表大会常務委員会第 27 次会議で第 1 次改正，同日公布，1993 年 1 月 1 日施行。2000 年 8 月 25 日第 9 回全国人民代表大会常務委員会第 17 次会議で第 2 次改正，同日公布，2001 年 7 月 1 日施行)

第 57 条 特許権者の許諾を得ずにその特許を実施し，すなわちその特許権を侵害して，紛争が生じた場合には，当事者が協議して解決する。協議を望まないか，又は協議が調わない場合には，特許権者又は利害関係人は，人民法院に訴えを提起することができるほか，特許業務管理部門に処理を求めることもできる。特許業務管理部門は，処理に際し，権利侵害行為の成立を認めた場合には，権利侵害者に権利侵害行為の即時差止を命じることができる。当事者は，不服がある場合には，処理の通知を受け取った日から 15 日以内に「中華人民共和国行政訴訟法」によって，人民法院に訴えを提起することができる。権利侵害者が期間が満了しても提訴せず，侵害行為も停止しない場合には，特許業務管理部門は，人民法院に強制執行を申し立てることができる。処理を行う特許業務管理部門は，当事者の申立てに応じて，特許権侵害の賠償額について調停することができる。調停が不調の場合には，当事者は「中華人民共和国民事訴訟法」により人民法院に訴えを提起することができる。

　特許権侵害の紛争が新製品の製造方法の発明特許に係わる場合には，同様の製品を製造する組織又は個人は，その製品の製造方法が特許の方法と異なることの証明しなければならない。実用新案特許に係わるときは，人民法院又は特許業務管理部門は，特許権者に対し，国務院特許行政部門が出した検索報告の提出を求めることができる。

付　録

18.　中華人民共和国特許法実施細則

(中华人民共和国专利法实施细则)

(国務院制定，2001年6月15日公布，2001年7月1日施行。国務院改正，2002年12月28日公布，2003年2月1日施行)

第78条　特許法及び本細則にいう特許業務管理部門とは，各省，自治区，直轄市の人民政府，及び特許管理事務量が多く，かつ，実務処理能力のある区を設ける市の人民政府が設立した特許業務管理部門を指す。

第79条　特許法第57条に規定する場合を除き，特許業務管理部門は，当事者の申立てに基づき，以下に掲げる特許紛争について調停を行うことができる。

(1)　特許出願権及び特許権の帰属に関する紛争
(2)　発明者，考案者の資格に関する紛争
(3)　職務発明の発明者，考案者の奨励及び報酬に関する紛争
(4)　発明特許出願公開後，特許権付与前における適切な費用の支払を伴わない発明の使用に関する紛争

　前項の第4号に掲げる紛争について，特許権者が特許業務管理部門に調停を申し立てる場合には，特許権が付与された後に提出しなければならない。

第80条　国務院特許行政部門は，特許業務管理部門による特許紛争の処理及び調停について業務指導を行わなければならない。

第81条　当事者が特許紛争の処理又は調停を申し立てる場合には，被申立人の所在地又は権利侵害行為地の特許業務管理部門が管轄する。

　2つ以上の特許業務管理部門がいずれも管轄権を有する特許紛争については，当事者は，そのうち1つの特許業務管理に請求を提出することができる。当事者が2つ以上の管轄権を有する特許業務管理部門に請求を提出した場合には，先に受理した特許業務管理部門が管轄する。

　特許業務管理部門は，管轄権について争いが発生した場合には，それらの共通の上級人民政府特許業務管理部門が管轄を指定する。共通の上級人民政府特許業務管理部門がない場合には，国務院特許行政部門が管轄を指定する。

19. 中華人民共和国著作権法（抄）

(1990年9月7日第7回全国人民代表大会常務委員会第15次会議で成立，同日中華人民共和国主席令第31号により公布)

第48条 著作権に害する行為による紛争については，調停によって解決することができる。調停が不調の場合，又は調停協議の成立後当事者が翻意した場合には，当事者は人民法院に訴えを提起することができる。当事者が調停を望まない場合には，直接に人民法院に訴えを提起することができる。

第49条 著作権契約紛争については，調停を申し立てることができ，契約の中の仲裁合意，又は紛争が生じた後の当事者間の書面による仲裁合意に基づき，著作権仲裁機構に仲裁を申し立てることができる。

Ⅳ 仲裁調停に関する法律規定

1. 中華人民共和国仲裁法（抄）

(1994年8月31日第8回全国人民代表大会常務委員会第9次会議で成立，1994年8月31日中華人民共和国主席令第31号により公布)

第49条 当事者は，仲裁を申し立てた後，自ら和解することができる。和解の合意に達した場合には，和解合意に基づき判断書を作成することを仲裁廷に求めることができ，仲裁申立を取り下げることができる。

第50条 当事者が和解の合意に達し，仲裁の申立を取り下げた後で翻意した場合には，仲裁合意に基づき仲裁を申し立てることができる。

第51条 仲裁廷は，判断を下す前に調停を行うことができる。当事者が調停を望む場合には，仲裁廷は，調停を行わなければならない。調停が成立しなかった場合には，遅滞なく判断を下さなければならない。

　調停により合意に達した場合には，仲裁廷は調停書を作成し，又は合意の結果に基づき判断書を作成しなければならない。調停書と判断書は，同等の法的効力を有する。

付　録

第52条　調停書には，仲裁の請求及び当事者の合意の結果を明記しなければならない。調停書は，仲裁人が署名し，仲裁委員会の印を押捺し，当事者双方に送達する。

　　調停書は，当事者双方が受領署名した後，直ちに法的効力を生じる。

　　調停書の受領署名前に当事者が翻意した場合には，仲裁廷は，遅滞なく判断を下さなければならない。

2.　中国国際経済貿易仲裁委員会仲裁規則（抄）

(2000年9月5日中国国際貿易促進委員会・中国国際商会改正，同日公布，2000年10月1日施行)

第44条　仲裁事件について，当事者双方が仲裁廷の外で自ら和解に達した場合には，仲裁廷にその和解合意の内容に基づき判断書を作成して事件を終了するよう請求することができ，事件の取下げを申し立てることもできる。

　　仲裁廷が構成される前に事件の取下げが申し立てられた場合には，仲裁委員会秘書長が決定をする。仲裁廷が構成された後で事件の取下げが申し立てられた場合は，仲裁廷が決定をする。

　　当事者が既に取り下げられた事件を再び提出し仲裁を申し立てた場合は，仲裁委員会主任が受理し，又は受理しない旨の決定をする。

　　当事者は，仲裁委員会の外で調停により和解合意に達した場合には，仲裁委員会の仲裁に付託するとの仲裁合意及び当事者双方の和解合意を以って，仲裁委員会に独任仲裁人1名を指定し，和解合意内容に基づいて仲裁裁決を下すよう請求することができる。

第45条　当事者双方が調停を望み，又は当事者の一方が調停を望み，かつ仲裁廷が相手方の同意を得た場合には，仲裁廷は，仲裁手続の過程において当該仲裁廷が審理する事件につき調停することができる。

第46条　仲裁廷は，その適当であると認める方式に従って調停をすることができる。

第47条　仲裁廷は，調停をする過程において，当事者のいずれか一方が調停の終了を申し立て，又は仲裁廷が既に調停が成立する可能性がないと認

める場合には，調停を停止しなければならない。

第48条　仲裁廷が調停をする過程において，当事者双方が仲裁廷の外で和解に至った場合には，仲裁廷の調停の下において和解に達したものと見做さなければならない。

第49条　仲裁廷の調停を経て和解に至った場合には，当事者双方は，書面による和解合意書を締結しなければならない。当事者が別段の約定を有する場合を除き，仲裁廷は，当事者の書面による和解合意書の内容に基づき，判断書を作成し，事件を終了しなければならない。

第50条　調停が成立しない場合は，いずれの当事者もその後の仲裁手続，司法手続及びその他の如何なる手続においても，相手方当事者又は仲裁廷が調停の過程において発表し，提出し，建議し，承認し及び受入を望み，又は否定した如何なる陳述，意見，観点又は提案もこれを援用してその申立て，答弁又は反訴の根拠としてはならない。

注：「中華人民共和国民事訴訟法」,「民事訴訟法の適用に関する若干問題についての意見」,「中華人民共和国行政訴訟法」,「中華人民共和国特許法」,「中華人民共和国特許法実施細則」,「中華人民共和国仲裁法」,「中国国際経済貿易仲裁委員会仲裁規則」の翻訳にあたっては，森・濱田松本法律事務所＝射手矢好雄＝張和伏『中国経済六法』（日本国際貿易促進協会　1995年）の訳文を参照し，「中華人民共和国刑事訴訟法」の翻訳のあたっては，松尾浩也＝田口守一＝張凌「中華人民共和国刑事訴訟法全訳」（ジュリスト1109号　1997年）77頁の訳文を参照した。これ以外のものは，日本において初めての訳出である。

事項索引

あ

相対済令　15
アメリカ仲裁協会　178
アメリカ法律家協会　180
一裁二審制　267
以理論解　41
医療紛争調停センター　388
ADR 運動　24, 313
ADR 基本法　354, 355
ADR 検討会　354
ADR 推進論　319
ADR 手続軽視型国家　74
ADR 手続重視型国家　74
ADR の警戒期　313
ADR の制度化　322
ADR の制度化期　313
ADR の草創期　313
ADR 批判論　320
NASD による調停　175

か

家事調停　101
家事調停の実施主体　101
家事調停の手続　103
家族調停　61
学校内調停　61
勧解制度　15
環境紛争処理　220, 222
環境保護行政管理機関による調停　219
関係ネットワーク　76, 78
簡裁における民事調停　91
「官中心」の調停　177
「官民連携」型の調停　177
基層人民政府による調停　202
既判力肯定説　122
既判力否定説　123
業界調停センター　387
行政委員会　231
行政型 ADR　190
行政機関による調停　205
行政行為説　228
行政処理効力説　233
行政調停　189, 201
行政調停効力　229
「行政紛争解決法」(1990 年)　323
「行政紛争解決法」(1996 年)　324
行政優位　242
「教諭型」調停　48
義理　36
近隣ジャスティス・センターによる調停　173
「経済契約仲裁条例」(1983 年)　266
経済紛争調停センター　382, 383
軽微な刑事事件　146
「契約争議行政調停弁法」(1997 年)　207
契約争議調停　206
喧嘩両成敗　35
建設工事調停　195, 198
建設工事紛争審査会制度　195
元典章　6
公安機関による調停　210
「公安機関の行政案件取扱いの手続規定」(2004 年)　213
公益調停　395
公害調停　191, 193

事項索引

公害等調整委員会　191, 192
公害紛争処理機関　191
公害紛争処理制度　191
合議法廷　114
公権力の信頼　38
「工商行政管理機関消費者苦情受理の
　暫行弁法」(1996年)　208
工商行政管理機関による調停　206
「工商行政管理所消費者苦情処理の実
　施弁法」(1997年)　208
郷鎮（街道）司法調停センター
　153, 385
交通事故紛争処理センターによる調停　169
公的処理　299
合法の原則　112
郷里調停　25
強腕調停　23
コーカス　308
コミュニティトラブル調停センター　153

さ

裁決　221
細故　9, 47
裁判官補佐調停　394
裁判沙汰　35
裁判所の危機　26
参加人　116
「三所一廷」の連係調停ネット　395
JCAAの国内商事調停　170
至元条格　6
事実および是非の明確化の原則　112
私的自治　45
CPRを通じる調停　175
司法型ADR　190
私法契約効力説　233
私法行為説　227

司法調停　127, 129, 130
司法補佐員　202, 203
ジャムス／エンディスピュートによる
　調停　174
十悪　6, 47
自由意思　45
自由意思と合法調停の段階　12
自由意思・平等原則　155
17条憲法　19
十八史略　20
儒教圏文化　258, 274
儒教式調停　3
儒教式調停理念　39
儒教文化圏　253
渉外仲裁　270
消費者権益争議調停　208
職場調停　61
処理決定　221
仁義礼智　39
審調結合　127
審調結合型調停　119
審調分離　127
審調分離説　296
人民調解司　162
人民調停　138
　―――の原則　155
　―――の性格　166
　―――の組織化　151
　―――の任務と機能　149
人民調停委員会　152
「人民調停委員会暫行組織通則」(1954
　年)　13, 139
「人民調停委員会組織条例」(1989年)
　　14, 143
人民調停員　154
「人民調停業務に関する若干規定」

事項索引

（2002年）　14, 144
人民調停制度の変遷　12
人民調停手続　156
「人民法院組織法」（1954年）　141
申明亭　7
正　義　44
正義へのアクセス　46
正義へのアクセス促進派　319
制限的既判力説　123
「政府機関型」調停　237, 238, 239
折衷説　108
「専門委員会型」調停　237, 238, 239
専門家調停委員　347
専門調停組織　153
宗族調停　25
宗法家族制度　9
息　訟　5, 7
促進的調停　75
訴訟社会　33
訴訟上の和解　128
訴訟前の和解　16
訴訟ブーム　23, 33
訴訟文化　258

た

第一東京弁護士会仲裁センター　256
大化改新　19
大司法像　236
「大政府」の存立像　242
第二東京弁護士会仲裁センター　256
治安調停　211
治安紛争調停指導センター　212
治安紛争調停センター　212
地裁における民事調停　96
中央建設工事紛争審査会　197
「中華人民共和国経済契約法」（1981年）　206
「中華人民共和国憲法」（1982年）　142
「中華人民共和国商標法」（2001年）　210
「中華人民共和国治安管理処罰条例」（1957年）　211
「中華人民共和国治安管理処罰法」（2005年）　211
「中華人民共和国民事訴訟法（試行）」（1982年）　142
「中華人民共和国民事訴訟法」（1991年）　142
中華法系　34
中国海事仲裁委員会　270
中国海事仲裁委員会仲裁規則　272
中国国際経済貿易仲裁委員会　270
中国国際経済貿易仲裁委員会仲裁規則　272
「中国国際貿易促進委員会対外貿易仲裁委員会仲裁手続暫行規則」（1956年）　261
中国国際貿易促進協会調停センターの紡織専門委員会　387
中国社会の紛争態様　76
仲裁終局制　267
仲裁調停　252, 260, 266
仲裁と調停の連係　252, 253, 258
「仲裁法」（1994年）　267, 268, 269
中　庸　5, 8
中庸之道　8
調処委員会　140
調停観　32, 34, 36
調停空間　76
調停合意説　108, 109
調停裁判説　107, 109
調停社会　26, 286

事項索引

調停消滅説　297
調停制限説　296
調停伝統　286
調停に代わる決定　337, 339, 340
調停不優越段階　11
調停文化　251, 253
調停法　181
調停本質論　108
調停無効　124, 126
調停メカニズム　61, 62, 63
「調停優位」の裁判構図　85
調停理念　39, 44
調停を主にする段階　11
調停を重んずる段階　12
調人の職　5, 85
適法・合理原則　155
天人合一　40
天理・人情・国法　41
統一調停法　326
当事者の自由意志の原則　111
当事者の訴権尊重の原則　155
東方の経験　138
「道路交通安全法」(2003年)　214
「道路交通事故処理弁法」(1991年)　215
「道路交通安全法実施条例」(2004年)　216
道路交通事故調停　214
「特殊標識管理条例」(1996年)　210
「特定債務等の調整の促進のための特定調停に関する法律」(2000年)　345
特定調停　345
独任法廷　114
特別招請調停員調停　394
「都市住民委員会組織条例」(1954年)　141

特許調停　224, 225
都道府県建設工事紛争審査会　197

な

内済　15
二品級の正義　71
二重指導体制　141, 162
日本海運集会所　255
日本商事仲裁協会（JCAA）　170
日本知的財産仲裁センター　255
認証制度　355, 359

は

馬錫五審判方式　10
PLセンターによる調停　171
ピューリタン社会　21
費用説　35
評価的調停　75
付ADR　359
「2つの矛盾」に関する理論　145
文化説　35
文化大革命　13, 141
文化的価値説　39
文化的効果説　39
紛争解決のフォリティ促進派　320
弁護士会紛争解決センターによる調停　168
弁護士和解制度　393, 394
変容的調停　75
法院調停　85
　——の沿革　9
　——の原則　111
　——の効力　129
　——の主体　113
法院調停手続　119
法制国家　371, 372

法曹エリート保守派　319
法治国家　373
法的爆発　26
法テラス　361
法の支配　41
法律家国際協会（IBA）　259
法律専門職種　357
法律扶助　358

ま

民間型ADR　190, 230
民間紛争　146, 147
「民間紛争処理弁法」（1990年）
　　14, 147, 202
民事執行手続停止制度　347
「民事司法改革法」（1990年）　324
民事調停　86
　　——の実施主体　87
　　——の手続　90
民事調停委員　87
民事調停委員会　87
民事調停官　88
無訟　5, 7

や

洋務運動　59
予測可能説　35

ら

理の支配　41
隣人調停　61
礼の支配　41
礼法統合　41
連係調停　262, 278
連合調停委員会　153
「連邦ADR法」（1998年）　325
連邦民事訴訟規則　323

わ

和為貴　5, 7, 37
和解合意　308
和解週間　69
和合文化　40
和　対　6
和の社会　35

〈著者紹介〉

韓　寧（かん・ねい）

1974 年　中国・吉林省に生まれる
1996 年　中国政法大学法学部卒業
1997 年　中国弁護士資格取得
2004 年　群馬大学社会情報学研究科修士課程修了・社会情報学修士号取得
2007 年　中央大学法学研究科博士後期課程修了・法学博士号取得
現　在　桐蔭横浜大学法学部法律学科専任講師

〈主著・主論文〉

『応該知道的道理（知るべき道理）』（中国語）〔共著〕（1998 年，北京市門頭溝区委宣伝部）
「中国の人民調停について―理論及び実証的な検討―」（2005 年，中央大学大学院研究年報法学研究科篇第 34 号）
「中国における法院調停の現状と課題」（2006 年，中央大学大学院研究年報法学研究科篇第 35 号）
「中国における仲裁調停の現状と課題」（2007 年，中央大学大学院研究年報法学研究科篇第 36 号）
「中国における調停制度の新展開」（2007 年，法学新報 113 巻 7・8 号）

中国の調停制度――日本・米国との比較

2008（平成 20）年 6 月 23 日　初版第 1 刷発行

著　者	韓	寧
発行者	今　井	貴
	渡　辺　左　近	
発行所	信 山 社 出 版	

〒 113-0033　東京都文京区本郷 6-2-9-102
電話　03（3818）1019
FAX　03（3818）0344

印　刷　亜細亜印刷
製　本　大　三　製　本

Printed in Japan.

ⓒ 2008，韓寧　　落丁・乱丁本はお取替えいたします。

ISBN978-4-7972-2542-6 C3332

民事訴訟法の継受と伝播	松本博之・出口雅久 編	7,000 円
紛争解決学〔新版増補〕	廣田尚久 著	3,800 円
調停者ハンドブック	レビン小林久子 著	2,000 円
ADRの基本的視座	早川吉尚・山田文・濱野亮 編著	3,600 円
民事訴訟法概史	アルトゥール・エンゲルマン 著 小野木常・中野貞一郎 編訳	15,000 円
EUの国際民事訴訟法判例	石川明・石渡哲 編	12,000 円
家事審判法	佐上善和 著	4,800 円

信山社　　（価格はすべて本体価格）